JN418654

東洋古典譯註叢書 36

譯註 國語 2

許鎬九 李海權
李忠九 金在烈 譯註

傳統文化硏究會

刊 行 辭

우리의 古典國譯事業은 민족문화 진흥의 기초사업으로 1960년대부터 政府 支援으로 古文獻 現代化 작업을 추진하여 많은 成果를 거두었다. 당시 이 사업 추진의 先行課題로 東洋古典이라 일컬어지는 중국의 基本古典을 먼저 飜譯하여야 한다는 學界의 주장이 있어 왔음에도 불구하고 우리 고전이 아니라는 일부의 偏狹한 視覺과 財政 事情 등으로 인하여 배제되어 왔다.

전통적으로 중국의 기본고전은 우리 歷史와 함께 숨쉬며 각종 교육기관의 敎科書로 활용됨은 물론이고 지식인들의 必讀書가 되어 왔으며, 우리 文化의 基底에 자리잡고 거의 모든 방면의 體系와 根幹을 형성하여 왔다. 그래서 학문연구의 기본서 역할을 해 왔을 뿐만 아니라 오늘날에도 우리의 國學徒 및 東洋學 硏究者들에게 같은 역할을 하고 있음은 주지의 사실이다. 그럼에도 불구하고 中國古典은 우리 것이 아니라 하여 專門機關의 飜譯對象에 포함하지 않음으로써 대부분 原典에서의 직접 번역이 아닌 重譯이나 拔萃譯의 방식이 주를 이루면서 敎養水準으로 出版되어 왔다.

오늘날 東洋三國 중에서 우리의 東洋學 연구가 가장 부진한 이유는 東洋基本古典에 대한 폭넓은 이해의 부족과 漢文古典 讀解力의 저하에 기인함을 우리는 솔직히 인정하여야 한다. 따라서 이들 중국고전에 대한 신뢰할 만한 國譯이 이루어지는 것이 한국학 연구를 촉진시키는 시급한 先行課題라 할 수 있다.

이에 韓國學 및 東洋學의 연구와 古典現代化의 基盤構築을 위해서는 전문기관으로 하여금 동양고전을 단기간에 각 분야의 專門 硏究者와 漢學者가 상호협동하여 연구번역하여 飜譯의 傳統性과 效率性, 硏究의 專門性을 높일 수 있도록 政策的 配慮가 있어야 한다.

이에 本會에서는 元老 및 中堅 漢學者와 斯界의 專攻者로 하여금 協同硏究飜譯하여 공부하는 사람들이 믿고 引用하거나 깊이 있는 註釋 등을 활용할 수 있게 하고, 知識人들의 敎養을 증진시켜 줄 수 있는 東洋古典의 國譯書 간행을 지속적으로 추진해 왔다. 근래에 다행히 이 사업에 대하여 각계 지도층의 폭넓은 이해와 지원에 힘입어 2001년도부터 國庫補助를 받아 東洋古典譯註叢書를 간행하게 되었다. 이를 계기로 우리 先學의 註釋과 見解를 반영하는 등 국역사업의 內實을 기하게 되었음을 이 자리를 빌어 衷心으로 감사드리며, 아울러 國譯에 參與하신 관계자 여러분의 勞苦에 깊은 謝意를 표한다.

끝으로 우리의 이러한 작업은 오랜 역사 위에 축적된 先賢들의 業績과 現代學問을 이어주는 튼튼한 架橋와 礎石이 되어 진정한 韓國學과 東洋學 발전에 기여할 것을 굳게 믿으며, 21세기를 우리 文化의 世紀로 열어 가는 밑거름이 되도록 우리의 力量을 本 事業에 경주하고자 한다. 江湖諸賢의 부단한 관심과 지원을 기대해 마지않는다.

社團法人 傳統文化硏究會 會長 李 啓 晃

凡 例

1. 本書는 東洋古典譯註叢書 ≪國語≫ 전2책 중 제2책이다.
2. 본서는 朝鮮 哲宗 10년(1859)에 整理字(鐵鑄字)로 刊行한 ≪公序補音本 國語≫(學民文化社 影印)를 底本으로 삼고 四部叢刊 ≪國語≫와 四部備要本 ≪國語≫ 등을 참고하였다.
3. 飜譯은 原義에 充實하도록 노력하였다. 다만 難解한 부분은 意譯, 또는 補充譯을 하였다.
4. 原文에는 이해를 돕기 위해 懸吐하고, 특별한 音이나 어려운 한자에는 ( ) 안에 음을 달았다.
5. 註釋은 韋昭의 原註와 古今 諸家의 說을 소개하면서 譯者의 見解를 밝혔으며, 필요한 경우에는 譯註로 보충하였다.
6. 原文 校勘은 四部備要本(明道本) 위주로 底本과 對校하였으며, 특별한 경우 諸家의 說을 밝혀서 下段에 校勘記를 달았다.
7. 전체 章에 一連番號를 달아 찾아보기 쉽도록 하였다.
8. 본서에 사용된 주요 符號는 다음과 같다.

   “ ” : 對話, 각종 引用

   ‘ ’ : 再引用, 强調

   「 」 : ‘ ’안에서 再引用

   ( ) : 漢字의 音, 간단한 註釋, 原文에서 同字

   ≪ ≫ : 書名, 出典

   〈 〉 : 篇章節名, 作品名, 補充譯, 원문의 補充字

   〔 〕 : 원문의 併記, 원문 誤字의 수정자, 音이 다른 漢字

   ｛ ｝ : 원문의 衍文
9. 색인은 다음과 같은 원칙으로 작성하였다.

   가. 표제어는 飜譯文, 註釋, 解題, 參考文獻, 題目을 대상으로 선정하였으나 校勘은 제외하였다.

나. 주석에 나오는 韋昭 등 빈번히 나오는 註家나 四部備要本 등 書名은 제외하였다.

다. 인명과 지명은 모두 선정하는 것을 원칙으로 하였다.

라. 인명과 지명에서 字號, 封號, 別號 등은 '↔' 부호를 사용하여 상호 관련시켜 보도록 하였다.

마. 國名은 주요 사건과 관련된 경우에만 선정하였다.

바. 제왕·제후와 그에 준하는 칭호를 나타내는 표제어는 앞에 국명을 붙여 파생어로 처리하였다.

사. 딸림 표제어는 主標題語 아래에 '–' 부호를 사용하여 생략하였다.

參考文獻

〔經傳類〕

≪十三經注疏≫ 藝文印書館 1981년(影印, 8版)

≪十三經注疏≫ 北京大學出版社 1999년

≪인터넷 十三經注疏≫ 臺灣中央研究所 1997년

≪詩經集傳≫ 二以會 1982년(影印)

〔春秋 左傳類〕

≪音註全文春秋括例始末左傳句讀直解≫ 林堯叟 啓明文化社 1990년(影印)

≪春秋左傳注≫ 楊伯峻 中華書局 2000년(6版)

≪左傳譯文≫ 沈玉成 中華書局 1982년

≪春秋左傳詞典≫ 楊伯峻 中華書局 1985년

〔國語類(譯註 포함)〕

≪國語公序本≫ 四部叢刊 上海商務印書館(影印)

≪國語明道本≫ 四部備要 臺灣中華書局 中華民國55년

≪校刊明道本韋氏解國語札記≫(四部備要本 附錄) 黃丕烈 中華書局

≪國語明道本攷異≫(四部備要本 附錄) 汪遠孫 中華書局

≪國語≫ 大野 峻 明治書院 昭和54년(3版)

≪國語≫ 上海師範大學古籍整理研究所 校點 上海古籍出版社 1998년

≪國語譯注辨析≫ 董立章 暨南大學出版社 1993년

≪國語譯注≫ 鄔國義・胡果文・李曉路 上海古籍出版社 1994년

≪白話國語≫ 李維琦 岳麓書舍 1994년

≪國語全釋≫ 黃永堂 貴州人民出版社 1995년

≪新譯國語讀本≫ 易中天 三民書局 1995년

≪國語譯注≫ 薛安勤・王連生 吉林文化出版社 1996년
≪譯注 國語≫ 秦峰 江西高校出版社 1998년
≪國語直解≫ 來可泓 復旦大學出版社 2000년

〔史書 및 其他類〕

≪管子纂詁≫ 安井 衡 景仁文化社 1986년(影印)
≪史記新注≫ 張大可 華文出版社 2000년
≪戰國策注釋≫ 何建章 中華書局 1996년
≪柳宗元集≫(非國語) 柳宗元 中華書局 1979년
≪增批古文觀止≫ 學民文化社 2004년(影印)
≪譯注古文觀止≫ 許嘯天 天津古籍書店 1981년

〔辭書類〕

≪大漢和辭典≫ 大修館書店 昭和 43년
≪漢語大詞典≫ 漢語大詞典出版社 1993년(2版)
≪漢韓大辭典≫ 檀國大學校 東洋學硏究所 1999～2004년

目 次

國語 제11권

晉語 五

國語 제14권

晉語 八

國語 제15권

晉語 九

國語 제16권

鄭語

國語 제17권

楚語 上

國語 제18권

楚語 下

國語 제19권

吳語

國語 제20권

越語 上

國語 제21권

越語 下

國語 제10권

晉語 四

105. 重耳自翟適齊 重耳가 翟나라에서 齊나라에 가다

【大義】 重耳가 翟나라에서 齊나라로 갈 때 어느 야인이 흙덩이를 준 일에 대하여 狐偃이 이 지역은 뒷날 重耳의 영토가 될 것을 예언함.

文公[1]이 在翟十二年에 狐偃[2]이 曰 日[3]에 吾來此也는 非以翟爲榮[4]이요 可以成事[5]也라 吾曰 奔而易達하고 困而有資하니 休以擇利면 可以戾[6]也라호이다 今戾久矣라 戾久將底[7]니 底著滯淫[8]이면 誰能興之리오 盍速行乎잇가 吾不適齊楚는 避其遠也로되 蓄力一紀하니 可以遠矣니이다 齊侯長[9]矣라 而欲親晉하고 管仲沒①矣라 多讒[10]在側하야 謀而無正[11]하고 衷而思始[12]라 夫必追擇前言[13]하야 求善以終하야

---

1) 文公 : 晉獻公의 庶子 重耳이다. 驪姬의 난리를 피하여 魯僖公 5년에 蒲에서 翟으로 도망하여 16년에 이르렀으므로 翟에 있은 것이 햇수로 12년이다.
2) 狐偃 : 晉文公(重耳)의 외삼촌 子犯이다.
3) 日 : 往日(전날)이다.
4) 榮 : 樂(즐거워함)이다.
5) 成事 : 고국으로 돌아가는 일을 이루다.
6) 戾 : 定(안정됨)의 뜻.
7) 底 : 止(정지됨)의 뜻.
8) 著滯淫 : 著은 부착함이고, 滯는 폐기됨이고, 淫은 오래됨이다.〔著 附也 滯 廢也 淫 久也〕.
9) 齊侯長 : 齊侯는 桓公이요 長은 늙었다는 뜻이다. 이해에 환공이 淮水에서 맹약을 하고 이듬해에 죽었다.
10) 讒 : 易牙・豎貂의 무리를 말한다.
11) 無正 : 바르게 따르지 못함이다.

厭[②]邇逐14)遠하리니 遠人入服이라도 不爲郵15)矣리이다 會其季年이 可也니 玆可以親이니이다하니 皆以爲然하니라

乃行하야 過五鹿16)할새 乞食於野人하니 野人이 擧塊以與之한대 公子怒하야 將鞭之어늘 子犯이 曰 天賜也라 民以土服17)하니 又何求焉이리오 天事必象이니 十有二年에 必獲此土하리니 二三子는 志之하라 歲在壽星이 及鶉尾[③]하야 其有此土乎18)인저 天以命矣19)라 復於壽星에 必獲諸侯20)리니 天之道也21)라 由是始之22)하야 有此는 其以戊申乎23)인저 所以申土也24)라하니 再拜稽首하고 受而載之25)하고 遂

---

12) 衷而思始 : 衷은 中이니, 中道에 그 처음을 생각하는 것이다.
13) 前言 : 管仲의 충성스럽고 착한 말.
14) 逐 : 求(구함)의 뜻.
15) 郵 : 過(허물함)의 뜻.
16) 五鹿 : 衛나라 邑이다.
17) 民以土服 : 백성이 흙을 받들어 공자에게 복종함을 말한다.
18) 歲在壽星 及鶉尾 其有此土乎 : 歲는 歲星이다. 軫星 12度로부터 氐星 4도까지 壽星의 별자리이고 張星 17도로부터 軫星 11도까지 鶉尾의 별자리이다. 세성이 수성에 있다는 것은 흙덩이를 얻는 해이니, 魯僖公 16년이다. 이 이후 12년 만에 세성이 鶉尾에 있을 때 반드시 이 五鹿 지역을 소유하는 것이다. 魯僖公 27년에 세성이 순미의 자리에 있고, 28년에 세성이 회복하여 수성에 있을 때, 晉文公이 衛나라를 쳐서 정월 6일 戊申日에 오록을 차지하였다. 周나라 정월은 夏나라의 11월이다. 天時를 하나라 책력으로 바로잡았기 때문에 세성이 순미에 있다고 한 것이다.
19) 天以命矣 : 命은 고함이니, 야인이 흙덩이를 바침을 말한다.
20) 復於壽星 必獲諸侯 : 세성이 회복되어 수성에 있다는 것은 魯僖公 28년이다. 이해 4월에 진문공이 초나라 군대를 城濮에서 패배시키고 제후들과 踐土에서 회합했고, 5월에 周나라 天子에게 포로를 바치니, 천자가 策命하여 侯伯을 삼았다. 그러므로 제후를 얻는다고 한 것이다.
21) 天之道也 : 하늘의 큰 수는 12에 불과하다.
22) 由是始之 : 흙덩이를 얻음으로부터 시작한다.
23) 其以戊申乎 : 이 五鹿을 소유하는 날은 마땅히 戊申日일 것이다.
24) 所以申土也 : 날짜를 戊申日이라고 한 것은 戊는 土이고, 申은 토지를 넓힘이기 때문이다.
25) 受而載之 : 하늘이 내려 주는 것에 절하고 흙덩이를 받아 싣다.

適齊하니라

〔校勘〕① 沒 : 四部備要本에는 '歿'로 되어 있는데 통용한다. 아래도 같다.
② 厭 : 四部備要本에는 '饜'으로 되어 있는데 통용한다. 아래도 같다.
③ 尾 : 四部備要本에는 '尾'로 되어 있는데 '尾'는 본자이다.

文公이 翟國에 있은 지 12년 만에 狐偃이 말하기를 "지난날에 우리가 여기 온 것은 翟에서 사는 것이 즐거워서가 아니고 고국으로 돌아갈 일을 이룰 수 있었기 때문입니다. 내가 말하기를 '여기로 도주하면 이르기가 쉽고 곤궁할 때에 재물이 있게 되니, 휴양하면서 편리한 시기를 택한다면 안정될 수가 있을 것입니다.'라고 했는데, 이제 안정된 지 오래되었습니다. 안정된 것이 오래되면 장차 정체될 것이니, 정체되어 고착되고 폐기되어 오래되면 누가 그것을 일으킬 수 있겠습니까? 어찌 속히 가지 않을 것입니까? 우리가 제나라와 초나라로 가지 않은 것은 그 먼 것을 피해서였는데 힘을 12년 동안 길렀으니, 멀리 갈 수 있습니다. 齊侯 桓公은 나이가 들어서 우리 晉나라와 친하려 하고 管仲이 죽었는지라 여러 참소하는 자들이 곁에 있어서, 환공은 계획해도 바르게 따르지 못하고 中道로 해도 관중이 하던 처음만을 생각하게 됩니다. 그는 반드시 관중이 그전에 말한 바를 취택하여 잘 마무리하기를 구해서 가까운 사람도 풍족하게 해 줄 것이고 먼 사람까지 구할 것이니, 먼 곳 사람이 들어가 복종하더라도 허물하지 않을 것입니다. 환공 말년에 만나 보는 것이 가하니, 이렇게 하면 친할 수 있습니다."라고 하니, 모두 옳다고 여겼다.

마침내 출발하여 五鹿을 지날 적에 野人에게 걸식을 하니, 야인이 흙덩어리를 들어 그에게 주었다. 公子 重耳가 성이 나서 장차 채찍으로 매를 치려고 하니, 子犯이 말하기를 "하늘이 주는 것입니다. 백성이 흙을 주는 것으로 복종하니, 또 무엇을 구하겠습니까? 하늘의 일은 반드시 먼저 상징이 있으니, 12년 후에 반드시 이 땅을 얻을 것입니다. 그대들은 기억하라! 歲星이 壽星에 있을 魯僖公 16년이, 鶉尾에 미쳐 가는 魯僖公 27년이 되면 공자께서 이 땅을 소유하실 것입니다. 하늘이 고한 것인지라, 세성이 수성으로 회복되면 반드시 제후를 얻어 패자가 될 것이니, 이는 하늘의 道입니다. 이 흙덩이를 얻음으로부터 시작하여 이 오록을 소유하는 것이 戊申日일 것이니, 토지를 넓히게 되는 것입니다."라고 하니, 두 번 절하고 머리를 조아리며 흙덩이를 받아 싣고서 마침내 제나라로 갔다.

106. 齊姜勸重耳勿懷安 齊姜이 重耳에게 권하여 편안함을 생각하지 않게 하다

【大義】 重耳의 아내인 齊姜이 重耳에게 편안함을 생각하지 말고 속히 晉나라에 돌아가 공을 세우기를 권면함.

齊侯妻之하고 甚善焉26)하다 有馬二十乘27)하니 將死於齊而已矣하야 曰 民生安樂이면 誰知其它①리오하니라 桓公卒하고 孝公卽位하니 諸侯畔②齊어늘 子犯知齊之不可以動28)하고 而知文公之安齊하야 而有終焉之志也라 欲行이나 而患之29)하야 與從者로 謀於桑下할새 蠶妾이 在焉30)호대 莫知其在也라 妾告姜氏하니 姜氏殺之31)하고 而言於公子曰 從者將以子行하니 其聞之者를 吾已③除之矣④라 子必從之하야 不可以貳니 貳無成命이라 詩云 上帝臨女하시니 無貳爾心32)이어다하니 先王이 其知之矣라 貳將可乎33)아 子去晉難而極34)於此하니 自子之行으로 晉無寧歲하고 民無成君35)이라 天未喪晉하고 無異公子36)하니 有晉國者는 非子而誰오 子其勉之어다 上帝臨子矣하니 貳必有咎37)리라

---

26) 齊侯妻之 甚善焉 : 桓公이 딸을 重耳에게 시집보내고 대우하기를 매우 잘하였다.
27) 馬二十乘 : 말 80마리. 乘은 말을 세는 단위로 네 마리임.
28) 動 : 귀국을 요구함을 말함.
29) 患之 : 文公이 기꺼이 떠나지 않음을 걱정한 것이다.
30) 在焉 : 뽕나무 위에 있음을 말한다.
31) 殺之 : 죽여서 입을 막다. 당시 제후들이 제나라를 배반하고 남편 또한 떠나려고 하자 孝公이 노할까 걱정한 것이다.
32) 詩云 上帝臨女 無貳爾心 : 詩는 《詩經》 〈大雅 大明〉篇 7章이다. 上帝는 하늘〔天〕이고, 女는 武王이니, 하늘이 임해서 너를 보호하여, 紂를 정벌하면 반드시 이길 것이므로 마음에 의심하지 말라고 말한 내용이다.
33) 其知之矣 貳將可乎 : 武王이 천명을 알아서 의심하지 않았으므로 끝내 천하를 소유하게 되었음을 말한 것이다.
34) 極 : 至(이르다)의 뜻.
35) 民無成君 : 成은 安定됨이다. 奚齊와 卓子가 시해당해 죽고, 惠公은 친한 이가 없어 국내외 사람들이 그를 미워했음을 말한 것이다.
36) 無異公子 : 형제 9명 가운데 오직 重耳만 살아 있었다.
37) 貳必有咎 : 하늘이 주는 것을 취하지 않기 때문에 반드시 허물이 있다고 한 것이다.

公子曰 吾不動矣요 必死於此하리라 姜이 曰 不然하다 周詩에 曰 莘莘征夫여 每懷靡及[38]이로다하니 夙夜征行하야 不遑啓處[39]하야도 猶懼無及이온 況其順身縱欲懷安이면 將何及矣리오 人不求及[40]이면 其能及乎아 日月不處하니 人誰獲安이리오 西方之書[41]에 有之하니 曰 懷與安은 實疚大事라하고 鄭詩에 云 仲可懷也나 人之多言이 亦可畏也[42]라호이다 昔에 管敬仲[43]이 有言커늘 小妾이 聞之하니 曰 畏威如疾은 民之上也요 從懷如流는 民之下也오 見懷思威는 民之中也라 畏威如疾이라야 乃能威民이요 威在民上이라야 弗畏有刑[44]이요 從懷如流는 去威遠矣[45]라 故로 謂之下니 其在辟也에 吾從中也[46]리라 鄭詩之言을 吾其從之[47]라하니 此大夫管仲之所以紀綱齊國하고 裨輔先君하야 而成霸者也니이다 子而棄之면 不亦難乎잇가 齊國之政敗矣요 晉之無道久矣요 從者之謀忠矣요 時日及矣요 公子幾矣[48]니이다 君國하야 可以濟

---

38) 周詩 曰 莘莘征夫 每懷靡及 : 〈周詩〉는 ≪詩經≫ 〈小雅 皇皇者華〉篇의 1장이다. 莘莘은 많다는 뜻이고, 征은 간다는 뜻이다. 사사로움을 생각하는 것을 每懷라고 하니, 신하가 명령을 받들면 마땅히 공적인 것을 생각해야지 매양 사사로운 것을 생각한다면 장차 미칠 바가 없음을 말한 것이다.

39) 夙夜征行 不遑啓處 : 夙은 일찍이고, 行은 길이고, 遑은 겨를이고, 啓는 무릎 꿇고 앉음이고, 處는 거처함이다.

40) 求及 : 때에 미쳐 구함.

41) 西方之書 : 周나라의 책을 말한다.

42) 鄭詩 云 仲可懷也 人之多言 亦可畏也 : 〈鄭詩〉는 ≪詩經≫ 〈鄭風 將仲子〉篇의 마지막 장이다. 仲은 祭仲이고, 懷는 생각함이다. 이는 비록 마음을 따라 仲을 생각하고자 하나 오히려 다른 사람을 두려워하여 스스로 그친다는 것이니, 보면 그리워하고 생각하면 그립다는 말이다.

43) 管敬仲 : 齊나라 管仲. 敬仲은 諡號.

44) 威在民上 弗畏有刑 : 능히 백성들에게 위엄을 줄 수 있기 때문에 임금이 백성들의 위에 있고, 위엄을 두려워하지 않으면 형벌이 있게 된다.

45) 去威遠矣 : 백성들에게 위엄을 펼 수 없음을 말한다.

46) 其在辟也 吾從中也 : 辟은 罪이다. 위엄을 두려워하지 않으면 형벌이 있으므로, 죄라고 한 것이다. 中等은 높게는 위에 있지 않고 낮게는 죄를 피하려 하므로, 중등을 따르는 것이다.

47) 吾其從之 : 사람들의 말 많은 것을 두려워함을 따르는 것이다.

百姓이어늘 而釋之者는 非人也라 敗49)不可處요 時不可失이요 忠不可棄요 懷不可從이니 子必速行하소서 吾聞晉之始封50)也는 歲在大火하니 閼伯之星也라 實紀商人51)하니 商之饗國이 三十一王이니이다 瞽史52)之記⑤에 曰 唐叔之世는 將如商數라하니 今未半也53)라 亂不長世54)요 公子唯子니 子必有晉하리라 若何懷安고호대 公子弗聽하니라

〔校勘〕 ① 它 : 四部備要本에는 '他'로 되어 있는데 '它'는 '他'의 古字이다.
② 畔 : 四部備要本에는 '叛'으로 되어 있는데 통용한다. 아래도 같다.
③ 已 : 四部備要本에는 '以'로 되어 있는데 통용한다.
④ 矣 : 四部備要本에는 '矣'자가 없다.
⑤ 記 : 四部備要本에는 '紀'로 되어 있는데 통용한다.

齊侯 桓公이 그 딸을 〈重耳에게〉 아내로 삼게 하고 대우하기를 매우 잘해 주었다. 重耳가 말 20乘을 소유하니, 장차 제나라에서 죽어 갈 뿐이라고 하여 말하기를 "인생이 안락하면 누가 그 다른 것을 알랴?" 하였다. 桓公이 죽고 孝公이 즉위하자 諸侯들이 齊나라를 배반하거늘 子犯은 제나라가 귀국하도록 출동해 줄 수 없다는 것을 알고 文公이 제나라를 편안히 여겨서 평생을 마치려는 뜻이 있음을 알았다. 떠나려 하였으나 重耳가 안 가려는 것을 걱정하여 종자들과 뽕나무 아래에서 계획을 짤 때에 누에 치는 여자가 있었는데도 그녀가 있는 줄을 알지 못했다. 그녀가 〈중이의 아내인〉 姜氏에게 고하니, 강씨가 그녀를 죽이고 公子 重耳에게 말하기를 "종자들이 장차 당신을 받들고 가려고 하는데 그 말을 들은 사람을 내가 이미 없앴습니다. 당신은 반드시

48) 公子幾矣 : 幾는 가깝다는 말이니, 重耳가 나라를 얻을 시일이 가까운 것을 말한다.
49) 敗 : 齊나라를 말함.
50) 始封 : 唐叔虞를 말함.
51) 歲在大火 閼伯之星也 實紀商人 : 氐星 5度로부터 尾星 9도까지가 大火의 별자리이다. 閼伯은 陶唐氏의 火正으로 商丘에 살면서 大火에 제사를 지냈다. 죽어서 配食할 때에 땅을 살펴 그것에 따라 하였으므로, 商나라에서는 대화로 주장을 삼아 실로 상나라의 길흉을 주관하였다.
52) 瞽史 : 天道를 알았던 사람. 〈瞽史記〉는 樂官과 史官의 未來記를 말한다.
53) 今未半也 : 唐叔으로부터 惠公까지 14대이므로, 반이 안 되었다고 말한 것이다.
54) 亂不長世 : 난리에 당연히 평화시가 있게 됨을 말한다.

종자들의 말을 따르고 의심하지 말아야 하니, 의심하면 天命을 이룰 수 없습니다. ≪詩經≫에 이르기를 '上帝께서 너에게 임했으니, 네 마음에 의심함이 없을지어다.'라고 하였습니다. 이는 先王이 천명을 알았던 것이니, 의심하면 될 수 있었겠습니까? 당신이 晉나라의 난리를 피해서 여기에 이르렀는데, 당신이 떠나오면서부터 진나라에는 편안한 해가 없었고 백성들에게는 안정된 임금이 없었습니다. 하늘이 아직 진나라를 망하게 하지 않았고 다른 공자가 없으니, 진나라를 소유할 사람은 당신이 아니면 누구이겠습니까? 당신은 노력하셔야 합니다! 상제가 당신에게 임했으니, 의심하면 반드시 허물이 있을 것입니다."라고 하였다.

公子가 말하기를 "나는 움직이지 않을 것이고, 반드시 여기에서 죽을 것이오."라고 하였다. 강씨가 말하기를 "그렇지 않습니다. 〈周詩〉에 말하기를 '많은 行人들이여! 매양 사사로움을 생각하면 미치지 못할 것이다.'라고 했습니다. 밤낮으로 길을 가서 무릎을 꿇고 앉아있을 틈이 없더라도 오히려 미치지 못할까 두려워해야 하거늘, 더구나 자신의 私心을 따르며 욕심을 방종하게 하며 편안함을 생각한다면 장차 어찌 미칠 수 있겠습니까! 사람이 때에 미치기를 구하지 않는다면 미칠 수 있겠습니까! 세월은 머물지 않는 것이니, 사람이 누가 편안함을 얻겠습니까! 西方의 책에 이르기를 '私心과 안락함은 실로 큰일을 해친다.'고 하였고, 〈鄭詩〉에 이르기를 '仲을 그리워할 만하나 사람들의 말 많은 것 또한 두렵다.'라고 하였습니다. 옛날에 管敬仲이 한 말을 小妾이 들었는데 말하기를 '하늘의 위엄을 두려워하기를 질병처럼 하는 것은 사람 중에 상등이고, 사심을 따르기를 물 흐르듯이 하는 것은 사람 중에 하등이고, 사심을 보고 위엄을 생각하는 것은 사람 중에 중등이다. 위엄을 두려워하기를 질병같이 여겨야만 사람들에게 위엄을 펼 수 있고 위엄이 있는 사람이 백성 위에 있어야만 위엄을 두려워하지 않는 사람에게 형벌을 줄 수 있다. 사심을 따르기를 흐르는 물처럼 하는 자는 위엄과 떨어지기를 멀리하므로, 하민이라고 말한 것이다. 하민은 죄가 있게 되니 나는 중등을 따를 것이다. 〈鄭詩〉의 말을 내가 따른다.'고 했으니, 이것이 大夫 管仲이 齊國의 기강을 바로잡고 先君 齊桓公을 도와서 霸者를 이룬 까닭입니다. 당신이 이것을 버린다면 또한 어렵지 않겠습니까! 齊나라 정치가 실패했고 晉나라에 도가 없은 지 오래되었으며, 추종자들의 모책이 충성스럽고 시일이 닥쳐와 公子께서 국가를 차지할 날이 거의 되었습니다. 나라의 임금이 되어서는 백성들을 이루어 주어야 하거늘 버려두는 것은 사람이 할 짓이 아닙니다. 실패한 제나라에서 오래 처할 수가 없고 때를 잃을 수도 없으며 충성심을 버릴 수가 없고 사심을 따를 수가 없으니, 그대는 꼭 속히 가십시오. 내가 듣건대 晉나라에 처음 봉해진 이는 歲星이 大火星座에 있었으니, 閼伯의 별자리입니다. 실로 商나라 사람의 길흉을 주관했으니, 상나라가 나라를 유지한 것이 31王이었습니다. 〈瞽史記〉의 기록에 이르기를 '唐叔의 代數가 장차 商나라의 대수와 같을 것이다.'라고 하였는데, 지금 반도 안 되었습니다. 난리는 오래가지 못하고 公子 중에는 오직 당신뿐이니, 당신이 반드시 진나라를 차지할 것입니다. 어찌하여 편안함만 생각하십니까?" 하였으나, 공자는 따르지 않았다.

107. 齊姜與子犯謀遣重耳 齊姜이 子犯과 重耳를 보낼 일을 모의하다

【大義】 齊姜이 子犯과 공모하여 重耳를 술에 취하게 하고 본국 晉나라로 돌아가게 함.

姜與子犯으로 謀하야 醉而載之以行이러니 醒하야 以戈逐子犯 曰 若無所濟면 吾食舅氏之肉이라야 其知厭乎인저하니 舅犯[55]走하고 且對曰 若無所濟면 余未知死所니 誰能與豺狼으로 爭食[56]이리오 若克有成이면 公子無亦晉之柔嘉를 是以甘食가 偃之肉은 腥臊하니 將焉用之리오하고 遂行하니라

姜氏가 子犯과 모획하여 重耳를 취하게 하고서 싣고 가게 하였다. 중이가 술에서 깨어 창을 들고 子犯을 쫓아가며 말하기를 "만약 성공하지 못하면 내가 외삼촌의 살을 씹어 먹어야 만족할 줄 알 것입니다." 하니, 舅犯이 달아나면서 또 대답하기를 "만약 성공하지 못하면 내가 죽은 곳을 알지 못하리니, 누가 승냥이나 이리와 함께 다투어 잡아먹을 수 있겠습니까! 만약 능히 성공하게 되면 公子께서 또한 晉나라의 부드럽고 아름다운 음식을 달게 먹지 않으시겠습니까? 나 偃의 살은 비리고 누린내가 나니, 장차 어디에 쓰겠습니까?" 하고는 마침내 떠났다.

---

55) 舅犯 : 외삼촌 子犯. 狐偃을 말한다.
56) 誰能與豺狼 爭食 : 싸우다가 들판에서 죽으면 누가 다시 승냥이나 이리와 함께 다투어 나를 잡아먹을 수 있겠는가?

108. 衛文公不禮重耳 衛文公이 重耳에게 禮를 갖추지 않다

【大義】 晉나라 公子 重耳가 衛나라를 지나갈 때 衛文公이 중이를 예우하지 않자, 중이가 천하의 패자가 될 것을 알아본 甯莊子가 문공에게 禮로 중이를 대하라고 권면함.

過衛할새 衛文公이 有邢翟之虞하야 不能禮焉[57]이라 甯莊子[58]言於公曰 夫禮는 國之紀也요 親은 民之結也[59]요 善은 德之建也[60]라 國無紀면 不可以終이요 民無結이면 不可以固요 德無建이면 不可以立이니 此三者는 君之所愼也어늘 今君棄之하니 無乃不可乎잇가 晉公子는 善人也요 而衛는 親也[61]니 君不禮焉이면 棄三德[62]矣라 臣故云하니 君其圖之하소서 康叔은 文之昭也요 唐叔은 武之穆也[63]라 周之大功이 在武[64]하니 天胙①將在武族하리니 苟姬未絶周室이면 而俾守天聚[65]者는 必武族[66]也라 武族에 唯晉實昌하고 晉胤에 公子實德하니이다 晉仍無道하야 天胙有德하니 晉之

---

57) 有邢翟之虞 不能禮焉 : 衛文公은 宣公의 손자이며 昭伯 頑의 아들인 燬이다. 虞는 대비한다〔備〕는 뜻이다. 이해는 魯僖公 18년인데 겨울에 邢나라 군인들과 翟나라 군인들이 衛나라를 공격해서 菟圃를 포위하니, 衛文公이 訾婁에서 군사를 일으키고 싸워서 퇴각시켰다. 이 때문에 禮로 重耳를 대우하지 못했다.

58) 甯莊子 : 衛나라 正卿. 穆仲靜의 아들 甯速.

59) 親民之結也 : 임금이 그 친척을 친히 하는 것은 민심을 결속시켜 서로 친하게 하는 것이다.

60) 善德之建也 : 능히 선한 사람을 선하게 여기는 것은 덕을 세우는 것이다.

61) 而衛親也 : 晉나라 조상 唐叔은 武王의 아들이요 衛나라 조상 康叔은 文王의 아들이므로, 親이라고 한 것이다.

62) 三德 : 손님을 예로 대하는 것〔禮賓〕, 친척을 친히 하는 것〔親親〕, 선한 이를 선하게 여기는 것〔善善〕이다.

63) 康叔 文之昭也 唐叔 武之穆也 : 神主는 조상으로부터 내려오면서 하나는 昭가 되고 하나는 穆이 된다. 그러므로 康叔은 文王의 昭가 되고 唐叔은 武王의 穆이 된다. 昭・穆은 太祖 또는 始祖 앞에 두 줄로 나열된 신주의 차례로, 昭는 왼쪽(동쪽)에 穆은 오른쪽(서쪽)에 나열한다.

64) 周之大功 在武 : 紂를 쳐서 천하를 평정한 것을 말한다.

65) 聚 : 財物과 百姓.

66) 族 : 嗣(후손)이다.

守祀는 必公子也라 若復而修其德하고 鎭撫其民이면 必獲諸侯하야 以討無禮하리니 君弗蚤圖면 衛而在討리이다 小人是懼하니 敢不盡心가한대 公弗聽하니라

〔校勘〕 ① 胙 : 四部備要本에는 '祚'로 되어 있는데 통용한다. 아래도 같다.

〈重耳가〉 衛나라를 지나갈 때 衛文公이 邢과 翟에 대비함이 있어서 능히 禮로 대하지 못하였다. 甯莊子가 문공에게 말하기를 "禮는 나라의 기강이고 친척을 친하게 대하는 것은 백성을 결속하게 하는 것이고 善한 사람을 선히 여기는 것은 덕을 세우는 것입니다. 나라에 기강이 없으면 잘 마칠 수 없고 백성의 결속이 없으면 견고할 수가 없으며 덕을 세움이 없으면 설 수가 없습니다. 이 세 가지는 임금께서 신중히 해야 하는 것인데 지금 임금께서 그것을 버리시니, 옳지 않은 것이 아닙니까? 晉나라 公子 重耳는 선한 사람이고 衛나라는 친족이니, 임금께서 그를 예로 대하지 않으면 세 가지 덕을 버리는 것입니다. 제가 그렇기 때문에 말씀드리는 것이니, 임금께서는 잘 생각하십시오! 康叔은 文王의 昭이고 唐叔은 武王의 穆입니다. 주나라의 큰 공이 무왕에게 있으니, 하늘에서 복을 주는 것이 장차 무왕의 후손에게 있을 것입니다. 진실로 姬姓들이 周나라를 단절하지 않는다면 하늘이 주는 재물과 백성을 지키게 할 자는 반드시 무왕의 후손일 것입니다. 무왕의 후손 중에 오직 晉나라만이 실제로 창성하고 진나라의 자손 중에 公子 重耳가 실제 덕이 있습니다. 진나라는 자주 도가 없어서 하늘이 덕 있는 이에게 복을 주려고 하니, 진나라의 제사를 지킬 사람은 반드시 공자 중이일 것입니다. 만약 귀국하여 그 덕을 닦고 그 백성들을 어루만진다면 반드시 제후들을 얻어서 예의가 없는 사람을 정벌할 것이니, 임금께서 일찍 생각하지 않는다면 衛나라가 토벌을 당하게 될 것입니다. 저는 이것을 두려워하니, 감히 마음을 다하지 않겠습니까?"라고 하였으나, 衛文公은 따르지 않았다.

109. 曹共公不禮重耳 而觀其駢脅 曹共公이 重耳를 예로 대하지 않고 그 통갈비뼈를 훔쳐보다

【大義】 曹共公이 重耳에게 예의를 갖추지 않고 목욕을 할 때 통갈비뼈를 훔쳐보아 임금의 본분을 잃자 僖負羈가 중이의 미래를 예견하고 공공에게 예를 갖추어 대하도록 권면함.

自衛過曹할새 曹共公[67]이 亦不禮焉하다 聞其骿①脅하고 欲觀其狀하야 止其舍하야 諜其將浴하야 設微하고 薄而觀之[68]러라 僖負羈②[69]之妻言於負羈曰 吾觀晉公子는 賢人也요 其從者도 皆國相也니 以相一人이면 必得晉國이요 得晉國而討無禮하면 曹其首誅也리니 子盍蚤自貳[70]焉가하니라 僖負羈餽③飧에 寘璧焉이러니 公子受飧反璧하다

負羈言於曹伯曰 夫晉公子在此하니 君之匹也라 君④不亦禮焉이니이가 曹伯이 曰 諸侯之亡公子其多矣니 誰不過此리오 亡者는 皆無禮者也니 余焉能盡禮焉이리오 對曰 臣聞之컨대 愛親明賢은 政之榦也요 禮賓矜窮은 禮之宗也요 禮以紀[71]政은 國之常也니 失常不立[72]은 君所知也니이다 國君은 無親이요 國以⑤爲親[73]이라 先君叔振[74]은 出自文王하고 晉祖唐叔은 出自武王하니 文武之功이 實建諸姬라 故로 二王之嗣는 世不廢親이어늘 今君이 棄之면 是⑥不愛親也요 晉公子生十七年而亡이나 卿材三人[75]이 從之하니 可謂賢矣어늘 而君이 蔑之면 是不明賢也니이다 〈謂〉⑦晉公子之亡이면 不可不憐也요 比之賓客이면 不可不禮也라 失此二者면 是不禮賓이요 不憐窮也니이다 守天之聚인댄 將施於宜[76]니 宜而不施면 聚必有闕하리이다 玉帛酒食[77]은 猶糞土也어늘 愛糞土하야

---

67) 共公 : 曹昭公의 아들 曹伯襄.

68) 諜其將浴 設微 薄而觀之 : 諜은 候(살펴보다), 微는 蔽(가리개・장막), 薄은 迫(바짝 다가간다)의 의미이다. ≪左傳≫에는 '목욕을 함에 바짝 다가가 보았다.'고 되어 있다. 그런데 '設微薄而觀之'는 '微薄을 설치하고서 보았다.'고 보는 것이 문의상 매끄럽다.

69) 僖負羈 : 曹나라 大夫.

70) 貳 : 특별한 일〔別〕을 말한다.

71) 紀 : 理(다스림)이다.

72) 不立 : 정치가 확립되지 않음.

73) 國君 無親 國以爲親 : 同僚는 官으로 서로 친하고 임금은 나라로 서로 친한다.

74) 叔振 : 文王의 6번째 아들. 武王 때 曹에 봉해져 曹의 先祖가 되었다.

75) 三人 : 狐偃・趙衰・賈它를 말한다.

76) 宜 : 義의 뜻이다.

77) 玉帛酒食 : 손님을 대접할 때 쓰는 재물 등을 말함.

以毁三⑧常78)이면 失位而闕聚하리니 是之不難이 無乃不可乎잇가 君其圖之하소서 公弗聽하니라

〔校勘〕① 骿 : ≪左傳≫ 僖公 23년의 같은 글에는 '駢'으로 되어 있는데 汪遠孫의 ≪國語明道本攷異≫에는 古字에는 통용한다고 하였다.
② 羈 : 四部備要本에는 '羇'로 되어 있는데 통용한다. 아래도 같다.
③ 餽 : 四部備要本에는 '饋'로 되어 있는데 汪遠孫의 ≪國語明道本攷異≫에는 '饋'가 本字이고 '餽'가 假借字라고 하였다.
④ 君 : 四部備要本에는 '君'자가 없다.
⑤ 國以 : 四部備要本에는 '以國'으로 되어 있다.
⑥ 是 : 四部備要本에는 '是'자가 없다. 아래의 '是不明賢也'와 짝을 맞추면 '是'자가 있어야 한다.
⑦ 〈謂〉 : 四部備要本에 의거하여 보충하였다.
⑧ 三 : 四部備要本에는 '五'로 되어 있는데 '三'이 옳다.

〈重耳가〉 衛나라에서 떠나 曹나라를 지나가는데 曹共公 역시 예로 대하지 아니하였다. 〈共公은 公子 重耳가〉 통갈비뼈라는 소문을 듣고 그 모습을 보고자 하여, 그의 객사에 머물게 하면서 그가 장차 목욕하는 것을 살펴서 가리개를 설치해 놓고 다가가서 보았다. 僖負羈의 아내가 희부기에게 말하기를 "제가 보건대 晉나라 公子 重耳는 어진 사람이고 그를 따라다니는 사람들도 모두 나라의 재상감들입니다. 그들이 한 사람 중 이를 도와준다면 반드시 晉나라를 얻을 것이고, 진나라를 얻어서 무례한 이들을 토벌한다면 조나라가 맨 먼저 주륙당할 것이니, 당신은 어찌 일찍 스스로 그에게 특별히 하지 않는 것입니까?"라고 하였다. 희부기가 저녁밥을 줄 때 구슬을 밥과 함께 놓았는데 공자가 밥은 받고 구슬은 되돌려 주었다.

희부기가 曹伯에게 말하기를 "晉나라 公子가 여기에 있는데 임금의 상대자인지라, 임금께서는 또한 그를 예우해야 하지 않겠습니까?"라고 하니, 조백이 말하기를 "제후들의 망명한 공자들이 많은데 누가 여기를 지나지 않겠는가? 망명한 자는 모두 무례한 자들이니, 내가 어찌 예를 다할 수 있겠느냐?"라고 하였다. 희부기가 대답하기를 "신은 듣건대 친척을 사랑하며 어진 이를 드러내 줌은 政務의 基幹이고, 손님을 예로 대하며 궁색한 이를 불쌍히 여기는 것은 禮의 근본이고, 예로 정치를 다스리는 것은

78) 三常 : 政事의 基幹, 禮의 根本, 國家의 常道를 말함.

국가의 떳떳한 도리이니, 떳떳한 도리를 잃으면 정치가 확립되지 않는 것은 임금께서도 아실 것입니다. 나라 임금은 친할 이가 없고 나라로 친합니다. 우리 先君 叔振은 文王에게서 나왔고 晉나라 조상 唐叔은 武王에게서 나왔으니, 문왕과 무왕의 공이 실로 여러 姬姓 國家를 세웠습니다. 그러므로 두 임금의 자손들이 대대로 친함을 폐하지 않았는데 이제 임금께서 버리신다면 이는 친척을 사랑하지 않는 것이고, 晉나라 공자가 태어나서 17년 동안이나 망명하고 있으나 卿의 재목 세 사람이 따라다니고 있으니 어질다고 이를 만하거늘 임금께서 멸시하신다면 이는 어진 이를 드러내 주는 것이 아닙니다. 진나라 공자가 망명한다고 생각한다면 가엾이 여기지 않을 수 없고 빈객에 견준다면 예우하지 않을 수 없습니다. 이 두 가지를 그르친다면 이것은 빈객을 예우하지 않는 것이고 곤궁한 이를 가엾이 여기지 않는 것입니다. 하늘이 주는 재물과 백성을 지키려고 할진대 옳은 데에 베풀어야 할 것이니, 옳은데도 베풀지 않는다면 재물과 백성에 반드시 손실이 있을 것입니다. 구슬과 비단, 술과 음식은 썩은 흙과 같거늘 썩은 흙을 아껴서 세 가지 떳떳한 것을 해친다면 지위도 잃고 재물과 백성도 손실될 것입니다. 이를 재난으로 여기지 않는 것은 옳은 일이 아니지 않습니까? 임금께서는 생각하십시오."라고 했으나, 共公은 따르지 않았다.

110. 宋襄公贈重耳以馬二十乘 宋襄公이 重耳에게 말 20乘을 주다

【大義】 宋襄公이 公孫 固의 권고를 받아들여 중이를 예우함.

公子過宋할새 與司馬公孫固79)로 相善이라 公孫固言於襄公80)曰 晉公子亡하야 長幼81)矣로되 而好善不厭하야 父事狐偃하고 師事趙衰(조최)82)하며 而長83)事賈它① 하니 狐偃은 其舅也라 而惠以有謀하고 趙衰는 其先君84)之戎御85)趙氏②之弟也라

79) 司馬公孫固：宋莊公의 손자 大司馬 固.
80) 襄公：宋桓公의 아들 茲父.
81) 長幼：어려서부터 어른으로 성장하기까지〔從幼至長〕를 말한다.
82) 趙衰：晉나라 卿인 公明의 少子 成子 衰.
83) 長：형으로 섬김을 말한다.
84) 先君：獻公을 말한다.
85) 戎御：戎車의 마부.

而文以忠貞하고 賈它[86]는 公族[87]也라 而多識以恭敬하니 此三人者가 實左右之라 公子居則下之하고 動則咨③焉하야 成幼[88]而不倦하니 殆有禮矣라 樹[89]於有禮면 必有艾[90]니 商頌에 曰 湯降不遲하사 聖敬日躋[91]라하니 降有禮之謂也[92]라 君其圖之하소서 襄公從之하야 贈以馬二十乘하니라

〔校勘〕① 它 : 四部備要本에는 '佗'로 되어 있다. 아래도 같다.
② 氏 : 四部備要本에는 '夙'으로 되어 있다.
③ 咨 : 四部備要本에는 '諮'로 되어 있는데 통용한다. 아래도 같다.

公子 重耳가 宋나라를 지나갈 때 司馬인 公孫 固와 서로 좋아했다. 공손 고가 宋襄公에게 말하기를 "晉나라 公子가 망명하여 어려서부터 장성하는 데에 이르렀는데, 선한 사람 좋아하기를 싫어하지 아니하여 狐偃을 아버지처럼 섬기고 趙衰를 스승으로 섬기며 賈它를 형으로 섬깁니다. 호언은 重耳의 외삼촌인데, 은혜로우면서 꾀가 있으며, 조최는 그 先君의 군용 수레를 몰던 사람인 조씨의 아우인데 글을 잘하고 충성스러우며 바른 사람이고, 가타는 공족인데 아는 것이 많으면서 공경스런 사람이니, 이 세 사람이 실제로 그를 보좌하고 있습니다. 공자가 거처할 때는 그들을 존경하고 행동할 때는 물어서 어려서부터 성인에 이르기까지 게을리 하지 아니했으니, 자못 예가 있는 사람입니다. 예의가 있는 사람에게 심어 놓는다면 반드시 보답이 있을 것입니다. ≪詩經≫ 〈商頌〉에 말하기를 '湯임금의 예우함이 늦지 않게 해서 聖과 敬이 날마다 상승하였다.'라고 했으니, 예의가 있는 사람에게 낮춘다는 것을 말한 것입니다. 임금께서는 잘 도모하십시오!" 하니, 襄公이 그 말을 따라서 말 20乘을 주었다.

---

86) 賈它 : 狐偃의 아들 狐射姑이니, 太師 賈季이다.
87) 公族 : 姬姓을 말함.
88) 成幼 : 어려서부터 성인에 이르기까지〔自幼至成人〕를 말한다.
89) 樹 : 種(심음)의 뜻.
90) 艾 : 報(갚음)의 뜻.
91) 商頌 曰 湯降不遲 聖敬日躋 : ≪詩經≫ 〈商頌 長發〉篇 三章의 글이다. 降은 낮춤이고, 躋는 올라감이니, 湯임금이 어진 이를 높이고 선비에게 자신을 낮춘 것이 매우 빨랐으므로 그 聖과 敬의 도가 날마다 올라서 하늘에까지 들렸다는 의미이다.
92) 降有禮之謂也 : 자기를, 예의가 있는 사람에게 낮추는 것을 말한다.

111. 鄭文公不禮重耳 鄭文公이 重耳를 예의로 대하지 않다

【大義】 鄭나라 大夫 叔詹이 정문공에게 중이를 예로 대하라고 권면했으나 문공이 따르지 않다.

公子過鄭할새 鄭文公93)이 亦不禮焉이어늘 叔詹94)諫曰 臣은 聞之컨대 親有天95)하고 用前訓96)하며 禮兄弟하고 資窮困은 天所福也라하더이다 今晉公子有三胙焉하니 天將啓之리이다 同姓不婚은 惡不殖也라 狐氏出自唐叔97)하니 狐姬98)는 伯行99)之子也라 實生重耳하니 成而儁①才100)하며 離違而得所101)하며 久約而無釁하니 一也요 同出102)九人에 唯重耳在하고 離103)外之患이어늘 而晉國不靖하니 二也요 晉侯는 日載104)其怨하야 外內棄之하고 重耳는 日載其德하며 狐趙謀之하니 三也니이다 在周頌에 曰 天作高山이어시늘 大王荒之105)라하니 荒은 大之也라 大天所作은 可謂親有天矣요 晉鄭은 兄弟也라 吾先君武公106)이 與晉文侯107)로 勠〔戮〕②力一心하야 股

---

93) 鄭文公 : 鄭厲公의 아들 捷.
94) 叔詹 : 鄭나라 大夫.
95) 有天 : 하늘이 열어 주는 바가 있는 사람.
96) 前訓 : 先君의 가르침.
97) 狐氏出自唐叔 : 狐氏는 重耳의 外家이다. 唐叔으로부터 나왔다는 것은 晉나라와 조상을 같이한 唐叔의 후예로서 떨어져 犬戎에 있는 사람이다.
98) 狐姬 : 重耳의 어머니.
99) 伯行 : 狐突의 字.
100) 成而儁才 : 成人이 되어 준걸스러운 재주가 있음을 말한다.
101) 離違而得所 : 違는 떠남〔去〕이니, 재앙을 만나서 나라를 떠나 제자리를 얻었음을 말한다.
102) 同出 : 아버지가 같은 형제를 말함.
103) 離 : 만남.
104) 載 : 成(이루다)의 뜻.
105) 天作高山 大王荒之 : ≪詩經≫ 〈周頌 天作〉篇의 1장이다. 作은 생기게 함〔生〕이고, 高山은 岐山이고, 荒은 크게 여김이니, '하늘이 이 높은 산을 만들어서 구름을 일으키고 비를 내리게 했으니, 太王은 예법에 맞추어 제사 지내어 존대하게 여겼다.'는 말이다.

肱周室하고 夾輔平王하니 平王勞而德之하야 而賜之盟質[108] 曰 世相起[109]也라하니 若親有天인댄 獲三胙[110]者는 可謂大天이요 若用前訓인댄 文侯之功과 武公之業은 可謂前訓[111]이요 若禮兄弟인댄 晉鄭之親과 王之遺命이 可謂兄弟[112]요 若資窮困인댄 亡在長幼하야 還(선)軫[113]諸侯는 可謂窮困이니이다 棄此四者[114]하야 以徼[115]天禍하면 無乃不可乎잇가 君其圖之하소서 弗聽하니라

叔詹이 曰 若不禮焉이면 則請殺之하소서 諺에 曰 黍稷無成이면 不能爲榮이요 黍不爲黍면 不能蕃廡요 稷不爲稷이면 不能蕃殖이라 所生不疑가 唯德之基[116]라하더이다 公弗聽하니라

〔校勘〕 ① 儁 : 四部備要本에는 '雋'으로 되어 있는데 '俊'과 통용한다.
② 勠〔戮〕: 四部備要本에 '戮'으로 되어 있는데 汪遠孫의 ≪國語明道本攷異≫에는 '戮자가 옳다.' 하였으므로 따라 고쳤다.

公子 重耳가 鄭나라를 지나갈 때에 鄭文公이 또한 예우하지 않거늘 叔詹이 간언하기를 "제가 듣건대 하늘이 열어 주는 사람을 친애하고 先君의 가르침을 쓰며 형제들을

---

106) 武公 : 鄭桓公의 아들 滑突.
107) 晉文侯 : 晉穆侯의 아들 仇.
108) 盟質 : 맹약의 신의를 나타내는 글.
109) 起 : 扶持(붙잡아 줌)이다.
110) 三胙 : 어른으로 자라 재주가 준걸스러우며, 진나라가 다스려지지 못하고 있으며, 狐偃과 趙衰가 도모해 주는 일을 말함.
111) 前訓 : 鄭·晉 두 나라가 마음을 동일하게 하라는 훈계.
112) 王之遺命 可謂兄弟 : 鄭·晉 두 나라가 同姓이고 平王이 남긴 명령에 서로 붙잡아 주라고 하였으므로, 형제라고 말하였다.
113) 還軫 : 還은 되돌림이고, 軫은 수레 뒤의 가로댄 나무이니, 還軫은 수레를 되돌려 여러 나라를 두루 돌아다니면서 곤궁함을 당한 말과 같다.
114) 四者 : 有天·前訓·兄弟·困窮을 말한다.
115) 徼 : 要(맞이함)의 뜻.
116) 所生不疑 唯德之基 : 所生은 黍를 심으면 黍를 얻고 稷을 심으면 稷을 얻어서 오직 심는 바에 있음을 말하니, 禍와 福도 이와 같음을 말한다. 만약 重耳에게 禮로 대하지 않을 것이면 마땅히 그를 제거하고, 그렇지 않다면 마땅히 후하게 대접해야 할 것이니, 이와 같은 것을 의심치 않는 것이 德의 기반이 된다.

예로 대하고 곤궁한 이를 도와주는 사람은 하늘이 복을 준다고 했습니다. 지금 晉나라 公子는 세 가지 복 받을 일이 있으니, 하늘이 장차 그를 열어 줄 것입니다. 同姓끼리 혼인하지 않는 것은 번식되지 않는 것을 싫어해서입니다. 狐氏가 唐叔에게서 나왔으니, 狐姬는 伯行의 딸입니다. 실로 중이를 낳았으니, 어른으로 자라 재주도 준걸스러우며 화를 피해 나라를 떠났는데도 제 처소를 얻었으며 오랫동안 곤궁하여도 흠이 없는 것이, 〈복 받을 일의〉 첫 번째입니다. 아버지를 같이하여 출생한 형제가 아홉 사람이지만 오직 중이만 살아 있고 바깥으로 떠도는 환난을 만났는데도 진나라는 다스려지지 못하고 있는 것이, 두 번째입니다. 晉나라 諸侯는 날마다 원망을 이루어서 안팎이 그를 버리고 중이는 날마다 덕을 이루며 狐偃과 趙衰가 도모해 주는 것이, 세 번째입니다. 《詩經》 〈周頌〉에서 말하기를 '하늘이 높은 산을 만들었는데 太王께서 크게 여겨서 제사를 지냈다.'라고 하였으니, 荒은 존대하게 여긴 것입니다. 하늘이 만드는 바를 존대하게 여기는 것은 하늘이 열어 주는 사람을 친애하는 것이라고 이를 만합니다. 晉나라와 鄭나라는 형제간입니다. 우리의 先君 武公께서 晉文侯와 힘을 다하며 마음을 하나로 하여 주나라에 팔다리처럼 도와주고 平王을 보필하였으니, 평왕이 위로도 하고 덕으로 여겨서 盟約書를 주면서 말하기를 '대대로 서로 붙잡아 주라.'라고 하였습니다. 만약 하늘이 열어 주는 사람을 친애하고자 한다면 세 가지 복을 얻은 사람은 하늘을 존대하게 여겼다고 말할 만하고, 만약 선군의 훈계를 사용하고자 한다면 문후의 공적과 무공의 사업은 선조의 훈계라고 말할 만하고, 만약 형제를 예로 대하고자 한다면 진나라와 정나라의 친척과 왕이 남긴 명령은 형제간이라고 말할 만하고, 만약 빈궁한 사람을 도와주고자 한다면 망명하여 어려서부터 장성하는 데에 이르기까지 수레를 타고 제후들에게서 되돌아온 사람은 곤궁하다고 말할 만합니다. 이러한 네 가지를 버리고서 하늘의 화를 맞이하면 옳지 않은 것이 아니겠습니까? 임금께서는 도모하십시오!" 하였으나, 따르지 않았다.

叔詹이 말하기를 "만약 예로 대하지 않으려면 죽이십시오. 俗語에 말하기를 '메기장·찰기장이 자라지 않으면 능히 이삭 나지 못하고, 메기장이 메기장으로 자라지 못하면 번성하지 못하고, 찰기장이 찰기장으로 자라지 못하면 번식할 수 없다. 생겨 난 것은 의심하지 않는 것이 오직 덕의 기반이다.' 하였습니다." 하였으나, 문공은 따르지 않았다.

112. 楚成王以周禮享重耳 楚成王이 周禮로 重耳에게 연향을 베풀어 주다

【大義】 망명자 重耳의 당당한 대응과 楚成王이 중이를 융숭하게 예우하여 秦나라로 보낸 일.

遂如楚하니 楚成王[117]이 以周禮로 享之하야 九獻[118]하니 庭實旅百[119]이라 公子欲辭한대 子犯이 曰 天命也니 君其饗之하소서 亡人而國薦之[120]하고 非敵而君設之[121]하니 非天이면 誰啓之心이리오하니라 旣饗에 楚子問於公子曰 子若克復晉國이면 何以報我오 公子再拜稽首하고 對曰 子女[122]玉帛은 則君有之[123]하고 羽旄齒革은 則君地生焉하며 其波[124]及晉國者는 君之餘也니 又何以報리잇가 王曰 雖然이나 不穀[125]願聞之하노라 對曰 若以君之靈으로 得復晉國하고 晉楚治兵[126]하야 會於中原이면 其避君三舍[127]어니와 若不獲命[128]이면 其左執鞭弭하고 右屬櫜鞬하야 以與君周旋[129]하리이다

令尹子玉[130] 曰 請殺晉公子하소서 弗殺하야 而反晉國이면 必懼楚師리이다 王曰 不

117) 楚成王 : 楚武王의 손자이며 文王의 아들인 熊頵.
118) 九獻 : 上公을 대접하는 宴享禮.
119) 庭實旅百 : 庭實은 뜰 안에 진열해 놓은 예물. 百은 대강의 숫자를 들은 것임.
120) 國薦之 : 國君의 禮로 차려 내오는 것을 말한다.
121) 非敵而君設之 : 대등하지 않은 데도 군주처럼 베풀어 줌을 말한다.
122) 子女 : 美女.
123) 有之 : 楚나라에 저절로 많음을 말한다.
124) 波 : 流(흘러 들어온 것)이다.
125) 不穀 : 제후의 자칭. ≪禮記≫ 〈曲禮〉에 "四夷의 大國은 境內에서 자칭 不穀이라 한다."라고 하였다.
126) 治兵 : 征伐함을 말한다.
127) 三舍 : 90里. 군대 행군은 30리를 가서 머물므로〔舍〕, 三舍는 90里가 된다.
128) 不獲命 : 초나라가 군사를 되돌리는 명령을 얻지 못함을 말한다.
129) 其左執鞭弭 右屬櫜鞬 以與君周旋 : 鞭弭는 채찍과 角弓. 弭는 緣(활 실로 감아 묶어 옻칠한 장식)이 없는 활. 櫜는 화살집. 鞬은 활집. 이 내용은 '예를 차려 임금을 피하겠으나, 임금이 돌아가지 않으면 감히 왼손에 활을 잡고 오른손으로 활집에 손을 대어 화살을 가지고 임금과 주선하여 서로 달려 쫓겠다.'라고 한 것이다.

可하다 楚師之懼는 我不修也131)니 我之不德이면 殺之何爲리요 天之胙楚면 誰能懼之리요 楚不可胙면 冀州之土132)에 其無令君乎아 且晉公子는 敏而有文하고 約而不諂〔詔〕①133)하며 三材傅②之134)하니 天胙之矣라 天之所興을 誰能禦③之리요 子玉曰 〈然〉④則請止135)狐偃하소서 王 曰 不可하다 曹詩에 曰 彼己之子여 不遂其媾136)라하니 郵137)之也라 夫郵而效之면 郵又甚焉이니 效郵 非義⑤也라하니라

於是에 懷公自秦逃歸138)하니라 秦伯139)이 召公子於楚하니 楚子厚幣하야 以送公子於秦하니라

〔校勘〕 ① 諂〔詔〕: 汪遠孫의 ≪國語明道本攷異≫에 의거하여 고쳤다.
② 傅 : 四部備要本에는 '侍'로 되어 있다.
③ 禦 : 四部備要本에는 '廢'로 되어 있다.
④ 〈然〉: 四部備要本에 의거하여 보충하였다.
⑤ 義 : 四部備要本에는 '禮'로 되어 있다.

〈公子 重耳가〉 드디어 楚나라에 갔다. 楚成王이 周나라의 예법으로 연향을 베풀어 九獻하니, 뜰 안에 진설한 예물이 백 가지로 많았다. 公子 重耳가 사양하려 하자 子犯이 말하였다. "天命이니 군주께서는 그것을 드십시오. 망명한 사람에게도 國君의 禮로 차려 내고 대등하지 않은 데도 군주로 예우하여 베푸니, 하늘이 아니면 누가 그 마음을 열게 하였겠습니까?" 먹기를 마치자 초나라 임금이 공자 중이에게 물었다. "그대가

---

130) 子玉 : 楚나라 若敖의 曾孫. 令尹 成得臣.
131) 我不修也 : 나의 덕이 닦이지 않음을 말한다.
132) 冀州之土 : 晉나라가 있는 곳임.
133) 約而不諂 : 곤궁한 중에도 말이 비굴하지 않음을 말한다.
134) 三材傅之 : 狐偃·趙衰·賈它 세 사람을 말한다.
135) 止 : 머무르게 하여 인질로 삼음을 말한다.
136) 曹詩 曰 彼己之子 不遂其媾 : 〈曹詩〉는 ≪詩經≫ 〈曹風 蜉蝣〉篇의 3章. 遂는 終(다하다). 媾는 厚(온후하다)의 뜻.
137) 郵 : 過(허물하다)의 뜻.
138) 懷公自秦逃歸 : 懷公은 子圉인데, 秦나라에 인질로 있다가 魯僖公 22년에 도망하여 돌아왔다.
139) 秦伯 : 秦穆公. 伯은 爵位.

만약 晉나라로 돌아갈 수 있게 된다면 무엇으로 나에게 보답하겠소?" 공자가 두 번 절하고 머리를 조아리고서 대답하였다. "美女와 玉帛은 군주께서 소유하고 계시고, 새깃·쇠꼬리털·상아·무소가죽은 군주의 땅에서 생산되며, 그 진나라에 흘러 들어온 것은 군주께서 쓰다 남은 것이니, 또 무엇으로 보답할 수 있겠습니까?" 성왕이 말하기를 "비록 그러하나 나는 듣기를 원하오." 하니, 대답하였다. "만약 군주님의 신령함으로 진나라에 돌아갈 수 있게 되고, 진나라와 초나라가 전쟁을 하여 中原에서 마주치게 되면 군주께 90里를 피해드리겠습니다. 만약 〈군주님께서 초나라 군대에게〉 귀환 명령을 내리지 않으시면 왼손에 채찍과 활을 잡고 오른손으로 화살통과 활집을 쥐어 군주와 전쟁을 周旋하겠습니다."

令尹 子玉이 말하기를 "진나라 공자를 죽이십시오. 죽이지 않아서 진나라에 돌아가면 반드시 초나라 군대를 두렵게 할 것입니다." 하니, 초왕이 말하였다. "안 되오. 초나라 군대가 두려워하는 것은 나의 덕이 닦이지 않은 것이오. 내가 덕스럽지 못하다면 중이를 죽여서 무엇 하겠소! 하늘이 초나라에 복을 내리면 누가 초나라를 두렵게 할 수 있겠소! 초나라가 복을 받지 못한다면, 〈晉나라가 있는〉 冀州 땅에 훌륭한 군주가 없겠소! 또 진나라 공자는 민첩하면서 문장이 있고, 곤궁 속에서도 비굴하지 않으며, 세 명의 인재가 모시고 있으니, 하늘이 복을 준 것이오. 하늘이 일으키는 것을 누가 막을 수 있겠소!" 자옥이 말하기를 "그렇다면 狐偃을 억류하십시오." 하니, 초왕이 말하였다. "안 되오. 曹나라 詩에 '저 사람이여, 그 온후함을 다하지 못하는구나!'라고 하였으니, 허물한 것이오. 허물하였는데도 그것을 본받는다면, 허물이 또한 그보다 심한 것이니, 허물을 본받는 것은 義가 아니오."

이때에 晉懷公이 秦나라에서 도망하여 晉나라로 돌아왔다. 秦伯이 楚나라에 있는 公子 重耳를 부르니, 초나라 임금이 후한 폐백으로 공자를 秦나라에 보냈다.

113. 重耳婚媾懷嬴 重耳가 懷嬴과 혼인하다

【大義】 중이가 회영을 아내로 맞이함.

秦伯이 歸女五人하니 懷嬴與焉140)이라 公子使奉匜沃盥141)하고 旣而揮之142)

140) 懷嬴與焉 : 子圉의 前妻. 자어가 秦나라에 인질로 있다가 도주하여 晉나라로 돌아가

하니 嬴이 怒曰 秦晉은 匹[143]也어늘 何以卑我오 公子懼[144]하야 降服囚命[145]하다 秦伯이 見公子曰 寡人之適[146]에 此爲才하야 子圉之辱[147]에 備嬪嬙[148]焉이라 欲以成婚이나 而懼離其惡名이오 非此면 則無故[149]라 不敢以禮致之는 歡[①]之故也[150]요 公子有辱은 寡人之罪〈也〉[②][151]니 唯命是聽[152]호리라

公子欲辭[153]하니 司空季子[154]曰 同姓爲兄弟[155]라 黃帝之子二十五人에 其同

서 즉위하여 懷公이 되었으므로, 懷嬴이라고 하였다. 嬴은 秦나라의 姓. 與焉은 끼어서 媵妾이 됨을 말한다.

141) 公子使奉匜沃盥 : 婚禮에는 "正室이 방에 들어가면 잉첩이 대야를 받들어 세수를 하게 한다."고 하였다.

142) 揮之 : 灑(물을 뿌리다)이다. ≪左傳≫ 僖公 23년에 이에 대한 글이 있는바, 그 〈疏〉에 "이윽고 젖은 손을 휘둘러서 물로 그 옷을 더럽히게 하였다.〔旣而以濕手揮之使水湔汚其衣〕"라고 하여, 보다 자세히 설명하고 있다.

143) 匹 : 敵(대등함)의 뜻.

144) 懼 : 회영이 호소할 것을 두려워한 것이다.

145) 降服囚命 : 降服은 윗도리를 벗음이고, 囚命은 스스로 죄수가 되어 명령을 따르는 것이다.

146) 適 : 適妃의 딸.

147) 辱 : 秦나라에 인질로 있을 때를 말한다.

148) 嬪嬙 : 부녀자의 관직.

149) 欲以成婚……則無故 : 혼례를 이루고자 하였으나 子圉의 妻였던 것이 두려웠고 그 악명을 얻을까 우려하였고, 이것이 아니면 다른 연고는 없다.

150) 不敢以禮致之 歡之故也 : 감히 혼인의 정식 예절로 보내지 못하고 다섯 명의 잉첩에 끼워 가게 한 것은 이 딸을 사랑하기 때문이다.

151) 公子有辱 寡人之罪〈也〉 : 辱은 윗옷을 벗은 것이다. 寡人이 예를 갖추지 못하였으므로, 공자가 딸을 비천하게 대한 것이니, 이것이 절로 과인의 죄이다.

152) 唯命是聽 : 이 딸을 나아가게 하거나 물러가게 하는 데는 공자의 명령을 따르겠다.

153) 公子欲辭 : 골육이 서로 혼인하는 것을 꺼려서이다. 자기가 사양하려 하는 것은 감당하지 못해서이다.

154) 司空季子 : 晉나라 大夫 胥臣臼季. 앞에 나온 買它. 뒤에 司空이 되었다.

155) 同姓爲兄弟 : 아버지를 동일하게 하여 태어나 姓을 동일하게 얻은 자라야 형제가 될 수 있음을 말한다. 惠公과 重耳는 그 덕이 동일하지 않으니, 子圉는 길 가는 사람과 같은 관계여서 그의 아내를 아내로 맞이할 수 있음을 말한다.

姓者二人而已니 唯青陽與夷鼓③는 皆爲己姓[156]이라 青陽은 方雷氏之甥也요 夷鼓는 彤魚氏之甥也라 其同生而異姓者는 四母之子니 別爲十二姓이라 凡黃帝之子 二十五宗[157]에 其得姓者十四人이요 爲十二姓[158]하니 姬酉祁己滕葴〔箴〕④任荀⑤僖姞儇依是也요 唯青陽〔玄囂〕⑥與倉林氏는 同於黃帝라 故로 皆爲姬姓[159]하니 同德之難也如是[160]라 昔에 少典이 取⑦於有蟜氏하야 生黃帝炎帝[161]하니 黃帝는 以姬水成하고 炎帝는 以姜水成[162]이라 成而異德이라 故로 黃帝爲姬하고 炎帝爲姜하니 二帝用師하야 以相濟[163]也는 異德之故也라 異姓則異德이요 異德則異類니 異類는 雖近이나 男女相及하야 以生民也[164]라 同姓則同德이요 同德則同心이요 同心則同志니 同志는 雖遠이나 男女不相及은 畏黷敬也[165]라 黷則生怨이요 怨亂毓災요 災毓滅姓〔性〕⑧이라 是故로 取妻에 避其同姓은 畏亂災也라 故로 異德合姓[166]하고 同德合義[167]라 義以道⑨利[168]하고 利以阜[169]姓이니 姓利相更[170]하야 成而不遷[171]

---

156) 其同姓者二人而已……皆爲己姓 : 그 두 사람은 서로 함께 덕이 같으므로 모두 己姓이 되었다. 青陽은 金天氏 帝少昊이다.

157) 宗 : 別子를 이은 것이 大宗이 되고, 별자의 庶孫은 小宗이 될 뿐이다.

158) 其得姓者十四人 爲十二姓 : 得姓은 德으로 관직에 있어 애초에 성을 하사한 것이다. 14인 중에 2인은 姬姓이 되고 2인은 己姓이 되었으므로 12성이다.

159) 唯青陽〔玄囂〕……皆爲姬姓 : 25宗에 青陽과 倉林만 덕이 黃帝에 미쳐서 성을 동일하게 하여 희성이 되었다.

160) 同德之難也如是 : 덕이 黃帝와 같이 하기는 어렵기가 이와 같음을 말한다.

161) 少典 取於有蟜氏 生黃帝炎帝 : 少典은 黃帝・炎帝의 先祖이고, 有蟜는 諸侯이고, 炎帝는 神農이다.

162) 黃帝 以姬水成 炎帝 以姜水成 : 姬・姜은 물 이름이다. 成은 생장하여 성공함을 말한다.

163) 濟 : '擠'로 써야 하니, '擠'는 멸망시킴이다.

164) 異姓則異德……以生民也 : 重耳는 懷嬴과 異姓이므로 또한 이것을 말하여 혼인을 권하였다. 近은 친속 이름이다. 相及은 혼인함이다.

165) 畏黷敬也 : 그 부류를 더럽힘을 두려워한다.

166) 合姓 : 두 姓이 결합하여 혼인함을 말한다.

167) 合義 : 德義로 서로 친합을 말한다.

168) 道利 : 의리가 있으면 이익이 따름을 말한다.

이라야 乃能攝固하야 保其土房[172]이니 今子於子圉에 道路之人也[173]라 取其所棄하야 以濟大事가 不亦可乎하니

公子謂子犯曰 何如오 對曰 將奪其國이니 何有於妻리요 唯秦所命從也[174]니이다 謂子餘[175]曰 何如오 對曰 禮志에 有之하니 曰 將有請於人인댄 必先有入焉[176]이요 欲人之愛己也인댄 必先愛人이요 欲人之從己也인댄 必先從人이니 無德於人하고 而求用於人은 罪也[177]라하야늘 今將婚媾以從秦[178]하고 受好以愛之[179]하며 聽從以德之[180]라도 懼其未可也어늘 又何疑焉이리오하니 乃歸女而納幣하고 且逆之[181]하니라

〔校勘〕 ① 歡 : 四部備要本에는 '懽'으로 되어 있는데 古字에는 통용한다.
② 〈也〉 : 四部備要本에 의거하여 보충하였다.
③ 皷 : 四部備要本에는 '鼓'로 되어 있는데 통용한다. 아래도 같다.

---

169) 阜 : 厚(두터움)의 뜻.
170) 更 : 음은 '경'. 續(잇다)의 뜻.
171) 遷 : 離散(흩어지다)이다.
172) 乃能攝固 保其土房 : 攝은 持(유지하다), 保는 守(지키다), 房은 居(살다)의 뜻.
173) 今子於子圉 道路之人也 : 德과 姓이 다름을 말한다.
174) 將奪其國 何有於妻 唯秦所命從也 : 장차 자어의 나라를 빼앗을 것인데, 아내를 맞이하는 것을 어찌 사양할 것인가라고 말한 것이다. 과거에 奚齊·卓子가 죽었을 때 秦伯은 重耳를 들여보내려 하였으나 子犯이 어려워하면서 안 된다고 하였다. 지금 다시 이 말을 하는 것은 자어가 무도하여 중이를 해치려고 狐突에게 자범과 그의 형 毛를 부르도록 하였는데 호돌이 부르지 않자 호돌을 죽였으므로, 중이와 자범이 모두 자어를 원망하였다.
175) 子餘 : 趙衰의 字.
176) 必先有入焉 : 반드시 먼저 스스로 받아들임이 있어야 한다.
177) 無德於人……罪也 : 남에게 먼저 덕을 베풀지 않고 남에게 자기가 쓰임을 구하는 것은 바로 죄라고 말한 것이다.
178) 今將婚媾以從秦 : 再婚을 媾라고 한다. 從은 그 명령을 따름이다.
179) 受好以愛之 : 그가 좋아하는 바를 받아들여 친애함이다.
180) 德之 : 그에게 나를 덕스러워하도록 함이다.
181) 乃歸女而納幣 且逆之 : 여자 회영을 돌려보내고서 폐백을 들여보내고 다시 혼례를 이루었다. 逆은 親迎함이다.

④ 葴〔箴〕: 四部備要本과 汪遠孫의 ≪國語明道本攷異≫에 의거하여 고쳤다.
⑤ 荀 : 黃丕烈의 ≪國語札記≫에는 "본래 '郇'이었는데 '阝'를 버리고 '荀'이 되었으나 '荀'은 '苟'의 오자이고 ≪潛夫論≫에는 '拘'로 쓰여 있다."고 하였다.
⑥ 青陽〔玄囂〕: 汪遠孫의 ≪國語明道本攷異≫에 의거하여 고쳤다.
⑦ 取 : 四部備要本에는 '娶'로 되어 있는데 통용한다.
⑧ 姓〔性〕: 汪遠孫의 ≪國語明道本攷異≫에 의거하여 고쳤다.
⑨ 道 : 四部備要本에는 '導'로 되어 있는데 통용한다. 아래도 같다.

秦나라 君主가 여자 다섯 명을 〈公子 重耳에게〉 시집보냈는데 懷嬴이 媵妾에 들어 있었다. 공자 중이가 회영을 시켜 대야를 받들게 하고 세수한 다음 〈회영에게〉 물을 뿌리니, 회영이 성내며 말했다. "秦나라와 晉나라는 대등하거늘 어찌 나를 천시합니까?" 공자 중이가 두려워하여 윗옷을 벗고 죄수가 되어 명령을 따르겠다고 하였다. 秦나라 군주가 공자 중이를 보고 말하였다. "나의 정실 딸 가운데 이 아이가 재주가 있어서, 子圉가 인질로 있을 때 嬪嬙으로 갖추어 주었소. 혼례를 이루고자 하는데 〈자어의 처였었다는〉 악명을 얻을까 두려울 뿐이고 이것이 아니면 〈온전하여〉 다른 연고는 없소. 감히 혼례로 보내지 못한 것은 이 아이를 사랑하기 때문이오, 공자께서 욕을 본 것은 과인의 죄이니, 오직 명을 따르겠소."

公子 重耳가 〈회영을〉 사양하려 하니, 司空 季子가 말하였다. "〈아버지가 동일하여〉 姓이 동일하여야 형제입니다. 黃帝의 아들 25인 중에 그 성이 동일한 자는 2인뿐이니, 오직 青陽과 夷鼓만 모두 己姓입니다. 청양은 方雷氏의 생질이요, 이고는 彤魚氏의 생질입니다. 아버지를 동일하게 하여 함께 태어났으되 성이 다른 자는 네 어머니의 아들이니, 별도로 12성이 되었습니다. 황제의 아들 25大宗에 성을 얻은 자는 14인이요, 12성이 되었으니, 姬·酉·祁·己·滕·箴·任·荀·僖·姞·儇·依姓이 그것입니다. 오직 青陽과 倉林氏는 황제와 같아서 모두 姬姓이라 하니, 덕이 같기가 어려운 것이 이와 같습니다. 옛날에 少典이 有蟜氏를 아내로 맞이하여 黃帝와 炎帝를 낳으니, 황제는 姬水로 성공하고 염제는 姜水로 성공하였습니다. 성공하여 덕이 달랐으므로 황제는 姬姓이 되고 염제는 姜姓이 되니, 二帝가 군대를 일으켜 서로 멸망시킨 것은 덕이 다른 까닭입니다. 姓이 다르면 덕이 다르고, 덕이 다르면 부류가 다르니, 부류가 다르면 비록 가깝더라도 남녀가 서로 혼인하여 백성을 낳는 것입니다. 성이 같으면 덕이 같고, 덕이 같으면 마음이 같고, 마음이 같으면 뜻이 같으니, 뜻이 같으면 비록 멀더라도 남녀가 서로 혼인하지 못하는 것은 공경을 더럽히는 것을 두려워해서입니다.

더럽히면 원망을 낳고, 원망과 분란은 재앙을 낳고, 재앙이 생기면 생명을 멸하게 됩니다. 이 때문에 아내를 얻을 때에 同姓을 피하는 것은 분란과 재앙을 두려워해서입니다. 그러므로 덕이 다르면 姓을 합하여 결혼하고, 덕이 같으면 義를 합하는 것입니다. 의가 있으면 이익이 따라오고 이익이 있으면 姓을 두텁게 하니, 성과 이익이 서로 이어서 이루되 흩어지지 않아야 단단히 붙잡을 수 있어서 그 거처를 지킵니다. 지금 당신이 子圉에게는 길 가는 사람과 같습니다. 자어가 버린 바를 취하여, 큰일을 이루는 것이 또한 옳지 않겠습니까?"

공자 重耳가 子犯에게 말하기를 "어떻소?" 하니, 〈자범이〉 대답하였다. "장차 자어의 나라를 빼앗을 것인데, 아내를 맞이하는 것을 어찌 사양할 것입니까? 오직 秦나라가 명하는 바를 따를 뿐입니다." 〈공자 중이가〉 子餘에게 말하기를 "어떻소?" 하니, 〈자여가〉 대답하였다. "≪禮志≫에 한 말이 있는데, '장차 다른 사람에게 청하려고 하면 반드시 먼저 받아들임이 있어야 하고, 남이 자기를 사랑하기를 바라면 반드시 먼저 남을 사랑하여야 하고, 남이 자신을 따르기를 바라면 반드시 먼저 남을 따라야 하니, 남에게 덕을 베풀지 않고 남에게 쓰임을 구하는 것은 죄이다.'라고 하였습니다. 지금 장차 〈회영을〉 재혼시키려는 秦나라의 명령을 따르고 목공이 좋아하는 딸을 받아들여 사랑하며 명령을 듣고 따라서 〈목공에게 당신이〉 덕이 있다고 여기게 하여도 목공이 안 된다고 할까 두려워해야 하거늘, 또 무엇을 의심할 것입니까?" 마침내 여자 회영을 돌려보내고 폐백을 들여보내고서 〈회영을〉 또한 친히 맞아 왔다.

114. 秦伯享重耳以國君之禮 秦伯이 重耳에게 國君의 예로 宴享하다

【大義】 重耳가 秦穆公이 거행하는 연회석상에서 외교 활동을 전개하여 귀국한 뒤에 君主가 되기를 꾀함.

他日에 秦伯이 將饗① 公子하니 公子使子犯從하니라 子犯이 日 吾不如衰(최)之文也하니 請使衰從하소서하니 乃使子餘從하니라 秦伯이 饗公子호대 如饗國君之禮하니 子餘相[182]如賓하니라 卒事에 秦伯이 謂其大夫 日 爲禮而不終은 恥也[183]요 中不勝

182) 相 : 儐相. 大禮에 언어와 예절을 돕는 사람.

183) 爲禮而不終 恥也 : 이를 말함은 내일 다시 연회를 하려 하는 것이다.

貌[184]는 恥也요 華而不實[185]은 恥也요 不度而施[186]는 恥也요 施而不濟[187]는 恥也라 恥門不閉면 不可以封[188]이니 非此면 用師則無所矣[189]라 二三子는 敬[190]乎인저

明日에 燕②할새 秦伯이 賦采叔③[191]한대 子餘使公子로 降[192]拜하니 秦伯도 降辭하다 子餘曰 君이 以天子之命服으로 命重耳하니 重耳④敢有安志며 敢不降拜잇가하니라 成拜卒登하야 子餘使公子로 賦黍苗[193]하고 子餘曰 重耳之卬君也는 若黍苗之卬陰雨也하니 若君이 實庇廕膏澤之하야 使能成嘉穀하야 薦在宗廟[194]는 君之力也라 君若昭先君之榮[195]하야 東行濟河하야 整師以復彊周室은 重耳之望也라 重耳若獲集[196]德而歸載[197]하야 使主晉民하야 成封國이면 其何實不從[198]이리잇고 君若恣

---

184) 中不勝貌 : 勝은 稱으로 써야 하니, 中不稱貌는 마음과 모습이 서로 어긋나는 것이다.

185) 華而不實 : 화려한 빛만 있고 실제 일이 없는 것이다.

186) 不度而施 : 자기의 힘을 헤아리지 않고 덕을 베푸는 것이다.

187) 濟 : 成(이루다)의 뜻.

188) 恥門不閉 不可以封 : 다섯 가지 부끄러움의 문을 닫지 않으면 국가를 봉해 주어 제후로 삼을 수 없는 것이다.

189) 非此 用師則無所矣 : 능히 이 다섯 가지 문을 닫지 못한다면 군대를 쓸 곳이 없을 것이다.

190) 敬 : 이 다섯 가지를 경건히 함이다.

191) 采叔 : ≪詩經≫ 〈小雅〉의 편 이름. 천자가 제후에게 命服을 줄 때에 사용하는 음악이다. 그 첫 장에 말하기를, "군자가 와서 조회하는데 무엇을 줄까! 비록 줄 것이 없으나 路車와 四馬로 하였네."라 하였다.

192) 降 : 堂을 내려감.

193) 黍苗 : ≪詩經≫ 〈小雅〉의 편 이름. 邵伯이 직책을 닦아서 諸侯들을 위로하여 오게 한 것을 말하였다. 그 첫 장에 말하기를, "무성한 기장 싹은 陰雨가 살찌우네. 멀리 남쪽으로 가는 데는 소백이 위로하는구나." 하였다.

194) 薦在宗廟 : 宗廟에 있어서 祭主가 됨을 말한다.

195) 君若昭先君之榮 : 先君은 秦襄公을 말한다. 西戎을 정벌하여 공이 있어서 작위를 하사받아 伯이 되니, 영화로움이 있는 것이다.

196) 集 : 成(이루다)의 뜻.

197) 載 : 祠(제사하다)의 뜻.

198) 其何實不從 : 진실로 따름을 말한다.

志以用重耳[199)]면 四方諸侯가 其誰不愓愓以從君⑤命이리오 秦伯이 歎曰 是子將有焉하리니 豈專在寡人乎아하고 秦伯이 賦鳩飛[200)]하니 公子賦河〔沔〕⑥水[201)]하고 秦伯이 賦六月[202)]한대 子餘使公子로 降拜하니 秦伯도 降辭하다 子餘曰 君이 稱所以佐天子匡王國者는 以命重耳니 重耳敢有惰心이며 敢不從德이리오하니라

〔校勘〕 ① 饗 : 四部備要本에는 '享'으로 되어 있는데 통용한다. 아래도 같다.
② 燕 : 四部備要本에는 '宴'으로 되어 있는데 통용한다.
③ 叔 : 四部備要本에는 '菽'으로 되어 있는데 통용한다. 汪遠孫의 ≪國語明道本攷異≫에는 '叔'은 '콩 이름'으로, '尗'이 古字이고 가차하여 '叔'으로 쓰며 '菽'은 古字가 아니라고 하였다.
④ 重耳 : 四部備要本에는 이 두 글자가 없는데 汪遠孫의 ≪國語明道本攷異≫에는 있어야 옳다고 하였다.
⑤ 君 : 四部備要本에는 '君'자가 없다.
⑥ 河〔沔〕 : 韋昭 註에 의거하여 고쳤다.

뒷날 秦伯이 장차 公子 重耳에게 향례를 베풀려 하니, 공자가 子犯에게 따라 오도록

199) 君若恣志以用重耳 : 그를 사용하여 정벌하게 한다.

200) 秦伯 賦鳩飛 : 〈鳩飛〉는 ≪詩經≫ 〈小雅 小宛〉篇을 말함. 그 첫 장에 말하기를, "작은 저 무늬진 비둘기여! 날아서 하늘에 이르네. 내 마음이 근심스럽고 슬퍼, 옛 부모를 생각하는지라, 새벽 밤에 펴지도록 잠들지 못하여 부모를 생각하노라." 했으니, 자기가 晉나라 先君과 穆姬(秦穆公의 아내)를 생각하느라 잠을 이루지 못하여 晉나라의 君臣을 편안히 모이게 할 것을 생각한다는 것을 말하였다. 〈詩序〉에 말하기를, "文公이 驪姬의 난을 만나서 아직 돌아가지 않았는데 秦姬가 죽었다." 하였으니, 자기가 亡人을 슬피 생각하여 公子를 이루어 주기를 생각한 것을 말하였다.

201) 沔水 : ≪詩經≫ 〈小雅〉의 篇 이름. 그 첫 장에 말하기를, "넘실거리며 흐르는 저 물이여! 바다에 조회하네!" 하니, 중이 자신이 나라로 돌아가게 되면 마땅히 秦나라를 조회하여 섬기겠다는 말이다.

202) 六月 : ≪詩經≫ 〈小雅〉의 篇 이름. 尹吉甫가 宣王을 도와 정벌하여 文王·武王의 업적을 회복한 것을 말하였다. 그 첫 장에 말하기를, "천자가 '이에 출정하여 왕국을 바로잡으라.' 하니라." 하고, 그 2장에 말하기를, "……천자가 '천자를 도우라.' 하니라." 하고, 그 3장에 말하기를, "무력의 일에 이바지하여 왕국을 안정시키네." 하니, 이것은 重耳가 임금이 되어서는 반드시 제후들에게 패자가 되어 천자를 도와 바로잡는다는 말이다.

하였다. 子犯이 말하기를 "저는 文辭에서는 趙衰만 못하니, 청컨대 趙衰를 따르게 하십시오." 하니, 마침내 子餘(趙衰)에게 따르도록 하였다. 진백이 공자에게 연향을 베풀되 國君을 연향하는 예와 같이 하니, 子餘가 〈중이의〉 儐相이 되어 賓禮와 같이 하였다. 일을 마치고 진백이 그 대부들에게 말하였다. "예를 행하다가 끝내지 못하는 것은 부끄러운 일이요, 마음이 외모와 맞지 않음은 부끄러운 일이요, 화려한 빛에 내실이 없는 것은 부끄러운 일이요, 능력을 헤아리지 않고 베푸는 것은 부끄러운 일이요, 베풀어 주고 이루어 주지 못함은 부끄러운 일이다. 부끄러움의 문을 닫지 않으면 책봉해 줄 수 없으니, 부끄러움의 문을 닫지 않으면 군대를 사용할 곳이 없을 것이다. 그대들은 공경할지어다."

다음 날에 잔치할 적에 진백이 〈采叔〉篇을 읊었는데, 자여가 공자에게 堂에서 내려가 절하도록 하니, 진백도 당에서 내려와 사례하였다. 자여가 말하였다. "임금께서 천자의 命服으로 중이에게 명하니, 중이가 감히 안일한 뜻이 있겠으며 감히 내려와 절하지 않을 수 있겠습니까!" 절을 마치고 마침내 당에 올라가서 자여가 공자에게 〈黍苗〉篇을 읊도록 하고는 말하였다. "중이가 임금을 우러러보는 것은 마치 기장 싹이 陰雨가 내리기를 우러러보는 것과 같으니, 만약 임금께서 진실로 덮어 주고 기름지게 하여, 아름다운 곡식을 이루게 함으로써 올려져 宗廟에 있게 되는 것은 임금의 힘입니다. 임금께서, 만약 先君의 영화를 밝혀서 동쪽으로 가서 河水를 건너 군대를 정돈하여 다시 周나라 王室을 강하게 하는 것은 중이의 바람입니다. 중이가 만약 덕을 이루어 돌아가 제사를 지내서 晉나라 백성의 임금이 되어 封國을 이룬다면 무엇을 진실로 따르지 않겠습니까! 임금께서 만약 마음대로 중이를 사용한다면 사방의 제후들 중 그 누가 두려워하여 임금의 명령을 따르지 않겠습니까?" 진백이 감탄하며 말하기를 "이 사람 중이가 장차 〈임금 지위를〉 차지할 것이니, 어찌 오로지 寡人에게만 달려 있겠는가!" 하고, 진백이 〈鳩飛〉篇을 읊자 공자가 〈沔水〉篇을 읊고, 진백이 〈六月〉篇을 읊었는데 자여가 공자에게 당에서 내려가 절하도록 하니, 진백도 당에서 내려와 사례하였다. 자여가 말하였다. "임금께서 천자를 보좌하고 왕국을 바로잡을 것을 거론한 것은 중이에게 명한 것이니, 중이가 감히 게으른 마음을 두겠으며 감히 덕을 따르지 않겠습니까?"

115. 重耳親筮得晉國 重耳가 친히 점을 쳐서 晉나라를 얻다

【大義】 司空 季子가 주역 점을 풀이하여 重耳가 나라를 얻을 것이라고 해설함.

公子親筮[203]之 曰 尙[204]有晉國하노라 得貞屯悔豫하니 皆八也[205]라 筮史占之하고 皆曰 不吉[206]이라 閉而不通하야 爻無爲也[207]니이다 司空季子曰 吉이라 是在〈周〉①易하니 皆利建侯[208]니이다 不有晉國하야 以輔王室이면 安能建侯리잇고 我命筮曰 尙有晉國하노라한대 筮告我曰 利建侯라하니 得國之務[209]也라 吉孰大焉이리오 震은 車也[210]요 坎은 水也요 坤은 土也요 屯은 厚也요 豫는 樂也니 車

---

203) 筮 : 蓍草로 치는 점.

204) 尙 : 올림〔上〕이니, 시초점에 명하는 말이다.

205) 得貞屯悔豫 皆八也 : 貞은 內卦 즉 64卦의 아래에 있는 8괘, 悔는 外卦 즉 64卦의 위에 있는 8괘. 屯은 64괘의 하나로, 震卦(☳)가 아래에 있고 坎卦(☵)가 위에 있다. 豫 역시 64괘의 하나로, 坤卦(☷)가 아래에 있고 震卦(☳)가 위에 있다. 시초점에서 얻는 숫자는 6·7·8·9인데, 6·8은 陰爻이며 7·9는 陽爻이다. 6은 老陰, 7은 少陽, 8은 少陰, 9는 老陽으로, 老陰 6과 老陽 9는 可變的이고 少陽 7과 少陰 8은 不變的이다. 重耳가 얻은 둔괘를 初爻에서 上爻까지 숫자로 표시하면 9·8·8·6·9·8인데, 노양·노음인 9·6이 변하여 6·8·8·9·6·8이 되어 예괘로 변하는 것이다. 8은 3개 爻가 소음의 불변이어서 本卦(애초 얻은 괘)와 之卦(변해 간 괘)에 그대로 있는데, 진괘로 말하면 본괘의 貞(내괘)과 지괘의 悔(외괘)에 모두 2개 爻가 8로 나타나고 있는 것이다.

206) 筮史占之 皆曰 不吉 : 筮史는 점치는 사람으로, 三易으로 九筮(9가지 일을 점침)를 분별하는 자의 명칭. 삼역은 첫째 夏나라 連山, 둘째 殷나라 歸藏, 셋째 周나라 易을 말함. 연산과 귀장으로 이 兩卦를 점쳤는데, 모두 길하지 않다고 말한 것이다.

207) 閉而不通 爻無爲也 : 閉는 壅(닫힘)이다. 震卦는 動이 되는데, 動이 坎卦를 만나면, 坎卦는 험하며 막혀서, 닫혀 통하지 않으니, 작위하는 바가 없는 것이다.

208) 吉 是在〈周〉易 皆利建侯 : 建은 세움이다. 주역으로 점치면 두 괘가 모두 길하다. 屯卦의 初九에 말하기를, "제후를 세우는 것이 이롭다."라 하고, 豫卦에 말하기를, "제후를 세우고 군대를 행하는 것이 이롭다."라고 하였다.

209) 務 : 趣(추세)의 뜻.

210) 震 車也 : 易에 坤卦는 큰 수레가 되고, 震卦는 움직임이 되며 우레가 되는데, 지금 수레라고 이른 것은 수레도 또한 움직이고 소리는 우레를 상징했으니, 그 작은 수레

班外內하야 順以訓之211)하고 泉原以資之212)하며 土厚而樂其實하니 不有晉國이면 何以當之213)리오 震은 雷也며 車也요 坎은 勞也요 水也며 衆也214)니 主雷與車215)하고 而尙水與衆216)이라 車有震은 武也②217)요 衆而③順은 文也218)니 文武具는 厚之至也라 故 曰屯219)이라 其繇(주)에 曰 元亨코 利貞하니 勿用有攸往이요 利建侯220)라하니 主震雷는 長也라 故曰元221)이요 衆而順은 嘉也라 故 曰亨222)이요 內有震雷라 故曰④ 利貞223)이요 車上水下는 必伯(패)224)요 小事不

가 될 것이다.

211) 車班外內 順以訓之 : 車는 우레이고, 班은 두루 함이다. 外內를 두루 한다는 것은 屯卦의 內卦에 震이 있고 豫卦의 外卦에 또한 震이 있는 것이다. 곤괘는 순함이니, 예괘의 내괘는 坤이고 둔괘의 2爻에서 4爻까지가 또한 坤이다.

212) 泉原以資之 : 資는 財이다. 둔괘의 3효부터 5효까지와 예괘의 2효부터 4효까지가 모두 艮의 상징이 있고, 예괘의 3효부터 5효까지 坎의 상징이 있는데, 艮은 산이고 坎은 물이다. 물이 산 아래에 있는 것이 泉源이 되니, 흘러서 다하지 않는 것이다.

213) 土厚而樂其實 不有晉國 何以當之 : 둔괘와 예괘에 모두 坤의 상징이 있다. 겹친 곤이기 때문에 두텁다. 豫는 즐거움이 되고, 當은 응함이다.

214) 坎 勞也 水也 衆也 : 易에 坤은 무리가 되고 坎은 물이 되는데, 물도 또한 무리의 類가 된다.

215) 主雷與車 : 內卦가 主가 된다.

216) 而尙水與衆 : 坎의 상징이 모두 위에 있기 때문에 물과 무리가 위에 있다고 하였다.

217) 車有震 武也 : 震은 위엄이니, 수레 소리가 우렁차서 상징이 威武가 있는 것이다.

218) 衆而順 文也 : 坤은 무리가 되고 순함이 되고 文이 되니, 상징이 문덕이 있어서 무리들에게 依歸함을 받는다.

219) 屯 : 屯은 두터움이다.

220) 其繇 曰 元亨 利貞 勿用有攸往 利建侯 : 繇는 괘사이고, 亨은 통함이고, 貞은 바름이고, 攸는 所이고, 往은 가는 것이다. 소인은 가는 바를 쓰지 말고, 군자는 제후를 세우고 군대를 출동하는 것이 이롭다.

221) 主震雷 長也 故曰元 : 내괘는 主가 되고, 震은 장남이 되며 우레가 된다. 우레는 제후가 되기 때문에 元이라고 했으니, 元은 善의 우두머리이다.

222) 衆而順 嘉也 故 曰亨 : 嘉는 선함이니, 여러 사람들이 순하게 善에 복종하므로 亨이라고 했으니, 亨은 아름다움이 모인 것이다.

223) 內有震雷 故曰利貞 : 屯의 內卦에 震이 있다. 震으로 움직이는 것은 利이고 제후로서 국가를 바로잡는 것은 貞이 되니, 利는 義가 화합한 것이고 貞은 일의 줄기이다.

濟는 壅也라 故로 曰 勿用有攸往[225)]이요 一夫之行也[226)]요 衆順而有武威라 故曰 利建侯니이다 坤은 母也요 震은 長男也니 母老子彊이라 故 曰豫[227)]라 其繇에 曰 利建侯行師라하니 居樂出威之謂也[228)]라 是二者[229)]는 得國之卦也니이다

〔校勘〕 ① 〈周〉 : 四部備要本에 의거하여 보충하였다.

② 也 : 四部備要本에는 '也'자가 없다.

③ 而 : 四部備要本에는 '而'자가 없다.

④ 曰 : 四部備要本에는 '曰'자가 있는데, 汪遠孫의 ≪國語明道本攷異≫에는 '曰'이 없는 것은 탈락된 것이라고 하였다.

公子 重耳가 친히 점을 쳐서 말하기를 "晉나라를 소유할 것인가를 받들어 묻노라." 하였는데, 〈辰卦가 本卦인〉 屯卦에 內卦로 있고 〈辰卦가 之卦인〉 豫卦에 外卦로 있으면서 모두 8의 숫자를 얻었다. 筮史가 점을 치고 모두 말하였다. "길하지 않습니다. 닫혀서 통하지 못하여 爻가 하는 일이 없습니다." 司空 季子가 말하였다. "길합니다. 이는 ≪周易≫에 있으니, 모두 제후를 세우는 것이 이롭습니다. 晉나라를 소유하여 왕실을 도와주지 못한다면 어찌 제후를 세울 수 있겠습니까? 우리가 시초에게 명하기를, '진나라를 소유할 것을 받들어 묻노라.' 하였는데, 시초가 우리에게 고하기를, '제후를 세우는 것이 이롭다.' 하니, 나라를 얻을 추세입니다. 길함이 무엇이 이

---

224) 車上水下 必伯 : 車는 震이고 水는 坎이다. 수레가 움직여서 올라가는 것은 위엄스러움이고, 물이 움직여서 내려가는 것은 순함이니, 위엄이 있고 무리가 따르기 때문에 반드시 伯者(패자)가 된다는 것이다.

225) 小事不濟 壅也 故 曰 勿用有攸往 : 濟는 이룸이고, 小事는 소인의 일이고, 壅은 震이 움직임에 坎을 만나는데, 坎은 험하고 막힘이 되기 때문에 가는 바를 두지 말라고 한 것이다.

226) 一夫之行也 : 一夫는 한 사람이다. ≪易≫에 말하기를, "震은 한 번 구해서 남자를 얻었기 때문에 一夫이다."라고 했고, 또 말하기를, "震은 발이 되므로 행함이 된다."라고 하였다.

227) 豫 : 樂(즐겁다)의 뜻.

228) 居樂出威之謂也 : 居樂은 어머니가 안에 있는 것이고, 出威는 震이 밖에 있는 것이다. 안에 거처하면서 즐겁기 때문에 제후를 세우는 것이 이롭고, 위엄을 나타내기 때문에 군대를 출동함이 이로운 것이다.

229) 二者 : 두 가지는 屯卦와 豫卦이다.

보다 크겠습니까! 震은 수레요, 坎은 물이요, 坤은 땅이요, 屯은 두터움이요, 豫는 즐거움입니다. 수레가 내외에 두루 있어 순하게 훈도하고, 泉原으로써 많은 재물이 있게 되며, 흙이 두터워서 그 열매를 즐기니, 晉나라를 소유하지 않는다면 무엇으로 당하겠습니까! 震은 우레이며 수레이고, 坎은 수고함이며 물이며 무리이니, 우레와 수레에 主가 되고 물과 무리가 위의 괘가 되었습니다. 수레에 위엄이 있는 것은 무력이 되고, 많고 순한 것은 文德이니, 文武가 갖추어진 것은 두터움의 지극한 것이므로, 屯이라고 한 것입니다. 그 卦辭에 말하기를, '크게 형통하고 곧음이 이로우니, 가는 바를 두지 말고 제후를 세움이 이롭다.'라고 하니, 우레를 주장하는 것은 長男이므로 元이라 했고, 무리로 있으면서 순한 것은 아름다우므로 亨이라 했고, 內卦에 震雷가 있으므로 곧음이 이롭다고 했고, 수레가 올라가고 물이 아래로 내려오는 것은 반드시 霸者가 되는 것이고, 소인의 일이 이루어지지 않는 것은 막힘이므로 가는 바를 두지 말라고 했고, 한 남자가 가는데 여러 사람이 순히 따르고 武威가 있으므로 제후를 세우는 것이 이롭다고 하였습니다. 坤은 어머니이고, 震은 장남이니, 어머니가 늙고 아들이 건장하기 때문에 기쁜 것입니다. 그 괘사에 말하기를 '제후를 세우고 군대를 출동하는 것이 이롭다.'라고 하였으니, 〈내괘에 어머니가〉 거처하면서 즐겁고 〈외괘에〉 위엄을 나타내는 것을 말합니다. 이 두 가지는 국가를 얻는 괘입니다."

116. 秦伯納重耳於晉 秦伯이 重耳를 晉나라에 들여보내다

【大義】 중이가 秦나라의 지지를 받아 귀국하여 諸侯가 됨.

十月에 惠公이 卒하니 十二月에 秦伯이 納公子[230]하다 及河하야 子犯이 授公子載璧[231]하고 曰 臣이 從君還(선)軫[232]하야 巡[233]於天下하니 惡①其多矣로이다 臣猶

---

230) 十月 惠公 卒 十二月 秦伯 納公子 : ≪左傳≫에는 "魯僖公 23년 9월에 晉惠公이 卒하였다."고 되어 있다. 여기에서 10월이라고 이른 것은 윤달의 나머지가 18년이 되면 윤달이 12월 이후에 있게 되는데, 魯나라에서 윤달을 잘못 계산하여 윤달로 정월을 삼았고 晉나라에서는 9월로 10월을 삼아 윤달을 두었던 것이다. 진백이 12월에 비로소 공자 중이를 들여보내니, 공자가 24년 정월에 晉나라의 桑泉에 들어갔다. 惠公은 晉惠公 夷吾.

231) 授公子載璧 : 授는 還(되돌려 줌)이고, 載는 祀(제사함)이다.

知之온 而況君乎이까 不忍其死하니 請由此亡234)하노이다 公子曰 所不與舅氏로 同心者면 有如河水라하고 沈璧以質235)하다

董因236)이 迎②公於河하니 公이 問焉 曰 吾其濟乎아 對曰 歲在大梁237)하니 將集天行238)이요 元年에 始受하니 實沈之星也239)라 實沈之虛③는 晉人是居니 所以興也240)니이다 今君이 當之하니 無不濟矣241)리이다 君之行也에 歲在大火하니 大火④는 閼伯(알백)之星也니 是謂大辰(대신)242)이라 辰以成善하니 后稷이 是相하고 唐叔以

---

232) 還軫 : 還은 旋(되돌리다)이고, 軫은 수레의 뒤턱 나무이다.

233) 巡 : 行(다니다)의 뜻.

234) 亡 : 奔(도주하다)의 뜻.

235) 所不與舅氏 同心者 有如河水 沈璧以質 : 如는 간다〔往〕는 뜻이고, 質은 신의를 삼는다〔信〕는 뜻이다. 만약 외삼촌과 마음을 함께하지 않으면 이 하수를 건너지 않고 가서 빠져 죽겠으니, 이로 인해 구슬을 빠뜨리고 스스로 맹세하여 신의를 삼은 것을 말한다.

236) 董因 : 晉나라 大夫. 周나라 太史 辛有의 후손이다.

237) 歲在大梁 : 魯僖公 23년이니, 세성이 大梁의 자리에 있음을 말한 것이다.

238) 將集天行 : 集은 이룬다는 뜻이고, 行은 道라는 뜻이니, 晉文公이 장차 天道를 이룬다는 것이다. 晉文公이 辰星 때에 망명을 나왔는데 晉나라 조상인 唐叔이 봉해지게 된 것이고 參星이 있을 때에 들어오니, 晉나라 별이다.

239) 元年 始受 實沈之星也 : 원년은 晉文公이 즉위할 해이니, 魯僖公 24년을 말한다. 歲星이 大梁을 떠나서 實沈의 별자리에 있는 것이다. 受는 대량에서 받는 것이다. 胃星 7度에서 畢星 11도까지가 대량의 별자리이고, 필성 12도에서 東井 15도까지를 실침이라고 한다.

240) 實沈之虛 晉人是居 所以興也 : 虛는 별자리이다. 是居는 그 분야의 별자리에 거처해서 제사 지내는 주장자가 된 것이다. 高辛氏의 막내아들이 실침인데, 大夏에 옮겨가서 參星에 제사 지내는 것을 주장하였고, 唐나라 사람들이 이것을 따랐다. 成王이 당나라를 멸망시키고 叔虞를 봉하였는데, 남쪽에 晉水가 있고 아들 燮이 바뀌어 晉侯가 되었으므로, 參星이 晉나라 별자리가 된 것이다.

241) 今君 當之 無不濟矣 : 歲星이 실침의 별자리에 당하였으므로 이루지 않음이 없다.

242) 君之行也……是謂大辰 : 君之行은 魯僖公 5년에 重耳가 망명함을 말하니, 이때에 歲星이 大火에 있었다. 大火는 大辰이다. 고신씨가 아들이 있었는데 閼伯이니, 商丘에 옮겨 가서 대화성을 제사했다.

封[243)]하니이다 瞽史記에 曰 嗣續其祖를 如穀之滋라하니 必有晉國[244)]하리이다 臣筮之하야 得泰之八[245)]하니 曰 是謂天地配亨하야 小往코 大來[246)]니이다 今及之矣니 何不濟之有리이까 且以辰出而以參入[247)]하니 皆晉祥也요 而天之大紀也[248)]니 濟且秉[249)]成하야 必霸諸侯하고 子孫賴之하리니 君無懼矣니이다

公子濟河하야 召令狐臼衰(최)桑泉하니 皆降[250)]하다 晉人이 懼하니 懷公이 奔高梁[251)]하다 呂甥冀芮帥師하야 甲午에 軍於廬柳[252)]어늘 秦伯이 使公子縶으로 如

---

243) 辰以成善……唐叔以封 : 成善은 大辰이 農祥星이 되어서 周나라 先祖 后稷이 주선한 바로 하여 善道를 이룬 것을 말한다. 相은 살핀다는 뜻이니, 농상성에 제사 지내 농사를 이룬 것을 말한다. 封한 것은 唐叔이 봉해진 것인데, 당시에 세성이 대화성의 자리에 있었다.

244) 瞽史記……必有晉國 : 〈瞽史記〉는 樂官과 史官의 未來記.(앞의 〈晉語 四〉 '齊姜勸重耳勿懷安' 참조) 〈고사기〉에 이르기를 "당숙의 代數가 장차 商나라의 대수와 같을 것이어서 지금 그 조상을 잇는다."고 했으니, 그 뜻이 같음을 밝힌 것이다. 이는 晉나라 자손들이 장차 그 선조를 잇기를 곡식이 번성한 것과 같이 할 것이므로 반드시 晉나라를 소유할 것이라고 한 것이다.

245) 得泰之八 : 乾(☰)이 아래에 있고 坤(☷)이 위에 있는 것이 泰卦이다. 태괘에 動爻가 없는 것을 만났고, 侯가 되는 상징은 없으나 태괘 3효에서 5효까지는 震(☳)이 되어 諸侯의 상징이 되며 음효가 움직이지 않으니, 그 수가 모두 8이므로 태괘의 8을 얻은 것이다. 앞 〈晉語 四〉 '重耳親筮得晉國'의 "貞屯悔豫가 모두 8이다."라고 한 것과 뜻이 같다.

246) 是謂天地配亨 小往 大來 : 陽이 내려가고 陰이 올라가므로 짝지어 형통하다고 말하였다. 小는 子圉를 비유하고, 大는 文公을 비유하였다. 음이 바깥에 있어서 소인이 간다는 것이고, 양이 안에 있어서 대인이 온다는 것이다.

247) 且以辰出而以參入 : 辰은 大火星이다. 參은 伐星이니, 參星이 實沈의 별자리에 있다.

248) 而天之大紀也 : 天時에 큰 기강이 되는 것이다. 大火는 大辰이며 伐도 또한 大辰이다. 辰은 때이다.

249) 秉 : 執(지니다)의 뜻.

250) 召令狐臼衰桑泉 皆降 : 令狐·臼衰·桑泉 세 곳은 모두 晉나라 읍이다. 召는 그 우두머리를 부른 것이다.

251) 高梁 : 晉나라 땅.

252) 甲午 軍於廬柳 : 甲午는 魯僖公 24년 2월 6일이다. 廬柳는 晉나라 땅이고, 軍은 주

師[253]하니 師退하야 次於郇[254]하니라 辛丑에 狐偃及秦晉大夫盟于郇하다 壬寅에 公〈子〉⑤入於晉師하고 甲辰에 秦伯이 還(선)[255]하다 丙午에 入於曲沃하고 丁未에 入於⑥絳하야 卽位於武宮하다 戊申에 刺[256]懷公於高梁하다

〔校勘〕 ① 惡 : 四部備要本에는 '怨'으로 되어 있는데 '惡'(오)가 옳다.
② 迎 : 汪遠孫의 ≪國語明道本攷異≫에는 ≪述聞≫ 등에 '逆'으로 썼다고 하였는데 異音同義字이다.
③ 虛 : 四部備要本에는 '墟'로 되어 있는데 통용한다.
④ 大火 : 四部備要本에는 이 두 글자가 없는데 汪遠孫의 ≪國語明道本攷異≫에는 있어야 옳다고 하였다.
⑤ 〈子〉 : ≪左傳≫ 僖公 24년의 "公子入於于晉師"에 의거하여 보충하였다.
⑥ 於 : 四部備要本에는 '於'자가 없다.

10월에 〈晉나라〉 惠公이 죽으니, 12월에 秦伯이 公子 重耳를 〈晉나라로〉 들여보냈다. 황하에 이르러서 子犯이 공자에게 제사 지내는 구슬을 돌려주면서 말하기를, "신이 임금을 따라 수레를 돌려 가면서 천하를 다녔으니, 미워하는 사람이 많습니다. 저도 오히려 그것을 알거늘 더구나 임금 당신이겠습니까! 그 죽음은 차마 하지 못하겠으니, 청컨대 이로부터 망명하고자 합니다."라고 하니, 공자가 말하기를, "외삼촌인 당신과 마음을 같이하지 않게 된다면 하수에 가서 빠져 죽게 될 것입니다."라 하고, 구슬을 물에 빠뜨려 맹세했다.

董因이 공자를 하수에서 맞이하니, 공자가 묻기를, "내가 건널 수 있겠는가?" 하니, 대답하기를, "歲星이 大梁의 별자리에 있으니, 장차 하늘의 도를 이루게 될 것이고, 즉위하시는 원년에 〈大梁에서〉 처음으로 받게 되리니, 〈大梁에서 받아 實沈으로 넘어가서〉 實沈의 별자리입니다. 실침의 별자리는 晉나라 사람들이 거처하는 곳이니, 그렇기 때문에 흥기하게 되는 것입니다. 지금 임금께서 실침의 별자리에 당했으니, 건너지 않음이 없어야 합니다. 임금께서 망명하실 때에 세성이 大火星에 있었는데, 대화성은

둔한다는 뜻과 같다.

253) 秦伯 使公子縶 如師 : 呂甥·冀芮에게 고하여 타이르는 것이다.

254) 師退 次於郇 : 郇은 晉나라 땅이다. 군대를 물려 명령을 따랐다.

255) 秦伯 還 : 진백이 공자를 하수 가에서 전송하여 문공이 들어가자 발길을 돌렸다.

256) 刺 : 殺(죽이다)의 뜻.

閼伯의 별이니, 이를 大辰이라고도 이릅니다. 大辰은 농사의 善道를 이루어 주니, 后稷이 이를 살펴 제사하였고, 唐叔이 봉해졌습니다. 〈瞽史記〉에 말하기를, '그 조상을 계승하기를 곡식이 번성한 것같이 한다.' 했으니, 반드시 진나라를 소유할 것입니다. 신이 점을 쳐서 泰卦의 8을 얻었으니, 이것은 하늘과 땅이 짝지어 형통해서 소인은 물러가고 대인은 오는 것입니다. 지금 그것에 미쳤으니, 어찌 건너지 않을 것이 있겠습니까! 또한 〈歲星이〉 大火星에 있을 때에 망명 나와 參星에 있을 때에 들어가니, 모두 晉나라의 상서로운 별이고, 天時의 큰 기강입니다. 〈황하를〉 건너가 또 성공을 하게 되어 반드시 제후들의 패자가 될 것이고, 자손이 그것을 힘입을 것이니, 임금께서는 두려워 할 것이 없습니다." 하였다.

公子가 하수를 건너서 令狐·臼衰·桑泉의 우두머리를 부르니, 모두 항복하였다. 晉나라 사람들이 두려워하니, 懷公이 高梁으로 달아났다. 呂甥·冀芮가 군사를 거느리고 甲午日에 廬柳에 주둔하였다. 진백이 公子 縶을 시켜서 〈여생·기예의〉 군대로 가게 하니, 〈여생·기예의〉 군대가 물러가서 郇에 머물렀다. 辛丑日에 狐偃 및 秦伯과 晉나라 大夫가 郇에서 맹약을 하였다. 壬寅日에 공자 중이가 晉나라 군사로 들어가고, 甲辰日에 진백이 발길을 돌렸다. 丙午日에 〈중이가〉 曲沃에 들어가고, 丁未日에 絳에 들어가 武宮에서 즉위하였다. 戊申日에 懷公을 高梁에서 불러 죽였다.

117. 寺人勃鞮求見文公 寺人 勃鞮가 文公을 뵙기를 구하다

【大義】 文公을 죽이려 했던 내시 勃鞮가 군신의 도리를 논하자, 文公이 받아들여 화를 면함.

初에 獻公이 使寺人勃鞮257)로 伐公於蒲城258)하니 文公이 踰垣이어늘 勃鞮斬其袪하니라 及入하야 勃鞮求見한대 公이 辭焉하고 曰 驪姬之讒에 爾射(석)予①于屛內259)하고 困余於蒲城하야 斬余衣袪하고 又爲惠公하야 從余于渭濱260)에 命曰三日이어늘 若

257) 寺人勃鞮 : 寺人 披. 자는 伯楚.

258) 伐公於蒲城 : 포성을 정벌한 것은 魯僖公 5년의 일이다.

259) 爾射予于屛內 : 射은 겨냥하여 쏨. 諸侯는 內屛(문 안에 설치한 병풍)이고 天子는 外屛(문 밖에 설치한 병풍)을 쓴다.

이 宿而至261)하니 若이 干二命하야 以求殺余라 余於伯楚에 屨困이나 何舊怨也오 退而思之하고 異日見我하라 對曰 吾以君爲已知之矣262)라 故로 入이어늘 猶未之知〈也〉②면 又將出矣263)리라 事君不貳를 是謂臣이요 好惡(오)不易을 是謂君이라 君君臣臣을 是謂明訓이니 明訓能終이라야 民之主也니이다 二君之世에 蒲人翟人을 余何有焉264)이리오 除君之所③惡를 唯力所及이니 何貳之有리이까 今君이 卽位에 其無蒲翟乎265)이까 伊尹이 放太甲而卒以④爲明王266)하고 管仲이 賊267)桓公而卒以爲侯伯라 乾時之役에 申孫之矢集於桓鉤268)하니 鉤近於袪269)로대 而無怨言하고 佐相以終하야 〈克〉⑤成令名이니이다 今君之德宇는 何不寬裕也오 惡其所好면 其能久矣270)아 君實不能明訓하야 而棄民主271)라 余는 皐⑥戾之人也272)니 又何患

---

260) 又爲惠公 從余于渭濱 : 濱은 물가. 重耳가 翟나라에 있을 때 翟의 임금을 따라 위빈에서 사냥을 하니, 勃鞮가 惠公을 위하여 와서 죽이려고 하였다.

261) 命曰三日 若 宿而至 : 명령하여 3일에 하게 하였는데, 〈급히 하여〉 하룻밤 자고 이르렀다. 若은 汝(너)의 뜻.

262) 吾以君爲已知之矣 : 임금된 도리와 신하된 도리를 아는 것이다. 入은 나라로 다시 돌아온 것이다.

263) 猶未之知〈也〉 又將出矣 : 아직도 그것을 알지 못했다면 장차 다시 나라를 잃어 도망나갈 것이다.

264) 二君之世……余何有焉 : 獻公과 惠公의 시대를 당해서 당신 중이는 蒲人과 翟人일 뿐이라, 두 임금이 미워하는 바이니, 나에게 무슨 의리가 있어 당신을 죽이지 않을 것인가!

265) 其無蒲翟乎 : 두려워 싫어하기를 蒲·翟과 같이 할 자가 유독 없겠는가!

266) 伊尹 放太甲而卒以爲明王 : 太甲은 湯의 손자이며 太丁의 아들이다. 명석하지 못하여 伊尹이 桐宮에 내쳤는데 3년 만에 태갑이 잘못을 고치자 이윤이 그를 복위시켜서 끝내 명철한 임금이 되었다.

267) 賊 : 子糾를 위해서 桓公을 겨냥하여 쏜 것을 말한다.

268) 乾時之役 申孫之矢集於桓鉤 : 乾時의 전투는 魯莊公 9년에 있었다. 申孫은 화살의 이름이고, 鉤는 혁대의 고리이다.

269) 鉤近於袪 : 近은 해로움이 가까운 것이다. 鉤는 배에 있고, 袪는 손에 있다.

270) 惡其所好 其能久矣 : 자기가 충신이어서 임금은 당연히 좋아해야 할 사람인데 도리어 미워하니, 오래 임금 노릇을 할 수 있겠는가라고 말한 것이다.

271) 棄民主 : 백성의 주인이 되는 도리를 버리는 것이다.

焉이리오 且不見我면 君其無悔乎이까하니라

於是에 呂甥冀芮畏偪하고 悔納〈文〉⑦公하야 謀作亂273)하야 將以己丑274)으로 焚公宮하고 公이 出救火면 而遂殺⑧之러니 伯楚知之라 故로 求見公하니 公이 懼하야 遽⑨見之하고 曰 豈不如女言가 然이나 是吾惡心275)也니 吾請去之하노라 伯楚以呂郤276)之謀로 告公하니 公이 懼하야 乘馹自下하야 脫會秦伯於王城277)하야 告之亂故하니라 及己丑하야 公宮火어늘 二子求公不獲하고 遂如河上하니 秦伯이 誘而殺之하니라

〔校勘〕 ① 予 : 四部備要本에는 '余'로 되어 있는데 통용한다.
② 〈也〉 : 四部備要本에 의거하여 보충하였다.
③ 所 : 四部備要本에는 '所'자가 없다.
④ 以 : 四部備要本에는 '以'자가 없는데 있어야 옳다.
⑤ 〈克〉 : 四部備要本에 의거하여 보충하였다.
⑥ 辠 : 四部備要本에는 '罪'로 되어 있는데 '辠'는 罪의 古字이다. 아래도 같다.
⑦ 〈文〉 : 四部備要本에는 다음에 '文'자가 더 있는데 汪遠孫의 ≪國語明道本攷異≫에는 없어야 옳다고 하였다.
⑧ 殺 : 四部備要本에는 '弑'로 되어 있는데 통용한다. 아래도 같다.
⑨ 遽 : 四部備要本에는 다음에 '出'자가 더 있는데 汪遠孫의 ≪國語明道本攷異≫에는 없어야 한다고 하였다.

당초에 獻公이 寺人 勃鞮를 시켜서 文公 重耳를 蒲城에서 치게 하였더니, 문공이 담을 넘어가거늘 발제가 그 소맷자락을 잘랐었다. 〈중이가〉 귀국하게 되자 발제가 뵙기를 요구하였는데, 문공이 거절하고 말하기를, "驪姬의 참소로 네가 나를 병풍 안에서 쏘아 겨냥하였고, 나를 蒲城에서 곤궁하게 하여 나의 옷소매를

272) 余 辠戾之人也 : 勃鞮는 閹士이므로, 辠戾之人이라고 하였다.

273) 呂甥冀芮畏偪……謀作亂 : 呂甥과 冀芮는 본래 惠公의 黨與였다. 핍박과 해를 당할까 두려워하였으므로 난을 일으키기를 꾀한 것이다.

274) 己丑 : 魯僖公 24년 3월 초하루이나, 그때는 2월 그믐이었다.

275) 惡心 : 마음이 악함이니, 용서하지 않음을 말한다.

276) 郤 : 冀芮. 본명은 郤芮. 冀를 食邑으로 하였으므로, 冀芮라고 일컬었다.

277) 乘馹自下 脫會秦伯於王城 : 馹은 역말이고, 自는 부터이며, 下는 샛길이고, 脫會는 숨어 가서 몰래 도망한다는 말이고, 王城은 秦나라 河上의 邑이다.

잘랐고, 또 혜공을 위하여 나를 渭濱에서 추적했을 적에 〈혜공이〉 명령하기를 3일 만에 해치우라고 하였거늘 네가 하룻밤만 자고 이르렀으니, 너는 〈헌공·혜공〉 두 임금의 명령을 어기면서까지 나를 죽이려고 했다. 내가 伯楚 너에게 자주 곤액을 당했는데 무슨 옛날의 원한이 있었는가! 물러가 생각해 보고 뒷날 나를 보도록 하라." 하니, 대답하기를, "나는 임금께서 이미 임금과 신하의 도리를 알았기 때문에 귀국했다고 생각했는데, 아직도 임금과 신하의 도리를 알지 못했다면 또한 장차 내쫓길 것입니다. 임금을 섬기되 두마음을 갖지 않는 것을 신하의 도리라 하고, 좋아하며 싫어함을 바꾸지 않는 것을 임금의 도리라 합니다. 임금이 임금답고 신하가 신하다운 것을 밝은 가르침이라 하는 것이니, 밝은 가르침을 끝까지 잘해야 백성의 주인입니다. 〈헌공·혜공〉 두 임금의 시대에 蒲人·翟人을 내가 〈죽이지 않을〉 무슨 의리가 있었겠습니까! 임금이 미워하는 바를 제거하기를 오직 힘이 미치는 대로 할 것이니, 무슨 두마음이 있겠습니까! 지금 임금께서 즉위하고서 蒲와 翟 같은 사람이 없겠습니까! 伊尹이 太甲을 내쳤었으나 끝내 밝은 임금을 만들었고, 管仲이 桓公을 해쳤었어도 끝내 제후의 패자를 만들었습니다. 乾時의 전쟁에서 〈관중의〉 申孫 화살이 환공의 허리띠쇠를 맞혔는데, 허리띠쇠는 소매보다 〈몸에 위험하게〉 가까우나 〈환공의〉 원망하는 말이 없었고, 재상을 삼아 일생을 마치게 하여 능히 훌륭한 이름을 이루었습니다. 지금 임금의 도량은 어찌 관대하지 못하십니까! 그 좋아할 사람을 미워한다면 오래갈 수 있겠습니까! 임금께서는 실제로 능히 밝은 교훈을 실행하지 못해서, 백성의 주인이 되는 도리를 버리는 것입니다. 나는 죄를 받은 환관이니, 또 무엇을 걱정하겠습니까! 장차 나를 만나 보지 않으시면 임금께서는 뉘우침이 없겠습니까!"라고 하였다.

이에 呂甥과 冀芮가 핍박을 당할까 두려워하고 文公을 들어오게 한 일을 뉘우쳐서, 난리를 꾀하였다. 장차 己丑日에 公宮을 불사르고, 공이 나와서 불을 끄면 마침내 시해하려고 하였다. 伯楚가 이를 알았으므로 공을 뵙기를 구하니, 공이 두려워하여 급히 만나 보고 말하기를, "어찌 네 말과 같이 하지 않겠는가! 그러나 내게 〈너를 보지 않으려는〉 언짢은 마음이 있으니, 청컨대 언짢은 내 마음을 없애 주도록 하라."고 하였다. 백초가 여생과 郤芮의 음모를 공에게 고하니, 공이 두려워하여 역마를 타고 샛길로 몰래 달아나 王城에 가서 秦伯을 만나서 난리를 고하였다. 己丑日이 되자 公宮에 불이

나거늘, 〈呂甥과 冀芮〉 두 사람이 공을 찾았으나 잡지 못하고 마침내 河上으로 가니, 진백이 유인하여 그들을 죽였다.

118. 文公遽見豎頭須 文公이 급히 豎頭須를 접견하다

【大義】 社稷을 지킨 匹夫를 원수로 삼지 않아야 임금 노릇 함.

文公之出也에 豎頭須는 守藏者也라 不從[278]이러니 公이 入에 乃求見하니 公이 辭焉以沐한대 謂謁者曰 沐則心覆[279]이라 心覆則圖反이니 宜吾不得見也로다 從者는 爲羈紲[280]之僕이요 居者는 爲社稷之守이니 何必辠居者오 國君이 而讎匹夫면 懼者衆矣라하니 謁者以告한대 公이 遽見之하니라

晉文公이 달아날 때에 豎頭須라는 사람은 창고를 지키고 있던 자였는데, 따라가지 않았다. 공이 들어오자 만나 보기를 요구하니, 공이 머리를 감는다고 거절했다. 〈수두수가〉 謁者에게 말하기를, "머리를 감으면 심장이 뒤집힙니다. 심장이 뒤집히면 도모하는 것이 반대되니, 의당 내가 만날 수 없게 될 것입니다. 따라가는 자는 고삐를 잡는 종이 되는 것이요, 머무는 자는 사직의 수호자가 되는 것이니, 어찌 반드시 머무는 자를 죄줄 것입니까! 나라 임금이 필부를 원수로 삼는다면 두려워할 자가 많을 것입니다."라고 하였다. 알자가 그 말을 고하자, 문공이 급히 그를 만났다.

---

278) 文公之出也……不從 : 豎頭須는 文公의 內豎 里鳧須. 문공이 망명할 때 따라가지 않고 재물을 훔쳐서 도망하였다가 모든 재물을 사용하여 공이 들어오게 하기를 구하였다. ≪韓詩外傳≫ 권10에는 "晉文公이 曹나라를 지나갈 때 이부수가 따르다가 중이의 재물을 도적질하여 도망가니, 중이는 식량이 없어서 굶주려 갈 수 없었다. 介子推가 다리를 베어서 중이에게 먹인 연후에 잘 갈 수 있었다." 하였다.

279) 沐則心覆 : 覆은 뒤집힌다는 뜻이니, 머리를 감으면 머리가 낮아지므로 심장이 뒤집힌다고 말하였다.

280) 羈紲 : 말고삐를 羈라 하고, 개고삐를 紲이라 하니, 두 가지는 종의 일임을 말한다.

119. 文公修內政納襄王 晉文公이 內政을 닦고 周襄王을 들여보내다

【大義】 문공이 내정을 닦고 피난 나온 周襄王을 귀환토록 함.

元年[281]春에 公及夫人嬴氏[282]至自王城하다 秦伯이 納衛三千人하니 實紀綱之僕[283]이라 公이 屬百官하야 賦職任功[284]하며 棄責[285]薄斂하고 施舍分寡[286]하며 救乏振滯[287]하고 匡困資無[288]하며 輕關易道[289]하고 通商寬農[290]하며 茂①穡勸分[291]하고 省用足財[292]하며 利器明德[293]하야 以厚民性하며 擧善援能하야 官方定物[294]하며 正名育類[295]하야 昭舊族[296]하고 愛親戚하며 明[297]賢良하고 尊貴

281) 元年 : 文公 元年은 魯僖公 24년이다. 이달의 윤달을 잘못 계산해서 3월을 4월로 하였으므로, 봄이라고만 말했고 그 달은 말하지 않았으니, 4월이 춘분의 달이 된 것을 밝힌 것이다.

282) 嬴氏 : 秦穆公의 딸인 文嬴.

283) 紀綱之僕 : 나라를 세우고 기강이 되는 것이다. 그들을 호위로 갖추게 한 것이다.

284) 屬百官 賦職任功 : 屬은 會(모음)이고, 賦는 授(줌)이다. 일을 주고 공로가 있는 사람에게 맡겼다.

285) 棄責 : 오래된 죄책을 면제하는 것이다. 일설에 責을 債로 보아 '오래된 채무를 면제한다.'로 풀이하기도 한다.(李維琦 注譯, 白話國語, 岳麓書社, 1994.)

286) 施舍分寡 : 施는 덕을 베푸는 것이고, 舍는 금법을 풀어 주는 것이고, 分寡는 재물이 적은 이에게 나누어 주는 것이다.

287) 振滯 : 振은 구원함이니, 지체된 士들을 구제하는 것이다.

288) 資無 : 재물이 없는 사람에게 주는 것이다.

289) 輕關易道 : 輕關은 그 稅를 가벼이 함이고, 易道는 도적을 제거하는 것이다.

290) 通商寬農 : 通商은 상인과 나그네를 편리하게 함이고, 寬農은 그 정무를 관대하게 하여 그 시기를 빼앗지 않는 것이다.

291) 茂穡勸分 : 茂는 힘씀이니, 농사에 힘쓰는 것이다. 勸分은 있는 이에게 권하여 없는 이에게 나누어 주게 하는 것이다.

292) 省用足財 : 省은 줄임이니, 國用을 줄임이고, 足財는 흉년을 대비하는 것이다.

293) 利器明德 : 利器는 기용을 날카롭게 하는 것이다. 明德은 德敎를 밝히는 것이다.

294) 官方定物 : 方은 常(일정함)이고, 物은 事(일)이니, 그 일정한 관직을 세워 백 가지 일을 정하는 것이다.

295) 正名育類 : 正名은 上下 服位의 명분을 바로잡는 것이다. 育은 長(기름)이고, 類는

寵[298]하며 賞功勞하고 事耉老하며 禮賓旅하고 友故舊[299]하며 胥籍狐箕欒郤柏先羊舌董韓은 寔掌近官[300]하고 諸姬[301]之良은 掌其中官[302]하고 異姓之能은 掌其遠官[303]하며 公食貢하고 大夫食邑하며 士食田[304]하고 庶人食力하며 工商食官[305]하고 皁隷食職[306]하며 官宰食加[307]하니 政平民阜[308]하고 財用不匱하니라

冬에 襄王이 避昭叔之難하야 居於鄭地氾②[309]하야 使來告難하고 亦使告於秦[310]하다 子犯이 曰 民親而未知義也[311]요 君盍納王以敎之義[312]오 若不納

善(착한 사람)이다.

296) 舊族 : 오래된 신하로서 공로가 있는 자의 가족.

297) 明 : 顯(드러냄)이다.

298) 尊貴寵 : 국가의 귀한 신하를 높여 총애함이다.

299) 故舊 : 公子였을 때의 친구를 이른다.

300) 胥籍……寔掌近官 : 이들 11종족은 晉나라의 오래된 姓이니, 가까이 조정에서 벼슬하는 자들이다.

301) 諸姬 : 晉나라와 同姓인 사람.

302) 中官 : 조정 안의 관리.

303) 遠官 : 縣이나 변방.

304) 食田 : 公田을 받음을 말한다.

305) 工商食官 : 工은 百工, 商은 관청 상인. ≪周禮≫에 보면 府와 藏에는 모두 賈人이 있어 물가를 맡아 보았다. 食官은 관청에서 祿米를 주는 것이다.

306) 皁隷食職 : 士는 皁를 신하로 하고 皁는 輿를 신하로 하고 輿는 隷를 신하로 한다. 食職은 각각 그 직책의 大小에 따라서 많거나 적게 먹는다는 말이다.

307) 官宰食加 : 官宰는 家臣. 加는 大夫의 家田.

308) 阜 : 安(편안하다)의 뜻.

309) 冬 襄王 避昭叔之難 居於鄭地氾 : 冬은 文公 원년 겨울. 양왕은 周惠王의 아들이다. 昭叔은 양왕의 아우 太叔帶인데, 甘昭公이 되었으므로 昭叔이라 한다. 혜왕이 양왕을 낳아 태자로 삼고서 또 陳나라에 장가들었는데, 부인을 惠后라 하고 소숙을 낳았다. 혜후가 소숙을 세우려 하다가 미처 하지 못하고 죽자 소숙이 齊나라로 도망하였다. 양왕이 소숙을 돌아오게 하였는데 양왕의 后인 翟隗와 사통하였다. 양왕이 隗氏를 폐하자 翟人이 周나라를 공벌하였으므로 양왕이 범으로 피난하였다.

310) 使來告難 亦使告於秦 : 양왕이 簡師父를 시켜서 晉나라에 통고하게 하고, 또 左鄢父를 시켜서 秦나라에 통고하게 하였다.

311) 民親而未知義也 : 親은 임금을 친애하는 것이다. 義를 알지 못하므로 화합하지

이라가 秦將納之면 則失周矣313)리니 何以求諸侯314)리오 不能修身하고 而又不能宗315)人이면 人將焉依리오 繼文之業하고 定武之功316)하니 啓土安疆이 於此乎在矣317)니 君其務之하소서 公說하야 乃行賂于草中之戎과 與麗(역)土之翟318)하야 以求〔啓〕③東道하니라

〔校勘〕 ① 茂 : 四部備要本에는 '懋'로 되어 있는데 통용한다.
② 氾 : 四部備要本에는 '汜'로 되어 있는데 韋昭는 "氾 扶嚴切……或音似非"라고 하여 '汜'는 틀린 것이라고 하였다.
③ 求〔啓〕: 四部備要本에 의거하여 고쳤다.

〈晉文公〉 원년 봄에 文公과 夫人 嬴氏가 王城으로부터 이르렀다. 秦伯이 호위병 3천 명을 들여보내니, 실로 근간이 되는 군병이었다. 문공이 백관들을 모아서 직책을 부여하며 공로가 있는 이에게 맡기고, 죄책을 면제하며 부세를 적게 걷고 덕을 베풀며 금법을 풀어 주며 재물이 적은 이에게 나누어 주고, 궁핍한 이를 구원해 주며 침체된 이를 구제해 주고, 곤궁한 사람을 바로잡아 주며 재물이 없는 이를 도와주고, 관세를 가볍게 하며 도로를 잘 다스리고, 상인들을 통하게 하며 농사짓는 사람에게 너그럽게 하고, 농사를 힘쓰며 分配를 권하고, 국용을 줄이며 재물을 풍족하게 하고, 器用을 날카롭게 하며 덕교를 밝혀서 백성들의 性情을 후하게 하고, 선한 이를 등용하며 능한 이를 데려다 쓰고, 일정한 벼슬을 세워 놓아서 백 가지 일을 안정시키고, 명분을 바로잡아 선한 이를 키워서 오래된 가족을 밝히고, 친척을 사랑하며 어진 이를 드러내고, 귀하여 총애할 신하를 존중하며 공로 있는 이에게 상을 주고, 노인들을 섬기며 손님들을 예우하며 옛 친구를 친애하였다. 胥·籍·狐·箕·欒·郤·栢·先·羊舌·董·韓

못한다.

312) 君盍納王以教之義 : 천자를 높이는 의리를 알게 하는 것이다.

313) 失周矣 : 周나라를 섬기게 될 것을 잃는다.

314) 何以求諸侯 : 제후의 맹주 노릇을 할 수 없다.

315) 宗 : 尊(높임)이다.

316) 繼文之業 定武之功 : 文은 晉文侯 仇이니, 平王이 東遷할 때 문후가 도와서 圭瓚과 秬鬯을 받았다. 武는 重耳의 할아버지 武公 稱이니, 처음으로 晉나라를 합병하였다.

317) 於此乎在矣 : 이 襄王을 들여보내는 일에 있는 것이다.

318) 乃行賂于草中之戎 與麗土之翟 : 草中과 麗土는 晉나라 동쪽에 있는 두 읍.

氏는 친근한 관직을 맡게 하고, 여러 姬氏의 훌륭한 사람들은 그 中官을 맡게 하고, 성이 다른 사람으로서 유능한 이는 지방관을 맡게 하고, 公室은 貢物을 먹게 하고 대부들은 읍에서 나오는 것을 먹게 하였으며, 士는 公田에서 나오는 것을 먹게 하고, 庶人들은 각각 그 노력함으로 먹게 하고, 百工과 官商은 관청에서 주는 봉급을 먹게 하고, 皁隸는 직책으로 먹으며, 家臣들은 家田을 먹으니, 정치는 공평하며 백성들은 편안하고, 재용은 결핍되지 않게 되었다.

겨울에 襄王이 昭叔의 난리를 피해서 鄭나라 땅인 氾에 거처하면서 사신을 보내어 난리를 통고하고, 또한 사신을 보내어 秦나라에도 통고하였다. 子犯이 말하기를, "백성들이 〈임금을〉 친애하면서도 의리를 알지 못하니, 임금께서는 어찌 양왕을 들여보내서 백성들에게 의리를 가르치지 않으십니까! 만약 들여보내지 않았다가 秦나라가 장차 들여보내게 된다면 周나라를 섬기는 것을 잃게 될 것이니, 어떻게 제후의 맹주가 되기를 바라겠습니까! 능히 내 몸을 닦지 못하고 또 능히 다른 사람을 높여 주지 못한다면 사람들이 장차 어찌 의지하겠습니까! 文侯의 사업을 잇고 武公의 공적을 안정시키며 토지를 넓히고 경내를 편안하게 하는 것이 이 일에 있으니, 임금께서는 힘쓰십시오."라고 하니, 공이 기뻐하여 草中의 戎과 麗土의 翟에게 뇌물을 보내서 동쪽 길을 열게 하였다.

120. 文公出陽人 晉文公이 陽樊 사람들을 풀어 주다

【大義】 왕실의 친척을 해치지 않아야 백성들이 의지함.

二年春에 公이 以二軍下319)하야 次于陽樊320)하다 右師取昭叔于溫하야 殺之于隰城321)하고 左師迎王于鄭하니 王이 入于成周322)어늘 遂定之於郟323)하니라 王이 饗

319) 公 以二軍下 : 二軍은 左軍과 右軍. 下는 동쪽으로 행군함을 말함.

320) 陽樊 : 周나라 읍.

321) 右師取昭叔于溫 殺之于隰城 : 溫·隰城은 모두 周나라 땅. 昭叔이 翟后와 사통하고 함께 溫에서 거처하였으므로 잡아 죽였다.

322) 成周 : 周나라의 東都.

323) 郟 : 王城.

醴하고 命公胙侑324)하니 公이 請隧325)어늘 弗許하고 曰 王章326)也니 不可以二王327)이라 無若政에 何328)오하고 賜公南陽에 陽樊溫原州陘絺鉏欑①茅329)之田하니 陽人不服이어늘 公이 圍之하고 將殘其民하니 倉葛330)이 呼曰 君이 補王闕은 以順禮也331)라 陽人이 未狎332)君德하야 而未敢承命이어늘 君將殘之면 無乃非禮乎잇가 陽②에는 有夏商之嗣典하고 有周室之師旅333)와 樊仲334)之官守焉하니 其非官守면 則皆王之父兄甥舅也라 君이 定王室而殘其姻族이면 民將焉放335)이리오 敢私布之③於吏336)하니 唯君圖之하소서 公이 曰 君子也④라하고 乃⑤出陽人하니라

〔校勘〕 ① 鉏欑 : 四部備要本에는 '組攢'으로 되어 있다.
② 陽 : 四部備要本에는 다음에 '人'자가 더 있는데 汪遠孫의 ≪國語明道本攷異≫에는 없는 것으로 되어 있다.
③ 之 : 四部備要本에는 '之'자가 없다.
④ 君子也 : 四部備要本에는 '是君子之言也'로 되어 있다.
⑤ 乃 : 四部備要本에는 '迺'로 되어 있는데 통용한다.

---

324) 王 饗醴 命公胙侑 : 饗은 饗禮를 베푸는 것이니, 饗醴는 醴酒를 마시는 것. 命은 命服을 더하는 것이다. 胙는 祭肉을 내리는 것이다. 侑는 幣帛을 주는 것이니, 먹은 후에 공에게 束帛을 준 것을 말한다.

325) 隧 : 天子를 장사 지내는 禮. 隧道. 문공이 수도를 요청한 사실은 本書 〈周語 中〉 '襄王拒晉文公請隧道'에 자세하다.

326) 王章 : 章은 드러낸다는 것이니, 천자와 제후가 다름을 표명하는 것이다.

327) 不可以二王 : 나라에는 두 왕이 없음을 말한 것이다.

328) 無若政 何 : 아랫사람들에게 정사를 펼 수 없음을 말한 것이다.

329) 陽樊溫原州陘絺鉏欑茅 : 8읍은 周나라의 南陽임.

330) 倉葛 : 陽樊 사람임.

331) 君 補王闕 以順禮也 : 왕의 지위를 잃은 결함을 보충하는 것은 신하된 예를 따르는 것이다.

332) 狎 : 習(숙지함)의 뜻.

333) 有夏商之嗣典 有周室之師旅 : 典은 法이고, 旅는 무리이니, 하나라와 상나라의 後嗣 및 그 남은 法과 周나라 王室의 민중이 남아 있음을 말한다.

334) 樊仲 : 宣王의 신하 仲山甫이니, 樊을 식읍으로 하였다.

335) 放 : 依(의지하다)의 뜻.

336) 敢私布之於吏 : 布는 陳(말함이다)의 뜻. 吏는 軍吏이다.

〈晉文公〉 2년 봄에 文公이 2軍을 거느리고 동쪽으로 가서 陽樊에 주둔하였다. 右師가 昭叔을 溫에서 잡아서 隰城에서 죽이고, 左師가 鄭나라에서 襄王을 맞이하니, 양왕이 成周에 들어오거늘 마침내 郟에서 양왕을 안정하게 하였다. 양왕이 醴酒로 연향을 베풀고 문공에게 命服을 주고 祭肉을 내리고 束帛을 주었다. 문공이 隧를 청하거늘 허락하지 않고 말하기를, "왕의 표상이니, 왕을 두 사람으로 할 수 없소이다. 정치가 없는 것처럼 될 것인데 어떻게 하겠소!" 하고, 공에게 南陽의 陽樊・溫・原・州・陘・絺・鉏・欑茅의 땅을 주었다. 陽樊 사람들이 승복하지 않거늘 문공이 포위하고 장차 그 백성들을 해치려 하였다. 倉葛이 소리쳐 말하기를, "임금께서 양왕의 결함을 보충하는 것은 예에 따르는 것입니다. 양번 사람들이 아직 임금의 덕을 熟知하지 못하여 감히 명령을 받들지 못하는데, 임금께서 장차 해치려 하시니, 예가 아니지 않습니까! 양번에는 夏나라와 商나라의 後嗣와 법전을 가지고 있으며 주나라의 민중과 樊仲의 관직을 지키는 자가 있으니, 관직을 지키는 자가 아니면 모두 양왕의 부형이나 생질・외숙입니다. 임금께서 왕실을 안정시키면서 그 姻族들을 해친다면, 백성들이 장차 어찌 의지하겠습니까? 감히 사적으로 軍吏에게 말을 하였으니, 임금께서는 생각하십시오." 하니, 문공이 "군자로다." 하고, 마침내 양번 사람들을 풀어 주었다.

121. 文公伐原 晉文公이 原을 치다

【大義】 신의를 지키자 적이 항복함.

又〔文〕①公이 伐原할새 令以三日之糧이러니 三日而原不降하니 公이 令疏337)軍而去之하다 諜338)이 出曰 原이 不過一二日矣로이다 軍吏以告한대 公이 曰 得原而失信이면 何以使人이리오 夫信은 民之所庇339)也니 不可失也②라하고 乃去之러니 及盟③門하야 而原請降340)하다

337) 疏 : 徹(철수하다)의 뜻.

338) 諜 : 斥候.

339) 庇 : 廕(덮다)의 뜻.

340) 及盟門 而原請降 : 盟門은 原의 땅임. 《左傳》 僖公 25년에 "30리를 철수하자 원이 항복하였다." 하였다.

〔校勘〕 ① 叉〔文〕: 四部備要本에 의거하여 고쳤다.
② 也 : 四部備要本에는 '也'자가 없다.
③ 盟 : 四部備要本에는 '孟'으로 되어 있는데 汪遠孫의 ≪國語明道本攷異≫에는 古字로는 통용한다고 하였다.

晉文公이 原을 정벌할 때에 3일의 양식을 가져 가라고 명령하였는데, 3일이 지나도 원이 항복하지 않으니, 문공이 철수 명령을 내려 떠나자고 하였다. 斥候가 나서서 말하기를, "原이 하루나 이틀을 넘기지 못할 것입니다."라고 하였다. 軍吏가 그 말을 보고하자, 문공이 말하기를, "원을 얻는다 해도 〈3일 약속의〉 信義를 잃는다면 어찌 사람을 부릴 수가 있겠느냐! 무릇 信義라는 것은 백성들을 덮어 주는 바이니, 信은 잃어서는 안 되는 것이다." 하고, 마침내 떠났다. 盟門에 이르자 원이 항복을 청하였다.

122. 文公救宋 敗楚於城濮 晉文公이 宋나라를 구원하고 城濮에서 楚나라를 패배시키다

【大義】 先軫과 子犯이 전쟁의 정세를 잘 파악하고 정당하게 대처하도록 권하여 城濮 전투에서 楚나라에게 승리함.

文公이 立四年에 楚成王이 伐宋[341])하니 公이 率齊秦하야 伐曹衛以救宋하다 宋人이 使門尹班[342])으로 告急於晉하니 公이 告大夫 曰 宋人이 告急하니 舍之則宋絶[343])이요 告楚則不許我[344])요 我欲擊楚면 齊秦이 不欲하리니 其若之何오 先軫[345])이 曰 不若使齊秦으로 主楚怨[346])이니이다 公이 曰 可乎아 先軫 曰 使宋으로 舍我而賂齊

341) 楚成王 伐宋 : 宋나라가 楚나라를 배반하고 晉나라를 섬겼으므로, 초나라가 공벌하였다.
342) 門尹班 : 송나라 大夫. ≪左傳≫ 僖公 28년에는 '門尹般'으로 되어 있다.
343) 舍之則宋絶 : 버려두어 송나라를 구원하지 않으면 송나라가 초나라에 항복하여 우리와 단절된다.
344) 告楚則不許我 : 告는 송나라를 용서하라고 초나라에 청함을 말하니, 초나라가 우리에게 허락하지 않을 것이다.
345) 先軫 : 晉나라 中軍의 장군 原軫.
346) 主楚怨 : 원망하는 주장자가 되도록 함이니, 제나라와 秦나라를 격동시켜 초나라를

秦[347]하니 藉之告楚[348]하고 我分曹衛之地하야 以賜宋人이면 楚愛曹衛하야 必不許齊秦[349]이오 齊秦이 不得其請이면 必屬[350]怨焉하리니 然後用[351]之면 蔑不欲矣리이다 公이 說하다 是故로 以曹田衛田으로 賜宋人[352]하다

令尹子玉이 使宛春[353]으로 來告 曰 請復衛侯而封曹면 臣亦釋宋之圍하리이다 舅犯이 慍曰 子玉이 無禮哉인저 臣取二 君取一[354] 必擊之하리라 先軫이 曰 子與[355]之하라 我不許曹衛之請이면 是는 不許釋宋也리니 宋衆이 無乃彊乎[356]아 是는 楚一言而有三[357]施오 子一言而有三怨이니 怨已多矣면 難以擊人이니 不若私許復曹衛以攜[358]之하고 執宛春以怒楚[359]하야 既戰而後圖[360]之니이다 公이 說이라 是故로 拘

원망하게 함을 말한다.

347) 使宋 舍我而賂齊秦 : 宋나라에게 晉나라는 그냥 두고 유독 齊・秦에게만 뇌물을 주게 한 것이다.

348) 藉之告楚 : 齊・秦에게 형세를 빌려 주어 초나라에 송나라를 〈치지 말라고〉 청하게 한다.

349) 我分曹衛……不許齊秦 : 齊・秦은 본래 晉과 함께 曹・衛를 공벌하였는데, 지금 晉이 그 땅을 나누어 주면 楚는 반드시 齊・秦의 요청을 허락하지 않을 것이다.

350) 屬 : 結(맺다)의 뜻.

351) 用 : 齊・秦을 이용함이다.

352) 是故 以曹田衛田 賜宋人 : 이에 대한 것은 ≪左傳≫ 僖公 28년의 "衛侯가 楚나라와 우호하려 하자 國人들이 원하지 않았으므로, 위후를 축출하여 晉나라를 기쁘게 해 주자 위후는 襄牛로 나가 거처하였다. 晉侯는 曹伯을 잡고 曹・衛의 땅을 갈라서 宋人에게 주었다."에 의해 구체적으로 나타난다.

353) 宛春 : 楚나라 大夫.

354) 臣取二 君取一 : 臣은 자옥이고, 君은 문공이다. 두 가지는 曹・衛를 회복시켜 주는 것을 말하고, 한 가지는 宋나라의 포위를 풀어 주는 것을 말한다.

355) 與 : 許(허락하다)의 뜻.

356) 是 不許釋宋也 宋衆 無乃彊乎 : 宋나라를 풀어 주는 것을 허락하지 않아서, 송나라가 楚나라에 항복하게 된다면, 그 무리들이 더욱 강해진다.

357) 三 : 曹・衛・宋을 말함.

358) 攜 : 離(이간)이다.

359) 怒楚 : 반드시 전쟁하게 하는 것이다.

360) 圖 : 曹・衛를 회복시키기를 도모하는 것이다.

宛春於衛하다

子玉이 釋宋圍하고 從晉師하다 楚師〔旣〕①陳에 晉師退舍하니 軍吏請 曰 以君避臣은 辱也361)요 且楚師老362)矣니 必敗라 何故退니잇가 子犯曰 二三子忘在楚乎363)아 偃也聞之컨대 戰鬪는 直爲壯이오 曲爲老라하니 未報楚惠而抗364)宋이면 我曲楚直이라 其衆이 莫不生氣하리니 不可謂老라 若我以君避臣이어늘 而不去하면 彼亦曲矣니라 退三舍避楚하다 楚衆이 欲止한대 子玉이 不肻②하야 至於城濮365)하야 果戰하야 楚衆이 大敗하니 君子 曰 善366)以德勸이라하니라

〔校勘〕 ① 師〔旣〕: 四部備要本에 의거하여 고쳤다.
② 肻 : 四部備要本에는 '肯'으로 되어 있는데 同字이다.

晉文公이 즉위한 지 4년에 楚成王이 宋나라를 정벌하니, 문공이 齊나라와 秦나라를 거느리고 曹나라와 衛나라를 치고 宋나라를 구원하였다. 송나라 사람이 門尹班을 사신으로 보내어 晉나라에 급히 고하게 하니, 문공이 대부에게 고하기를, "송나라 사람이 위급함을 고하였소. 버려두면 송나라와 단절될 것이고 초나라에게 〈송나라를 치지 말라고〉 고하면 우리에게 허락하지 않을 것이고, 우리가 초나라를 치고자 한다면 제나라와 秦나라에서 하고자 하지 않을 것이니, 어떻게 하면 좋겠소?" 하였다. 先軫이 말하기를, "제나라와 秦나라로 하여금 초나라를 원망하는 주장자가 되게 하는 것만 같은 것이 없습니다." 하였다. 문공이 말하기를, "가능하겠소?" 하니, 선진이 말하기를 "송나라로 하여금 우리는 놔두고 제나라와 秦나라에게 뇌물을 주어서 그것을 의뢰하여 〈제나라와 秦나라에게 송나라를 치지 말라고〉 초나라에 고하게 하고, 우리가 조나라와 위나라의 땅을 나누어서 송나라 사람에게 주면, 초나라는 조나라와 위나라를 아껴

361) 以君避臣 辱也 : 당시에 초왕은 문공의 덕을 피하여 申으로 들어가고 자옥을 사신으로 보내어 송나라로 가게 하였다. 자옥이 기꺼워하지 않고 굳이 전쟁하기를 요청하였으므로 〈문공에게〉 신하를 피한다고 말하였다.

362) 老 : 老는 罷(피로함)이니, 송나라를 포위한 지 오래되어 그 군대가 피로한 것이다.

363) 二三子忘在楚乎 : 초나라에 있을 때에 90리를 후퇴하겠다고 허락한 것을 말한다.

364) 抗 : 救(구원하다)의 뜻.

365) 城濮 : 衛나라 땅임.

366) 善 : 先軫・子犯을 말함.

서 반드시 제나라와 秦나라에서 요청한 것을 허락하지 않을 것입니다. 제나라와 秦나라가 요청을 얻지 못하면 반드시 원망을 맺을 것이니, 그런 뒤에 이용하면 원하는 대로 되지 않는 일이 없을 것입니다." 하니, 文公은 기뻐하였다. 이런 까닭으로 조나라 田地와 위나라 田地를 송나라 사람에게 주었다.

〈초나라〉 令尹 子玉이 宛春을 사신으로 보내니 와서 고하기를, "청컨대 衛侯를 회복시켜 주고 曹나라를 책봉해 준다면, 저도 宋나라의 포위를 풀겠습니다." 하니, 舅犯이 성내며 말하기를, "자옥은 무례하오! 자옥은 두 가지를 갖게 되고 문공은 한 가지를 갖게 되니, 반드시 칠 것이오."라고 하자, 선진이 말하기를, "귀하는 허락하십시오. 우리가 曹·衛를 회복시켜 주라는 요청을 허락하지 않는다면, 이는 송나라를 풀어 주는 것을 허락하지 않은 것이 되니, 송나라 무리들이 강해지지 않겠습니까! 이는 초나라는 한 마디 말에 세 가지를 베풀게 되는 것이고, 귀하는 한 마디 말에 세 가지 원망이 있게 되는 것입니다. 원망이 많으면 다른 사람을 공격하기 어려운 것이니, 사적으로 조나라와 위나라를 회복시켜 주는 것을 허락해서 이간시키고 완춘을 잡아 가두어 초나라를 노하여 전쟁하게 하고서 전쟁이 끝난 후에 도모하는 것만 같지 못할 것입니다." 하니, 공이 좋아하였다. 이 때문에 완춘을 구류하여 위나라에 가두었다.

子玉이 송나라 포위를 풀고 晉나라 군대와 싸우려 하여 따랐다. 초나라에서 陣을 치기를 마치자, 晉나라 군사들이 30리를 후퇴하니, 軍吏가 청하여 말하기를, "임금으로서 신하를 피하는 것은 욕입니다. 또 초나라 군사가 지쳐 있으니, 반드시 패할 것입니다. 무엇 때문에 후퇴합니까?" 하였다. 자범이 말하기를, "그대들이여! 초나라에 있을 때의 일을 잊었는가! 내가 듣건대, '전투란 곧은 쪽은 장대하게 되는 것이고, 굽은 쪽은 피곤하게 된다.'고 하니, 아직 초나라의 은혜를 갚지 아니하고 송나라를 구원해 준다면, 우리는 굽은 것이고 초나라는 곧은 것이다. 초나라 군사들이 기세가 등등해지지 않을 자가 없을 것이니, 피로하다고 말할 수 없다. 만약 우리가 임금으로서 〈초나라〉 신하를 피했는데 〈초나라가〉 떠나가지 않는다면 초나라가 굽은 것이다."라고 하니, 90리를 후퇴하여 초나라를 피하였다. 초나라 군대가 멈추려 하였는데, 자옥이 좋아하지 않았다. 城濮에 가서 과연 전투하여 초나라 군대가 크게 패하였다. 군자가 말하기를, "덕으로써 권하기를 잘하였다."라고 했다.

123. 鄭叔詹據鼎耳而疾號 鄭나라 叔詹이 삶겨져 죽게 될 솥귀를 잡고 크게 부르짖었다

【大義】 지혜와 충성으로 임금을 섬기는 자가 죽지 않고 禮遇를 받아 국가를 구원함.

文公이 誅觀狀以伐鄭하야 反其埤①[367]하다 鄭人이 以名寶行成[368]하니 公이 弗許하고 曰 予我詹하면 而師還[369]하리라 詹이 請往한대 鄭伯[370]이 弗許하니 詹이 固請曰 一臣으로 可以赦百姓而定社稷이어늘 君何愛於臣也오 鄭人이 以詹予晉人②한대 晉人이 將亨③之하니 詹이 曰 臣은 願獲盡辭而死가 固所願也로이다 公이 聽其辭하니 詹이 曰 天降鄭禍하야 使淫[371]觀狀하야 棄禮違親이어늘 臣이 曰 不可하다 夫晉公子賢明하고 其左右皆卿才니 若復其國而得志於諸侯면 禍無赦矣라호이다 今禍及矣니 尊明勝患은 知也[372]요 殺身贖國은 忠也라하고 乃就亨할새 據鼎耳而疾號 曰 自今以往으

367) 誅觀狀以伐鄭 反其埤：觀狀은 통갈비뼈 형상을 훔쳐본 일로, 〈晉語 四〉의 '曹共公不禮重耳 而觀其駢脅'에 "自衛過曹 曹共公亦不禮焉 聞其駢脅欲觀其狀 止其舍 諜其將浴 設微薄而觀之"라고 하여, 문공이 公子였을 때 曹共公이 공자의 통갈비뼈를 훔쳐본 것으로 소개되었다. 賈逵는 "鄭나라가 다시 曹나라에서 文公의 통갈비뼈의 형상을 훔쳐본 것을 본받았으므로 쳤다."라고 하여, 정나라에서도 통갈비뼈 형상을 본 것으로 하였다. 그러나 唐固는 "曹나라에서 통갈비뼈 형상을 훔쳐본 죄를 주벌하고 돌아오다가 정나라를 쳤다."라고 했다. 韋昭는 "≪左傳≫·≪國語≫를 살펴보아도 정나라에서는 통갈비뼈 형상을 훔쳐본 일이 없는데, 叔詹이 이르기를 '하늘이 정나라에 禍를 주어서 통갈비뼈 형상을 훔쳐보는 것을 본받게 했다.'라고 했으니, 조나라를 본받아서 公子를 예우하지 아니한 것이 통갈비뼈 형상을 훔쳐본 죄와 같음을 말한다."라고 했다. 反은 제거함이다, 埤는 성 위의 작은 담이다. 魯僖公 30년 가을에 '秦伯과 晉侯가 정나라를 포위하였다.'라고 하였다.

368) 以名寶行成：名寶는 重寶. 成은 和親.

369) 予我詹 而師還：詹은 정나라 卿 叔詹. 문공이 공자로서 정나라를 지나갈 때 숙첨이 정나라 군주에게 예우하라고 청하였으나 정나라 군주가 듣지 않자 그것으로 인하여 공자를 죽이라고 청하였다.

370) 鄭伯：鄭文公.

371) 淫：淫은 放(모방함)이니, 조나라에서 임금에게 예우하지 않음을 모방한 것이다.

372) 尊明勝患 知也：明은 공자를 말하고, 勝은 遏(막음)과 같다. 知는 智로 독해한다.

로 知忠以事君者는 與詹同하리라하니 乃命弗殺하고 厚爲之禮而歸之하니 鄭人이 以詹{伯}④으로 爲將軍하다

〔校勘〕 ① 埤 : 四部備要本에는 '陴'로 되어 있는데 통용한다.
② 人 : 四部備要本에는 '人'자가 없는데 汪遠孫의 ≪國語明道本攷異≫에 탈락된 것이라고 하였다.
③ 亨 : 四部備要本에는 '烹'으로 되어 있는데 통용한다. 아래도 같다.
④ {伯} : 黃丕烈의 ≪國語札記≫에 의거하여 衍文으로 처리하였다.

晉文公이 〈자신의〉 통갈비뼈를 훔쳐본 일을 주벌하여 鄭나라를 쳐서 그 성가퀴를 엎어 버렸다. 鄭나라 사람들이 좋은 보배로 화친을 행하려고 하니, 문공이 허락하지 않고 말하기를 "나에게 叔詹을 주면, 군사를 되돌리겠소." 하니, 숙첨이 가기를 청하자 鄭伯이 허락하지 않았다. 숙첨이 굳이 청하여 말하기를 "하나의 신하로 백성들을 재앙에서 벗어나게 하며 사직을 안정시킬 수 있는데, 임금께서는 신을 어찌 아끼십니까?" 하니, 정나라 사람이 숙첨을 晉나라 사람에게 주었다. 진나라 사람들이 삶아 죽이려고 하니, 숙첨이 말하기를 "신은 원컨대 말을 다하고서 죽기를 진실로 원하는 바입니다." 하였다. 문공이 그 말을 들어주니, 숙첨이 말하기를 "하늘이 정나라에 화를 내려서 통갈비뼈 형상을 훔쳐본 것을 본받게 하여, 예의도 버리고 친분도 어기거늘 제가 말하기를 '옳지 않습니다. 晉나라 公子가 현명하고 그 측근들이 모두 卿의 재목이니, 만약 그 나라로 돌아가서 제후에게 뜻을 얻는다면 화를 당해 용서받지 못할 것입니다.' 하였습니다. 지금 화가 미쳤으니, 公子를 존중하여 환난을 막아 내는 것은 지혜이고, 내 몸을 죽여 국가의 죄를 대신하는 것은 충성입니다."라고 하였다. 마침내 삶는 형벌을 당하러 나갈 때, 솥귀를 잡고 큰소리로 부르짖기를 "지금 이후로 지혜와 충성으로 임금을 섬기는 자는 나와 같을 것이다."373)라고 하니, 마침내 죽이지 말라고 명하고 후하게 예우를 하여 돌려보냈다. 정나라 사람들이 숙첨을 장군으로 삼았다.

---

373) '충성으로 임금을 섬기는 자는 이후에도 나와 같이 됨을 알 것이다.'로 해석할 수도 있다.

124. 箕鄭對文公問 箕鄭이 晉文公의 물음에 대답하다

【大義】 신의가 있어야 흉년을 타개할 수 있음.

晉{國}①饑하니 公이 問於箕鄭[374]曰 救饑何以오 對曰 信이니다 公이 曰 安信고 對曰 信於君心하고 信於名[375]하며 信於令하고 信於事니이다 公이 曰 然則若何오 對曰 信於君心이면 則美惡不踰하고 信於名이면 則上下不干하며 信於令이면 則時無廢功[376]하고 信於事면 則民從事有業[377]하리이다 於是乎民知君心이면 貧而不懼하야 藏出如入하리니 何匱之有[378]리잇가 公이 使爲箕[379]러니 及淸原之蒐[380]하야 使佐新上軍[381]하다

〔校勘〕 ① {國} : 四部備要本과 汪遠孫의 ≪國語明道本攷異≫에 의거하여 衍文으로 처리하였다.

晉나라에 흉년이 드니, 문공이 箕鄭에게 묻기를 "흉년을 어떻게 구제해야 하겠소?" 하자, 기정이 대답하였다. "신의로 해야 합니다." 문공이 말하기를 "어떤 신의로 해야 하오?" 하니, 대답하였다. "임금의 마음에 있어서 신의로 하고, 명분에 있어서 신의로 하고, 정령에 있어서 신의로 하고, 民事에 있어서 신의로 해야 합니다." 문공이 말하기를 "그렇게 하면 어떻게 되오?" 하니, 대답하였다. "임금의 마음에 있어서 신의로 하면 선과 악이 서로 지나치지 않을 것이고, 명분에 있어서 신의로 하면 위와 아래가 서로

374) 箕鄭 : 晉나라 大夫.
375) 名 : 百官 尊卑의 호칭.
376) 則時無廢功 : 시기를 빼앗지 않으면 성공함이 있다.
377) 業 : 次(차례)와 같다.
378) 藏出如入 何匱之有 : 그 창고의 저장물을 내어서 서로 구원하기를 집에 들여 넣는 것과 같이하므로 결핍되지 않는다.
379) 爲箕 : 箕의 大夫를 삼은 것이다.
380) 淸原之蒐 : 魯僖公 31년에 있던 일이다. 蒐는 閱兵.
381) 上軍 : 군대 편제 이름. 과거에 王이 晉武公에게 명하여 1軍으로 晉侯를 삼았었는데, 晉獻公 16년에 처음으로 2군을 만들어서 군대에 上軍과 下軍을 두었다.(본서 〈晉語 一〉 '獻公作二軍以伐霍' 참조)

침범하지 않을 것이며, 정령에 있어서 신의로 하면 시기에 성공을 폐함이 없을 것이고, 민사에 있어서 신의로 하면 백성들이 일을 따르는 데에 차례가 있게 될 것입니다. 이에 백성들이 임금의 마음을 알게 되면 가난해도 두려워하지 않아서 창고의 저장물을 내어 〈집에〉 들여 넣는 것과 같이 할 것이니, 무슨 궁핍함이 있겠습니까!" 문공이 기정을 箕의 大夫로 삼게 하였는데, 淸原에서 閱兵하기에 이르러 새로 만든 上軍의 副官을 맡게 하였다.

125. 文公任賢與趙衰擧賢 晉文公이 어진 이에게 일을 맡기고 趙衰와 어진 이를 천거하다

【大義】 자신이 사양함으로써 훌륭한 인물을 등용하게 한 趙衰를 중책에 임명함.

〈文〉①公이 問元帥[382]於趙衰하니 對曰 郤縠이 可니이다 行年五十矣[383]로대 守學彌惇하니이다 夫先王之法志[384]는 德義之府也라 夫德義는 生民之本也니 能惇篤者는 不忘百姓也라 請使郤縠하노이다 公이 從之하다 公使趙衰로 爲卿하니 辭曰 欒枝[385]는 貞愼하고 先軫은 有謀하고 胥臣은 多聞하니 皆可以爲輔〈佐〉②라 臣弗若也니이다하니 乃使欒枝로 將下軍하고 先軫으로 佐之하다 取五鹿[386]은 先軫之謀也라 郤縠이 卒에 使先軫으로 代之하고 胥臣으로 佐下軍하다

公이 使原季로 爲卿[387]하니 辭曰 夫三德者는 偃之出也[388]라 以德紀民하니 其章

---

382) 元帥：上卿.

383) 郤縠 可 行年五十矣：郤縠은 晉나라 大夫. 行은 歷(지나다)이다.

384) 志：記錄.

385) 欒枝：晉나라 大夫 欒共子의 아들 貞子.

386) 五鹿：衛나라 땅.

387) 使原季 爲卿：原季는 趙衰. 文公 2년에 原의 大夫가 되었다. 卿은 次卿.

388) 夫三德者 偃之出也：偃은 狐偃. 三德은 賈逵와 唐固는 "三德은 欒枝·先軫·胥臣이니 모두 호언이 천거한 바이다."라 하였고, 虞翻은 "文公을 권해서 襄王을 周나라로 들여보내면서 신하의 의리를 보여준 것, 원을 칠 때에 믿음을 보인 것, 크게 열병할 때 백성에게 예를 보인 것."이라 하였고, 韋昭는 "난지 등은 모두 조최가 천거한 바이고 호언이 한 바가 아니다. 삼덕으로 백성을 다스렸다는 말이 다음에 있으니, 우

大矣라 不可廢也니라 使狐偃으로 爲卿하니 辭曰 毛[389]之知③는 賢於臣하고 其齒又長이어늘 毛也不在位하니 不敢聞命이로소이다하니 乃使狐毛로 將上軍하고 狐偃으로 佐之하다 狐毛卒에 使趙衰로 代之하니 辭曰 城濮之役에 先且居[390]之佐軍也善이라 軍伐[391]有賞하고 善君有賞하며 能其官有賞이니 且居有三賞이라 不可廢也[392]라 且臣之倫[393]에 箕鄭胥嬰先都[394]在니이다하니 乃使先且居로 將上軍[395]하다 公이 曰 趙衰三讓[396]이어늘 其所讓은 皆社稷之衛也니 廢讓이면 是는 廢德也라하니라 以趙衰之故로 蒐於淸原[397]하야 作五軍[398]하고 使趙衰로 將新上軍하고 箕鄭으로 佐之하며 胥嬰으로 將新下軍하고 先都로 佐之하다 子犯이 卒에 蒲城伯이 請佐[399]하니 公이 曰 〈夫〉④趙衰三讓不失義[400]하니 讓은 推賢也요 義는 廣德也라 德廣賢至면 有⑤何患矣리오 請令衰也로 從子[401]라하고 乃使趙衰로 佐{新}⑥上軍하다

〔校勘〕 ① 〈文〉: 四部備要本에 의거하여 보충하였다.
② 〈佐〉: 四部備要本에 의거하여 보충하였다.

번의 말이 맞다."고 하였다.

389) 毛 : 狐毛. 狐偃의 형.

390) 先且居 : 先軫의 아들 蒲城伯. 뒤에 霍을 받아 霍伯이 되었다.

391) 伐 : 功.

392) 且居有三賞 不可廢也 : 先且居는 이 세 가지 덕이 있어 이 세 가지 상을 얻어야 하고, 폐기되어 등용하지 않아서는 안 된다.

393) 倫 : 匹(무리)의 뜻.

394) 箕鄭胥嬰先都 : 세 사람은 晉나라 大夫임.

395) 將上軍 : 狐毛를 대신한 것이다.

396) 趙衰三讓 : 세 번 卿을 시켰으나 세 번 사양하여 欒枝 등 8인을 진취시켰다.

397) 淸原 : 晉나라 땅.

398) 五軍 : 晉나라는 본래 3軍 즉 上軍, 中軍, 下軍이 있었는데, 지금 5군을 편성하여 新上軍, 新下軍을 만들었다.

399) 蒲城伯 請佐 : 혹은 蒲城伯을 狐毛라고 하나 賈逵는 先且居라고 했다. 韋昭는 말하기를 위 장에서 호모는 이미 죽었고 선저거로 대신하게 하였으니, 가규의 말이 옳다고 했다.

400) 義 : 宜(마땅하다)의 뜻.

401) 從子 : 선저거를 따르게 하는 것이다.

③ 知 : 四部備要本에는 '智'로 되어 있는데 통용한다. 아래도 같다.
④ 〈夫〉 : 四部備要本에 의거하여 보충하였다.
⑤ 有 : 四部備要本에는 '又'로 되어 있다.
⑥ {新} : 衍文이다. 韋昭는 "여기에 新자가 있는 것은 잘못이다. 조최가 新上軍의 장군을 하다가 승진하여 上軍의 부관을 하게 되었으니 한 등급이 올라간 것이다. 신상군의 장군은 상군의 부관 아래에 있다." 하였다.

晉文公이 元帥 재목을 趙衰에게 물으니, 대답하기를 "郤縠이 가합니다. 지낸 나이가 50살인데도 학문을 지키기를 매우 후하게 합니다. 先王들의 법령이나 기록은 도덕과 의리의 창고입니다. 도덕과 의리는 백성들의 근본이니, 능히 돈독히 하는 자는 백성을 잊지 않을 것입니다. 청컨대 극곡을 시키십시오." 하자, 문공이 이를 따랐다. 문공이 조최를 卿으로 삼으려 하니, 사양하여 말하기를 "欒枝는 바르고 삼가며, 先軫은 꾀가 있고, 胥臣은 들은 것이 많으니, 모두 보좌로 삼을 수 있습니다. 신은 그들만 못합니다." 하자, 이에 난지에게 下軍을 지휘하게 하고 선진에게 副官을 하도록 하였다. 五鹿을 차지한 것은 선진의 꾀였다. 극곡이 죽자 선진으로 대신하게 하고, 胥臣을 하군의 부관으로 삼았다.

문공이 原季(趙衰)를 卿으로 삼으니, 사양하여 말하기를 "세 가지 덕은 狐偃이 낸 것입니다. 덕으로 백성을 다스리니, 그 공이 드러난 것이 커서 폐할 수 없습니다."라고 하였다. 호언을 경으로 삼으려 하니, 호언이 사양하여 말하기를 "狐毛의 지혜가 저보다 낫고 그 나이도 많은데 호모가 벼슬에 있지 않으니, 감히 명령을 따르지 못하겠습니다."라고 하자, 이에 호모에게 상군을 지휘하게 하고 호언에게 부관을 하게 하였다. 호모가 죽자 조최에게 대신하게 하니, 사양하여 말하기를 "城濮의 전투에서 先且居가 군대를 보좌하기를 잘하였습니다. 군대 공로에는 상이 있고, 또 임금 섬기기를 잘하면 상을 주며, 그 관직에 능히 잘하면 상을 주는 것이니, 선저거는 세 가지 상을 받을 것이 있어 폐기할 수 없습니다. 또한 신의 무리에 箕鄭·胥嬰·先都가 있습니다."라고 하자, 이에 선저거에게 上軍을 지휘하게 하였다. 문공이 말하기를 "조최가 세 번 사양하거늘 그 사양함으로 추천된 사람은 모두 사직을 호위할 만한 사람들이니, 사양함을 폐기한다면 이는 덕을 폐기하는 것이다."라고 하고, 조최 때문에 清原에서 열병하여 五軍을 만들었다. 조최에게 新上軍을 지휘하게 하고 기정에게 부관을 하게 하였으며, 서영에게 新下軍을 지휘하게 하고 선도에게 부관을 하게 하였다. 子犯이 죽자 蒲城伯

이 〈조최를〉 부관으로 삼아 주기를 청하니, 문공이 말하기를 "조최가 세 번 사양하면서 마땅함을 잃지 않았으니, 사양함은 어진 이를 추대한 것이고 의는 덕을 넓히는 것이다. 덕이 넓고 어진 이가 이른다면 무슨 걱정이 있겠는가? 청컨대 조최로 하여금 그대를 따르게 하겠다." 하고, 이에 조최를 上軍의 副官으로 삼았다.

126. 文公學讀書於臼季 晉文公이 독서하는 것을 臼季에게 배우다

【大義】 독서하는 것이 정치에 유리함.

文公이 學讀書於臼季402)하고 三日에 曰 吾不能行也咫403)나 聞則多矣라 對曰 然而多聞以待能者면 不猶愈乎①404)아

〔校勘〕 ① 乎 : 四部備要本에는 '也'로 되어 있다.

晉文公이 臼季에게 독서하는 것을 배우고 3일 만에 말하기를 "내가 능히 조금도 행하지 못했으나 들은 것은 많다." 하니, 대답하기를 "그러나 많이 듣고서도 능히 행할 수 있는 사람을 기다린다면 배우지 않은 것보다 낫지 않겠습니까!"라고 하였다.

127. 郭偃論治國之難易 郭偃이 국가 다스리는 데에, 어렵고 쉬운 것을 논하다

【大義】 정치는 어렵게 여기면 쉽게 됨.

文公이 問於郭偃曰 始也에 吾以①國爲易405)러니 今也에 難이로다 對曰 君以爲易면 其難也將至矣406)요 君以爲難이면 其易也將至矣②407)니이다

---

402) 臼季 : 胥臣.

403) 咫 : 咫尺間.

404) 然而多聞以待能者 不猶愈乎 : 능한 자로 하여금 시행하게 한다면 배우지 않은 것보다는 낫지 않겠는가!

405) 易 : 다스리기 쉬움.

406) 君以爲易 其難也將至矣 : 쉽게 여겨서 소홀히 하므로 어려움이 장차 이른다.

407) 君以爲難 其易也將至矣 : 어렵게 여겨서 힘써 강구하므로 쉬움이 장차 이른다.

〔校勘〕 ① 以 : 四部備要本에는 다음에 '治'자가 있는데 汪遠孫의 ≪國語明道本攷異≫에는 없는 것이 옳다고 하였다.
② 矣 : 四部備要本에는 '焉'으로 되어 있는데 汪遠孫의 ≪國語明道本攷異≫에는 '矣'가 옳다고 하였다.

晉文公이 郭偃에게 묻기를 "처음에 내가 정치하는 것이 쉽다고 여겼으나, 지금은 어렵게 여긴다."라고 하니, 대답하기를, "임금께서 쉽게 여긴다면 장차 어려움이 이를 것이요, 임금께서 어렵게 여긴다면 그 쉬움이 장차 이를 것입니다."라고 하였다.

128. 胥臣論教誨之力 胥臣이 교육의 힘을 논하다

【大義】 선천적인 소질과 후천적인 교육 관계를 살펴서, 소질에 따라 교육을 시행하며 사람에 따라 임무를 맡김.

文公이 問於胥臣曰 吾欲使陽處父408)로 傅讙(驩)409)也하야 而教誨之하니 其能善之乎아 對曰 是在讙也니이다 籧篨①410)는 不可使俛②이요 戚施411)는 不可使仰이요 僬僥412)는 不可使擧요 侏儒413)는 不可使援이요 矇瞍414)는 不可使視요 嚚瘖415)은 不可使言이요 聾聵416)는 不可使聽이요 僮③昏417)은 不可使謀니이다 質將

408) 陽處父 : 晉나라 大夫 陽子.
409) 讙 : 文公의 아들인 襄公의 이름. 內傳에는 驩으로 되어 있다.
410) 籧篨 : 천상바라기 병에 걸린 사람. 몸이 뒤로 누어져 구부릴 수가 없다.
411) 戚施 : 곱사등이. 등이 굽어서 펼 수 없다.
412) 僬僥 : 키가 석 자 정도 되는 난쟁이. 무거운 것을 들지 못한다.
413) 侏儒 : 난쟁이. 물건을 잡아당기지 못한다.
414) 矇瞍 : 소경. 눈동자가 있으나 보지 못하는 것을 矇이라 하고, 눈동자가 없는 것을 瞍라고 한다.
415) 嚚瘖 : 입으로 성실과 신의를 말하지 않는 자를 嚚이라 하고, 말을 하지 못하는 자를 瘖이라고 한다.
416) 聾聵 : 귀로 五音의 조화를 구별하지 못하는 사람을 聾이라 하고, 태어나면서부터 귀로 듣지 못하는 사람을 聵라 한다.
417) 僮昏 : 僮은 無知한 사람, 昏은 어두워 어지러운 사람.

善而賢良贊之면 則濟可竢也④418)어니와 若有違419)質하야 教將不入420)이면 其何善之爲리오 臣은 聞昔者에 大任이 娠文王에 不變하야 少溲于豖牢하야 而得文王하야 不加病⑤焉421)이라 文王이 在母不憂422)하고 在傅弗勤하며 處師弗煩하고 事王不怒423)하며 敬⑥友二虢424)하고 而惠慈二蔡425)하니 刑于大姒426)하고 比427)于諸弟하니 詩428)云 刑于寡妻하야 至于兄弟하야 以御429)于家邦이라하고 於是乎用四方之賢良하며 及其卽位也하야 詢於八虞430)하고 而咨于二虢하며 度於閎夭하고 而謀于南宮431)하며 諏于蔡原432)하며 而訪于辛尹433)하니 重之以周召畢榮하야 億434)寧百神하고 而柔435)和萬民이라 故로 詩에 曰⑦ 惠於宗公하사 神罔時恫436)

---

418) 質將善而賢良贊之 則濟可竢也 : 贊은 導(인도하다)의 뜻이고, 竢는 俟와 통하니, 소질이 장차 선하게 될 사람을 어진 사람이 그를 인도하면 성취를 기다릴 수가 있다는 말이다.

419) 違 : 邪(사악함)의 뜻.

420) 不入 : 그 마음에 들어가지 않는다.

421) 少溲于豖牢 而得文王 不加病焉 : 少는 小(작다)의 뜻이고, 溲는 便(변)이고 豖牢는 측간이니, 太任이 文王을 낳을 적에 화장실에서 소변 보듯이 쉽게 문왕을 낳아서 아픔을 더하지 않았음을 말하니, 그 쉬움을 만한 것이다.

422) 在母不憂 : 몸이 변하지 않았으므로 근심하지 않았다.

423) 事王不怒 : 王은 王季. 아버지 왕계를 섬겨 노여움을 갖지 않게 하였다.

424) 二虢 : 문왕의 두 아우 虢仲과 虢叔.

425) 二蔡 : 문왕의 두 아들 管叔과 蔡叔.

426) 刑于大姒 : 刑은 法(본받다)의 뜻이고, 太姒는 문왕의 妃이다.

427) 比 : 親(친하다)의 뜻.

428) 詩 : ≪詩經≫ 〈大雅 思齊〉篇의 2章.

429) 御 : 治(다스리다)이다.

430) 八虞 : 周나라의 八士. 모두 虞官에 있었다. 伯達·伯适·仲突·仲忽·叔夜·叔夏·季隨·季騧를 말한다.

431) 南宮 : 南宮适.

432) 蔡原 : 蔡公과 原公. 모두 周나라의 太史.

433) 辛尹 : 辛甲과 尹佚. 역시 모두 周나라의 太史.

434) 億 : 安(편안하다)의 뜻.

435) 柔 : 安(편안하다)의 뜻.

이라하니 〈若〉⑧是면 則文王이 非專敎誨之力也437)니이다 公이 曰 然則敎無益乎아 對曰 胡爲리오 文益其質438)이라 故로 人生而學이니 非學이면 不入439)이니이다 公이 曰 奈夫八疾440)何오 對曰 官師之所材也441)니 戚施는 直鎛442)하고 籧篨는 蒙璆443)하고 侏儒는 扶盧444)하고 矇瞍는 修聲445)하고 聾聵는 司火446)요 僮昏嚚〔嚚〕⑨瘖僬僥는 官師〈之〉⑩所不材也447)니 以實裔448)土라 夫敎者는 因體能質而利之者也449)라 若川然有原하니 以卬⑪浦而後大450)니이다

〔校勘〕 ① 籧篨 : 四部備要本에는 '蘧篨'로 되어 있다. 아래도 같다.
② 俛 : 四部備要本에는 '俯'로 되어 있는데 同字이다.
③ 僮 : 四部備要本에는 '童'으로 되어 있는데 통용한다. 아래도 같다.
④ 也 : 四部備要本에는 '也'자가 없다.
⑤ 病 : 四部備要本에는 '疾'로 되어 있다.

---

436) 惠於宗公 神罔時恫 : 역시 ≪詩經≫ 〈大雅 思齊〉篇 2章의 글이다. 惠는 順〔순함〕이고, 宗公은 大臣이고, 時恫은 痛〔원통함〕이니, 문왕이 정치를 하는 데에 대신에게 물어서 순하게 행하였으므로 귀신이 원통하게 여기는 것이 없었다고 한 말이다.
437) 非專敎誨之力也 : 몸에 원인함을 말한다.
438) 胡爲 文益其質 : 아름다운 소질이 있어 문채를 더해 아름답게 됨을 말한다.
439) 不入 : 道에 들어가지 않음이다.
440) 八疾 : 籧篨부터 僮昏까지이다.
441) 官師之所材也 : 師는 長이고, 材는 재량한다는 裁의 古字이다.
442) 直鎛 : 直은 鎛 치는 일을 맡는 것이다. 鎛은 鐘이다.
443) 蒙璆 : 蒙은 戴(인다)의 뜻이고, 璆는 옥경쇠이다. 천상바라기는 구부릴 수 없으므로 경쇠를 올려 보며 치게 한다.
444) 扶盧 : 扶는 緣(잡음)이고, 盧는 창 자루이니, 창 자루를 잡아 희롱하는 것이다.
445) 修聲 : 눈이 없으면 음성에 세밀하게 되므로, 그것을 강구하게 한다.
446) 司火 : 귀가 들리지 않으면 보는 것이 세밀하게 되므로, 불을 맡게 한다.
447) 官師〈之〉所不材也 : 재량껏 쓸 수 없는 자들이다.
448) 裔 : 황폐한 변방.
449) 夫敎者 因體能質而利之者也 : 能은 才(재능)이니, 그 몸에 소질이 있어 이룰 수 있는 것에 나아가서 통해 이룹게 한다.
450) 若川然有原 以卬浦而後大 : 卬은 迎이니, 시내에 근원이 있어 이를 인하여 맞이해서 갯벌로 간 뒤에 크게 되는 것을 말한다.

⑥ 敬 : 四部備要本에는 '孝'로 되어 있다.
⑦ 日 : 四部備要本에는 '云'으로 되어 있다.
⑧ 〈若〉 : 四部備要本에 의거하여 보충하였다.
⑨ 嚚〔嚚〕 : 四部備要本에 의거하여 고쳤다.
⑩ 〈之〉 : 四部備要本에 의거하여 보충하였다.
⑪ 卬 : 汪遠孫의 ≪國語明道本攷異≫에는 '御'로 써야 한다고 하였다.

晉文公이 胥臣에게 묻기를 "내가 陽處父를 讙의 스승으로 삼아서 가르치게 하려 하니, 그가 잘할 수 있겠소!" 하니, 대답하기를, "이것은 환에게 달려 있습니다. 천상바라기는 구부리게 할 수 없고, 꼽추는 우러러보게 할 수 없고, 초요 난쟁이는 무거운 것을 들게 할 수 없고, 주유 난쟁이는 잡아당기게 할 수 없고, 소경은 보게 할 수 없고, 불손한 말을 하는 자와 벙어리는 말을 하게 할 수 없고, 귀머거리는 듣게 할 수 없고, 무식한 자와 암매한 자는 계획하게 할 수 없습니다. 소질이 장차 선하게 될 사람에게 어진 사람이 그를 인도하면 성취를 기다릴 수가 있지만, 만약 사악한 소질이 있어서 가르침이 장차 들어가지 않는다면, 그 어찌 선하게 하겠습니까! 신이 듣건대, 옛적에 太任이 文王을 잉태했을 적에 〈태임의〉 몸이 변하지 않고 화장실에서 소변 보듯이 쉽게 문왕을 낳아서 아픔을 더하지 않았습니다. 문왕이 어머니 뱃속에 있을 때에 근심을 끼쳐 드리지 않았고 스승에게 있을 때에는 수고롭게 하지 않았고 스승에 처해서는 번거롭게 하지 않았고 王季를 섬길 때에 노여워하게 하지 않았으며, 두 아우 虢仲·虢叔과 공경 우애하였으며 〈두 아들〉 管叔·蔡叔을 사랑하였으며, 太姒에게 본을 보이고 그 여러 아우에게 친했으니, ≪詩經≫에 이르기를 '우리 부인에게 본을 보여 형제에 이르게 하여 나라를 다스린다.'라고 한 것입니다. 이에 사방의 賢良을 등용했으며, 즉위해서는 八虞에 물어보았고, 두 아우 虢仲·虢叔에게 물어보았으며 閎夭에게 헤아려 보게 하고 南宮适과 모의했으며, 蔡公·原公에게 물어보았고, 辛甲·尹佚에게 물어보았습니다. 周公·召公, 畢公·榮公이 거듭해서 모든 神을 편안하게 하고 만민을 편안하게 하였으므로 ≪詩經≫에 이르기를 '대신에게 순히 해서 신이 원망이 없었다.'라고 했으니, 이와 같았다면 문왕이 교육을 오로지 한 힘으로만 된 것은 아닙니다."라고 하였다. 문공이 말하기를, "그렇다면 가르치는 것이 이익이 없소!"라고 하니, 대답하기를, "어찌 그러하겠습니까? 문채는 그 소질을 더해 주는 것입니다. 그러므로 사람은 살아가면서 배워야 하니, 배우지 않으면 도에 들어갈 수 없습니다."라고 하였다. 문공이 말하기를, “저 결함이 있는 8가지 부류의 사람들은 어떻게 해야 하겠소!” 하니, 대답하기를, “관청의 우두머리가 재량껏 일을 맡겨야 하니, 꼽추는 쇠북을 치게 하고, 천상바라기는 옥경쇠를 쳐다보며 치게 하고, 주유 난쟁이는 창 자루를 잡고 놀게 하고, 소경은 음성을 수련하게 하고, 귀머거리는 불을 맡게 합니다. 무식한 자와 암매한 자, 불손한 말을 하는 자와 벙어리, 초요 난쟁이는 관청의 우두머리가 재량껏 맡길 바가 아니니, 변방에 충원시킵니다. 가르치는 것은 몸의 소질로 인해서 이롭게 하는 것입니다. 마치 시내에 근원이 있어 이를 맞이해서 갯벌에 간 뒤에 크게 되는 것과 같습니다.”라고 하였다.

129. 文公稱霸 晉文公이 霸를 일컫다

【大義】 文公이 狐偃의 방략을 받아들여 패업을 이룩함.

文公이 卽位二年451)에 欲用452)其民하니 子犯이 曰 民이 未知義453)하니 盍納天子以示之義454)오하니 乃納襄王於周하다 公이 曰 可矣乎아 對曰 民未知信하니 盍伐原以示之信이니잇고하니 乃伐原455)하다 曰 可矣乎아 對曰 民이 未知禮하니 盍大蒐하야 備師尙禮以示之오하니 乃大蒐456)於被廬457)하고 作三軍하야 使郤穀으로 將中軍하야 以爲大政458)하고 郤溱459)으로 佐之하다 子犯이 曰 可矣라하야늘 遂伐曹衛460)하

451) 文公 卽位二年 : 다시 이를 말한 것은 과거를 서술한 것이다.

452) 用 : 정벌에 쓰는 것이다.

453) 未知義 : 임금을 높이는 의리를 알지 못한다.

454) 盍納天子以示之義 : 襄王이 子帶의 난을 피하여 정나라의 氾에 있었다. 〈晉語 四〉 '文公修內政納襄王' 참조.

455) 盍伐原以示之信 乃伐原 : 信은 原을 정벌할 때 3일 양식만 가지고 가라고 했는데, 양식이 다 소진되었을 때 항복하지 않자 명령을 내려 군사를 되돌린 일을 말한다. 〈晉語 四〉 '文公伐原' 참조.

456) 蒐 : 존비를 밝히며 젊은이와 어른을 순히 하며 威儀를 익히는 것이다. 〈晉語 四〉 '箕鄭對文公問' 참조.

457) 被廬 : 晉나라 땅.

458) 大政 : 국정을 관장함을 말함.

고 出穀戍하고 釋宋圍하고 敗楚師於城濮하고 於是乎遂伯(패)461)하니라

晉文公이 즉위한 지 2년에 백성들을 정벌에 쓰려 하니, 子犯(狐偃)이 말하기를 "백성들이 義를 알지 못하니, 어찌 천자를 들여보내서 의를 보여 주지 않습니까?" 하니, 이에 周襄王을 周나라로 들여보냈다. 문공이 말하기를 "되었습니까?" 하니, 자범이 대답하기를 "백성들이 신의를 알지 못하니, 어찌 原을 정벌하여 신의를 보여 주지 아니합니까?" 하니, 이에 원을 정벌하였다. 문공이 말하기를 "되었습니까?" 하니, 자범이 대답하기를 "백성들이 禮를 알지 못하니, 어찌 크게 열병해서 군사를 정비하고 예를 숭상함을 보여 주지 않습니까?" 하니, 이에 被廬에서 대대적으로 열병을 하고, 三軍을 만들어서 郤穀에게 中軍을 지휘하게 해서 大政을 맡게 하고, 郤溱에게 부관을 맡게 하였다. 자범이 말하기를 "되었습니다." 하니, 마침내 曹나라와 衛나라를 정벌하고 穀을 지키던 〈楚나라〉 군대를 내쫓고 宋나라의 포위를 풀어 주었으며 초나라 군대를 城濮에서 패배시켰다. 이에 드디어 霸者가 되었다.

---

459) 郤溱 : 晉나라의 대부. 郤至의 선조.

460) 遂伐曹衛 : 魯僖公 28년에 있었던 일임.

461) 出穀戍……於是乎遂伯 : 穀은 齊나라의 땅. 魯僖公 26년에 초나라가 제나라를 정벌하여 穀을 빼앗고 申公叔侯에게 지키게 하였다. 27년에 초나라가 宋나라를 포위하자 晉나라가 조나라와 위나라를 정벌하고 송나라를 구원하였다. 28년에 초나라가 申叔을 곡에서 떠나게 하고, 子玉에게 송나라에서 떠나 진나라를 피하게 하였다.

國語 제11권

晉語 五

130. 臼季擧冀缺 臼季가 冀缺을 천거하다

【大義】 晉文公이 원수의 아들이라도 피하지 않고 恭敬의 덕이 있는 기결을 고위직에 임명함.

臼季使라가 舍於冀野1)러니 冀缺이 耨①커늘 其妻饁之호되 敬2)하야 相待如賓3)이어늘 從而問之하니 冀芮之子也라 與之歸하다 既復命하고 而進之曰 臣이 得賢人일새 當②以告하노이다 文公이 曰 其父有辠하니 可乎4)아 對曰 國之良也는 滅其前惡이라 是故로 舜之刑也殛鯀③5)하고 其擧也興禹는 今君之所聞也요 齊桓〈公〉④이 親擧管敬子6)하니 其賊也니이다 公이 曰 子何以知其賢也오 對曰 臣이 見其不忘敬也로이다 夫敬은 德之恪也니 恪於德以臨事면 其何不濟리잇고 公이 見之하고 使爲下軍大夫7)하다

---

1) 臼季使 舍於冀野 : 臼季는 胥臣. 冀는 晉나라 읍. 野는 郊外.

2) 冀缺 耨 其妻饁之 敬 : 冀缺은 郤缺로 郤芮의 아들. 耨는 耘(김매다)이다. 饁은 들밥을 먹이다.

3) 相待如賓 : 부부가 서로 공경하기를 손님처럼 하였다.

4) 其父有辠 可乎 : 文公 원년에 冀芮가 핍박을 두려워해서 呂甥과 함께 문공을 시해할 것을 꾀하고 公宮을 불살랐는데 秦伯이 그를 죽였다.(본서 〈晉語 四〉 '寺人勃鞮求見文公' 참고)

5) 殛鯀 : 殛은 誅(목을 베는 것)이고, 鯀은 우임금의 아버지이다.

6) 管敬子 : 敬子는 管子의 諡號.

7) 公 見之 使爲下軍大夫 : 이 일은 문공 때에 있었는데, 이곳에서 말을 한 것은 襄公이 능히 아버지의 뜻을 이어서 冀缺을 등용했기 때문이다. ≪左傳≫ 僖公 33년에 "晉襄公이

〔校勘〕 ① 耨 : 四部備要本에는 '鎒'로 되어 있는데 同字이다.
② 當 : 四部備要本에는 '敢'으로 되어 있다.
③ 鯀 : 四部備要本에는 '鮌'으로 되어 있는데 同字이다.
④ 〈公〉 : 四部備要本에 의거하여 보충하였다.

臼季가 사신으로 갔다가 冀의 교외에 머물렀다. 冀缺이 김을 매고 있는데 그의 아내가 들밥을 가져와 먹일 때에 공경해서 서로 대하기를 손님처럼 하였다. 따라가서 물어보니, 冀芮의 아들이었는데 그와 함께 돌아왔다. 복명을 마치고 그를 추천하여 말하였다. "신이 현인을 얻었으므로 감히 고합니다." 문공이 말하기를 "그 아비가 죄가 있는데 되겠는가?" 하니, 구계가 대답하였다. "국가적인 어진 사람에게는 前代의 잘못은 없애 주는 것입니다. 그러므로 순임금이 刑을 내릴 때에 鯀을 죽였으나 추천할 때에 禹임금을 등용한 것은 지금 임금께서도 들으신 바입니다. 齊桓公이 몸소 관중을 등용했는데 그는 환공을 해치려고 한 사람입니다." 문공이 말하기를, "그대는 어떻게 그가 어진 사람인지 아는가?" 하니, 구계가 대답하였다. "신은 그가 공경을 잊지 않고 있음을 보았습니다. 공경이란 덕을 신중히 하여 지키는 것이니, 덕을 신중히 하여 일에 임하면 그 무엇을 이루지 못하겠습니까?" 공이 기결을 만나 보고 下軍大夫로 삼았다.

131. 甯嬴氏論貌與言 甯嬴氏가 용모와 말을 논하다

【大義】 仁義에 근본하지 않으면서 사람을 침범하면 재앙을 당함.

陽處父如衛라가 反할새 過甯①8)이라가 舍於逆旅甯嬴氏9)하다 嬴이 謂其妻曰 吾求君子久矣러니 乃今②에 得之라하고 擧10)而從之하다 陽子道與之語러니 及山而還(선)11)

아버지의 명령으로 胥臣에게 상을 주며 말하기를 '郤缺을 천거한 것은 그대의 공이다.' 하면서, 一命으로 명하여 극결을 경으로 삼고 다시 冀 땅을 주었다."고 하였으므로, 冀缺이라고 한다.

8) 陽處父如衛 反 過甯 : 陽處父는 晉나라의 太傅 陽子. 如衛는 衛나라를 방문한 것이다. 甯은 진나라의 읍.

9) 舍於逆旅甯嬴氏 : 逆旅는 旅館. 손님을 맞는 관사. 甯嬴氏는 甯地에서 역려를 관장하는 大夫 嬴姓.

하다 其妻曰 子得所求而不從之하니 何其懷也오 曰 吾見其貌而欲之러니 聞其言而惡之라 夫貌는 情之華也[12]오 言은 貌之機也[13]라 身爲情[14]하야 成於中이오 言은 身之文也라 言文而發之하야 合而後行[15]이니 離則有釁[16]이라 今陽子之貌濟[17]나 其言匱[18]하니 非其實也라 若中不濟어늘 而外彊之[19]면 其卒將復[20]하야 中〈以〉③外易[21]矣요 若外內④類[22]호대 而言反之면 瀆[23]其信也라 夫言以昭信하야 奉之如機[24]하고 歷時而發之[25]니 胡可瀆也리오 今陽子之情을 譓⑤[26]矣컨댄 以濟蓋也[27]요 且剛而主能[28]하고 不本而犯[29]하니 怨之所聚也라 吾懼未獲其利而及其難이라 是故로 去之라하더니 期⑥年에 乃有賈季[30]之難하야 陽子死之하니라

---

10) 擧 : 起(일어나다)의 뜻.
11) 及山而還 : 山은 河內 溫山. 還은 발길을 돌리다의 뜻이다.
12) 夫貌 情之華也 : 용모는 情의 華采이다.
13) 言 貌之機也 : 언어는 용모의 樞機이다.
14) 身爲情 : 情은 몸에서 생긴다.
15) 合而後行 : 合은 情·貌·言을 말하니, 세 가지가 합한 뒤에 시행된다.
16) 釁 : 隙(틈)이다.
17) 濟 : 成(이룩하다)이다.
18) 匱 : 말이 외모와 부합하지 않는 것이 匱이니, 匱는 乏(결핍되다)의 뜻이다.
19) 若中不濟 而外彊之 : 정이 부족한데 외모만 억지로 꾸밈을 말한다.
20) 其卒將復 : 復은 反(회복함)이니, 그 情을 회복함이다.
21) 易 : 異(다르다)의 뜻.
22) 類 : 善(착하다)의 뜻.
23) 瀆 : 輕(경시하다)의 뜻.
24) 奉之如機 : 樞機가 서로 응하는 것과 같다.
25) 歷時而發之 : 생각하여 살핌을 자세히 함을 말한다.
26) 譓 : 辨察(분별하여 살핀다)이다.
27) 以濟蓋也 : 濟는 成(이룸)이니, 그 용모를 이루어 그 단점을 덮음이다.
28) 且剛而主能 : 主는 上(고상함)이니, 성품이 강직하고 그 재능을 고상히 함을 말한다.
29) 不本而犯 : 不本은 행실이 인의에 근본하지 않음이고, 犯은 사람을 범함이다.
30) 賈季 : 狐偃의 아들 射姑. 賈를 食邑으로 받았다. 晉나라는 五軍을 만들었는데 魯文公 5년에 진나라의 卿 네 명이 죽었다. 6년에 진나라가 二軍을 해체하고 옛 제도를 회복하여 狐射姑가 中軍을 지휘하고 趙盾이 부관을 하였는데, 양처보가 溫에서 와서 다시

〔校勘〕 ① 甯 : 四部備要本에는 '甯'으로 되어 있는데 '甯'은 '寧'과 同字이고, '甯'은 '甯'의 속자이다. 아래도 같다.
② 乃今 : 四部備要本에는 '今乃'로 되어 있다.
③ 〈以〉 : 四部備要本에 의거하여 보충하였다.
④ 外內 : 四部備要本에는 '內外'로 되어 있다.
⑤ 譓 : 四部備要本에는 '譓'로 되어 있는데 '譓'는 或字이다.
⑥ 期 : 四部備要本에는 '朞'로 되어 있는데 '期'는 或字이다.

陽處父가 衛나라에 갔다가 돌아올 때 甯을 지나다가 逆旅의 甯嬴氏에게서 유숙하였다. 嬴이 아내에게 "내가 군자를 구한 지 오래되었는데 이제야 얻었소." 하고, 일어나서 양처보를 따라갔다. 양처보와 길을 가면서 함께 이야기를 나누었는데, 영이 溫山에 이르러서 발길을 돌렸다. 영의 아내가 말하기를 "당신이 구하던 바를 얻고서 따라가지 않으니, 어찌면 그리 집을 생각합니까?" 하니, 영이 대답하였다. "내가 그의 용모를 보고서 쫓아가려고 했는데, 그의 말을 들어 보니 싫었소. 용모는 마음의 광채이며, 말은 용모의 樞機이오. 몸에서 뜻이 생겨 마음에서 완성되는 것이오. 말은 몸의 문채이오. 말을 문채가 나게 하더라도 〈뜻과 용모와 말이〉 합해진 후에 행하는 것이니, 괴리되면 틈이 생기오. 지금 양처보의 용모가 이룩되었지만 그 말이 결핍되었으니, 그의 실상이 아닌 것이오. 만약 뜻이 부족한데 외모만 억지로 좋게 한다면 끝내 장차 뜻으로 복귀하게 되어 뜻과 외모가 다르게 되고, 또 외모와 뜻이 훌륭한데 말은 그에 반대되게 한다면 신의를 경시하는 것이오. 말은 신의를 밝혀서 받들기를 樞機와 같이 하고 때가 지난 뒤에 내야 하니, 어찌 경시할 수 있겠소! 지금 양처보의 뜻을 분별해 보건대 용모를 이루어 단점을 덮고 또 강직하면서 재능을 고상하게 하고 仁義에 근본하지 않으면서 사람을 침범하니, 원망이 모이는 바이오. 나는 그 이익을 얻지 못하고 그 난에 미치게 될까 두려우므로, 그를 떠났소." 1년 뒤에 賈季의 난리가 있었는데 양처보가 죽었다.

董에서 열병하고 趙盾에게 중군을 지휘하게 하고 호역고에게 부관을 하도록 하였다. 狐射姑는 陽處父가 그 서열을 바꾼 것을 원망하여 狐鞫居에게 양처보를 죽이게 하고 翟으로 도주하였다.

132. 趙宣子論比與黨 趙宣子가 比와 黨에 대하여 논하다

【大義】 집정자는 공평무사해야 함.

趙宣子[31] 言韓獻子[32] 於靈公[33]하야 以爲司馬하다 河曲之役[34]에 趙孟[35]이 使人하야 以其乘車로 干行(항)[36]한대 獻子執而戮之하니 衆이 咸曰 韓厥이 必不沒[37]矣라 其主朝升之어늘 而莫①戮其車[38]하니 其誰安之리오하니라 宣子召而禮之 曰 吾聞事君者는 比而不黨[39]이라호라 夫周[40]以擧義는 比也요 擧以其私는 黨也라 夫軍事無犯이니 犯而不隱은 義[41]也라 吾言汝②於君에 懼汝不能也라 擧而不能이면 黨孰大焉이리오 事君而黨이면 吾何以從政이리오 吾故以是觀汝[42]니 汝勉之[43]어다 苟從是行[44]也면 臨長[45]晉國者는 非汝其誰리요 皆告諸大夫하고 曰 二三子는 可以賀我矣라 吾擧厥也而中하니 吾乃今知免於罪矣라하니라

---

31) 趙宣子 : 晉나라의 正卿. 趙衰의 아들. 宣孟盾.

32) 韓獻子 : 韓萬의 玄孫이며 子鎭의 아들인 厥.

33) 靈公 : 襄公의 아들 夷皐.

34) 河曲之役 : 河曲은 晉나라 땅. 魯文公 12년에 秦나라가 晉나라를 정벌하여 하곡에서 전투를 하였다.

35) 趙孟 : 趙宣子.

36) 干行 : 干은 犯(침범함)이고, 行은 군대 항렬이다.

37) 沒 : 終(죽음)이다.

38) 其主朝升之 而莫戮其車 : 主는 주인이고, 車는 수레를 모는 하인이다. 獻子는 趙盾으로 인하였으므로 조돈을 주인으로 하였으니, 조돈이 그를 公朝에 올렸다. 아침과 저녁은 빠름을 비유한다.

39) 比而不黨 : 比는 의리를 따름이고 아부하여 사사로이 함을 黨이라 한다.

40) 周 : 忠信을 周라 한다.

41) 義 : 공정함에 있는 것이 義이다.

42) 觀汝 : 네가 능한지 능하지 않은지를 살핀다.

43) 勉之 : 그 뜻을 마치기를 권한 것이다.

44) 是行 : 지금 행한 바.

45) 臨長 : 臨은 監(살펴봄)이고, 長은 將帥이다.

〔校勘〕① 莫 : 四部備要本에는 '暮'로 되어 있는데 '莫'는 '暮'의 古字이다. 아래도 같다.
② 汝 : 四部備要本에는 '女'로 되어 있는데 통용한다. 아래도 같다.

趙宣子가 韓獻子를 靈公에게 추천하여 司馬를 삼았다. 河曲의 전투에서 趙孟(趙宣子)이 사람을 시켜서 자신의 수레로 군대의 항렬을 범하게 하니, 한헌자가 그를 잡아서 죽였다. 여러 사람이 "韓厥(韓獻子)이 반드시 제명대로 살지 못할 것이다. 그 주인이 아침에 승진시켜 주었는데 저녁에 그 수레 모는 종을 죽였으니, 그 누가 그를 편안히 두겠는가?" 하였다. 그런데 조선자가 한헌자를 불러 예우하면서 말하기를 "나는 듣건대 임금을 섬기는 자는 比(의리를 따름)하고 黨(사사로이 아부함)하지 않는다고 한다. 忠信으로 의리 있는 사람을 천거하는 것은 比이고, 사사로운 사람을 천거하는 것은 黨이다. 군대의 일이란 범함이 없어야 하니, 범한 자를 숨기지 않는 것은 의리이다. 내가 임금에게 그대를 추천할 때 그대가 능히 해내지 못할까 두려워했었다. 추천했는데 능히 해내지 못하면 黨이 무엇이 이보다 크겠는가? 임금을 섬기는 데에 당을 짓는다면 내가 어떻게 정사를 할 수 있겠는가? 내가 일부러 이로써 그대를 살핀 것이니, 그대는 힘쓸지어다. 진실로 이러한 행실을 따른다면, 진나라에 장수로 임할 자는 그대가 아니고 그 누구이겠는가?" 하고, 여러 대부에게 모두 고하여 "그대들은 나를 축하해 줄 만하다. 내가 韓厥을 추천했는데 적중했으니, 내가 이제서야 죄에서 면할 줄 알겠다." 하였다.

133. 趙宣子請師伐宋 趙宣子가 군사를 청하여 宋나라를 정벌하다

【大義】 임금을 시해한 宋나라에, 종과 북을 울려 성토하면서 정벌하러 감.

宋人이 殺(시)昭公[46]이어늘 趙宣子請師於靈公하야 以伐宋한데 公이 曰 非晉國之急也니라 對曰 大者天地요 其次君臣은 所以爲明訓也[47]니이다 今宋人이 殺其君하니 是는 反天地而逆民則也라 天必誅焉하리니 晉爲盟主하야 而不脩[48]天罰이면 將懼及

---

46) 宋人 殺昭公 : 宋人은 宋成公의 아들인 文公 鮑. 昭公은 鮑의 형 杵臼. 소공을 시해한 것은 魯文公 16년의 일이다.

47) 所以爲明訓也 : 尊卑가 각각 그 정당한 자리를 얻으면 교훈을 밝히는 것이다.

48) 脩 : 行(행함)이다.

焉하리이다하니 公이 許之하다 乃發令於太廟하야 召軍吏而戒樂正49)하고 令三軍之鐘皷①必備하니 趙同50)이 日 國有大役51)에 不鎭撫民而備鐘皷는 何也오 宣子曰 大罪는 伐之하고 小罪는 憚52)之하며 襲侵之事는 陵也53)라 是故로 伐備鐘皷는 聲其罪也54)요 戰以錞于丁寧②55)은 儆56)其民也요 襲侵密聲은 爲蹔57)事也라 今宋人이 殺其君하니 罪莫大焉이라 明聲之라도 猶恐其不聞也니 吾備鐘皷는 爲君故也58)라하고 乃使旁告於諸侯하야 治兵振59)旅하고 鳴鐘皷하며 以至於宋60)하니라

〔校勘〕 ① 鐘皷 : '鐘'은 四部備要本에는 '鍾'으로 되어 있는데 통용한다. 아래도 같다. '皷'는 四部備要本에는 '鼓'로 되어 있는데 통용한다.
② 寧 : 四部備要本에는 '寍'으로 되어 있는데 淸宣宗의 諱가 旻寧이기 때문에 '寧'의 '亅'을 결획한 것이다.

宋나라 사람이 昭公을 시해하자, 趙宣子가 靈公에게 군사를 청해서 송나라를 정벌할 것을 청했다. 영공이 "진나라의 급한 일이 아니다."라고 하자, 조선자가 대답하기를 "큰 것은 天地의 道이고 그 다음이 君臣의 도인데 교훈을 밝히기 위한 것입니다. 지금 송나라 사람이 그 임금을 시해하였으니, 이것은 천지의 도를 배반한 것이고 백성의 법을 거슬린 것입니다. 하늘이 반드시 그를 주벌할 것이니, 晉나라가 맹주가 되어서 천벌을 시행하지 않는다면 장차 두려움이 미칠 것입니다." 하니, 영공이 허락하였다. 이

---

49) 召軍吏而戒樂正 : 正은 長이다. 軍吏는 군대를 관장하고, 樂正은 종과 북을 관장한다.
50) 趙同 : 趙盾의 아우로, 진나라의 大夫 原同.
51) 役 : 事變. 戰事.
52) 憚 : 懼(겁주다)의 뜻.
53) 襲侵之事 陵也 : 공격할 때 가벼운 것을 襲이라 하고, 종과 북이 없는 것을 侵이라 한다. 陵은 큰 것으로 작은 것을 능멸하는 것이다.
54) 聲其罪也 : 종으로 그 죄를 드러낸다.
55) 錞于丁寧 : 錞于는 모양이 절구 머리와 비슷하고 북과 서로 어울린다. 丁寧은 징〔鉦〕을 말한다.
56) 儆 : 戒(경계하다)의 뜻.
57) 蹔 : 그 대비가 없을 때에 잠깐 함.
58) 爲君故也 : 君道를 높여 밝게 하려 한다.
59) 振 : 奮(떨치다)이다.
60) 以至於宋 : 송나라를 정벌한 것은 魯文公 17년의 일이다.

에 太廟에서 군령을 발표하여 軍吏를 부르며 樂正을 경계하고 三軍의 종과 북을 반드시 준비토록 하였다. 趙同이 말하기를 "국가에 큰일이 있을 때 백성을 鎭撫하지 않고 종과 북을 준비하라는 것은 무엇 때문입니까?"라고 하니, 趙宣子가 말하기를 "큰 죄는 정벌하고, 작은 죄는 겁주며, 엄습해서 침노하는 일은 능멸하는 것이다. 그러므로 정벌할 때 종과 북을 갖추는 것은 그 죄를 성토하기 위한 것이고, 전쟁할 때 錞于나 징을 준비하는 것은 그 백성을 경계하는 것이고, 엄습하여 침노할 때 소리를 조용히 하는 것은 잠깐 만에 하는 일이다. 지금 송나라 사람이 그 임금을 시해하였으니, 죄가 이보다 큰 것이 없다. 밝게 성토하더라도 오히려 그가 듣지 못할까 우려된다. 내가 종과 북을 갖추는 것은 君道를 높이려고 하기 때문이다." 하였다. 이에 사방으로 여러 제후들에게 사신을 보내 고하여, 병기를 다스리고 군사를 떨쳐서 종과 북을 울리며 송나라에 이르렀다.

134. 靈公使鉏麑殺趙宣子 晉靈公이 鉏麑에게 趙宣子를 죽이게 하다

【大義】 충신 趙宣子를 죽이라는 명령을 받은 자객 鉏麑가 자살하고, 명령을 내린 靈公이 시해당하고, 成公이 즉위함.

靈公이 虐[61]하니 趙宣子驟諫한대 公이 患[62]之하야 使鉏麑로 賊之[63]하다 晨往하니 則寢門이 辟[64]矣라 盛服將朝라가 蚤①而假寐[65]어늘 麑退하야 歎而言曰 趙孟은 敬哉[66]인저 夫不忘恭敬은 社稷之鎭[67]也니 賊國之鎭은 不忠이요 受命而廢之는 不信이니 享一名於此[68]인댄 不若②死라하고 觸廷③[69]之槐而死하니라 靈公이

---

61) 虐 : 많이 거두어서 담장을 치장하고, 요리사의 사지를 찢은 따위이다.
62) 患 : 疾(미워하다)의 뜻.
63) 使鉏麑 賊之 : 鉏麑는 力士. 賊은 殺(죽이다)의 뜻.
64) 辟 : 開(열다)의 뜻.
65) 假寐 : 관과 띠를 벗지 않고 자는 것을 假寐라 한다.
66) 趙孟 敬哉 : 일찍 일어남은 공경함을 말한다.
67) 鎭 : 重鎭.
68) 享一名於此 : 享은 受(받음)이다. 죽이는 것은 불충이고 죽이지 않는 것은 불신이므로, 한 가지 이름은 얻게 된다.

將殺趙盾호대 不克70)이라 趙穿71)이 攻公放桃園72)하고 逆公子黑臀而立之73)하니 寘④爲成公이라

〔校勘〕① 蚤：四部備要本에는 '早'로 되어 있는데 통용한다.
② 若：四部備要本에는 '如'로 되어 있다.
③ 廷：四部備要本에는 '庭'으로 되어 있다.
④ 寘：四部備要本에는 '實'로 되어 있다.

晉靈公이 포악하니, 趙宣子가 자주 간언하였다. 영공이 그를 미워해서 鉏麑를 시켜서 죽이게 하였다. 〈서예가〉 새벽에 가서 보니 寢門이 열려 있었는데, 〈조선자가〉 옷을 갖추어 입고 장차 조회에 가려다가 일러서 관을 쓴 채 잠들어 있었다. 서예가 물러나 탄식하며 말하기를 "조선자는 공경을 행하는 사람이다. 공경을 잊지 않는 이는 社稷의 重鎭이니, 국가의 중진을 해치는 것은 不忠이요, 명령을 받고서 그것을 폐하는 것은 不信이니, 〈不忠이나 不信〉 중에 하나의 이름이라도 얻는 것은 죽는 것보다 못하다." 하고, 조정의 괴목에 머리를 부딪쳐 죽었다. 영공이 趙盾을 죽이려고 하였으되 이루지 못하였다. 趙穿이 영공을 桃園에서 공격하여 〈시해하고〉, 公子 黑臀을 맞이하여 세우니, 바로 成公이다.

135. 范武子退朝告老 范武子가 조정에서 퇴근하여 隱退하기를 고하다

【大義】 范武子가 제나라와의 전쟁을 피하려 사직함.

郤獻子聘於齊74)하니 齊頃公이 使婦人觀而笑之75)한대 郤獻子怒하야 歸하야 請伐

---

69) 廷：外朝의 廷이다. ≪周禮≫에 "왕의 외조에 있는 세 그루 괴목에 三公이 자리한다." 하였으니, 제후의 조정에 있는 세 그루 괴목에는 三卿이 자리한다.

70) 將殺趙盾 不克：魯宣公 2년 가을에 晉靈公이 조돈에게 술을 먹이고 甲士를 매복시켜 죽이려 하였으나 조돈이 깨닫고 도망하였으므로 능히 하지 못하였다.

71) 趙穿：晉나라의 대부. 조돈의 從父昆弟.

72) 桃園：園名.

73) 逆公子黑臀而立之：逆은 迎(맞이함)이니, 周나라에서 맞이하였다. 黑臀은 晉文公의 아들이며 襄公의 동생.

74) 郤獻子聘於齊：獻子는 晉나라 卿이니 郤缺의 아들인 克이다. 齊나라에 빙문한 일은

齊어늘 范武子[76]退自朝하야 曰 燮[77]乎아 吾聞之컨대 干人之怒면 必獲毒焉이라호라 夫郤子之怒甚矣니 不逞於齊면 必發諸晉國[78]하리니 不得政[79]이면 何以逞怒리오 余將致[80]政焉하야 以成其怒하야 無以內易外也리니 爾勉從二三子[81]하야 以承君命호되 唯敬하라하고 乃老[82]하다

郤獻子가 齊나라에 빙문하니 齊頃公이 婦人에게 보게 하였는데, 〈절뚝거리는〉 그를 보고 웃었다. 극헌자가 화가 나서 돌아와 齊나라를 칠 것을 청하거늘, 范武子가 조정에서 퇴근하여 말하기를 "燮아! 내가 듣건대 사람의 노여움을 촉발시키면 반드시 해독을 받는다고 한다. 저 郤子의 노여움이 심하니, 齊나라에 분풀이를 하지 못한다면 반드시 晉나라에 화풀이를 할 것인데, 정사를 얻지 못한다면 어떻게 노여움을 분풀이하겠는가! 내가 장차 정사를 반납하여 그의 노여움을 이루게 하여 국내 일을 〈제나라와 전쟁하는〉 국외 일로 바꾸지 않게 하리니, 너는 힘써 여러 卿들을 따라서 임금의 명령을 받들되 오직 공경하라." 하고, 마침내 은퇴하였다.

136. 范武子杖文子 范武子가 文子에게 매를 치다

【大義】 겸양이 자신과 나라를 보호하는 방도임.

范文子莫退於朝하니 武子曰 何莫也오 對曰 有秦客이 廋辭於朝[83]하니 大夫莫之

魯宣公 17년에 있었다.

75) 齊頃公 使婦人觀而笑之 : 郤子가 절름발이였는데 齊頃公이 부인에게 장막을 친 데에서 보게 하였다. 극자가 올라가려 할 적에 부인이 방에서 웃었다.

76) 范武子 : 晉나라 正卿 士會.

77) 燮 : 武子의 아들 文子.

78) 不逞於齊 必發諸晉國 : 逞은 快(상쾌함)이니, 마음을 상쾌히 하여 제나라를 치지 못한다면 반드시 晉國에 노여움을 펼 것이다.

79) 得政 : 정치를 함이다.

80) 致 : 歸(되돌림)이다.

81) 二三子 : 晉나라의 여러 卿들이다.

82) 乃老 : 마침내 은퇴를 고한 것이다.

83) 廋辭於朝 : 廋는 隱(숨어 있음)이니, 숨기며 속이는 말로 조정에서 물은 것이다. 東方

能對也어늘 吾知三焉84)하노이다 武子怒曰 大夫非不能也라 讓父兄85)也니라 爾는 童子어늘 {何知}①而三掩86)人于朝하니 吾不在晉國이면 亡無日矣라하고 擊之以杖하야 折委笄87)하니라

〔校勘〕 ① {何知} : 四部備要本에는 이 글자가 없다. 汪遠孫의 ≪國語明道本攷異≫에 의거하여 衍文으로 처리하였다.

范文子가 늦게 조정에서 퇴근하니, 武子가 말하기를 "어찌 늦었는가?" 하니, 대답하기를 "秦나라 빈객이 조정에서 隱語를 하는 이가 있었는데 大夫들이 능히 대답하는 자가 없거늘 제가 세 가지를 알아 맞추었습니다."라고 하였다. 武子가 성내면서 말하기를 "대부들이 능하지 못한 것이 아니라 원로에게 양보한 것이다. 너는 어린 사람인데 세 번이나 다른 사람을 조정에서 차단하였으니, 내가 晉나라에 있지 않으면 오래지 않아 망하겠구나!"라 하고, 지팡이로 쳐서 委貌冠의 비녀를 부러뜨려 버렸다.

137. 郤獻子分謗 郤獻子가 비방을 분담하다

【大義】 장군이 부하 장군의 비방을 분담하려 함.

靡笄之役에 韓獻子將斬人88)이어늘 郤獻子駕하야 將救之러니 至則旣斬之矣라 郤獻子請以徇하니 其僕이 曰 子不將救之乎아 獻子曰 敢不分謗乎89)아하니라

朔이 말하기를 "감히 헐뜯고자 한 것이 아니라 함께 隱語를 해 보았을 뿐이다."라고 한 것이 이것이다.

84) 知三焉 : 그 세 가지를 풀이하였다.

85) 父兄 : 원로〔長老〕이다.

86) 掩 : 蓋(덮음)이다.

87) 折委笄 : 委는 委貌冠이고, 笄는 簪(비녀)이다.

88) 靡笄之役 韓獻子將斬人 : 靡笄는 齊나라 산 이름. 魯成公 2년에 晉나라의 郤克이 제나라를 칠 적에 미계의 아래에서 제나라 군대를 따라가서 鞍에서 싸웠다. 獻子는 당시에 司馬였는데, 장차 사람을 목 베어 죽이려 하였으나 죄가 놓아줄 만한 사람이었다.

89) 敢不分謗乎 : 韓子와 비방을 분담하고 잘못을 함께하려 함을 말한다. 능히 이와 같이 했으므로 從事함이 어긋나지 않음을 말한다.

靡笄의 전투에서 韓獻子가 장차 사람을 목 베려고 하거늘, 〈元帥인〉 극헌자가 말을 몰고 가서 장차 구원하려 하였는데 도착하니 이미 목을 벤 뒤였다. 극헌자가 시체를 돌려 가며 보이기를 청하자, 그의 마부가 말하기를 "어른께서는 장차 그를 구원하려 하지 않으셨습니까?" 하니, 獻子가 말하였다. "감히 비방을 분담하지 않을 수 있겠는가?"

138. 張侯御郤獻子 張侯가 郤獻子를 모시고 가다

【大義】 전쟁에서 통솔자의 활약이 승부에 큰 영향을 미침.

靡笄之役에 郤獻子傷90)하야 曰 余病喙91)〈矣〉①로라 張侯92)御 曰 三軍之心이 在此車93)矣②요 其耳目이 在於旗鼓94)하니 車無退表하고 鼓無退聲95)이면 軍事集96)矣③리니 吾子忍之요 不可以言病이니이다 受命於廟97)하고 受脤於社98)하니 甲胄而効死는 戎之政也99)라 病未若死하니 衹④以解志100)리이다하니 乃左并轡하고 右援枹而鼓之하니 馬逸101)不能止라 三軍從之하니 齊師大敗어늘 逐之하야 三周華不注之

---

90) 靡笄之役 郤獻子傷 : 화살에 다친 것이다. ≪左傳≫ 成公 2년에 이르기를 "피가 흘러서 신발까지 흘렀는데 북소리가 그치지 않았다."라고 하였다.

91) 喙 : 기운이 떨어진 모양〔短氣貌〕.

92) 張侯 : 晉나라 大夫 解張.

93) 在此車 : 이 수레가 나아가면 군사가 나아가고 이 수레가 물러나면 군사가 물러남을 말한다.

94) 其耳目 在於旗鼓 : 귀로는 북소리를 듣고 눈으로는 旗表를 본다.

95) 車無退表 鼓無退聲 : 表는 기〔旌旗〕. 수레의 기와 북소리는 전진과 후퇴에 수효가 다르다.

96) 集 : 成(이루다)의 뜻.

97) 受命於廟 : 출정하려 할 때에 종묘에 고하고 戒命을 받는다.

98) 受脤於社 : 脤은 社에서 宜祭를 지낸 고기를 자개그릇에 담은 것이다. 宜祭는 전쟁에 나가 의로운 전쟁을 하겠다는 제사이다.

99) 甲胄而効死 戎之政也 : 갑옷을 입고 투구를 걸치고 죽은 이후에야 그치는 것은 이것이 군대의 일반적인 일이다.

100) 衹以解志 : 衹는 適(다만). 解는 懈(게으르다)의 뜻.

山[102)]하니라

〔校勘〕 ① 〈矣〉 : 汪遠孫의 ≪國語明道本攷異≫에 의거하여 보충하였다.
② 矣 : 四部備要本에는 '也'로 되어 있다.
③ 矣 : 四部備要本에는 '焉'으로 되어 있다.
④ 衹 : 四部備要本에는 '祗'로 되어 있는데 통용한다.

靡笄의 전쟁에서 郤獻子가 다쳐서 말하기를 "내가 아프고 힘들구나!" 하니, 張侯가 말을 몰면서 말하기를 "三軍의 마음이 이 수레에 있고 그들의 耳目이 旗와 북소리에 있습니다. 수레에 후퇴하는 깃발 표시가 없고 북에 후퇴하는 소리가 없다면 군대 일이 성공할 것이니, 그대는 참아야지 아프다고 말해서는 안 됩니다. 명령을 祠堂에서 받았고 宜祭 지낸 고기를 社에서 받았으니, 갑옷을 입고 투구를 쓰고서 목숨을 바치는 것은 군사의 일반적인 일입니다. 아파도 죽을 것 같지는 않으니, 〈정신을 놓으면〉 다만 〈군사들의〉 뜻만 게을리 하게 됩니다." 하였다. 〈극헌자가〉 이에 왼손으로 고삐를 아울러 잡고 오른손으로 북채를 잡고 북을 두드리니, 말이 내달려서 멈출 수가 없었다. 三軍이 따라가니, 齊나라 군사가 크게 패하거늘 그들을 쫓아서 華 땅의 不注山을 세 번 돌았다.

139. 師勝而反 范文子後入 군사가 이기고 돌아올 때 范文子가 뒤에 들어오다

【大義】 겸양하면 화를 면함.

靡笄之役에 郤獻子師勝而反①할새 范文子後入[103)]하다 武子曰 燮乎아 女亦知吾望爾也乎[104)]아 對曰 夫師는 郤子之師也[105)]요 其事臧[106)]하니 若先이면 則恐國人之

101) 逸 : 奔(내달리다)의 뜻.
102) 三周華不注之山 : 周는 돌음〔匝〕이다. 華는 齊나라 땅이고, 不注는 산 이름이다. 그러나 ≪左傳≫ 成公 2년 杜注에 "華不注 山名"이라 하여, 華不注를 산 이름으로 풀이하였다.
103) 范文子後入 : 文子는 당시에 上軍의 副官이었다.
104) 女亦知吾望爾也乎 : 兵은 흉한 일인데, 文子가 뒤에 들어왔으므로, 武子가 근심하여 바란 것이다.
105) 夫師 郤子之師也 : 극자는 제나라를 정벌하기를 청하였고, 또 元帥였다.

屬[107]耳目於我也라 故不敢이니이다 武子曰 吾知免矣라하니라

〔校勘〕 ① 反 : 四部備要本에는 '返'으로 되어 있는데 통용한다.

靡笄의 전투에서 郤獻子가 이기고 돌아올 적에 范文子가 뒤에 들어왔다. 武子가 말하기를 "燮아! 너도 또한 내가 너에게 바란 것을 알았느냐?" 하니, 대답하기를, "저 군대는 郤子의 군대였고 그 일이 성공하였으니, 만약 먼저 들어온다면 나라 사람들의 이목이 저에게 집중될까 우려하여 감히 하지 못하였습니다."라고 하였다. 武子가 말하기를 "나는 〈네가〉 재앙을 면할 것을 알겠구나."라고 하였다.

140. 郤獻子等各推功於上 郤獻子 등이 각각 功을 윗사람에게 미루다

【大義】 장군들이 功을 위에 양보한 겸양의 덕.

靡笄之役에 郤獻子見한대 公曰 子之力[108]也夫인저 對曰 克也以君命으로 命三軍之士하니 三軍之士用命이라 克也何力之有焉이리오 范文子見한대 公曰 子之力也夫인저 對曰 燮也受命於中軍하야 以命上軍之士하니 上軍之士用命이라 燮也何力之有焉이리오 欒武子見한대 公曰 子之力也夫인저 對曰 書也受命於上軍하야 以命下軍之士하니 下軍之士用命이라 書也何力之有焉이리오하니라

靡笄의 전쟁에서 극헌자가 〈晉景公을〉 뵈었는데, 경공이 말하기를 "그대의 功이오."라고 하니, 대답하기를, "저는 임금의 명령으로 三軍의 군사에게 명령하였으니, 三軍의 군사가 명령을 들은 것입니다. 제가 무슨 공이 있겠습니까?"라고 하였다. 范文子가 뵈었는데, 경공이 말하기를 "그대의 공이오."라고 하니, 대답하기를 "저는 中軍에게서 명령을 받아 上軍의 군사에게 명령하였으니, 上軍의 군사가 명령을 들은 것입니다. 제가 무슨 공이 있겠습니까?"라고 하였다. 欒武子가 뵈었는데, 경공이 말하기를 "그대의 공이오." 하니, 대답하기를 "저는 上軍에게서 명령을 받아 下軍의 군사에게 명령하였으니, 下軍의 군사가 명령을 들은 것입니다. 제가

106) 臧 : 善(착함)이니, 군대에 공이 있음을 말한다.
107) 屬 : 注(퍼부음)와 같다.
108) 力 : 功.

무슨 공이 있겠습니까?"라고 하였다.

141. 苗棼皇謂郤獻子不知禮 苗棼皇이 郤獻子가 예를 알지 못한다고 하다

【大義】 郤獻子가 齊頃公을 욕보인 것이 잘못이라고 나무람.

靡笄之役也에 郤獻子伐齊하다 齊侯來109)하니 獻之以得隕①命之禮110)하고 曰 寡君이 使克也하야 不腆弊邑之禮로 爲君之辱하니 敢歸諸下執政하야 以憖②御人111)하노이다하니 苗棼皇112)이 曰 郤子勇而不知禮하고 矜其伐而恥國君113)하니 其與幾何114)리오하니라

〔校勘〕 ① 隕 : 四部備要本에는 '殞'으로 되어 있는데 통용한다.
② 憖 : 四部備要本에는 '整'으로 되어 있는데 汪遠孫의 ≪國語明道本攷異≫에는 '整'의 잘못이라고 하였다.

靡笄의 전쟁에서 극헌자가 齊나라를 쳤다. 齊侯가 오자, 그를 연향하면서 포로로 잡힌 임금의 예를 쓰고 말하기를 "우리 임금께서 나를 시켜서 두텁지 않은 우리나라의 예로 임금께서 욕보심을 위하게 하니, 감히 여러 下執事들에게 음식을 주어서 〈웃었던〉 부인에게 보답해 주기를 원합니다."라고 하니, 苗棼皇이 말하기를 "극자는 용맹스럽지만 禮를 알지 못하고, 그 공을 과시하고 나라의 임금을 수치스럽게 했으니, 그가 얼마나 가겠는가?"라고 하였다.

---

109) 齊侯來 : 靡笄의 전투로 말미암아 齊頃公이 복종하여 晉侯에게 조회한 것이다. 이 사건은 魯成公 3년에 있었다.

110) 獻之以得隕命之禮 : 獻은 연향을 베풀어 주는 것이다. 隕命은 전쟁하여 포로로 잡은 임금. 齊나라가 패했지만 頃公은 포획당하지 않아서 隕命한 것이 아니므로, 苗棼皇이 郤克을 예를 알지 못한다고 한 것이다.

111) 敢歸諸下執政 以憖御人 : 歸는 음식을 보내는 것〔饋〕이고, 執政은 일을 집행하는 사람〔執事〕이고, 憖은 願(원함)이고, 御人은 婦人이다. 이 음식으로, 임금의 婦人으로서 郤克을 보고 웃은 자에게 갚고자 하는 것이다.

112) 苗棼皇 : 晉나라 大夫. 楚鬪椒의 아들.

113) 矜其伐而恥國君 : 矜은 大(크게 하다)이다. 伐은 功.

114) 其與幾何 : 장차 목숨이 오래가지 못할 것을 말한다.

142. 車者論梁山崩 수레 모는 자가 梁山이 무너진 것을 논하다

【大義】 산천이 무너지는 국가적 재앙에는 임금이 검소하며 경건한 禮로 神을 섬겨야 함.

梁山崩115)하니 以傳召伯宗116)하다 遇大車117)當道而覆하야 立而辟之하야 曰 辟①傳하라 對曰 傳爲速也니 若竢②吾辟之③면 則加遲矣리니 不如捷118)而行이니이다 伯宗이 喜하야 問其居하니 曰 絳119)人也라 伯宗이 曰 何聞고 曰 梁山이 崩하야 而以傳召伯宗이니이다 伯宗이 問曰 〈乃〉④將若何오 對曰 山有朽壞〔壤〕⑤而{自}⑥崩120)하니 將若何오 夫國主山川121)이라 故川涸山崩이면 君爲之降服出次122)하고 乘縵不擧하며 策於上帝123)하고 國三日哭하야 以禮焉124)이라 雖伯宗이나 亦{其}⑦如是而已라 其若之何오 問其名하니 不告하고 請以見125)한대 弗⑧許하니라 伯宗이 及絳以告

115) 梁山崩 : 梁山은 晉나라가 望祭를 지내는 산이다. 무너진 일은 魯成公 5년의 일이다.

116) 以傳召伯宗 : 傳은 역마. 伯宗은 晉나라 大夫 孫伯糾의 아들.

117) 大車 : 소가 모는 수레. 牛車.

118) 捷 : 곁으로 빠져 나가는 길. 捷徑.

119) 絳 : 晉나라의 도읍.

120) 山有朽壤而崩 : 朽는 腐(썩는 것)이니, 정무의 잘못으로 된 것이라고 말하지 않고 흙이 썩은 것이라고 일컬은 것은 겸손함을 말한 것이다.

121) 夫國主山川 : 山川의 主가 되는 것이다.

122) 故川涸山崩 君爲之降服出次 : 涸은 竭(마른다)의 뜻이니, 내가 마르면 산이 무너진다. 降服은 흰 冠과 흰옷이다. 出次는 교외에 머무르는 것이다.

123) 乘縵不擧 策於上帝 : 縵은 문채가 없는 수레이고, 不擧는 음악을 연주하지 않음이고, 策於上帝는 簡策의 글로 상제에게 고하는 것이다. ≪周禮≫에 "四鎭과 五嶽이 무너지면 명령하여 음악을 철거한다."라고 하였다. 일설에 不擧는 '성찬을 먹지 않는다.'고 한다.

124) 國三日哭 以禮焉 : 신에게 예를 드리는 것이다. ≪周禮≫에 "나라에 큰 재앙이 있으면 3일 동안 곡한다." 하였다.

125) 以見 : 임금께 뵘이다.

하니 而從之[126]하니라

〔校勘〕 ① 辟 : 四部備要本에는 '避'로 되어 있는데 통용한다. 아래도 같다.
② 竢 : 四部備要本에는 '俟'로 되어 있는데 통용한다.
③ 之 : 四部備要本에는 '之'자가 없다.
④ 〈乃〉 : 四部備要本과 汪遠孫의 ≪國語明道本攷異≫에 의거하여 보충하였다.
⑤ 壞〔壤〕 : 四部備要本 등에 의거하여 고쳤다.
⑥ {自} : 四部備要本과 汪遠孫의 ≪國語明道本攷異≫에 의거하여 衍文으로 처리하였다.
⑦ {其} : 四部備要本과 汪遠孫의 ≪國語明道本攷異≫에 의거하여 衍文으로 처리하였다.
⑧ 弗 : 四部備要本에는 '不'로 되어 있다. 이하 '不'과 '弗'의 혼용은 특별한 경우가 아니면 간과한다.

梁山이 무너지니, 역마로 伯宗을 불렀다. 牛車가 길을 막고 엎어진 것을 만나서 〈伯宗이〉 서서 물리치면서 말하기를 "역마를 피하라."라고 하니, 대답하기를 "역마는 속히 가려는 것인데, 만약 내가 피하기를 기다린다면 더욱 늦어질 것이니, 지름길로 가는 것만 못합니다."라고 하였다. 伯宗이 기뻐하며 그가 사는 곳을 물으니, 대답하기를 "絳人입니다." 하였다. 伯宗이 말하기를 "무엇을 들었느냐?" 하니, 대답하기를 "梁山이 무너져서 역마로 伯宗을 불렀다고 합니다."라고 하였다. 伯宗이 묻기를 "장차 어떻게 해야 하느냐?" 하니, 대답하기를 "산에 썩은 흙덩이가 있어서 스스로 무너진 것인데, 장차 어찌하겠습니까! 나라는 山川을 위주로 하기 때문에 샘이 마르고 산이 무너지면 임금이 흰 관과 흰옷을 입고서 교외에 머무르고, 치장하지 않은 수레를 타며 음악을 연주하지 않으며 상제에게 簡策으로 고하고, 나라에서 3일 동안 곡하여 神에게 예를 차립니다. 비록 伯宗이라 할지라도 또한 이와 같이 할 뿐입니다. 어떻게 하겠습니까?"라고 하였다. 그 이름을 물으니 고하지 않고, 임금을 뵙자고 청하였으나 허락하지 않았다. 伯宗이 絳에 이르러 임금에게 고했는데 임금이 그 말을 따랐다.

---

126) 及絳以告 而從之 : 수레를 몰던 사람의 말로 임금에게 고하자 임금이 그 말대로 따랐다.

143. 伯宗妻謂民不戴其上難必及 伯宗의 처가 백성이 그 윗사람을 받들지 않으면 난리가 반드시 이른다고 말하다

【大義】 잘난 체하면 질투의 해를 당함.

伯宗朝하고 以喜歸[127)]하니 其妻曰 子貌有喜는 何也오 曰 吾言於朝에 諸大夫皆謂我知似陽子[128)]라하더이다 對曰 陽子는 華而不實하고 主[129)]言而無謀하니 是以難及其身이라 子何喜焉이리오 伯宗이 曰 吾飮諸大夫酒하고 而與之語하리니 爾試聽之하라 曰 諾다 旣飮에 其妻曰 諸大夫莫子若也라 然而民不能戴其上이 久矣[130)]니 難必及子인저 子[①]盍亟索士하야 慭庇州犁焉[131)]고하니 得畢陽[132)] 及欒弗忌之難하야 諸大夫害伯宗하고 將謀而殺之[133)]하니 畢陽이 實送州犁於荊[134)]하니라

〔校勘〕 ① 子 : 四部備要本에 '乎'로 되어 있는데 위 구절로 붙여 독해된다.

伯宗이 조회를 마치고 기쁜 기색으로 돌아오니, 그 아내가 말하기를 "당신의 모습에 기쁜 기색이 있는 이유는 무엇입니까?" 하니, 대답하기를, "내가 조정에서 말할 적에 여러 대부들이 모두 나의 지혜가 陽子와 같다고 해서요." 아내가 대답하기를, "陽子는 화려하지만 알차지 못하고 말을 숭상하지만 계책이 없으니, 이 때문에 난리가 그의 몸

---

127) 伯宗朝 以喜歸 : 백종이 조회를 마치고 돌아와서 기쁜 기색이 있었다.

128) 陽子 : 陽處父.

129) 主 : 尙(숭상하다)이다.

130) 然而民不能戴其上 久矣 : 戴는 奉(받드는 것)이다. 上은 賢(어짊)이니, 재주가 남보다 위에 있는 것이다.

131) 子盍亟索士 慭庇州犁焉 : 亟은 疾(빨리)이고, 索은 求(구함)이고, 慭은 願(원함)이고, 庇는 覆(덮음)이고, 州犁는 伯宗의 아들 伯州犁이다.

132) 畢陽 : 晉나라의 선비.

133) 及欒弗忌之難……將謀而殺之 : 欒弗忌는 晉나라 大夫로서 伯宗의 무리이다. 세 명의 郤氏가 弗忌를 해치므로 伯宗을 참소하여 아울러 죽였다. 그 일이 魯成公 15년에 있었다. 이에 대하여 ≪左傳≫ 成公 15년에는 "晉나라 三郤이 伯宗을 해쳐서 참소하여 죽이고 欒弗忌까지 죽이거늘 伯州犁가 楚나라로 도망갔다〔晉三郤害伯宗 譖而殺之 及欒弗忌 伯州犁奔楚〕."라고 하였다.

134) 實送州犁於荊 : 荊은 楚. 州犁는 楚나라로 망명하여 太宰가 되었다.

에 미친 것입니다. 당신은 어찌해서 그것을 기뻐합니까?" 하니, 伯宗이 말하기를 "내가 여러 대부들에게 술을 마시게 하고 그들과 함께 말할 것이니, 당신이 시험 삼아 들어보시오." 하였다. 대답하기를, "그러하지요." 하고, 술을 마시게 하고 나서 그 아내가 말하였다. "여러 대부가 당신만 한 이가 없습니다. 그런데 백성들이 그 윗사람을 받들지 않은 지 오래되었으니, 난리가 반드시 당신에게 미칠 것입니다. 당신은 어찌 빨리 선비를 구해서 〈아들〉 州犂를 비호해 주기를 원하지 않습니까!" 하니, 畢陽을 얻었다. 欒弗忌의 난리에 미쳐서 여러 대부들이 伯宗을 해치고 장차 도모하여 欒弗忌를 죽이려 하니, 畢陽이 실로 州犂를 荊나라에 보내 주었다.

國語 제12권

晉語 六

144. 趙文子冠 趙文子가 冠禮를 하다

【大義】 趙文子가 관례를 행한 뒤에 여러 경대부를 뵙고 훈계를 받을 때, 특히 선조들의 업적을 이어 뜻을 세우도록 훈계받음.

趙文子[1]冠하고 見欒武子[2]한대 武子曰 美哉[3]라 昔吾逮事莊主[4]에 華則榮矣나 實之不知하니 請務實乎[5]인저하고 見中行宣子[6]한대 宣子曰 美哉라 惜也로다 吾老矣[7]라하고 見范文子[8]한대 文子曰 而今에 可以戒矣라 夫賢者는 寵至而益戒하고 不足者는 爲寵驕[9]라 故로 興王은 賞諫臣하고 逸王은 罰之라 吾聞古之①王者는 政德旣成에 又聽於民[10]이라 於是乎使工으로 誦諫於朝[11]하고 在列者로 獻詩하야 使勿兜[12]하며

1) 趙文子 : 趙盾의 손자이자 趙朔의 아들인 趙武.
2) 見欒武子 : 欒武子는 欒書. 禮에 관례를 마치고 임금에게 폐백을 올리고 나서 폐백을 가지고 卿大夫를 뵙는다.
3) 美哉 : 成人이 된 것을 아름다워한 것이다.
4) 昔吾逮事莊主 : 莊은 莊子이니, 趙朔의 시호이다. 大夫를 主라고 일컫는다. 조삭은 下軍을 지휘했었고 난서는 부관이 되었었다.
5) 華則榮矣 實之不知 請務實乎 : 榮은 색채가 있는 모습이다. '實之不知'는 꽃만 피고 열매를 맺지 못한 것이다.
6) 中行宣子 : 晉나라 大夫 中行桓子의 아들 荀庚.
7) 惜也 吾老矣 : 자기가 늙어서 文子의 덕이 이르는 것을 보지 못할 것을 애석히 여긴 것이다.
8) 范文子 : 范燮.
9) 不足者 爲寵驕 : 지혜가 부족한 사람은 총애를 얻으면 교만해진다.
10) 又聽於民 : 꼴 베는 사람과 나무꾼에게 물어 비방과 칭찬을 듣는다.

風聽臚言於市13)하고 辨妖〔祆〕②祥於謠14)하며 考百事15)於朝하고 問謗譽於路하야 有邪而正之하니 盡戒之術也라 先王은 疾是驕也라하고 見郤駒伯16)한대 駒伯이 曰 美哉라 然而壯不若老者多矣17)라하고 見韓獻子18)한대 獻子曰 戒之어다 此謂成人이라 成人은 在始與善이니 〈敬之哉어다〉③ 始與善이면 善進善하야 不善이 蔑19)由至矣오 始與不善이면 不善이 進不善하야 善이 亦蔑由至矣니 如草木之產也하야 各以其物20)이라 人之有冠은 猶宮室之有牆屋也하니 糞除21)而已라 何又④加焉이리오하고 見知武子22)한대 武子曰 吾子勉之어다 成宣之後로 而老爲大夫非恥乎23)아 成子之文과 宣子之忠을 其可忘乎아 夫成子는 道前志以佐先君하고 道法而卒以政하니 可不謂文乎24)아 夫宣子는 盡諫於襄靈25)하야 以諫取惡호대 不憚死進{也}⑤하니

---

11) 於是乎使工 誦諫於朝 : 工은 矇瞍, 즉 樂工. 誦은 이전 시대의 箴言과 諫言을 외워 읽는 것이다.

12) 在列者 獻詩 使勿兜 : 列은 지위이니, 公卿으로부터 列士까지 시를 바쳐 풍자한다. 兜는 惑(미혹됨)이다. 兜에 대하여는 이설이 있는바 汪遠孫의 ≪國語明道本攷異≫에 "≪述聞≫에 이르기를 '兜는 당연히 兜로 해야 한다. ≪說文≫에 「兜는 廱蔽이니, 읽기를 瞽처럼 한다.」하였다. 勿兜는 가리지 않음이다.' 하였다.〔述聞云 兜 當爲兜 說文 兜廱蔽也 讀若瞽 勿兜 勿廱蔽也〕"라고 하여, '가리다'로 풀이하기도 한다.

13) 風聽臚言於市 : 風은 采(채취함)이고, 臚는 傳(전함)이니, 상인과 나그네가 전하는 선악의 말을 채취해 듣는 것이다.

14) 辨祆祥於謠 : 辨은 別(구별함)이고, 妖는 惡이고, 祥은 善이고, 길을 가면서 노래하는 것을 謠라 한다.

15) 百事 : 百官의 職事.

16) 郤駒伯 : 晉나라 卿 郤錡.

17) 然而壯不若老者多矣 : 나이를 믿고 스스로 자랑한 것이다.

18) 韓獻子 : 晉나라 卿 韓厥.

19) 蔑 : 無(없다)이다.

20) 物 : 類(부류)이다.

21) 糞除 : 자신이 수련하여 깨끗이 함을 비유한 것이다.

22) 知武子 : 晉나라 卿. 荀首의 아들 荀罃.

23) 成宣之後 而老爲大夫非恥乎 : 成은 成子로 文子의 증조부인 趙衰요, 宣은 宣子로 文子의 조부인 趙盾이니, '문자는 두 현인의 후예로서 늙어서야 大夫가 된다면 부끄러움이 아니겠는가!'라고 하여 그에게 덕을 닦아 일찍 卿이 되게 하려 함을 말한 것이다.

可不謂忠乎아 吾子勉之하야 有宣子之忠하고 而納之以成子之文이면 事君必濟[26)]하리라하고 見苦成叔子[27)]한대 叔子曰 抑年少而執官[28)]者衆하니 吾安容子리오하고 見溫季子[29)]한대 季子曰 誰之不如아 可以求乎[⑥][30)]인저 見張老[31)]而語之하니 張老曰 善矣라 從欒伯之言이면 可以滋요 范叔之教면 可以大요 韓子之戒면 可以成이라 物備矣니 志在子[32)]니라 若夫三郤[33)]은 亡人之言也니 何稱述焉[34)]이리오 知子之道[35)]善矣니 是先主覆露子也[36)]라하니라

〔校勘〕 ① 之 : 四部備要本에는 다음에 '言'자가 더 있는데 汪遠孫의 ≪國語明道本攷異≫에 衍文이라 하였다.

② 妖〔祅〕: 四部備要本에는 '祅'로 되어 있는데 汪遠孫의 ≪國語明道本攷異≫에 '祅'를 正字라고 하고, 黃丕烈의 ≪國語札記≫에는 '祅'는 '䄏'의 생략이고 '䄏'와 '妖'는 古今字라고 하였다.

③ 〈敬之哉〉: 汪遠孫의 ≪國語明道本攷異≫에 의거하여 보충하였다.

④ 何又 : 四部備要本에는 '又何'로 되어 있다.

⑤ {也} : 四部備要本과 汪遠孫의 ≪國語明道本攷異≫에 의거하여 衍文으로 처리하였다.

---

24) 夫成子……可不謂文乎 : 道는 達(통달함)이고, 志는 記(기록함)이고, 佐는 助(도움)이고, 先君은 文公이고, 以政은 정권을 잡음이다.

25) 襄靈 : 襄公은 文公의 아들이고 靈公의 아버지이다.

26) 濟 : 成(이루다)이다.

27) 苦成叔子 : 郤犨.

28) 執官 : 大夫가 되는 것이다.

29) 溫季子 : 郤至.

30) 誰之不如 可以求乎 : 너는 누구만도 못하여 그 다음을 구할 만하니, 그 고상하며 원대함을 원하지 않아야 함을 말한 것이다.

31) 張老 : 晉나라 大夫 張孟.

32) 物備矣 志在子 : 物은 事(일)이다. 人事가 갖추어졌으니, 능히 시행할지 여부는 그대의 뜻에 달려 있다.

33) 三郤 : 郤錡(郤駒伯), 郤犨(苦成叔子), 郤至(溫季子).

34) 何稱述焉 : 칭술하기에 부족하다.

35) 道 : 訓戒〔訓〕.

36) 是先主覆露子也 : 先主는 成子와 宣子를 말함. 露는 潤(윤택하다)이다.

⑥ 乎 : 四部備要本에는 '之'로 되어 있다.

趙文子가 관례를 하고 欒武子를 뵈니, 난무자가 말하기를, "아름답구나! 옛적에 내가 莊子 大夫 趙朔을 섬길 적에 겉은 빛났지만 내실은 없었으니, 청컨대 내실에 힘쓰도록 하라."고 하였다. 中行宣子를 뵈니, 중항선자가 말하기를 "아름답구나! 〈그대의 덕이 성취되는 것을 못 봐서〉 애석하다. 내가 늙었도다."라고 하였다. 范文子를 뵈니, 범문자가 말하기를, "이제야 경계해 줄 만하다. 현명한 사람은 총애가 이르면 더욱 경계하고, 〈지혜가〉 부족한 사람은 총애를 얻으면 교만해진다. 그러므로 국가를 일으키는 임금은 간언하는 신하에게 상을 주고, 방탕한 임금은 간언하는 신하에게 벌을 준다. 나는 듣건대 옛날의 王者는 정치와 덕이 이미 이루어졌어도 또한 백성들에게 물었다고 한다. 이에 악공에게 조정에서 간언이나 잠언을 읊게 했고, 지위에 있는 자에게 시를 올리도록 해서 미혹되지 않도록 했으며, 詩歌에 전하는 말을 채취해 듣고, 善惡을 歌謠에서 분별하며, 백관의 일들을 조정에서 살피고, 길에서 비방과 칭찬을 물어서 간사함이 있으면 바로잡았으니, 경계를 다한 방도이다. 先王은 교만한 것을 미워했다."라고 하였다. 郤駒伯을 뵈니, 극구백이 말하기를 "아름답구나! 그러나 청년은 늙은 자만 못한 것이 많다."라고 말하였다. 韓獻子를 뵈니, 한헌자가 말하기를 "경계하라. 관례는 成人을 이름이다. 성인은 처음부터 善人과 함께하는 데에 있으니 〈공경할지어다.〉 처음부터 선인과 함께하면 선인이 선인을 나아오게 하여 불선한 자가 이를 길이 없고, 처음부터 불선한 자와 함께하면 불선한 자가 불선한 자를 나아오게 하여 선인이 또한 이를 길이 없으니, 마치 초목의 생장이 각각 그 부류로 하는 것과 같다. 사람에게 관례가 있는 것은 宮室에 담장과 지붕이 있는 것과 같으니, 오물을 제거하여 깨끗이 할 따름이라, 또한 무엇을 더하겠는가!"라고 하였다. 知武子를 뵈니, 지무자가 말하기를 "우리 그대는 힘쓸지어다. 成子와 宣子의 후예로 〈젊어서 卿이 못 되고〉 늙어서 大夫가 된다면 부끄럽지 않겠는가! 성자의 文과 선자의 忠을 잊을 수 있겠는가! 성자는 과거의 기록을 통달해서 先君을 돕고 법령을 통달하여 끝내 정치를 맡았으니, 文이라고 말하지 않을 수 있는가! 선자는 襄公과 靈公에게 간언을 다해서 간언함으로써 미움을 받았으되 죽음으로 간언에 나아가기를 꺼리지 않았으니, 忠이라고 말하지 않을 수 있는가! 우리 그대는 힘써서 선자의 충을 간직하고 성자의 문으로 〈임금께〉 바친다면, 임금을 섬기기에 반드시 성공할 것이다."라고 하였다. 苦成叔子를 뵈니, 고성숙자가 말하기를, "대저 나이가 젊어서 대부가 되는 이가 많으니, 내가 어찌 자네를 용인하라!" 하였다. 溫季子를 뵈니, 온계자가 말하기를 "누가 너만 같지 못하겠느냐! 그 버금가는 자리를 구해야 될 것이다."고 하였다. 張老를 보고서 이를 말했더니, 장로가 말하기를, "훌륭하다. 欒伯의 말을 따르면 더할 수가 있고, 范叔의 가르침을 따르면 클 수가 있고, 한헌자의 경계를 따르면 이룰 수가 있다. 人事가 갖추어졌으니, 뜻은 그대에게 있다. 三郤의 말은 망할 사람의 말이니, 어찌 일컬을 것인가! 知武子의 가르침이 훌륭하니, 先主들이 그대를 덮어 윤택하게 해 주는 것이다."라고 하였다.

145. 范文子不欲伐鄭 范文子가 鄭나라를 치려고 하지 않았다

【大義】 전쟁을 반대하는 范文子의 王道思想.

厲公37)이 將伐鄭38)하니 范文子不欲하야 曰 若以吾意로 諸侯皆畔이면 則晉可爲39)也어늘 唯有諸侯라 故로 擾擾焉이니이다 凡諸侯는 難之本也40)라 得鄭이면 憂滋長하리니 安①用鄭41)이릿고 郤至曰 然則王者多憂乎아 文子曰 我王者也乎哉42)아 夫王者는 成其德하고 而遠人이 以其方賄로 歸之라 故로 無憂라 今我43)寡德而求王者之功이라 故로 多憂라 子見無土而欲富者가 樂乎哉44)아하니라

〔校勘〕 ① 安 : 四部備要本에는 '焉'으로 되어 있는데 異音同義字이다.

晉厲公이 장차 鄭나라를 정벌하려고 하니, 范文子가 원하지 않고 말하기를, "제 생각으로는 제후들이 모두 배반한다면 晉나라가 다스릴 수 있겠는데, 오직 〈복종하는〉 제후들을 가졌으므로 시끄럽게 됩니다. 무릇 제후들은 난리의 근본입니다. 정나라를

---

37) 厲公 : 晉景公의 아들 州蒲.

38) 伐鄭 : 鄭나라를 친 것은 鄭나라가 楚나라를 따랐기 때문이다. 그 일은 魯成公 16년에 있었다.

39) 爲 : 治(다스리다)의 뜻.

40) 凡諸侯 難之本也 : 배반하면 바로 정벌하므로, 난리의 근본이 된다.

41) 得鄭 憂滋長 安用鄭 : 楚나라가 반드시 구원하므로, 근심이 더욱 늘어난다.

42) 我王者也乎哉 : 모두 제후임을 말한다.

43) 我 : 晉.

44) 子見無土而欲富者 樂乎哉 : 덕이 적으면서 부유함을 구하니, 행동을 멈출 수 없다.

얻으면 걱정이 더욱 늘어날 것이니, 어찌 정나라를 정벌하겠습니까?" 하자, 郤至가 말하기를 "그렇다면 왕자는 걱정이 많을 것이오!" 하니, 범문자가 말하기를 "우리가 왕자입니까! 왕자는 그 덕을 이루고 먼 곳 사람들이 그 지방 재물을 가지고 歸依하므로 걱정이 없으나, 지금 우리는 덕이 적으면서 王者의 공을 구하므로 걱정이 많습니다. 그대는 토지가 없으면서 부자가 되려고 하는 사람이 즐겁게 되는 것을 보았습니까!"라고 하였다.

146. 晉敗楚師於鄢陵 晉나라가 鄢陵에서 초나라 군사를 패배시켰다

【大義】 郤至가 초나라의 결점을 분석하여 鄢陵의 전쟁에서 승리함.

厲公六年[45]에 伐鄭할새 且使苦成叔과 及欒黶하야 興齊魯之師[46]하다 楚恭王이 帥東夷救鄭[47]이어늘 楚半陳①에 公이 令②擊之하니 欒書曰 君使黶也하야 興齊魯之師하니 請俟之하소서 郤至曰 不可하다 楚師將退하니 我擊之면 必以勝歸[48]하리이다 夫陳不違忌하니 一間也[49]오 夫南夷與楚來而弗與陳[50]하니 二間也요 夫楚與鄭陳而不與整[51]하니 三間也요 且其士卒이 在陳而譁하니 四間也요 夫衆이 聞譁則必懼니 五間也라 鄭將顧楚하고 楚將顧夷하야 莫有鬬心하니 不可失也니이다 公이 說하다 於是에 敗楚師於鄢陵하니 欒書是以로 怨郤至[52]하니라

---

45) 厲公六年 : 魯成公 16년.

46) 且使苦成叔……興齊魯之師 : 苦成叔은 郤犨이고 欒黶은 欒書의 아들 桓子이다. 극주는 제나라로 가고 난암은 魯나라로 가서 모두 군사를 요청하였다.

47) 楚恭王 帥東夷救鄭 : 恭王은 莊王의 아들 箴이니, 혹은 審으로도 쓴다. 東夷는 초나라 동쪽의 오랑캐이다.

48) 楚師將退……必以勝歸 : 장차 물러나서 싸울 마음이 없으므로 이길 수 있다.

49) 夫陳不違忌 一間也 : 違는 避(피함)이고, 忌는 晦(그믐)이고, 間은 隙(틈)이다. 그믐은 陰氣가 다하고 군대 역시 음이므로 꺼린다. 초나라는 그믐날 진을 쳐서 꺼릴 날을 저촉하였으므로 그를 이길 수 있는 좋은 기회라고 설명한 것이다.

50) 夫南夷與楚來而弗與陳 : 南夷는 웅거하여 晉나라 남쪽에 있다. 弗與陳은 싸우려 하지 않음이다.

51) 夫楚與鄭陳而不與整 : 비록 함께 진을 쳤으나 정돈되지 않았다.

〔校勘〕 ① 陳 : 四部備要本에는 '陣'으로 되어 있는데 통용한다. 아래도 같다.
② 令 : 四部備要本에는 '使'로 되어 있는데 異音同義字이다.

晉厲公 6년에 鄭나라를 칠 때 苦成叔과 欒黶을 사신 보내서 齊나라와 魯나라의 군사를 일으키게 하였다. 楚恭王이 東夷를 거느리고서 정나라를 구원하거늘, 초나라에서 반쯤 진을 쳤을 때 여공이 공격하게 하니, 欒書가 말하기를, "임금께서 난암을 사신 보내서 제나라와 노나라의 군사를 일으키게 하였으니, 청컨대 기다리십시오." 하니, 郤至가 말하기를, "안 됩니다. 초나라 군사가 물러가려 하니, 우리가 공격한다면 반드시 승리하고 돌아올 것입니다. 진을 칠 때에 꺼리는 날을 피하지 않았으니 그것이 첫 번째 틈이고, 남쪽 오랑캐가 초나라와 함께 왔으나 함께 진을 치지 않았으니 두 번째 틈이고, 초나라가 정나라와 함께 진을 쳤으나 정돈하지 않았으니 세 번째 틈이고, 또한 그 사졸들이 진중에서 떠들어 대니 네 번째 틈이고, 군중들이 떠드는 소리를 들으면 반드시 두려워할 것이니 다섯 번째 틈입니다. 정나라 장수는 초나라를 관망하고 초나라 장수는 오랑캐들을 관망하여 싸울 마음이 없으니, 〈이 기회를〉 잃을 수 없습니다." 하니, 여공이 기뻐하였다. 이에 초나라 군대를 鄢陵에서 패배시키니, 난서가 이 때문에 극지를 원망하게 되었다.

147. 郤至勇而知禮 郤至가 용맹하면서도 禮義를 알다

【大義】 郤至가 전쟁에 용감하고 군례를 알음.

鄢之戰에 郤至以韎韋之跗注53)로 三逐楚平〔恭〕①王卒이러니 見王에 必下奔退戰하니라 王이 使工尹襄하야 問之以弓54)하고 曰 方事之殷55)에 有韎韋之跗注하니 君子也요 屬56)見不穀57)而下하니 無乃傷58)乎아하니라 郤至甲冑而見客하고 免59)冑而

---

52) 怨郤至 : 그가 자기를 반대하여 그 아름다움을 독점함을 원망하였다.
53) 韎韋之跗注 : 적황색 쇠가죽으로 만든 군복. 跗注는 군복 이름으로, 발등까지 내려오게 되어 있다.
54) 王 使工尹襄 問之以弓 : 工尹은 초나라 관직. 襄은 그의 이름. 問은 遺(보내다)이다.
55) 方事之殷 : 事는 戎事. 殷은 盛(성하다)이다.
56) 屬 : 適(마침)의 뜻.

聽命하고 曰 君之外臣60)至以寡君之靈으로 間蒙61)甲胄하니 不敢當拜君命之辱하고 爲使者故로 敢三肅62)之라하니 君子曰 勇以知禮63)라하니라

〔校勘〕 ① 平〔恭〕: 각 本에 '平'으로 되어 있고 黃丕烈의 ≪國語札記≫에는 '共'으로 써야 한다고 하였으나, ≪國語≫의 예에 의하여 '恭'으로 고쳤다. '恭'과 '共'은 통한다.

鄢陵의 전투에서 郤至가 韎韋의 跗注를 입고, 세 번이나 楚恭王의 군대를 쫓았는데, 공왕을 만날 때마다 반드시 수레에서 내려 도주하고 물러나 싸웠다. 초왕이 工尹 襄을 시켜 선물로 활을 주게 하고 말하기를, "한창 전투가 성할 때 韎韋의 부주를 입고 있었으니 군자이고, 마침 나를 보고서 수레에서 내렸는데 다치지는 않았는가?"라고 하였다. 극지가 갑옷과 투구를 입고 있다가 손님을 보고서 투구를 벗고 〈초왕의〉 명을 듣고 말하기를 "君의 外臣인 제가 우리 임금의 威靈으로 갑옷과 투구를 입은 사이에 있으니, 君命으로 저에게 욕보인 것에는 감히 절하지 못하겠으나 使者를 위하기 때문에 감히 세 번 肅拜합니다." 하였다. 군자가 말하기를, "용맹하면서 軍禮를 안다."고 하였다.

148. 范文子論內睦而後圖外 范文子가 국내에서 화목한 뒤에 국외를 도모할 것을 論하다

【大義】 국내에 친목한 후에 국외를 도모함.

鄢陵①之役에 大夫②欲爭鄭64)한대 范文子不欲하야 曰 吾聞〈之하니 爲〉③人臣者는

57) 不穀 : 제후의 자칭.
58) 傷 : 그가 다칠까 우려한 것이다.
59) 免 : 脫(벗다)의 뜻.
60) 外臣 : 卿大夫가 외국 제후에게 일컫는 자칭.
61) 蒙 : 被(입다)의 뜻.
62) 肅 : 예에 군대 일에는 肅拜를 한다고 했다. 숙배는 손을 내려 땅에 이르게 하는 것이다.
63) 禮 : 軍禮.
64) 爭鄭 : 초나라와 정나라를 쟁취하려 하였다.

能內睦而後圖外하니 不睦內④而圖外면 必有⑤內爭하리니 盍姑謀睦乎아 考訊其阜以出이면 則怨靖65)하리라

〔校勘〕① 陵 : 四部備要本에는 '陵'자가 없다.
② 大夫 : 四部備要本에는 '晉人'으로 되어 있다.
③ 〈之 爲〉 : 四部備要本과 汪遠孫의 ≪國語明道本攷異≫에 의거하여 보충하였다.
④ 內 : 四部備要本에는 '內'자가 없는데 汪遠孫의 ≪國語明道本攷異≫에는 탈락된 것이라고 하였다.
⑤ 有 : 四部備要本에는 '有'자가 없는데 汪遠孫의 ≪國語明道本攷異≫에는 탈락된 것이라고 하였다.

鄢陵의 전투에서 대부들이 鄭나라를 쟁취하고자 하니, 范文子가 쟁취하려 하지 않고 말하기를, "내가 듣건대 신하된 자는 능히 국내를 친목하게 한 후 국외를 도모한다고 합니다. 국내를 친목하게 하지 아니하고 국외를 도모한다면 반드시 국내에서 다툼이 있으리니, 어찌 우선 친목을 도모하지 않습니까! 그 백성들에게 물어서 出兵한다면 원망이 편안히 안정될 것입니다."라고 하였다.

149. 范文子論外患與內憂 范文子가 外患과 內憂를 논하다

【大義】 내우를 없앤 후에 외환을 다스려야 함.

鄢陵①之役에 晉伐鄭하니 荊이 救之하다 大夫欲戰한대 范文子不欲하야 曰 吾聞〈之〉②컨댄 君人者는 刑其民66)하야 成67)하고 而後에 振武於外라 是以로 內龢③而外威68)라호라 今吾司寇之刀鋸日弊69)하고 而斧鉞不行70)하니 內猶有不刑이면 而況外乎아

65) 考訊其阜以出 則怨靖 : 考는 問(물음)이고, 阜는 衆(대중)이고, 靖은 安(편안함)이니, 국내에서 바르게 도모하여 서로 친애하고 백성들에게 물어 그 허실을 안 뒤에 군사를 출동하고 군대를 운용하면 원망이 스스로 그치게 된다고 한 말이다.
66) 刑其民 : 형벌로 그 백성을 바로잡는다.
67) 成 : 平(평안하다)이다.
68) 威 : 畏(두려워하다)이다.
69) 今吾司寇之刀鋸日弊 : 司寇는 형벌을 맡은 사람. 刀鋸는 小人을 형벌하는 것이다. 弊는 敗(부서짐)이니, 日弊는 사용을 자주해서이다.

夫戰은 刑也71)니 刑之過也72)라 過由大73)하고 而怨由細74)라 故로 以惠誅75)怨하고 以忍去過76)하야 細無怨하고 而大不過而後에 可以武로 刑外之不服者어늘 今吾刑外④77)乎大人하고 而忍於小民78)하니 將誰行武리오 武不行而勝은 幸79)也니 幸以爲政이면 必有內憂라 且唯聖人이아 能無外患하고 又無內憂니 距⑤80)非聖人이면 必偏而後에 可라 偏81)而在外82)면 猶可救也어니와 疾自中起면 是難이니 盍姑釋83)荊與鄭하야 以爲外患乎아하니라

〔校勘〕 ① 陵 : 四部備要本에는 '陵'자가 없다.

② 〈之〉 : 四部備要本에 의거하여 보충하였다.

③ 龢 : 四部備要本에는 '和'로 되어 있는데 '龢'는 '和'의 古字이다. 아래도 같다.

④ 今吾刑外 : 四部備要本에는 '今吾外刑'으로 되어 있는데 汪遠孫의 ≪國語明道本攷異≫에는 '今吾刑外'가 옳다고 하였다.

⑤ 距 : 四部備要本에는 '詎'로 되어 있는데 통용한다. 아래도 같다.

鄢陵의 전투에서 晉나라가 鄭나라를 치니, 荊나라가 구원하였다. 대부들이 싸우고자 하니, 범문자가 싸우지 않고자 하여 말하였다. "나는 듣건대 임금이란 그 백성을 형벌로 바로잡아 평안하게 하고 나서 밖에 威武를 떨치므로 안에서 화평하면 바깥에서

---

70) 而斧鉞不行 : 斧鉞은 크게 형벌하는 것이고, 不行은 大臣들에게는 행해지지 않은 것이다.

71) 夫戰 刑也 : 전쟁을 하는 것은 형벌을 사용하는 것과 같다는 말이다.

72) 刑之過也 : 과실이 있는 자를 형벌하여 죽인다.

73) 過由大 : 과실이 대신을 말미암는다.

74) 而怨由細 : 원망은 細民을 말미암는다.

75) 誅 : 除(제거하다)이다.

76) 以忍去過 : 차마 형벌하여 의리로 결단한다.

77) 外 : 형벌이 미치지 않음이다.

78) 忍於小民 : 차마 백성에게 형벌을 행한다.

79) 幸 : 요행이다.

80) 距 : 진실로. 苟와 통한다.

81) 偏 : 치우치게 한쪽을 가진다.

82) 在外 : 바깥에 근심이 있다.

83) 釋 : 置(버려두다)의 뜻.

두려워하는 것이라고 하였습니다. 지금 우리 司寇의 칼과 톱은 날로 써서 부서지는데 斧鉞은 행해지지 않으니, 안에도 오히려 형벌하지 않거늘 하물며 바깥이겠습니까! 전쟁이란 형벌을 사용하는 것과 같으니, 잘못된 자를 형벌하는 것입니다. 잘못은 大臣으로 말미암고 원망은 細民을 말미암습니다. 그러므로 은혜로 원망을 없애며 차마 형벌함으로 허물을 제거하여, 세민은 원망이 없으며 대신들이 허물을 저지르지 않은 후에 武威로 바깥에 불복종하는 자를 형벌해야 하는데, 지금 우리는 형벌을 대신들에게 度外視하고 小民에게는 차마 하고 있으니, 장차 누구에게 위무를 시행하겠습니까! 위무가 시행되지 않는데 이기는 것은 요행이니, 요행으로 정치를 한다면 반드시 內憂가 있을 것입니다. 또 오직 聖人이라야 外患도 없고 또한 내우도 없을 것이니, 스스로 성인이 아니면 반드시 한쪽을 다스린 후에 가능합니다. 한쪽이 다스려지고 外憂가 있으면 오히려 구원할 수 있습니다. 병통이 내부에서 일어난다면 이것은 난리이니, 어찌 잠시 초나라와 정나라를 방치하여 〈그들끼리〉 외환이 되도록 하지 않겠습니까?"

150. 范文子論勝楚必有內憂 范文子가 楚나라를 이기면 반드시 內憂가 있을 것을 논하다

【大義】 임금이 德은 없는데 공은 많아서 歸服하는 사람이 많으면 죽음.

鄢陵①之役에 晉伐鄭하니 荊이 救之한대 欒武子將上軍하고 范文子將下軍[84] 하다 欒武子欲戰한대 范文子不欲하야 曰 吾聞之컨대 唯厚德者아 能受多福이요 無德而服者衆이면 必自傷也[85]라하니 稱晉之德하야 諸侯皆叛이면 國可以少安[86]이라 唯有諸侯라 故로 擾擾焉하니 {凡諸侯}②는 難之本也라 且唯聖人이야 能無外患하고 又無內憂니 詎非聖人인댄 不有外患이면 必有內憂니 盍姑釋荊與鄭하야 以爲外患乎아 諸臣之

---

84) 欒武子將上軍 范文子將下軍 : 上下는 中軍의 상하이다. 《左傳》 成公 16년에 "欒書가 중군의 장수가 되고, 士燮이 副將이 되었다." 하였다.

85) 必自傷也 : 옳지 않고서 강하면 그 부서짐이 반드시 빠르다.

86) 稱晉之德 諸侯皆叛 國可以少安 : 稱은 副(부합함)이니, 진나라가 덕에 맞게 해서 마땅한 일을 하고 제후들이 모두 배반할 적에 다시 정벌하지 않고 도리어 스스로 안정시키고 닦으면 국가가 조금 편안할 수 있다.

內相與면 必將輯睦[87]하리라 今我戰하야 又勝荊與鄭이면 吾君이 將伐知而多力[88]하고 怠教而重斂하며 大其私暱而益婦人田[89]하리니 不奪諸大夫田이면 則焉取以益此리오 諸臣之委室而徒退者가 將與幾人[90]고 戰若不勝이면 則晉國之福也요 戰若勝이면 亂地之秩者也[91]라 其産將害大[92]하리니 盍姑無戰乎아 欒武子曰 昔韓之役에 惠公이 不復舍[93]하고 邲之役에 三軍이 不振旅[94]하고 箕之役에 先軫이 不復命[95]하니 晉國③이 固有大恥三이라 今我任晉國之政[96]하야 不損④晉恥하고 又以違蠻夷{以}⑤重之[97]리오 雖有後患이나 非吾所知也[98]라하니라 范文子曰 擇福엔 莫若重이요 擇禍엔 莫若輕[99]이니 福無所用輕이요 禍無所用重이라 晉國이 固有⑥大恥는 與其君臣으로 不相聽하야 以爲諸侯笑也[100]니 盍姑以違蠻夷爲恥乎아

---

87) 必將輯睦 : 다시 정벌하지 않아 다투는 바가 없다.

88) 將伐知而多力 : 力은 功이니, 장차 스스로 그 지혜를 자랑할 것이고 스스로 그 공을 훌륭하게 여길 것이다.

89) 大其私暱而益婦人田 : 暱은 가깝다는 뜻이니 개인적으로 가까이한다는 것은 嬖臣(사랑받는 신하)을 이른다. 크다는 것은 그 祿을 더해 준다는 것이고 婦人은 애첩이다.

90) 諸臣之委室而徒退者 將與幾人 : 徒는 空(부질없다)의 뜻이고, 與는 어조사이고, 幾人은 반드시 많다는 것을 말하였다.

91) 亂地之秩者也 : 亂地는 옛 땅을 어지럽히는 것이다. 秩은 常法이다.

92) 其産將害大 : 産은 生(난다)의 뜻이니, 그 변고가 생겨나서 장차 대신들을 해칠 것을 말한 것이다.

93) 惠公 不復舍 : 韓에서 전투할 때 秦나라에서 惠公을 포획하였다. 그 일은 魯僖公 15년에 있었다.

94) 邲之役 三軍 不振旅 : 楚나라가 晉나라 군대를 邲에서 패배시키니, 魯宣公 12년의 일이다. 군대가 패배하고 군사가 흩어졌으므로, 군사를 정돈하여 들어오지 못했다.

95) 箕之役 先軫 不復命 : 晉나라 사람들이 箕에서 翟을 패배시킬 때에 先軫이 죽었으므로, 임금에게 복명하지 못했으니, 魯僖公 33년의 일이다.

96) 今我任晉國之政 : 任은 當(담당하다)이다. 武子는 당시 上卿이었다.

97) 又以違蠻夷{以}重之 : 違는 피하다(避). 蠻夷는 楚.

98) 非吾所知也 : 멀리 생각할 수 없다.

99) 擇福 莫若重 擇禍 莫若輕 : 두 가지 福은 그 후중함을 택하여 취함이 있고, 두 가지 禍는 그 경솔함을 택하여 취함이 있다.

欒武子不聽하고 遂與荊人으로 戰於鄢陵[101)]하야 大勝之하다 於是乎君이 伐知而多力하고 怠教而重斂하며 大其私暱하고 殺三郤[102)]而尸諸朝하고 納其室以分婦人[103)]하다 於是乎國人이 弗蠲[104)]하야 遂殺諸翼하고 葬之⑦翼東門之外호대 以車一乘[105)]하니 厲公之所以死者는 唯無德而功烈多하야 服者衆也[106)]일새니라

〔校勘〕 ① 陵 : 四部備要本에는 '陵'자가 없다.
② {凡諸侯} : 汪遠孫의 ≪國語明道本攷異≫에 의거하여 衍文으로 처리하였다.
③ 國 : 四部備要本에는 다음에 '之政' 두 글자가 더 있는데 汪遠孫의 ≪國語明道本攷異≫에는 衍文이라고 하였다.
④ 損 : 四部備要本에는 '毁'로 되어 있다.
⑤ {以} : 四部備要本과 汪遠孫의 ≪國語明道本攷異≫에 의거하여 衍文으로 처리하였다.
⑥ 固有 : 四部備要本에는 '固'가 '故'로 되어 있는데 汪遠孫의 ≪國語明道本

---

100) 與其君臣 不相聽 以爲諸侯笑也 : 不相聽은 惠公이 慶鄭을 따르지 않아서 韓에서 붙잡힌 것이고, 先穀이 林父를 따르지 않아서 邲에서 패했으며, 先軫이 襄公을 따르지 않아서 箕에서 패망한 것을 말한다.

101) 鄢陵 : 鄭나라 땅임.

102) 三郤 : 郤錡, 郤犨, 郤至. 尸는 陳(펼쳐 놓음)이니, 변고가 생겨나서 장차 대신들을 해치게 되는 것이 그것이다.

103) 納其室以分婦人 : 納은 取(취함)이고, 室은 妻妾의 재물이다.

104) 弗蠲 : 蠲은 潔(깨끗함)이니, 公이 하는 것을 깨끗이 여기지 않았다.

105) 遂殺諸翼……以車一乘 : 翼은 옛 晉의 도읍. 厲公은 사치하여 外嬖를 많이 두었다. 鄢陵에서 돌아와 많은 대부들을 모두 제거하고 그 좌우의 신하를 세우고자 하여, 胥童·夷羊午·長魚蟜를 卿으로 삼으려 하였으므로 三郤을 죽였다. 장어교는 또 병기로 欒書·中行偃을 겁박하여 장차 죽이고자 하였으나, 공이 차마 하지 못하고 그 지위를 회복시켜 주었다. 魯成公 17년 겨울에 여공이 匠麗氏(장리씨)에게 가서 놀았는데, 난서·중항언이 여공을 잡았다. 18년 정월에 程滑에게 공을 시해하게 하고, 수레 1乘으로 장례 지냈으니, 상례를 제대로 이루지 못했다. 제후의 상례에는 7승을 사용한다.

106) 服者衆也 : 魯成公 12년에 瑣澤에서 회합하여 狄을 交剛에서 패배시키고, 13년에 秦나라를 麻隧에서 패배시켰으며 15년에 戚에서 회맹하고, 吳나라와 鍾離에서 회합하였고, 16년에 초나라를 언릉에서 패배시켰고, 柯陵에서 회합하여 鄭나라를 정벌하였으며, 17년에 가릉에서 동맹한 것을 말한다.

攷異≫에는 통용한다고 하였고 '有'자가 없는데 汪遠孫의 ≪國語明道本攷異≫에 없는 것은 탈락된 것이라고 하였다.

⑦ 之 : 四部備要本에는 '於'로 되어 있다.

鄢陵의 전투에서 晉나라가 鄭나라를 치니, 楚나라가 구원하였다. 欒武子가 上軍을 거느리고, 范文子는 下軍을 거느렸다. 난무자가 싸우려 하니 범문자가 싸우려 하지 않으며 말하기를, "내가 듣건대 '오직 덕이 두터운 자라야 능히 많은 복을 받고, 덕이 없는 데도 복종하는 자가 많으면 반드시 스스로 해가 된다.'고 하였으니, 진나라가 덕에 맞게 하고 제후들이 모두 배반하면 우리나라가 조금 편안할 수 있습니다. 오직 제후들이 있으므로 시끄러우니, 난리의 근본입니다. 오직 성인이라야 능히 외환이 없게 하고, 또한 내우도 없게 할 것이니, 스스로 성인이 아니면 외환이 있지 않으면 반드시 내우가 있습니다. 어찌 잠시 초나라와 정나라를 방치하여 〈그들끼리〉 외환이 되도록 하지 않습니까? 여러 신하들이 안에서 서로 협조하면 반드시 장차 화목하게 될 것입니다. 지금 우리가 싸워서 또한 초나라와 정나라를 이기게 되면 우리 임금이 장차 지혜를 자랑하며 공을 훌륭하게 여겨서 가르침을 게을리 하며 세금을 무겁게 거둬들이고, 사적으로 가까운 신하들에게 녹을 많이 줄 것이며 愛妾들에게 농지를 늘려 줄 것이니, 여러 대부의 농지를 빼앗지 않는다면 어디서 가져다가 늘려 줄 수가 있겠습니까! 여러 신하로서 집을 버리고 부질없이 물러나는 자들이 장차 얼마나 많겠습니까! 전쟁에서 만약 이기지 못한다면 그것은 진나라의 복이고, 전쟁에서 만약 이기면 옛 封地의 규정을 어지럽히게 될 것입니다. 그 변고가 생겨나서 장차 대신들을 해치게 되리니, 어찌 잠시 싸움이 없게 하지 않을 것입니까!" 하니, 난무자가 말하기를, "옛날 韓나라의 전투에서 惠公이 군영으로 돌아오지 못하였고, 邲의 전쟁에서 三軍이 군대를 정돈하여 철수하지 못했고, 箕의 전투에서 〈우리의 總帥〉 先軫이 죽어서 복명하지 못했으니, 진나라에는 진실로 크게 부끄러운 것이 세 가지가 있습니다. 지금 내가 진나라의 정사를 담당하고 있는데, 진나라의 치욕을 줄이지 못하고, 또 蠻夷를 피하는 것으로 치욕을 가중할 수 있겠습니까! 비록 후환이 있더라도 내가 알 바 아닙니다."라고 하였다. 범문자가 말하기를, "福은 무거운 것을 擇해야 하고 禍는 가벼운 것을 擇해야 하며, 복은 가벼운 것을 쓰지 말아야 하고, 禍는 무거운 것을 쓰지 말아야 합니다. 진나라에 진실로 큰 부끄러움이 있는 것은 그 임금과 신하들이 함께 서로 들어주지를 않아서 제후들의 웃음거리가 되었기 때문입니다. 어찌 잠시 만이를 피하여 〈작은〉 치욕을 갖지 않으십니까!" 하였다.

欒武子는 듣지 않고, 마침내 초나라 사람들과 鄢陵에서 전쟁하여 크게 이겼다. 이에 임금이 지혜를 자랑하고 공을 훌륭하게 여겨서, 가르침을 게을리 하며 세금을 무겁게 거둬들이며, 사적으로 가까운 신하들에게 녹을 많이 주고, 三郤을 죽여 조정에 시체를 펼쳐 놓고, 그 처첩의 재물을 들여와서 애첩들에게 나누어 주었다. 이에 나라 사람들이 〈厲公을〉 깨끗이 여기지 않아서 마침내 翼에서 〈厲公을〉 弑害하고 翼의 동문 밖에서 장사를 지내되, 수레 1乘으로 하였다. 여공이 죽게 된 까닭은 오직 덕은 없는데 공은 많아서 歸服하는 사람이 많았기 때문이었다.

151. 范文子論德爲福之基 范文子가 덕이 복의 근본이 된다는 것을 논하다

【大義】 덕이 없는데 복만 융성하면 바로 무너짐.

鄢陵①之役에 荊이 厭(압)②107)晉軍하니 軍吏患之하야 將謀108)어늘 范匄自公族으로 趨過之109)하야 曰 夷竈堙井이면 非退而何110)오하니 范文子執戈逐之하야 曰 國之存亡은 天命也니 童子何知焉이리오 且不及而言은 姦也니 必爲戮111)하리라 苗棼③皇이 曰 善逃難哉112)인저하니라 既退荊師於鄢陵하고 將穀113)에 范文子立於戎馬之

---

107) 厭 : 대비하지 않을 때 덮침을 말한다.

108) 謀 : 방어할 것을 계획함이다.

109) 范匄自公族 趨過之 : 범개는 范文子의 아들 宣子이다. 自公族은 公族大夫가 된 것이다.

110) 夷竈堙井 非退而何 : 夷는 平(평평하게 한다)의 뜻이고, 堙은 塞(메운다)의 뜻이니, 晉나라 군대에게 우물을 메우며 부엌을 평평히 하게 하는 것은 반드시 죽는다는 것을 보여 주는 것이고, 다시 먹고 마시지 않는다는 것이다. 非退而何는 초나라가 반드시 물러갈 것을 말한다.

111) 且不及而言 姦也 必爲戮 : 의논이 범개에 미치지 않았는데 범개가 말했으니, 이는 간사함이 있게 되는 것이므로 반드시 형륙을 당한다고 말한 것이다.

112) 善逃難哉 : 범문자가 범개로 하여금 대신들에게 사양해서 남을 차단하지 않게 하려 하였으니, 이는 화난을 피하게 되는 것이다.

113) 穀 : 그 館에 처하여 그 곡식을 먹는다는 뜻이다. 《左傳》 僖公 28년에 "晉나라 군대가 3일간 관사에 머물러 곡식을 먹었다."라고 하였다.

前[114)]하야 曰 君幼弱하고 諸臣不佞[115)]이어늘 吾何福以及此오 吾는 聞之컨대 天道無親이요 唯德是授라하니 吾庸知天之不授晉하고 且以勸荊④乎[116)]아 君與二三臣은 其戒[117)]之니라 夫德은 福之基也니 無德而福隆[118)]이면 猶無基而厚墉也니 其壞也는 無日矣리라하니라

〔校勘〕 ① 陵 : 四部備要本에는 '陵'자가 없다.
② 厭 : 四部備要本에는 '壓'으로 되어 있는데 '厭'은 '壓'의 다른 體이다.
③ 棼 : 四部備要本에는 '賁'으로 되어 있다.
④ 荊 : 四部備要本에는 '楚'로 되어 있다.

鄢陵의 전투에서 楚나라가 晉나라 군대를 엄습하니, 군관들이 걱정하여 장차 作戰을 짜려 하거늘, 范匄가 公族大夫로서 빨리 찾아와서 말하기를, "부엌을 평평하게 하고 우물을 메운다면 〈초나라에서〉 물러가지 않고 어찌하겠습니까!" 하자, 范文子가 창을 잡고 그를 쫓으면서 말하기를, "나라의 존망은 天命이니 童子가 무엇을 알겠는가! 또 언급하게 하지 않았는데 말하는 것은 간사한 것이니, 반드시 刑戮을 당할 것이다." 라고 하니, 苗棼皇이 말하기를, "화난을 잘 피하겠구나!"라고 하였다.

초나라 군대를 鄢陵에서 물러가게 하고 나서, 장차 초나라 군량을 먹으려 할 때에 범문자가 〈여공의〉 戎馬 앞에 서서 말하기를, "임금은 유약하고 여러 신하는 재주가 없는데, 내가 무슨 복으로 여기에 이르렀겠습니까! 나는 듣건대, '하늘의 도는 친한 이가 없고 오직 덕이 있는 이에게 복을 준다.'라고 하였으니, 내가 이로써 하늘이 진나라에 복을 주어 이기게 하고 또 그것으로 초나라를 분발시켜 보복케 할 것이 아니라는 것을 알겠습니까! 임금과 몇몇 신하들은 대비해야 합니다. 무릇 덕은 복의 기반입니다. 덕이 없는데 복만 융성하면 이는 기반이 없는데 담만 두터운 것과 같으니, 그 무너짐은 하루도 안 걸릴 것입니다."고 하였다.

---

114) 戎馬之前 : 公의 戎車 말 앞이다.
115) 佞 : 才(재주)의 뜻.
116) 吾庸知天之不授晉 且以勸荊乎 : 庸은 사용한다는 말이니, 이를 사용하여 하늘이 먼저 晉나라에 복을 주어서 楚나라를 이기게 하고, 그것으로 초나라에게 덕을 닦기를 권해서 진나라에 보복하게 할 것이 아닌 줄을 알겠는가라는 뜻이다.
117) 戒 : 備(대비하다)이다.
118) 隆 : 盛(성하다)이다.

152. 范文子論私難必作 范文子가 논하여 嬖臣과 嬖妾이 있으면 화난이 반드시 일어난다고 하다

【大義】 임금에게 폐신과 폐첩이 빛나게 되면 국난이 일어나고 임금이 시해당함.

反自鄢하야 范文子謂其宗祝[119]曰 君이 驕泰而有烈이라 夫以德勝者도 猶懼失之온 而況驕泰乎아 君이 多私하고 今以勝歸하니 私必昭[120]라 昭私면 難必作[121]하리니 吾恐及焉하노라 凡吾宗・祝은 爲我祈[122]死하야 先難爲免[123]케하라 七年夏[124]에 范文子卒하고 冬에 難作하니 始於三郤하야 卒於公[125]하니라

鄢陵에서 돌아와서 范文子가 그 宗族과 祝人들에게 이르기를, "임금이 교만하고 사치한데 공이 있다. 대저 덕으로 승리한 자도 오히려 잃을까 두려워하는데, 더구나 교만하고 사치한 자이겠는가! 임금에게 嬖臣과 嬖妾이 많고 지금 이기고서 돌아왔으니, 폐신과 폐첩이 반드시 빛나게 될 것이다. 폐신과 폐첩이 빛나게 되면 난리가 반드시 일어날 것이니, 나는 그 난리에 미치게 될까 두렵다. 무릇 우리 宗族과 祝人들은 나를 위하여 죽기를 구해서 난리에 앞서 하게 하여 난리를 벗어나게 하라."고 하였다. 7년 여름에 范文子가 죽었고, 겨울에 난리가 일어나니, 三郤을 죽이는 것으로 시작하여 厲公이 弑害되는 데에서 끝났다.

---

119) 宗祝 : 宗은 宗人. 祝은 家祝으로, 귀신에게 비는 사람.

120) 私必昭 : 私는 嬖臣과 嬖妾. 昭는 顯(빛나다)이다.

121) 昭私 難必作 : 폐신과 폐첩을 총애하면 반드시 옛 신하들을 버릴 것이고, 옛 신하들을 버리면 반드시 난리가 일어난다.

122) 祈 : 求(구하다)의 뜻.

123) 免 : 난리에서 벗어나는 것이다.

124) 七年夏 : 晉厲公 7년, 魯成公 17년.

125) 卒於公 : 여공이 三郤을 죽이니, 欒書・中行偃이 죽임을 당할까 두려워하여 마침내 여공을 시해하였다.

153. 欒書發郤至之罪 欒書가 郤至의 죄를 들추어내다

【大義】 欒書가 三郤을 죽이고 厲公을 시해하고 悼公을 세움.

旣戰에 獲王子發鉤[126]하다 欒書謂王子發鉤曰 子告君[127]曰 郤至使人勸王戰호대 及齊魯之未至也[128]하소서하고 且夫戰也에 微郤至면 王必不免이니이다하면 吾歸子[129]하리라하니 發鉤告公한대 公①이 告欒書하니 欒書曰 臣固[130]聞之니이다 郤至欲爲難하야 使苦成叔으로 緩齊魯之師하고 己[131]勸君戰하야 戰敗면 將納孫周[132]러니 事不成이라 故로 免楚王이니이다 然이나 戰而擅舍②國君하고 而受其問[133]하니 不亦大罪乎잇가 且今君이 若使之於周하면 必見孫周하리이다 公③이 曰 諾다 欒書使人謂孫周曰 郤至將往하리니 必見之하라 郤至聘於周에 公이 使覘[134]之하니 見孫周하니라 是故로 使胥之昧與夷羊午④[135]하야 刺郤至苦成叔及郤錡하다

郤錡謂郤至曰 君이 不道於我하니 我欲以吾宗與吾黨으로 夾而攻之하니 雖死라도 必敗國이요 國敗⑤면 君必危하리니 其可乎아 郤至曰 不可하다 至는 聞之컨대 武人不亂[136]하고 知人不詐[137]하며 仁人不黨[138]이라호라 夫利君之富하고 富以聚黨[139]

---

126) 發鉤 : 楚 公子 茂. 茂는 대본 注에 '茷'로 되어 있으나, 汪遠孫의 ≪國語明道本攷異≫에 의거하여 고쳤다.

127) 子告君 : 晉나라 임금에게 고하게 하는 것이다.

128) 郤至使人勸王戰 及齊魯之未至也 : 楚王을 권하여 晉나라와 전쟁을 하게 하되 진나라가 齊나라와 魯나라에 구원병을 요청하였는데 당시 아직 이르기 않았다고 한 말이니, 진나라를 패배시킬 수 있음을 말한다.

129) 吾歸子 : 그대가 진나라 임금에게 이와 같이 고한다면 내가 그대를 초나라로 돌아가게 하겠다.

130) 固 : 久(오래다)의 뜻.

131) 己 : 郤至.

132) 孫周 : 悼公 周.

133) 問 : 예물로, 弓(활)이다.

134) 覘 : 몰래 살펴보다.

135) 胥之昧與夷羊午 : 胥之昧는 胥童인데, 夷羊午와 함께 모두 厲公의 嬖臣이었다.

136) 武人不亂 : 용감하면서 옳지 않으면 武藝가 되지 않는다.

이어늘 利黨以危君인댄 君之殺我也後矣로다 且衆何罪오 鈞之死〈也〉⑥인댄 不若聽君之命140)이라하니라 是故로 皆自殺141)하다 旣刺三郤에 欒書殺厲公하고 乃納孫周而立之하니 是⑦爲悼公이라

〔校勘〕 ① 公 公 : 四部備要本에는 '君 君'으로 되어 있다.
② 舍 : 四部備要本에는 '捨'로 되어 있는데 통용한다.
③ 公 : 四部備要本에는 '君'으로 되어 있다.
④ 羊午 : 羊은 대본에 잘못되어 '陽'으로 쓰였다. '午'는 四部備要本에는 '五'로 되어 있다.
⑤ 國 國敗 : 四部備要本에는 이 세 글자가 없는데 汪遠孫의 ≪國語明道本攷異≫에 없는 것이 탈락된 것이라고 하였다.
⑥ 〈也〉 : 四部備要本에 의거하여 보충하였다.
⑦ 是 : 四部備要本에는 '實'로 되어 있다.

전쟁을 하고서 〈초나라〉 王子 發鉤를 포획하였다. 欒書가 왕자 발구에게 이르기를, "그대가 〈우리 임금〉 厲公에게 고하기를 '郤至가 사람을 시켜 楚王을 권하여 〈晉나라를〉 공격하되 齊나라와 魯나라의 구원병이 이르기 전에 미쳐서 하십시오. 또한 전쟁에서 극지가 아니었다면 초왕이 반드시 벗어나지 못했을 것입니다.'라고 한다면, 내가 그대를 보내 주겠소."라고 하니, 발구가 〈진나라〉 厲公에게 고하였다. 여공이 난서에게 고하자, 난서가 말하기를, '신이 오래 전에 그 말을 들었습니다. 극지가 난리를 꾸며 苦成叔(郤犨)을 시켜서 제나라와 노나라의 구원병을 늦추게 하고, 자신은 여공을 권하여 전쟁하고 〈여공이〉 패하면 장차 孫周를 들이려고 했었는데, 일이 성사되지 못했습니다. 그러므로 초왕을 벗어나게 해 준 것입니다. 그러나 전쟁에서 제멋대로 楚國 임금을 풀어 주고 그 선물을 받았으니, 또한 큰 죄가 아닙니까! 이제 임금께서 만약

---

137) 知人不詐 : 간사하면 지혜로움이 되지 않는다.
138) 仁人不黨 : 어진 사람은 黨을 짓지 않는다.
139) 夫利君之富 富以聚黨 : 임금의 寵祿을 이롭게 여겨 부유하게 되고 부유하게 되었기 때문에 徒黨이 있게 된 것이다.
140) 不若聽君之命 : 鈞은 等(같다)이니, 같이 죽어서 난리를 일으키지 않으려 한다.
141) 是故 皆自殺 : ≪左傳≫ 成公 17년에 이르기를 "三郤이 장차 榭(講武堂)에서 모의하려고 할 때 長魚矯가 그들을 창으로 죽였다." 하였는데, 자살했다고 말한 것은 그들이 대들지 않아 자살한 방법을 취한 것이다.

周나라에 사신을 보낸다면 반드시 孫周를 보시게 될 것입니다." 하니, 여공이 말하기를, "그렇겠다."라고 하였다. 난서가 사람을 시켜 손주에게 이르기를, "극지가 장차 가리니, 반드시 그를 만나시오."라고 하였다. 극지가 주나라에 聘問을 가자, 여공이 그를 엿보게 하였는데, 〈극지가〉 손주를 만났다. 그런 까닭에 胥之昧와 夷羊午를 시켜서 郤至·苦成叔·郤錡를 찔러 죽였다.

극의가 극지에게 말하기를, "임금께서 우리들에게 도리로 하지 않으니, 내가 우리 종족과 우리 무리와 함께 협공해서 치고자 합니다. 비록 죽더라도 반드시 나라를 패배시킬 것이고, 나라가 패배하면 임금이 반드시 위태롭게 될 것이니, 괜찮겠지요!" 하니, 극지가 말하기를, "안 됩니다. 나는 듣건대 武人은 반란을 일으키지 않고, 지혜가 있는 사람은 속이지 않으며, 어진 사람은 偏黨하지 않는다고 합니다. 임금이 주는 녹봉을 이용하여 부유해지고, 부유해졌기 때문에 무리를 모았거늘, 무리를 이용하여 임금을 위태롭게 한다면, 임금이 우리를 죽일 것이 〈벌써 했어야지〉 늦은 것입니다. 또한 〈종족 등〉 여러 사람들이 무슨 죄가 있습니까! 다 같이 죽게 된다면 〈우리 셋만 죽어〉 임금의 명령을 따르는 것만 못합니다."라고 하였다. 이 때문에 모두 자살하였다. 三郤을 찔러 죽이고 나서 난서가 厲公을 弑害하고, 마침내 孫周를 들여서 그를 세웠으니, 이 사람이 悼公이다.

154. 長魚蟜脅欒中行 長魚蟜가 欒書와 中行偃을 위협하다

【大義】 長魚蟜가 厲公에게 난서와 중항언을 죽이라고 한 말이 받아들여지지 않자, 장어교는 망명하고 임금은 시해당함.

長魚蟜①旣殺三郤하고 乃脅欒中行142)하고 而言於公曰 不殺此二子者면 憂必及君143)하리이다 公이 曰 一旦而尸三卿하니 不可益也니라 對曰 臣은 聞之컨대 亂在內爲軌②요 在外爲姦이니 禦③軌以德이요 禦姦以刑144)이라호이다 今治政而內亂하니 不

---

142) 乃脅欒中行 : 장어교가 胥童과 함께 위협한 것을 말한다. 欒은 欒書이고 中行은 中行偃이다.

143) 憂必及君 : 두 사람이 죽임을 당할까 두려워해서 반드시 장차 임금 죽이기를 모의할 것을 말한다.

可謂德이요 除鯁145)而避强④하니 不可謂刑이라 德刑不立하야 姦軌並至하니 臣은 脆弱하야 弗能忍俟也라하고 乃犇翟⑤이러니 三月에 厲公이 殺146)하니라

〔校勘〕① 蟜 : 四部備要本에는 '矯'로 되어 있다.
② 軌 : 四部備要本에는 '宄'로 되어 있는데 통용한다. 아래도 같다.
③ 禦 : 四部備要本에는 '御'로 되어 있는데 汪遠孫의 ≪國語明道本攷異≫에 아래 구절의 '禦姦'으로 보아 '禦'가 맞다고 하였다.
④ 强 : 四部備要本에는 '彊'으로 되어 있는데 통용한다.
⑤ 犇翟 : 四部備要本에는 '奔狄'으로 되어 있는데 '犇'은 '奔'과 통용하고 '狄'은 '翟'과 통용한다.

長魚蟜가 三郤을 죽이고 나서 마침내 난서와 중항언을 위협하고, 여공에게 말하기를 "이 두 사람을 죽이지 않으면 걱정이 반드시 임금에게 미칠 것입니다."라고 하니, 厲公이 말하기를 "하루아침에 三卿을 죽여서 시체를 벌여 놓았으니, 더 죽일 수 없다." 라고 하였다. 대답하기를, "신은 듣건대, '난리가 안에 있는 것은 軌이고 밖에 있는 것은 姦이니, 軌를 막으려면 덕으로 하고 姦을 막으려면 형벌로 한다.'고 했습니다. 지금 정무를 다스리면서 안에서 소란하니 功德이라고 말할 수 없고, 해로움을 제거하면서 강한 사람을 피하니 형벌이라고 말할 수 없습니다. 공덕과 형벌이 확립되지 않아서 姦과 軌가 동시에 이르니, 신은 연약해서 참고 기다릴 수가 없습니다."라고 하고, 이에 翟으로 달아났다. 3개월 만에 여공이 弑害당하였다.

155. 韓獻子不從欒中行召 韓獻子가 欒書와 中行偃의 부름을 따르지 않다

【大義】 여공의 시해 계획 참여를 거절한 韓獻子는, 과단성으로 順道를 따라 시행하므로 공격해도 이기지 못함.

欒武子와 中行獻子圍公於匠麗氏147)하고 乃召韓獻子한대 獻子辭曰 殺君以求

---

144) 禦軌以德 禦姦以刑 : 以德은 德으로 편안히 해 주는 것이고, 以刑은 베어서 제거함을 말한다.

145) 鯁 : 害(해로움)이다.

146) 乃犇翟 三月 厲公 殺 : 魯成公 17년 12월에 長魚蟜가 翟으로 달아났다. 閏月에 난서와 중항언이 胥童을 죽이고, 18년 정월에 여공을 시해하였다.

威[148]는 非吾所能爲也라 威行爲不仁이요 事廢爲不知[149]니 享一利나 亦得一惡은 非所務也니라 昔者에 吾畜於趙氏{趙}①[150]키로 孟姬之讒에 吾能違兵[151]이라 人이 有言曰 殺老牛호대 莫之敢尸[152]라하니 而況君乎아 二三子不能事君하니 安用厥[153]也리오하니라 中行偃이 欲伐之한대 欒書曰 不可하다 其身果[154]而辭順하니 順無不行이요 果無不徹[155]이니 犯順不祥이요 伐果不克이라 夫以果戾順行②하니 民不犯也[156]라 吾雖欲攻之나 其能乎아하니 乃止하니라

〔校勘〕 ① 氏{趙} : 四部備要本에는 다음에 '趙'자가 더 있는데 汪遠孫의 ≪國語明道本攷異≫에 위 구절의 '趙氏'에 간섭되어 잘못된 衍文이라 하였다.

② 順行 : 四部備要本에는 이 두 글자가 없는데 汪遠孫의 ≪國語明道本攷異≫에 탈락된 것이라고 하였다.

欒武子와 中行獻子가 厲公을 匠麗氏의 처소에서 포위하고, 이에 韓獻子를 불렀는데, 헌자가 사양하여 말하기를, "임금을 시해하고 위엄을 세우기를 구하는 것은 내가

147) 匠麗氏 : 晉나라의 총애받는 大夫.

148) 求威 : 위엄을 세우는 것을 구함.

149) 威行爲不仁 事廢爲不知 : 임금에게 위엄을 행하는 것이 不仁이고, 일이 폐지되어 이루어지지 못한 것이 不知이다.

150) 吾畜於趙氏 : 한헌자는 趙盾에게서 길러져 자랐다.

151) 孟姬之讒 吾能違兵 : 趙孟姬는 趙盾의 아들 趙朔의 아내이고, 晉景公의 누이이다. 그런데 趙盾의 아우인 樓嬰과 사통하였다. 누영의 형인 趙同과 趙括이 누영을 내치자, 맹희가 조동과 조괄을 경공에게 참소하였고, 경공은 그들을 죽였다. 그때 한헌자가 그 병난을 〈조씨에게〉 피하게 해 주어서, 끝내 趙武를 살게 했으니, 협박하여 함께 임금을 시해하는 것은 옳지 않다고 한 것이다. 이 사건은 魯成公 8년에 있었다.

152) 尸 : 主(주장하다)의 뜻.

153) 厥 : 韓厥, 즉 한헌자.

154) 果 : 과감하게 그 뜻을 시행함을 말한다.

155) 順無不行 果無不徹 : 順한 이는 사람이 따르므로 시행되지 않음이 없고, 과단성이 있는 이는 뜻에 의심하지 않으므로 통달되지 아니함이 없다. 徹은 達(통달함)이다.

156) 夫以果戾順行 民不犯也 : 戾는 帥(따르다)이니, 과감함으로 順道를 따라 시행하므로 백성이 범하지 않는다.

할 바가 아닙니다. 위엄을 행하는 것은 어질지 않음이 되고 일이 폐기되는 것이 지혜롭지 못함이 되니, 한 가지 〈위엄을 세운〉 이로움을 누리더라도 또한 한 가지 〈시해한〉 악한 이름을 얻는 것은 힘쓸 바가 아닙니다. 옛날에 내가 趙氏 집안에서 양육되었기로, 孟姬가 참소할 때에 내가 병난을 〈조씨에게〉 피하게 해 주었습니다. 사람들이 말하기를 '늙은 소를 잡되 감히 주장하지는 말라.'라고 하였거늘, 더구나 임금이겠습니까! 그대들이 임금을 잘 섬기지 못하니, 어떻게 나를 쓰겠습니까!" 하니, 중항언이 공격하려고 하였다. 난서가 말하기를 "안 됩니다. 그 몸은 과단성이 있고, 말은 순하니, 순하면 시행되지 아니함이 없고 과단성이 있으면 통달하지 아니함이 없습니다. 순한 것을 범하면 상서롭지 못하게 되고 과단성이 있는 사람을 치면 이기지 못합니다. 과단성으로 順道를 따라 시행하니, 백성이 범하지 않습니다. 우리가 비록 공격하고자 하나 되겠습니까!" 하니, 마침내 중지하였다.

國語 제13권

晉語 七

156. 欒武子立悼公 欒武子가 悼公을 세우다

【大義】 悼公이 卽位하러 귀환하기 전에 신하들과 맹세하고, 귀환하여 정치를 쇄신하고 곤궁한 백성들을 鎭撫하며 원로를 받듦.

既殺厲公하고 欒武子使知武子彘恭子하야 如周迎悼公[1])하다 庚午에 大夫逆於清原[2])하다 公이 言於諸大夫曰 孤始願不及此러니 孤之及此는 天也[3])라 抑人之有元[4])君은 將稟[5])命焉이니 若稟而棄之면 是는 焚穀[6])也요 其稟〈而〉①不材면 是는 穀不成也[7])니 穀之不成은 孤之咎也요 成而焚之는 二三子之虐也라 孤欲長處其願하야 出令을 將不敢不成[8])이요 二三子는 爲令之不從이라 故로 求元君而訪焉[9])이라 孤之不元이면 廢[10])也에 其誰怨이리오 元而以虐奉之면 二三子之制[11])也니 若欲奉元하야

1) 欒武子使知武子彘恭子 如周迎悼公 : 난무자는 欒書이고, 知武子는 荀罃이고, 彘恭子는 士魴으로 彘에 食邑을 가졌다. 悼公은 周子이니, 이때 나이가 14세였다.
2) 清原 : 晉나라 경내 지역.
3) 孤之及此 天也 : 하늘을 인용하여 자신을 중후하게 하였다.
4) 元 : 善(선하다)의 뜻.
5) 稟 : 受(받다)의 뜻.
6) 穀 : 곡식은 올려 보며 생장하는 것이다.
7) 其稟〈而〉不材 是 穀不成也 : 不材는 사용할 수 없는 것이고, 不成은 쭉정이를 말한다.
8) 出令 將不敢不成 : 감히 쭉정이 같은 정치를 하지 못한다.
9) 二三子……求元君而訪焉 : 訪은 謀(도모함)이니, 백성들이 대부의 명령을 따르지 않기 때문에 좋은 임금을 구해서 도모하는 것이다.
10) 廢 : 선하지 않은 것으로 폐위를 당하는 것이다.
11) 制 : 專制하다.

以濟大義댄 將在今日이요 若欲暴虐하야 以離百姓하고 反易民常[12)]도 亦在今日이니 圖之進退를 願由今日[13)]하노라 大夫對曰 君이 鎭撫羣臣而大庇蔭之하시니 無乃不堪君訓하고 而陷於大戮하야 以煩刑史[14)]하고 辱君之允令하야 敢不承業[15)]이리오하니 乃盟而入하다 辛巳[16)]에 朝於武宮[17)]하고 定百事하고 立百官[18)]하며 育門子하고 選賢良[19)]하며 興舊族하고 出滯賞[20)]하며 畢故刑하고 赦囚繫[21)]하며 宥閒罪하고 薦積德[22)]하며 逮[23)]鰥寡하고 振廢淹[24)]하며 養老幼하고 恤孤疾[25)]하며 年過七十者[②]는 公이 親見之하고 稱曰 王父라하니 {王父不}[③]敢不承[26)]가

〔校勘〕 ① 〈而〉 : 四部備要本에 의거하여 보충하였는데 汪遠孫의 ≪國語明道本攷異≫에

---

12) 反易民常 : 아랫사람이 윗사람을 섬기지 않는 것이다.

13) 圖之進退 願由今日 : 悼公이 簒弑의 뒤를 이어서 신하들이 따르지 아니할까 의심하였으므로, 이 약속으로써 면려시킨 것이다.

14) 刑史 : 刑은 刑官이니, 司寇이다. 史는 太史이니, 서류와 법을 관장한다.

15) 承業 : 承은 奉(받들다)이고, 業은 事(일)이다.

16) 辛巳 : 汪遠孫의 ≪國語明道本攷異≫에 '辛未'로 해야 한다고 하였다.

17) 武宮 : 武公의 사당.

18) 定百事 立百官 : 여러 가지 일을 의논하여 결정하고 그 관리를 세워서 주관하게 하니, 이전의 잘못된 것을 고친 것을 말한다.

19) 育門子 選賢良 : 門子는 大夫의 適子이다. ≪周禮≫에 "그 正室을 모두 門子라고 한다." 하였다. 育은 기른다는 뜻이니, 그 재목을 기르고 賢良을 선발하여 등용하였다.

20) 興舊族 出滯賞 : 舊族은 옛날 신하의 자손이다. 滯賞은 先君에게 공이 있었는데 아직 賞을 주지 못한 사람을 이른 것이니, 呂相의 무리를 말한다.

21) 畢故刑 赦囚繫 : 故刑은 지금까지 형벌을 받아 勞役하는 이와 같은 사람들이다. 마치게 함은 다시 작업시키지 않는 것이다. 수감된 자는 사면하였다.

22) 宥閒罪 薦積德 : 閒罪는 형벌의 의심스러운 것이다. 宥는 赦(사면함)이다. 薦은 進(등용함)이니, 덕이 많은 선비를 등용한다.

23) 逮 : 及(미치다)이니, 은혜가 미치는 것이다.

24) 振廢淹 : 振은 起(기용하다)이고, 淹은 久(오래되다)이니, 본래 현명한 사람으로 작은 죄를 짓고 오래도록 폐지된 이를 기용했다는 말이다.

25) 孤疾 : 아버지가 없는 이를 孤라 하고, 疾은 고질을 앓는 자이다.

26) 稱曰……敢不承 : '王父'라고 일컬어 높이고서 친히 하는 것이니, 그 마음을 다하는 것이다. 그러므로 감히 명령을 받들지 않음이 없다.

는 있는 것이 탈락된 것이라고 하였다.
② 者 : 四部備要本에는 '者'자가 없다.
③ {王父不} : 四部備要本과 汪遠孫의 ≪國語明道本攷異≫에 의거하여 衍文으로 처리하였다.

厲公을 시해하고 나서, 欒武子가 知武子와 彘恭子를 보내 周나라에 가서 悼公을 맞이해 오게 하였다. 庚午日에 대부가 清原에서 맞이하니, 도공이 여러 대부에게 말하기를 "내가 처음부터 원해서 여기에 이른 것이 아니니, 내가 여기에 이른 것은 天運이오. 또한 사람이 선한 임금을 두는 것은 장차 그에게 명령을 받으려고 하는 것이오. 만약 명령을 받고 버린다면 이는 곡식을 불사르는 것이고, 명령을 줄 때에 자질에 맞지 않으면 이는 곡식이 성숙하지 못하는 것이오. 곡식이 성숙하지 않은 것은 나의 잘못이고 성숙하였는데 불태운다면 그대들이 포학한 것이오. 나는 그 원하는 데에 오래도록 처하고자 해서 명령을 내기를 장차 성숙하지 않은 것으로 감히 하지 못할 것이고, 또 그대들은 〈백성들이〉 명령을 따르지 아니할까 하므로 선한 임금을 찾아서 꾀하는 것이오. 내가 선하지 못하면 폐위되더라도 그 누구를 원망하겠소! 〈내가〉 선한데도 포학함으로 나를 받든다면 그대들이 專制하는 것이오. 만약 선한 임금을 받들어서 大義를 이루려 할진댄 오늘에 있을 것이고, 만약 포학하여 백성을 이산시키며 백성의 常道를 번복시키려 하는 것도 오늘에 있을 것이오. 도모하여 나아가거나 물러가거나는 원컨대 오늘로 말미암으려 하오." 하니, 大夫가 대답하기를 "임금께서 여러 신하들을 鎭撫하고 크게 덮어 주시니, 〈저희들이〉 임금의 훈계를 감당하지 못해 큰 형륙에 빠져서 형관이나 태사들을 번거롭게 하고 또 임금의 신실한 명령을 욕되게 하는 것을 없애서, 감히 일을 받들지 않겠습니까!" 하고, 마침내 맹세하고 들어왔다.

辛巳日에 武宮에 알현하고 여러 가지 일을 정하고 백관을 세우며 門子를 기르고 현명하고 어진 사람을 선발하였으며 옛날 신하의 자손들을 기용하고 적체된 褒賞을 내리고 과거부터 노역형에 처해진 자를 마치게 하고 수감자를 사면하였으며 형벌할지 의심스러운 죄인을 풀어 주고 덕을 쌓은 사람을 천거했으며 홀아비나 과부에게 은혜가 미쳤으며 오래 폐기된 현인을 기용하였으며 또 노인이나 어린이들을 양육하고 고아나 고질병이 있는 사람들을 구휼해 주었으며 나이 70이 넘은 사람들은 도공이 몸소 만나 보고 '王父'라 일컬었으니, 감히 명령을 받들지 않겠는가!

157. 悼公卽位 悼公이 즉위하다

【大義】 悼公이 즉위한 후에 공신·지식인·도덕자·유능자·용맹자를 각각 기용함.

二月乙酉에 公이 卽位27)하야 使呂宣子28)로 佐①下軍하고 曰 邲之役에 呂錡佐知莊子於上〔下〕②軍29)하야 獲楚公子穀臣과 與連尹襄老하야 以免子羽30)하고 鄢之役에 親粀(석)③楚王而敗楚師31)하야 以定晉國이어늘 而無後32)하니 其子{孫}④을 不可不崇也라하고 使彘恭子로 將新軍하고 曰 武子之季요 文子之母弟也33)라 武子宣法34)하야 以定晉國하야 至於今是用하고 文子勤身하야 以定諸侯하야 至於今是賴35)라 夫二{三}⑤子之德을 其可忘乎아 故로 以彘季로 屛36)其宗이라하고 使令狐文子37)로

27) 公 卽位 : 이전에는 밖에 거처했다가 이때에 이르러 마침내 宮의 조정에 나아갔다.

28) 呂宣子 : 呂錡의 아들 呂相.

29) 呂錡佐知莊子於下軍 : 呂錡는 廚武子이다. 知莊子는 荀首이니, 이때에 下軍大夫가 되었다. 이 일은 魯宣公 12년에 있었다.

30) 獲楚公子穀臣……以免子羽 : 連尹은 초나라의 벼슬 이름이다. 子羽는 知莊子의 아들 罃의 字이다. 邲의 전투에서 초나라 사람이 知罃을 가두고 있자, 장자가 그 종족들과 함께 도로 가서 싸웠는데, 廚武子가 수레를 몰았다. 장자가 襄老를 쏘아 맞춰 잡아 마침내 그 시체를 싣고, 공자 穀臣을 활로 쏘아 맞춰 가두고 두 사람을 끌고 왔다. 魯成公 3년에 晉나라 사람이 초나라 곡신과 양노의 시체를 되돌려 보내서 지앵을 요구하자 초나라 사람이 허락했다. 그러므로 자우를 죽음에서 모면시켰다고 한 것이다.

31) 鄢之役 親粀楚王而敗楚師 : 魯成公 16년에 晉나라와 楚나라가 鄢陵에서 전투할 때, 呂錡가 楚恭王의 눈을 쏘아 맞추니 초나라 군대가 패배하였다. 초나라 養由基가 呂錡를 쏘아 목을 맞추어 죽였다.

32) 無後 : 자손들이 훌륭한 벼슬자리에 있는 이가 없는 것이다.

33) 武子之季 文子之母弟也 : 武子는 士會이고, 文子는 士燮이고, 母弟는 同母弟이다.

34) 宣法 : 宣은 明(밝히다)이고, 法은 執秩之法, 즉 품계를 주관하는 관직이다.

35) 以定諸侯 至於今是賴 : 定諸侯는 군대의 장수가 되어서 능히 제후들에게 진나라를 섬기도록 한 것이다. 賴는 蒙(받다)이다.

36) 屛 : 藩(울타리가 되다)의 뜻.

37) 令狐文子 : 令狐는 邑名이다. 文子는 魏犨의 손자 魏顆의 아들 魏頡이다.

佐之하고 曰 昔克潞之役에 秦이 來圖敗晉功이어늘 魏顆以其身으로 郤〔卻〕⑥退秦師於輔氏하고 親止杜回하니 其勳銘於景鐘⑦38)이어늘 至於今不育39)하니 其子를 不可不興也라하니라

君이 知士貞子之帥志博聞하며 而宣惠於教也하고 使爲大傅40)하며 知右行辛之能以數宣物定功也하고 使爲〈元〉⑧司空41)하며 知欒糾之能御以和於政也42)하고 使爲戎御하며 知荀賓之有力而不暴也하고 使爲戎右43)하다 欒伯44)이 請公族大夫45)한대 公이 曰 荀家46)惇惠하고 荀會⑨47)文敏하고 黶48)也果敢하고 無忌鎭靖⑩49)하

38) 昔克潞之役……其勳銘於景鐘 : 魯宣公 15년 6월 癸卯에 晉나라 荀林父가 장군이 되어서 赤翟의 潞氏를 멸망시키고, 7월에 秦桓公이 晉나라를 칠 때에 輔氏에서 주둔하자 晉나라 功을 패배시키려고 하거늘 壬午에 晉景公이 군사를 다스려서 翟土를 침략하고, 潞에 미쳤을 때에 魏顆가 秦나라의 군대를 輔氏에서 패배시키고 杜回를 포획했다. 輔氏는 晉나라 땅이고, 杜回는 秦나라 力士이고, 勳은 功이고, 景鐘은 景公의 종이다.

39) 育 : 遂(이루다)이다.

40) 君……使爲大傅 : 貞子는 晉나라 卿士 穆子의 아들 士渥濁이다. 帥은 循(따르다)이고, 宣은 徧(두루)이고, 惠는 順(순하다)이다.

41) 知右行辛……使爲〈元〉司空 : 右行辛은 晉나라 大夫 賈辛이다. 數는 計(계산하다)이고, 宣은 明(밝힌다)이고, 物은 事(일)이니, 능히 數를 헤아려 일을 밝히고 공을 정했으므로 司空으로 삼았다. 사공은 나라의 일을 맡은 자니, 도읍을 건설하거나 궁실을 세우거나 封洫을 경영하는 따위를 말한다.

42) 知欒糾之能御以和於政也 : 欒糾는 晉나라 大夫 下糾이다. 政은 軍政이고, 戎御는 公의 戎車를 모는 자이다.

43) 知荀賓之有力而不暴也 使爲戎右 : 荀賓은 晉나라 大夫이다. 戎右는 公의 戎車의 오른쪽에 타는 사람이다. 힘이 있으나 사납지 않았으므로 친근할 수 있었던 것이다.

44) 欒伯 : 欒武子.

45) 公族大夫 : 公族과 卿의 자제를 관장하는 벼슬.

46) 荀家 : 晉나라의 대부.

47) 荀會 : 荀家의 종족.

48) 黶 : 欒書의 아들 桓子.

49) 無忌鎭靖 : 無忌는 韓厥의 아들로 公族穆子이다. 鎭은 重(중후함)이고, 靖은 安(편안함)이다.

니 使茲四人者로 爲之리라 夫膏粱之性은 難正也[50]라 故로 使惇惠者로 敎之[51]하고 使文敏者로 道之[52]하며 使果敢者로 諗之[53]하고 使鎭靖者로 修之[54]니라 惇惠者敎之면 則徧而不倦하고 文敏者道之면 則婉[55]而入하고 果敢者諗之면 則過不隱하고 鎭靖者修之면 則壹[56]이라하고 使茲四人者로 爲公族大夫하다

公이 知祁奚[57]之果而不淫也하고 使爲元尉[58]하며 知羊舌職之聰敏肅給也[59]하고 使佐之하며 知魏絳之勇而不亂也[60]하고 使爲元司馬[61]하며 知張老[62]之知而不詐也하고 使爲元候[63]하며 知鐸遏寇[64]之恭敬而信彊也하고 使爲輿尉[65]하며 知藉〔籍〕⑪偃[66]之惇率⑫舊職而共⑬給也하고 使爲輿司馬[67]하며 知程鄭端而不淫[68]하

---

50) 夫膏粱之性 難正也：膏는 기름진 고기이고, 粱은 정결한 음식이니, 기름지고 아름다운 음식을 먹는 자는 대부분 교만 방자하여 그 성품을 바로잡기가 어려움을 말하였다.

51) 使惇惠者 敎之：道와 藝를 가르친다.

52) 使文敏者 道之：그 뜻을 인도한다.

53) 使果敢者 諗之：諗은 告(고하다)이니, 得失을 고한다.

54) 使鎭靖者 修之：그 기질과 성품을 닦아 다스린다.

55) 婉：順(순하다)이다.

56) 壹：均一함.

57) 祁奚：晉나라 대부 高梁伯의 아들.

58) 元尉：中軍尉.

59) 知羊舌職之聰敏肅給也：羊舌職은 晉나라 羊舌大夫의 아들. 敏은 達(통달하다)이고, 肅은 敬(공경하다)이고, 給은 足(넉넉하다)이다.

60) 知魏絳之勇而不亂也：魏絳은 魏犨의 아들 莊子.

61) 元司馬：中軍司馬.

62) 張老：晉나라 大夫 張孟.

63) 元候：中軍候奄.

64) 鐸遏寇：晉나라 大夫.

65) 輿尉：上軍尉.

66) 籍偃：晉나라 大夫 籍季의 아들 籍游.

67) 輿司馬：上軍司馬.

68) 知程鄭端而不淫：程鄭은 晉나라 大夫 荀驩의 증손으로 程季의 아들. 端은 正(바르다)이고, 淫은 邪(사악하다)이다.

며 且好諫而不隱也하고 使爲贊僕69)하니라

〔校勘〕 ① 佐 : 四部備要本에는 '將'으로 되어 있는데 汪遠孫의 ≪國語明道本攷異≫에 '佐'가 옳다고 하였다.
② 上〔下〕 : 韋昭 注에 '上'은 '下'의 誤라고 하였다.
③ 躲 : 四部備要本에는 '射'으로 되어 있는데 '躲'은 '射'의 古字이다.
④ {孫} : 汪遠孫의 ≪國語明道本攷異≫에 의거하여 衍文으로 처리하였다.
⑤ {三} : 四部備要本에 의거하여 衍文으로 처리하였다.
⑥ 郤〔郤〕 : 四部備要本에 의거하여 고쳤다. '郤'과 '郤'은 別字이다.
⑦ 鐘 : 四部備要本에는 '鍾'으로 되어 있는데 통용한다.
⑧ 〈元〉 : 四部備要本에 의거하여 보충하였는데 汪遠孫의 ≪國語明道本攷異≫에 '元'이 있어야 옳다고 하였다.
⑨ 禬 : 四部備要本에는 '會'로 되어 있다.
⑩ 竫 : 四部備要本에는 '靜'으로 되어 있다. 아래도 같다.
⑪ 藉〔籍〕 : 四部備要本에는 '籍'으로 되어 있는데 汪遠孫의 ≪國語明道本攷異≫에는 ≪左傳≫에 의거하여 '籍'이 옳다고 하였다.
⑫ 率 : 四部備要本에는 '帥'로 되어 있는데 통용한다.
⑬ 共 : 四部備要本에는 '恭'으로 되어 있는데 통용한다.

2월 乙酉日에 晉悼公이 즉위하여 呂宣子에게 下軍의 副將을 맡도록 하고 말하기를 "邲의 전투에서는 呂錡가 下軍에서 知莊子의 부장이 되어서 楚나라 公子 穀臣과 連尹 襄老를 잡아서 子羽를 벗어나게 하였고, 鄢의 전투에서는 몸소 초나라 恭王의 눈을 맞혀 초나라 군대를 패배시켜 晉나라를 안정시켰는데 큰 벼슬을 하는 후손이 없으니, 그 아들을 높이지 않을 수가 없다."고 하고, 彘恭子에게 新軍의 장수를 맡도록 하고 말하기를 "武子의 막내아들이고 文子의 동생이다. 무자가 법을 밝혀서 진나라를 안정시켜 지금에 이르도록 이를 사용하고, 문자가 몸을 부지런히 움직여 제후들을 평정해서 지금에 이르도록 힘입고 있는지라, 두 사람의 덕을 잊을 수 있겠는가!"라고 하였다. 그러므로 彘季로 그 종족들을 호위하게 하고, 令狐文子에게 보좌하도록 하면서 말하기를 "옛적에 潞國을 이긴 전투에서 秦나라가 와서 晉나라의 공을 패배시키고자 도모하거늘, 魏顆가 그 몸으로 秦나라 군대를 輔氏에서 퇴각시켰고 몸소 杜回를 포획하였으니, 그 공훈이 景公의 종에 새겨

69) 贊僕 : 晉나라의 乘馬 담당자. 六騶가 그에 속한다.

져 있는데 지금에 이르도록 이룩되지 않았으니, 그 아들을 기용하지 않을 수 없다."라고 하였다.

임금은 士貞子가 뜻을 따라 박학다문하며 교육에 두루 순히 함을 알고 太傅를 삼게 하였으며, 右行辛이 능히 數學으로 일을 밝히고 功을 정하는 것을 알고 元司空을 삼게 하였으며, 欒糾가 말을 잘 몰아서 軍政에 화합하게 하는 것을 알고 戎御를 삼게 하였으며, 荀賓이 힘은 있으나 사납지 아니한 것을 알고 戎右를 삼게 하였다.

欒伯이 公族大夫를 임명할 것을 청하자, 悼公이 말하기를 "荀家는 도탑고 은혜로우며, 荀會는 글을 잘하고 민첩하며, 欒黶은 과감하며, 無忌는 진중하고 안정되었으니, 이 네 사람으로 공족대부를 삼게 하겠다. 기름진 음식을 먹고 산 사람의 성품은 바로잡기가 어렵다. 그러므로 도탑고 은혜로운 사람에게 道藝를 가르치도록 하고, 글 잘하고 민첩한 사람에게 뜻을 인도하도록 하며, 과감한 사람에게 잘잘못을 고하도록 하고, 진중하며 안정된 사람에게 기질과 품성을 수련시키도록 해야 한다. 도탑고 은혜로운 사람이 가르치면 두루 하면서 게으르지 않을 것이고, 글 잘하고 민첩한 사람이 인도하면 순하여 가르침에 들어갈 것이며, 과감한 사람이 고해 주면 허물을 숨기지 않을 것이고, 진중하고 안정된 사람이 수련해 주면 균일해질 것이다." 하고, 이 네 사람을 공족대부로 삼도록 하였다.

도공은 祁奚가 과감하면서도 지나치지 않은 것을 알고 元尉를 맡게 하였으며, 羊舌職이 총명·민달·공경·풍족한 것을 알고 副將을 맡게 하였으며, 魏絳이 용맹스러우면서도 문란하지 않은 것을 알고 元司馬를 맡게 하였으며, 張老가 지혜로우면서 속이지 않은 것을 알고 元候를 맡게 하였으며, 鐸遏寇가 공경하며 신실하고 강직한 것을 알고 輿尉를 맡게 하였으며, 籍偃이 옛 직책을 도탑게 따르며 공손하고 넉넉한 것을 알고 輿司馬를 맡게 하였으며, 程鄭이 단정하면서 간사하지 아니하고 또 간언하기를 좋아하며 숨기지 않는 것을 알고 贊僕을 맡게 하였다.

158. 悼公始合諸侯 悼公이 처음으로 諸侯들과 회합하다

【大義】 도공이 다시 패자가 되고 魏絳이 군율을 엄정히 하여 임금에게 우대받아 新軍의 부장이 됨.

始合諸侯於虛朾(구정)하야 以救宋70)할새 使張老하야 延君譽於四方하고 且觀道逆者71)하다 呂宣子72)卒하니 公이 以趙文子爲文也73)하고 而能恤大事라하야 使佐新

軍하다 三年에 公이 始合諸侯[74]하다 四年에 諸侯會於雞丘[75]하고 於是乎布令①結援 修好申盟而還[76]하다 令狐文子卒하니 公이 {乃}②以魏絳爲不犯[77]이라하야 使佐新軍하고 使張老로 爲司馬③[78]하고 使范獻子로 爲候奄[79]하다 公譽達於戎이러니 五年에 諸戎이 來請服이어늘 使魏莊子[80]로 盟之하니 於是乎始復伯④[81]하니라

四年에 會諸侯於雞丘할새 魏絳이 爲中軍司馬러니 公子揚干이 亂行於曲梁[82]이어늘 魏絳이 斬其僕[83]하다 公이 謂羊舌赤[84] 曰 寡人이 屬[85]諸侯할새 魏絳이 戮寡人之弟하니 爲我勿失[86]하라 赤이 對曰 臣은 聞絳之志는 有事不避難하고 有罪不避刑하니

---

70) 始合諸侯於虛朾 以救宋 : 虛朾은 宋나라 땅. 송나라 魚石이 송나라를 배반하고 楚나라로 갔는데, 초나라가 송나라를 정벌하고 彭城을 빼앗아 그를 봉해 주었다. 그래서 悼公이 제후를 회합하여 송나라를 구원한 것이다. 이는 魯成公 18년의 일이다.

71) 使張老 延君譽於四方 且觀道逆者 : 延은 陳(진술하다)이니, 임금의 명예를 사방에 진술하게 하고 또 제후들의 道德者와 亂逆者를 살피게 하였다.

72) 呂宣子 : 呂相.

73) 公 以趙文子爲文也 : 文子는 趙武. 文은 文德.

74) 三年 公 始合諸侯 : 悼公 3년은 魯襄公 2년이다. 도공 원년에 처음으로 虛朾에서 제후를 회합하였는데, 지금 다시 처음으로 회합했다고 말한 것은 4년에 장차 雞丘에서 회합할 것을 여기에서 처음으로 명령한 것을 말한다.

75) 四年 諸侯會於雞丘 : 雞丘는 雞澤. 이 일은 魯襄公 3년에 있었다.

76) 布令結援 修好申盟而還 : 令은 朝聘의 수효, 좋아하고 싫어함을 함께함, 재난을 구원하는 따위를 말한다. 申은 尋(찾다)이다.

77) 不犯 : 불법으로 침해할 수 없다는 뜻이다.

78) 使張老 爲司馬 : 魏絳을 대신한 것이다.

79) 使范獻子 爲候奄 : 張老를 대신한 것이다. 獻子는 范文子의 族昆弟 士富이다. 候奄은 元候이다.

80) 魏莊子 : 魏絳.

81) 復伯 : 文公의 뒤를 이었으므로, 復伯라고 말하였다.

82) 公子揚干 亂行於曲梁 : 揚干은 悼公의 아우. 行은 行列. 曲梁은 晉나라 땅.

83) 僕 : 御(마부)이다.

84) 羊舌赤 : 羊舌職의 아들 銅鞮伯華.

85) 屬 : 會(회합하다)이다.

86) 魏絳 戮寡人之弟 爲我勿失 : 戮은 辱(욕보임)이다. 나를 위하여 그를 잡아 놓치지 말라.

其將來辭리이다 言終에 魏絳이 至하야 授僕人書하고 而伏劍[87])한대 士魴張老交[88])止之하니라 僕人이 授公한대 公이 讀書하니 曰 臣이 誅[89])於揚干하니 不忘其死니이다 日[90])에 君이 乏使하야 使臣으로 狃[91])中軍之司馬라 臣은 聞師衆은 以順[92])爲武요 軍事는 有死無犯으로 爲敬[93])이라호이다 君合諸侯하니 臣敢不敬[94])이리잇가 君이 不說하니 請死之[95])하노이다 公이 跣[96])而出하야 曰 寡人之言은 兄弟之禮也오 子之誅는 軍旅之事也니 請無重寡人之過하라하다 反役[97])하야 與之禮食(예사)[98])하고 令之佐新軍[99])하다

〔校勘〕 ① 令 : 四部備要本에는 '命'으로 되어 있는데 異音同義字이다.
② {乃} : 四部備要本과 汪遠孫의 ≪國語明道本攷異≫에 의거하여 衍文으로 처리하였다.
③ 馬 : 四部備要本에는 '徒'로 되어 있는데 汪遠孫의 ≪國語明道本攷異≫에는 '馬'가 옳다고 하였다.
④ 伯 : 四部備要本에는 '霸'로 되어 있는데 '伯'는 '霸'의 假借字이다.

처음으로 제후들을 虛朾에서 회합해서 송나라를 구원하려 할 때, 張老를 사신

87) 授僕人書 而伏劍 : 僕人은 명령 전달하는 일을 관장한다. 魏絳은 도공이 노했다는 말을 듣고 자살하려 하였다.
88) 交 : 夾(옆에서 끼다)이다.
89) 誅 : 責(꾸짖다)이다.
90) 日 : 前日.
91) 狃 : 정식으로 맡기다. 正의 뜻.
92) 順 : 順令(명령에 순종하다)이다.
93) 軍事 有死無犯 爲敬 : 그 일에 죽음이 있고 그 명령을 침해함이 없는 것이 명령을 공경하는 것이다.
94) 臣敢不敬 : 감히 그 직책을 공경하여 받들지 않겠는가!
95) 請死之 : 죽음에 나아가기를 청한다.
96) 跣 : 맨발.
97) 反役 : 회합하는 일에서 돌아온 것이다.
98) 禮食 : 公이 大夫에게 음식을 먹이는 예, 즉 公食大夫禮.
99) 令之佐新軍 : 위에서 "魏絳은 침해하지 않기 때문에 新軍의 부장으로 삼았다." 한 것이 이것이다.

으로 보내서 임금의 명예를 사방에 말하게 하고 또 道德者와 亂逆者를 살피게 하였다. 呂宣子가 죽으니, 悼公이 趙文子가 文德이 있어 능히 큰일을 잘 돌본다고 여겨서 조문자를 新軍의 부장으로 삼았다. 3년에 悼公이 비로소 제후를 회합시킬 것을 명령하였다. 4년에 제후들이 雞丘에서 회합하였고, 이에 명령을 내려 원조를 맺고 우호를 닦고 맹약을 추구하고 발길을 돌렸다. 令狐文子가 죽으니, 도공은 魏絳이 직관을 침범하지 아니했다고 하여, 그에게 新軍의 副將을 맡도록 하고, 張老에게 司馬를 맡도록 하고, 范獻子에게 候奄을 맡도록 하였다. 도공의 영예가 戎에 미쳐 가서 5년에 여러 융이 와서 복종하겠다고 청하였다. 魏莊子를 시켜서 맹약하게 하니, 이에 비로소 다시 霸者가 되었다.

4년에 雞丘에서 제후들과 회합할 때에 魏絳이 中軍司馬가 되었는데 公子 揚干이 曲梁에서 군대의 行伍를 어지럽히자 위강이 양간의 마부를 목 베었다. 도공이 羊舌赤에게 말하기를, "과인이 제후를 회합할 때 위강이 과인의 동생을 욕보였으니, 나를 위해서 그를 잡아 놓치지 말라." 하니, 양설적이 대답하기를 "신은 듣건대 위강의 뜻이 일이 있으면 어려움을 피하지 않고 죄가 있으면 형벌을 피하지 않는다고 하니, 그가 장차 와서 말을 할 것입니다." 하였다. 그 말이 끝나자 위강이 이르러 명령을 전하는 자에게 보고서를 주고 칼에 엎어져 죽으려 하니, 士魴과 張老가 양옆을 끼어 그를 저지하였다. 명령을 전하는 자가 도공에게 주니, 도공이 보고서를 읽었는데, 말하기를 "신이 양간을 꾸짖었으니, 저의 死罪를 잊지 않고 있습니다. 전일에 임금께서 부릴 인재가 결핍되어 신에게 中軍司馬를 담당하도록 하셨습니다. 신은 듣건대 군사의 무리는 명령에 잘 순응하는 것으로 武를 삼고, 군사의 일은 죽음이 있고 침범함이 없는 것으로 敬을 삼는다고 하였습니다. 임금께서 제후들을 회합하셨으니, 신이 감히 그 직책을 공경하지 않겠습니까! 임금께서 좋아하지 않으시니 청컨대 죽겠습니다." 하였다. 도공은 맨발로 나와서 말하였다. "과인의 말은 형제의 禮에서 한 것이고, 그대가 꾸짖은 것은 군대의 일이니, 청컨대 과인의 허물을 더 중하게 하지 말라." 맹약의 役事에서 돌아와 그에게 禮食를 하사하고, 新軍의 副將으로 명하였다.

159. 祁奚薦子午以自代 祁奚가 아들 午를 천거하여 자신을 대신하게 하다

【大義】 祁奚가 자기 아들 祁午를 후임으로 추천하여 훌륭하게 임무를 수행하게 함.

祁奚辭100)於軍尉하니 公이 問焉 曰 孰可101)오 對曰 臣之子午可니이다 人有言曰 擇臣은 莫若君이오 擇子는 莫若父라호이다 午之少也엔 婉102)以從令하야 游①有鄕하며 處有所하며 好學而不戲하고 其壯也엔 彊志而用命103)하며 守業104)而不淫하며 其冠也엔 和安而好敬하며 柔惠小物105)하며 而鎭定大事106)하며 有直質而無流107)心하며 非義不變108)하며 非上不擧109)하니 若臨大事110)면 其可以賢於臣也②리이다 臣請薦所能擇하니 而君比義焉111)하소서 公이 使祁午로 爲軍尉하니 沒平公토록 軍無秕政112)하니라

〔校勘〕 ① 游 : 四部備要本에는 '遊'로 되어 있는데 통용한다.
② 也 : 四部備要本에는 '也'자가 없는데, 汪遠孫의 ≪國語明道本攷異≫에는 탈락된 것이라고 하였다.

---

100) 辭 : 사직을 요청한 것이다.

101) 孰可 : 누가 대신할 수 있는가?

102) 婉 : 順(순하다)의 뜻.

103) 其壯也 彊志而用命 : 여기의 壯은 20세가 안 되었을 때를 말한다. 志는 識(기억하다)이다. 命은 아버지의 명령이다.

104) 業 : 배우는 일이다.

105) 柔惠小物 : 柔는 仁이고, 惠는 愛이다.

106) 而鎭定大事 : 鎭은 安(편안함)이니, 지혜로운 생각으로 안정할 수 있음을 말한다.

107) 流 : 放(놓음)이다.

108) 非義不變 : 義를 따름을 말한다.

109) 擧 : 動(거동함)이니, 윗사람을 의지해 행동함을 말한다.

110) 大事 : 군대의 일.

111) 臣請薦所能擇 而君比義焉 : 薦은 進(나아가게 함)이고, 所能擇은 아버지가 능히 아들을 택한 것이고, 比는 比方(견줌)이고, 義은 宜(마땅함)이다.

112) 沒平公 軍無秕政 : 沒은 終(죽임)이고, 平公은 도공의 아들 彪이고, 秕는 곡식으로 비유한 것이다.

祁奚가 中軍尉를 사직하니, 悼公이 묻기를 "누가 할 만하오?"라고 하였다. 기해가 대답하였다. "신의 아들 午가 할 만합니다. 사람들의 말에 '신하를 가리는 데는 임금만한 이가 없고, 아들을 가리는 데는 아버지만한 이가 없다.'고 합니다. 아들 오가 어려서는 유순하면서 명령을 따르고 노닐 때는 일정한 방향이 있었으며 거처할 때는 일정한 장소가 있었으며 학문을 좋아하여 희롱하지 아니하였습니다. 성장해서는 힘써 기억하면서 아비의 명령을 따랐고 학업을 지키며 방탕하지 아니하였습니다. 冠禮를 하고는 화락하게 편안하며 공경을 좋아하고, 작은 일에 仁愛로 대하고 큰일에 안정하며, 정직하고 질박하면서 방심함이 없으며, 義가 아니면 변동하지 않고 위의 뜻이 아니면 거동하지 않았으니, 만약 큰일에 임하면 신보다 나을 것입니다. 신은 청컨대 능히 가린 바를 천거하오니, 임금께서는 비교하여 마땅히 하십시오." 悼公은 祁午로 軍尉를 삼았는데 平公이 죽을 때까지 軍政에 잘못이 없었다.

160. 魏絳諫悼公伐諸戎 魏絳이 悼公에게 여러 戎賊을 정벌하도록 諫하다

【大義】 융적을 공격하지 않고 어루만져 복속시켜서 패자가 됨.

五年에 無終子嘉父使孟樂하야 因魏莊子하야 納虎豹之皮하야 以龢諸戎[113]한대 公이 曰 戎翟①은 無親而好得[114]하니 不若伐之니라 魏絳이 曰 勞師於戎하야 而失諸華[115]면 雖有功이나 猶得獸而失人也니 安用之리잇고 且夫戎翟은 荐[116]處하야 貴貨而易土[117]하니 與②之貨而獲其土면 其利一也오 邊鄙耕農이 不儆하리니 其利二也오 戎翟이 事晉이면 四鄰莫不震動하리니 其利三也이니 君其圖之하소서 公이 說[118]

113) 五年……以龢諸戎 : 도공 5년은 魯襄公 4년이다. 無終은 山戎의 나라인데, 지금 縣이 되어 北平에 있다. 子는 爵位이고, 嘉父는 이름이고, 孟樂은 嘉父의 신하이고, 莊子는 魏絳이고, 龢諸戎은 여러 융적들을 晉나라에 복종하게 하려 함이다.

114) 無親而好得 : 無親은 은혜로이 친근함이 없는 것이고, 好得은 재물을 탐내는 것이다.

115) 勞師於戎 而失諸華 : 諸華는 華夏이다. 융적과 싸우느라 군대를 써서, 제후들을 돌보지 못하게 되면 제후들이 반드시 배반하므로 잃는다.

116) 荐 : 聚(모이다)이다.

117) 貴貨而易土 : 貴는 重(중시함)이고, 易는 輕(경시함)이다.

이라 故로 使魏絳하야 撫諸戎하니 於是乎遂伯하니라

〔校勘〕 ① 翟 : 四部備要本에 '狄'으로 되어 있는데 통용한다. 아래도 같다.
② 與 : 四部備要本에는 '予'로 되어 있는데 통용한다.

5년에 無終의 子爵 嘉父가 孟樂을 사신으로 보내어 魏莊子를 통해서 虎豹의 가죽을 바치고 여러 戎族들과 화친하기를 청하였다. 悼公이 말하기를 "융적은 친근함은 없고 재물을 얻기 좋아하니, 정벌하는 것만 못하다." 하니, 魏絳이 말하기를 "융적을 정벌하는 데에 군대를 피로하게 써서 중화를 잃게 되면, 비록 공이 있더라도 짐승을 얻고서 사람을 잃는 것과 같으니, 어찌 그 계책을 쓰겠습니까? 또 융적은 집단으로 거처해서 재물을 귀하게 여기고 토지는 가볍게 여기니, 재물을 주고 토지를 얻는다면 그 이로움이 첫째입니다. 변방의 농부들이 놀라지 않을 것이니, 그 이로움이 둘째입니다. 융적이 晉나라를 섬기면 사방 이웃 나라가 두려워하지 않을 자가 없을 것이니, 그 이로움이 셋째입니다. 임금께서는 도모하십시오." 하였다. 도공이 기뻐하고, 그 때문에 위강을 사신 보내어 여러 융적들을 어루만지게 하니, 이에 드디어 霸者가 되었다.

161. 悼公使韓穆子掌公族大夫 悼公이 韓穆子로 하여금 公族大夫를 맡게 하다

【大義】 벼슬을 사양한 한목자에게 상으로 공족대부를 맡게 함.

韓獻子老한대 使公族穆子119)로 受事於朝하니 辭曰 厲公之亂120)에 無忌備公族121)호되 不能死니이다 臣은 聞之컨대 曰 無功庸122)者는 不敢居高位라하야늘 今無忌知不能匡君하야 使至於難하고 仁不能救하고 勇不能死하니 敢辱君朝하야 以忝韓宗이리잇가 請退也하노이다하고 固辭不立하니 悼公이 聞之하고 曰 難에 雖不能死君이나 而能讓하니 不可不賞也라하고 使掌公族大夫하니라

---

118) 說 : 기뻐하다. 悅의 古字.
119) 穆子 : 韓厥의 아들 無忌.
120) 厲公之亂 : 厲公이 弑害당한 난리를 말한다.
121) 公族 : 공의 종족, 즉 공과 同姓을 말한다.
122) 功庸 : 국가에 대한 공을 功이라 하고, 백성에 대한 공을 庸이라 한다.

韓獻子가 은퇴하자, 公族大夫인 穆子에게 조정에서 일을 받도록 하니, 〈목자가〉 사양하여 말하기를 "厲公이 〈시해당한〉 난리에 제가 公族으로 있었는데도 죽지 못했습니다. 신은 듣건대 '공로가 없는 사람은 높은 지위에 감히 처하지 못한다.'고 하였습니다. 지금 저는 지혜가 능히 임금을 바로잡지 못하여 난리에 이르게 하였고, 仁이 능히 임금을 구원하지 못했으며, 용맹이 능히 죽지 못했으니, 감히 임금의 조정을 욕되게 하여 韓氏 종족을 더럽힐 수 있겠습니까? 물러가기를 청합니다." 하고, 굳이 사양하고 취임하지 않았다. 悼公이 듣고서 말하기를 "난리에 비록 임금을 위해서 죽지는 못했으나 능히 사양했으니, 상을 주지 않을 수 없다."라 하고, 그에게 공족대부를 맡게 하였다.

162. 悼公使魏絳佐新軍 悼公이 魏絳에게 신군의 副將을 맡게 하다

【大義】 張老가 벼슬을 사양하고 魏絳을 천거하여 둘 다 벼슬을 받음.

悼公이 使張老로 爲卿[123]하니 辭曰 臣不如魏絳이니이다 夫絳之知는 能治大官[124]이요 其仁은 可以利公室不忘[125]이요 其勇은 不疚於刑[126]이요 其學은 不廢其先人之職하니 若在卿位면 外內必平이리이다 且雞丘之會에 其官不犯[127]而辭順하니 不可不賞也니이다 公이 五命之호되 固辭하니 乃使爲司馬[128]하고 使魏絳으로 佐新軍하다

悼公이 張老에게 卿을 맡게 하니, 사양하여 말하였다. "臣은 魏絳만 못합니다. 魏絳의 지혜는 큰 벼슬을 맡을 수 있고, 그의 仁은 公室을 이롭게 하는 것을 잊지 않을 수 있고, 그의 용맹은 형벌에 잘못되지 않게 하고, 그의 학문은 그 先人의 직분을 폐지하

123) 卿 : 新軍에 부장을 하는 것이다.
124) 大官 : 卿.
125) 可以利公室不忘 : 公室을 이롭게 하는 것을 잊지 않다.
126) 其勇 不疚於刑 : 疚는 病(결함)이다.
127) 不犯 : 揚干을 욕보인 것을 말한다.
128) 乃使爲司馬 : 이 일은 이미 위에서 보였으나, 張老의 사양함을 보이려 하였으므로 다시 말한 것이다.

지 않을 것이니, 만약 卿의 자리에 있게 된다면 밖과 안이 반드시 화평할 것입니다. 또 雞丘의 회맹에서 그의 관직을 犯하지 않았고 말이 順하였으니, 賞을 주지 않을 수 없습니다." 도공이 다섯 번을 명하였으나 굳게 사양하니, 마침내 張老에게 司馬를 맡게 하고 魏絳에게 新軍의 副將을 맡게 하였다.

163. 悼公賜魏絳女樂歌鐘 悼公이 魏絳에게 女樂과 노래에 쓰는 종을 주다

【大義】 융적과 화합하고 정나라를 굴복시킨 魏絳에게 도공이 여악 등을 주어 우대하고, 그 공을 잘 기억하는 도공을 찬양함.

十二年에 公伐鄭하야 軍於蕭魚129)하니 鄭伯嘉가 來納女工妾三十人과 女樂二八130)과 歌鐘二肆131)와 及寶鎛132)과 輅車十五乘133)하니라 公이 賜①魏絳女樂一八과 歌鐘一肆하고 曰 子教寡人하야 龢〈諸〉戎翟②而正諸華하야 於今八年134)에

129) 十二年 公伐鄭 軍於蕭魚 : 도공 12년은 魯襄公 11년이다. 鄭나라가 楚나라를 따랐기 때문에 친 것이다. 蕭魚에 주둔했다는 것은 정나라가 복종한 것이다. 蕭魚는 鄭나라 땅이다.

130) 鄭伯嘉 來納女工妾三十人 女樂二八 : 嘉는 鄭僖公의 아들인 簡公이다. 女는 미녀이다. 工은 樂師니, ≪左傳≫ 襄公 11년에 이르기를 "晉나라에 악사인 悝와 觸과 蠲을 뇌물로 보냈다."는 것이 이것이다. 妾은 給使이니, 악사와 妾이 모두 30인이다. 여악은 지금의 기녀이다. 여덟 사람이 佾이니 8音을 갖춘 것이다. 혹자가 이르기를 "女工은 伎巧가 있는 사람이다."고 하는데, ≪左傳≫과는 다르니, 잘못된 것이다. 賈逵가 이르기를 "妾은 女樂이다." 하였는데, 아래에 별도로 '8사람씩 2줄로 이룩된 女樂士'라고 하니 가규가 이른 말이 잘못인 것 같다.

131) 歌鐘二肆 : 歌鐘은 노래할 때 연주하는 것이다. 肆는 나열한 것이니, 무릇 鐘과 경쇠를 매달 적에 전체를 매단 것을 肆라 하고 반만 매단 것을 堵라고 한다. 16매가 1肆이다. 편종에는 鈕鐘과 甬鐘의 두 가지가 있는데, 뉴종은 곡조를 안정시키는 것이요, 용종은 두드려서 음계를 내는 것이다. 뉴종과 용종을 배합하여 곡조를 이룬다.

132) 寶鎛 : 鎛은 작은 종이고, 寶는 정나라에서 보배로 여기는 것이다.

133) 輅車十五乘 : 輅는 廣車이고, 車는 軘車이다. 十五는 각각 15乘이다. ≪左傳≫ 襄公 11년에 이르기를 "廣車와 軘車가 짝〔淳〕으로 15승이고 일반 兵車가 1백 승이다."라고 하였다. 淳은 짝이다.

134) 八年 : 戎翟과 화합한 후 8년.

七合諸侯135)하야 寡人이 無不得志하니 請與子共樂之하노라 魏絳이 辭曰 夫和戎翟은 臣〔君〕③之幸也요 八年④에 七合諸侯는 君之靈也요 二三子之勞也136)니 臣은 焉得之137)리잇고 公이 曰 微138)子면 寡人無以待戎이요 無以濟河139)니 二三子何勞焉이리오 子其受之하라하니 君子曰 能志140)善也라하니라

〔校勘〕 ① 賜 : 四部備要本에는 '錫'으로 되어 있는데 異音同義字이다.
② 龢〈諸〉戎翟 : 龢는 四部備要本에 '和'로 되어 있는데 '龢'는 '和'의 古字이다. 諸는 四部備要本과 《左傳》 襄公 11년에 "和諸戎狄以正諸華"條에 의거하여 보충하였다. 翟은 四部備要本에 '狄'으로 되어 있는데 통용한다. 아래도 같다.
③ 臣〔君〕 : 四部備要本 등 각 본에 의거하여 고쳤다.
④ 八年 : 四部備要本에는 다음에 '之中'이 있고 《左傳》 襄公 11년에 "八年之中九合諸侯"라 하였으나, 汪遠孫의 《國語明道本攷異》에 內傳과 外傳이 각각 詳略이 있어 같을 필요가 없고 '之中' 두 글자는 잘못이라 하였다.

12년에 悼公이 鄭나라를 쳐서 蕭魚에 주둔하니, 鄭伯인 嘉가 와서 미녀, 악사와 첩 30인, 8사람씩 2줄로 이룩된 女樂士, 노래할 때 쓰는 編鐘 2벌, 보배로 여기는 鎛, 廣車와 軘車 각각 15乘을 바쳤다. 도공이 魏絳에게 8사람씩 1줄로 이룩된 女樂士와 노래할 때 쓰는 編鐘 1벌을 주고 말하기를 "그대가 나를 가르쳐 여러 戎翟과 화친하게 하고 중화의 제후를 바로잡게 해서 지금까지 8년 동안 7번이나 제후들과 회합해서 寡人이 뜻을 얻지 못함이 없으니, 청컨대 그대에게 주어서 함께 즐기고자 하노라." 하니, 위강이 사양하여 말하기를 "대저 융적과 화합한 것은 임금님의 다행스러운 일이고, 8년 동안 7번 제후들을 糾合한 것은 임금님의 신령스러움과 여러 사람들의 노고 때문

135) 七合諸侯 : 첫 번째는 魯襄公 5년에 戚에서 회합한 것을 말하고, 두 번째는 7년에 鄬에서 회합한 것을 말하고, 세 번째는 8년에 邢丘에서 회합한 것을 말하고, 네 번째는 9년에 戱에서 동맹한 것을 말하고, 다섯 번째는 10년에 柤에서 회합한 것을 말하고, 여섯 번째는 12년에 亳城 북쪽에서 회합한 것을 말하고, 일곱 번째는 蕭魚에서 회합한 것을 말한다.
136) 二三子之勞也 : 여러 장수들의 노고를 말한다.
137) 焉得之 : 어찌 독점할 수 있겠는가!
138) 微 : 無(없다)이다.
139) 濟河 : 남쪽으로 鄭나라를 복종시킨 것이다.
140) 志 : 識(기억하다)이다.

이니, 臣이 어찌 독점할 수 있겠습니까!" 하였다. 悼公이 말하기를 "그대가 아니었다면 과인이 융적을 대응할 수 없었을 것이요 河水를 건널 수 없었을 것이니, 여러 사람들이 무슨 공로가 있는가! 그대는 그것을 받으라." 하였다. 군자가 말하였다. "〈도공은〉 훌륭한 일을 잘 기억하는구나."

164. 司馬侯薦叔向 司馬 侯가 叔向을 천거하다

【大義】 司馬 侯가 叔向을 德義가 있다고 하여 천거함.

悼公이 與司馬侯141)로 升臺而望曰 樂夫142)인저 對曰 臨下之樂則樂矣나 德義143)之樂則未也니이다 公曰 何謂德義오 對曰 諸侯之爲가 日在君側하야 以其善行하고 以其惡戒면 可謂德義矣니이다 公曰 孰能고 對曰 羊舌肹144)이 習於春秋145)니이다하니 乃召叔鄕①하야 使傅太子彪146)하니라

〔校勘〕 ① 鄕 : 四部備要本에 '向'으로 되어 있는데 통용한다.

悼公이 司馬 侯와 함께 臺에 올라가서 바라보며 말하기를 "즐겁구나!" 하니, 대답하기를 "아래에 임하는 즐거움은 즐겁지만 德義의 즐거움은 아닙니다." 하였다. 공이 말하기를 "무엇을 德義라고 하는가?" 하니, 대답하기를 "제후의 쓸만한 행실이 날마다 임금 곁에 있어서 善으로 행하고 惡으로 경계한다면 德義라고 이를 만합니다." 하였다. 공이 말하기를 "누가 할 수 있겠는가?" 하니, 대답하기를 "羊舌肹이 春秋에 익숙합니다." 하였다. 마침내 叔鄕을 불러 그에게 太子 彪의 傅를 맡게 하였다.

---

141) 司馬侯 : 晉나라 大夫 汝叔齊.

142) 樂夫 : 士民들이 많고 부유한 것을 즐겨서 본 것이다.

143) 德義 : 善을 선으로 여기는 것이 德이요, 惡을 미워하는 것이 義이다.

144) 羊舌肹 : 叔鄕의 이름.

145) 春秋 : 人事의 善惡을 기록하고 天時로 조목을 단 것을 春秋라고 하니, 周나라 역사를 기록하는 법이다. 당시에는 孔子가 아직 ≪春秋≫를 짓지 않았다.

146) 太子彪 : 彪는 悼公의 아들 平公.

國語 제14권

晉語 八

165. 陽畢敎平公滅欒氏 陽畢이 平公에게 欒氏를 멸망시키도록 하였다

【大義】 군주가 흔들리는 민심을 다잡고 勳舊大臣을 제거해 가는 순서와 방법.

平公六年[1)]에 箕遺及黃淵·嘉父(보)[2)]가 作亂[3)]하야 不克而死하다 公이 遂逐羣賊[4)]할새 謂陽畢[5)]曰 自穆侯[6)]로 以至於今히 亂兵不輟[7)]하야 民志無①厭[8)]하고 禍敗無

1) 平公六年 : 平公은 悼公의 아들 彪이다. 기원전 557년부터 기원전 532년까지 재위하였다. 6년은 魯襄公 21년(기원전 552년)이다.

2) 箕遺 黃淵 嘉父 : 모두 晉나라 대부들로, 欒盈의 羽翼들이다.

3) 作亂 : 난리를 일으킨 원인은 난영의 아버지 欒黶(암)이 范宣子의 딸 叔祁에게 장가들어 欒盈을 낳았는데, 난암이 죽은 뒤 숙기가 家臣 州賓과 간통하였다. 이를 欒盈이 알아차리고 근심하자, 숙기가 이를 두려워하여 范宣子에게 참소하기를, “난영이 난리를 일으키려 하고 있습니다. 난영이 베풀기를 좋아하여 많은 선비가 그에게 쏠리고 있습니다.” 하자, 宣子가 당시 집정대신으로서 난영을 따르는 선비가 많은 것을 두렵게 여기고 箸 땅으로 내보내 城을 쌓도록 하고서 이를 계기로 난영을 축출하려는 생각을 가졌다. 이에 箕遺와 黃淵 등이 먼저 군사를 일으킨 것이다. 그러자 범선자가 기유, 황연, 嘉父 및 司空靜, 羊舌虎 등 10인의 대부들을 죽였다.

4) 羣賊 : 난영의 무리를 지칭하는 말로, 知起·中行(항)嘉·州綽·刑蒯(괴) 등으로 축출되어 齊나라로 도망쳤다.

5) 陽畢 : 晉나라 대부이다.

6) 穆侯 : 晉나라의 첫 군주인 唐叔虞의 8세손으로 기원전 811년부터 기원전 785년까지 재위하였다.

7) 亂兵不輟 : 穆侯가 두 아들을 두니 太子 仇와 成師이다. 목후가 죽은 뒤 목후의 아우 殤叔이 태자를 축출하고 군주가 되었으나 태자가 다시 상숙을 시해하고 군주 자리에 등극하여 文侯가 되었다. 문후가 아우 성사를 曲沃에 봉하니 사람들이 그를 曲沃桓叔이라

已하며 離民이 且速寇하야 恐及吾身하니 若之何오 陽畢對曰 本根[9]猶樹라 枝葉益長이오 本根益茂니 是以難已也니이다 今若大其柯[10]하야 去其枝葉하고 絶其本根이면 可以少閒[11]이리이다

公曰 子實圖之하라 陽畢曰② 圖在明訓하니 明訓은 在威權하고 威權은 在君이니이다 君이 掄(륜)[12]賢人之後로 有常位於國者[13]하야 而立之하고 亦掄逞志虧君以亂國者之後하야 而去之니 是遂威而遠權〈也〉③니이다 民畏其威하고 而懷其德이면 莫能勿從이니 若從이면 則民心을 皆可畜(휵)이오 畜其心而知其欲惡(오)[14]면 民④孰偸生이며 若不偸生이면 則莫思亂矣리이다 且夫欒氏之誣晉國[15]也久矣⑤니이다 欒書實覆宗[16]하고 殺厲公以厚其家하니 若滅欒氏면 則民威矣요 今吾若起瑕·原·韓·魏[17]之後하야 而賞立之면 則民懷矣리니 威與懷各當其所면 則國安矣리이다 君治而

불렀다. 문후가 죽은 뒤 태자 昭侯가 등극하여 환숙을 다시 曲沃伯에 봉하였다. 이때 潘父가 소후를 시해하고 환숙을 맞이하여 옹립하고자 하였으나 진나라 사람들의 반대로 환숙이 다시 곡옥으로 쫓겨 가게 되었다. 이때부터 진나라는 두 세력으로 나뉘어져 싸우게 되었고 결국 환숙의 손자 武公이 진나라를 통일하였다. 이후로도 獻公 시대에 다시 驪姬의 장난으로 많은 내란과 전쟁을 겪었다.

8) 厭 : 만족함이다.

9) 本根 : 난리의 밑동을 이르니, 아직 상존해 있는 欒氏의 세력들을 비유한 말이다.

10) 柯 : 도낏자루이니, 잡고서 나무를 찍어 내는 것이다.

11) 閒 : 그치다의 뜻이다. 韋昭는 欒氏를 멸망시켜 그의 무리를 제거하는 것이라 하였다.

12) 掄 : 가리다, 선택하다의 뜻이다.

13) 常位於國者 : 대대로 나라에 功勳이 있는 자들로, 지금 잠시 미약해진 집안의 자손들을 이른다.

14) 欲惡 : 마음속의 好惡를 이른다.

15) 誣晉國 : 속임수로 악행을 저지르고서도 선한 명예를 얻은 것을 이른다. 欒書가 기원전 573년에 厲公을 시해하였는데도 사람들이 그를 덕스러워하며 죄악을 저지른 것으로 생각하지 않고, 오히려 周나라 사람들이 邵公의 은덕을 떠받들 듯이 하였다고 하였다.

16) 覆宗 : 覆은 망치다, 뒤엎다의 뜻이고, 宗은 大宗이니, 진나라의 종실 계통을 뒤엎은 厲公의 시해사건을 이른다.

17) 瑕 原 韓 魏 : 瑕는 瑕嘉요, 原은 原軫으로 일명 先軫이요, 韓은 韓萬(曲沃桓叔의

國安이면 欲作亂者誰與리잇가

君⑥曰 欒書立吾先君[18]하고 欒盈[19]不獲罪[20]어니 如何오 陽畢曰 夫正國者는 不可以暱(닐)於權이며 行權에 不可以隱於私니 暱於權이면 則民不道요 行權에 隱於私면 則政不行이니이다 政不行이면 何以道民이며 民之不道면 亦無君矣⑦니 則其爲暱與隱也는 復產害矣⑧요 且勤君身⑨이니 君其圖之하소서 若愛欒盈이면 則明逐羣賊하고 而以國倫⑩[21]으로 數而遣之[22]하며 厚戒箴國⑪以待之하소서 彼若求逞志而報於君이면 罪孰大焉이리잇가 滅之[23]猶少요 彼若不敢而遠逃면 乃厚其外交[24]而勉之하야 以報其德이 不亦可乎잇가

公許諾하고 盡逐羣賊하고 而使祁午[25]及陽畢로 適曲沃[26]하야 逐欒盈이러니 欒盈이 出奔楚하다 遂令於國人曰 自文公以來로 有力於先君호되 而子孫不育者⑫는 將授立之하리니 得之者는 賞하리라하다 居三年에 欒盈이 晝入하야 爲賊於絳[27]이라 范宣子가 以公入於襄公之宮[28]이라가 欒盈不克하고 出奔曲沃이라 遂刺[29]欒盈하고 滅欒氏하

아들)이요, 魏는 畢萬이니 그들 후손들이 대대로 진나라에 공덕을 쌓아 爵位를 이어 갔다.

18) 先君 : 悼公을 이른다.

19) 欒盈 : 欒書의 손자이자 欒黶의 아들로 당시 진나라의 卿이다.

20) 不獲罪 : 欒盈이 나라에 지은 죄가 없고 단지 그의 어머니 范祁의 참소에 의하여 일어난 일이라는 말이다.

21) 國倫 : 국가의 法紀이다.

22) 數而遣之 : 數는 數罪이니 죄를 하나하나 나열하여 묻는 것이고, 遣은 다른 나라로 내보내는 것이다.

23) 滅之 : 난영의 집안을 멸족시키는 것이다.

24) 厚其外交 : 난영이 도망간 나라에 뇌물 성격의 예물을 두터이 선물한다는 뜻이다.

25) 祁午 : 진나라의 中軍 尉 벼슬에 있었다.

26) 曲沃 : 난영의 食邑이다.

27) 爲賊於絳 : 欒盈이 초나라로 도망쳐 1년을 지낸 뒤 齊나라로 달아났다. 魯襄公 23년(기원전 550년)에 齊莊公이 大夫 析歸父를 시켜서 장막 친 수레에 난영과 군사를 실어서 曲沃에 몰래 들여보내게 하였다. 그리하여 난영이 곡옥의 군대를 거느리고 魏獻子의 후원으로, 대낮에 진나라의 수도인 絳으로 쳐들어갔다.

28) 襄公之宮 : 襄公의 사당이니, 견고하게 지어져서 그리로 간 것이다. ≪左傳≫에, "公

다 是以沒平公之身토록 無內亂也하니라

〔校勘〕 ① 無 : 四部備要本에는 '不'로 되어 있다.
② 陽畢曰 : 四部備要本에는 '對曰'로 되어 있다.
③ 〈也〉 : 汪遠孫의 ≪國語明道本攷異≫에 의거하여 보충하였다. ≪左傳≫을 근거한 것이다.
④ 民 : 四部備要本에는 '人'으로 되어 있다.
⑤ 誣晉國也久矣 : 四部備要本에는 '誣晉國久也'로 되어 있다.
⑥ 君 : 汪遠孫의 ≪國語明道本攷異≫에는 '公'자가 옳다고 하였다.
⑦ 矣 : 四部備要本에는 '也'로 되어 있다.
⑧ 復産害矣 : 四部備要本에는 '復害矣'로 되어 '産'자가 없다.
⑨ 且勤君身 : 四部備要本에는 '君'자가 없다.
⑩ 而以國倫 : 四部備要本에는 '而知國倫'으로 되어 있다.
⑪ 厚戒箴國 : 四部備要本에는 '厚箴戒圖'로 되어 있다.
⑫ 子孫不育者 : 四部備要本에는 '子孫不立者'로 되어 있다.

晉平公 6년에 箕遺와 黃淵과 嘉父가 난리를 일으켜 성공하지 못하고 죽었다. 平公이 마침내 여러 잔당들을 내쫓으려고 陽畢에게 이르기를, "穆侯로부터 지금에 이르기까지 난리와 전쟁이 그치지 않아 백성들 마음이 못마땅해 하고 있고 환란도 그치지 않고 있소. 마음이 떠난 백성들에 의해서 또 외환까지 초래되고 있으니 내 몸에 화가 미칠까 두렵소! 어떻게 했으면 좋겠는가?" 하니, 陽畢이 대답하기를, "환난의 밑동이 아직 존재해 있어 가지와 잎이 더욱 크게 벌어지고 있고 환난의 밑동이 더욱 성하여지고 있습니다. 이 때문에 환난이 종식되기 어렵습니다. 지금 만일 그것을 벨 도낏자루를 크게 준비해서 그 환난의 枝葉들을 제거하고 그 밑동을 끊어 버린다면 조금은 종식될 수 있을 것입니다." 하였다.

平公이 말하기를, "그대가 실제로 그 일을 강구해 보도록 하라." 하니, 陽畢이 말하기를, "강구한다는 것은 훈령을 밝게 함에 달려 있고, 훈령을 밝게 하는 것은 권위 있는 시행에 달려 있고, 권위 있는 시행은 임금에게 달려 있습니다. 임금님께서 어진 사람의 후손으로 나라에 대대로 공훈이 있었으나 중간에 미약해진 후손을 가려서 벼슬에 임명하고, 또 가진 뜻을 펴 보고자 임금을 훼손시키고 나라를 어지럽힌 자의 후손

을 받들고 견고한 사당으로 갔다."라고 하였다.

29) 剚 : 죽임이다.

을 가려서 제거하도록 하십시오. 이는 위엄을 이루고 군주의 권력을 장구하게 하는 일입니다. 백성들이 군주의 위엄을 두려워하고 군주의 덕을 그리워한다면 능히 따르지 않는 자가 없을 것이며, 만약 따른다면 백성들의 마음을 감싸 안고 教導할 수 있고, 그들 마음을 감싸 안고 교도하여 그들에게 무엇을 하고자 해야 하고 싫어해야 할 것인지를 알게 한다면 어느 백성이 구차한 삶을 살려 하겠습니까? 만약 구차하게 살려 하지 않게 되면 난리를 꾸미려는 생각을 하지 않게 될 것입니다. 또 欒氏는 晉나라를 속여 온 지 오래되었습니다. 欒書가 실제 晉나라의 宗室을 뒤엎고 厲公을 시해하여 자신 집안의 이익만을 두텁게 했으니 만약 欒氏를 멸망시킨다면 백성들은 임금님을 두려워할 것입니다. 그리고 지금 우리가 만약 瑕嘉·原軫·韓萬·畢萬의 후손을 기용해서 상을 내리고 벼슬에 임명한다면 백성들은 임금님의 덕을 그리워할 것입니다. 위엄을 세우고 은덕을 그리워하게 함을 각기 곳에 따라 합당하게 한다면 나라는 안정될 것입니다. 임금님께서 그렇게 다스려서 나라가 안정된다면 난리를 일으키고자 하는 자를 누가 지지하겠습니까?" 하였다.

임금이 말하기를, "欒書는 나의 先君을 옹립하였고, 欒盈은 죄를 지은 일이 없다. 어떻게 멸망시킬 수 있겠느냐?" 하니, 양필이 말하기를, "나라를 바로잡으려는 자는 권력을 近視眼的으로 운영해서도 안 되며 권력의 시행에 있어서 사사로운 은혜로 죄를 은폐해서도 안 됩니다. 권력을 근시안적으로 운영하면 백성을 訓導할 수 없고 권력을 시행하면서 사사로운 은혜로 은폐하면 정사가 시행되지 않습니다. 정사가 시행되지 않으면 무엇으로 백성을 훈도할 것이며 백성을 훈도하지 못한다면 또한 임금이 없는 것이나 마찬가지일 것입니다. 곧 그러한 근시안적인 운영과 은폐는 다시 해악을 만들어 내고 또 임금의 몸만 수고롭게 만들 것이니, 임금님께서는 고려해 보도록 하십시오. 만약 欒盈을 사랑하신다면 공개리에 여러 난씨의 잔당들을 내쫓고, 국가의 법 조항을 들어서 그가 지은 죄를 낱낱이 거론하여 묻고서 내쫓으십시오. 그러고 나서 단단히 훈계를 내려 나라를 단속시켜 대비토록 하십시오. 저들이 만약 가진 뜻을 펴 보고자 하여 임금님께 보복하려 든다면 이보다 큰 죄악이 무엇이겠습니까? 멸족하는 것으로도 그 벌이 오히려 적을 것입니다. 저들이 만약 감히 그런 생각을 갖지 못하고서 멀리 도망간다면 바로 그가 도망친 나라에 두터운 예물을 보내 힘써 보살펴 주게 하는 것으로 그에게 입은 덕을 갚아 주는 것이 또한 좋은 일이 아니겠습니까?" 하였다.

平公이 허락하고, 모든 난씨의 잔당들을 내쫓고서 祁午와 陽畢을 시켜 曲沃으로 가서 欒盈을 내쫓게 하니, 난영이 楚나라로 달아났다. 마침내 나라 사람들에게 영을 내려 말하였다. "文公 시대로부터 지금까지 先君 시대에 공훈을 세우고서도 자손이 제대로 길러지지 못한 자들은 앞으로 작위를 내려 임명할 것이다. 그리고 그런 사람을 찾아내는 자에게도 상을 내릴 것이다." 하였다. 그 후 3년이 지난 뒤 난영이 대낮에 들어와서 수도 絳에서 난리를 일으켰다. 이에 范宣子가 平公을 모시고 襄公의 사당으로 들어갔다. 난영이 성공하지 못하고 곡옥으로 달아나자 마침내 난영을 찔러 죽이고 난씨를 멸망시켰다. 이로 인해 平公의 재위 기간 내내 내란이 없었다.

166. 辛兪從欒氏出奔 辛兪가 欒氏를 따라 달아나다

【大義】 국가의 명령을 거역하고 대부의 망명길에 따라나섰다가 붙잡힌 家臣의 기개와 辯舌.

欒懷子[30]之出에 執政[31]이 使欒氏之臣勿從케하고 從欒氏者爲①大戮施[32]라하다 欒氏之臣辛兪行이라 吏執而②獻之公한대 公曰 國有大令이어늘 何故犯之오 對曰 臣順之也니이다 豈敢犯之리잇가 執政曰 無從欒氏하고 而從君이라하니 是明令必從君也니이다 臣聞之컨대 曰三世仕〔事〕③家[33]는 君之하고 再世以下는 主之라하며 事君以死하고 事主以勤은 君之明令也니이다 自臣之祖로 以無大援於晉國하고 世隷〈於〉④欒氏하야 於今三世矣니 臣故不敢不君이어늘 今執政曰 不從君者爲大戮이라하니 臣敢忘其死하고 而叛其君하야 以煩司寇[34]리잇가 公說하야 固止之호대 不可라 厚賂之한대 辭曰 臣嘗陳辭矣니 心以守志하고 辭以行之는 所以事君也니이다 若受君賜면 是隋(휴)⑤其前言이니 君問而陳辭하고 未退而逆之면 何以事君이리잇가 君知其不可

---

30) 欒懷子 : 欒盈을 이른다. 桓子의 아들.
31) 執政 : 正卿인 范宣子를 이른다.
32) 施 : 陳자의 뜻이니 시체를 내걸어 사람에게 보이는 것이다.
33) 三世事家 : 3대에 걸쳐 大夫 집안의 가신이 되어 대부를 섬긴 것을 이른다.
34) 司寇 : 국가의 형 집행을 관장하는 우두머리 벼슬.

得也하고 乃遣之하다

〔校勘〕 ① 爲 : 四部備要本에는 '爲'자가 없다.
② 而 : 四部備要本에는 '之'로 되어 있다.
③ 仕〔事〕 : 四部備要本에 의거하여 고쳤다.
④ 〈於〉 : 四部備要本에 의거하여 보충하였다.
⑤ 隋 : 四部備要本에는 '墮'로 되어 있는데 '隋'는 '墮'의 古字이다.
* 이 편은 公序本에는 위 편과 한 편의 글로 연결되어 있으나 四部備要本을 따라 독립시켰다.

欒懷子가 도망쳐 나갈 때에 執政 〈范宣子〉가 난씨의 家臣들에게 따라가지 말도록 하면서, 난씨를 따라가는 자는 죽여서 시체를 사람들에게 내걸어 보일 것이라고 하였다. 그런데 난씨의 가신인 辛兪가 따라나서는 것을, 관리가 붙잡아서 平公에게 바쳤다. 평공이 말하기를, "국가가 큰 禁令을 발표하였는데, 무엇 때문에 그 명령을 범했는가?" 하니, 신유가 대답하기를, "신은 그 명령에 순종하였습니다. 어찌 감히 명령을 범했겠습니까? 집정이 말하기를, '난씨를 따르지 말고 군주를 따라야 한다.'고 하였으니, 이는 반드시 군주를 따라야 함을 명백하게 명령한 것입니다. 신은 듣건대, '3世에 걸쳐 대부를 섬긴 家臣은 그 대부를 군주처럼 여기고, 2世 이하는 대부처럼 섬긴다.'고 들었으며, 군주는 목숨을 바쳐 섬기고 대부는 부지런함으로 섬겨야 한다는 것은 군주의 명백한 명령이셨습니다. 신의 할아버지 시절부터 진나라로부터는 크게 힘입은 바 없었고, 대대로 난씨에게 신하 노릇한 것이 지금까지 3대째이옵니다. 신이 그런 연유에서 감히 군주로 섬기지 않을 수 없는데, 지금 집정이 말하기를, '군주를 따르지 않는 자는 사형에 처할 것.'이라고 하였습니다. 신이 감히 그 죽음을 당하리란 것을 잊고서, 신의 군주 〈난씨〉를 배반하여 司寇를 번거롭게 하겠습니까?"[35] 하니, 평공이 마음속으로 기뻐하여 굳게 만류하여 붙잡았으나, 붙잡아 둘 수 없자 후하게 재물을 내려 주었다. 신유가 사양하며 말하기를, "제가 이미 말씀 올렸습니다. 마음으로 뜻을 지키고 말한 것을 행동에 옮기는 것은 임금을 섬기는 도리입니다. 만약 임금께서 내리신 물건을 받는다면 이는 앞에서 한 말을 무너뜨리는 것입니다. 임금께서 물으신 것에 말씀 올리고서 물러나기도 전에 그 말을 거스른다면 무엇으로 임금을 섬기겠습니까?" 하니

35) 司寇를 번거롭게 하겠습니까 : 사구에게 자신의 죄를 다스리게 하는 번거로움을 끼치게 하겠느냐는 뜻이다.

平公이 머무르게 할 수 없음을 알고서 바로 내보냈다.

167. 叔向母說羊舌必亡 叔向의 어머니가 羊舌氏가 반드시 망할 것이라고 말하다

【大義】 숙향의 어머니가 갓 태어난 아들의 相과 손자의 울음소리를 듣고 그들의 장래를 예언하다.

叔魚[36]生에 其母視之하고 曰是虎目而豕喙[37]하고 鳶肩而牛腹[38]하니 谿壑可盈이나 是不可饜(염)也니 必以賄死[39]하리라하고 遂弗①視[40]하다 揚②食(사)我[41]生에 叔向之母聞之하고 往하야 及堂하야 聞其號[42]也하고 乃還(선)曰 其聲이 豺狼之聲也③니 終滅羊舌氏之宗者[43]는 必是子也라하다

〔校勘〕 ① 弗 : 四部備要本에는 '不'로 되어 있다.
② 揚 : 四部備要本에는 '楊'으로 되어 있다.
③ 也 : 四部備要本에는 '也'자가 없다.

叔魚가 태어났을 때 그 어머니가 살펴보고는 말하기를, "이 아이는 범의 눈에 돼지

---

36) 叔魚 : 晉나라 대부이니, 叔向의 同腹 아우인 羊舌鮒이다.
37) 虎目而豕喙 : 虎目은 범이 먹이를 노려보는 눈을 이르고, 豕喙는 입이 돼지주둥이처럼 쭈뼛하게 길게 튀어나온 것을 이른다.
38) 鳶肩而牛腹 : 鳶肩은 어깨가 매의 양쪽 어깨처럼 위로 불쑥 솟은 것을 이르고, 牛腹은 배가 소의 배처럼 갈비뼈가 양쪽으로 툭 퍼진 것을 이른다.
39) 賄死 : 숙어가 형을 다스리는 사람으로 남의 집 딸을 뇌물로 받고서 재판을 불리하게 판결하였다가 피살된 일을 이른다. 자세한 것은 〈晉語 九〉 '叔向論三奸同罪'章을 참고할 것.
40) 弗視 : 자신이 돌보아 키우지 않음을 이른다.
41) 揚食我 : 揚은 叔向의 食邑이고, 食我는 숙향의 아들 伯石이고, 그 어머니는 그 유명한 夏姬의 딸이다.
42) 號 : 울음소리이다.
43) 終滅羊舌氏之宗者 : 宗은 같은 종족이다. 食我가 장성하여 祁盈과 어울려 파당을 지었다가, 기영이 죄를 얻자 진나라가 기영과 사아를 죽이고 마침내 祁氏와 羊舌氏를 멸족시켰다. 魯昭公 28년(기원전 514년)의 일이다.

주둥이를 하고, 매의 어깨에 소의 배를 가졌으니, 계곡의 골짜기는 채울 수 있어도, 이 아이의 욕심은 만족시키지 못할 것이다. 반드시 뇌물과 관련된 일로 죽을 것이다." 하고서는 마침내 돌보아 기르지 않았다. 揚食我가 태어나자 숙향의 어머니가 소식을 듣고 찾아갔다. 마루에 이르러 그 울음소리를 듣고서는, 이내 발길을 돌리며 말하기를, "그 울음소리가 승냥이의 소리이니, 끝에 가서 羊舌氏의 일가를 멸망시킬 자는 반드시 이 아이일 것이다." 하였다.

168. 叔孫穆子論死而不朽 叔孫穆子가 사람이 죽은 뒤 명예가 사라지지 않는 것에 대하여 논하다

【大義】 대대의 벼슬이 不朽의 명예와 서로 다른 점을 논하다.

魯襄公44)이 使叔孫穆子來聘45)이러니 范宣子46)問焉曰 人有言曰 死而不朽47)라 하니 何謂也오 穆子未對한대 宣子曰 昔匄(개)之祖 自虞以上엔 爲陶唐氏48)하고 在夏엔 爲御龍氏49)하고 在商엔 爲豕韋氏50)하고 在周엔 爲唐・杜氏51)하고 周卑에 晉

44) 魯襄公 : 成公의 아들. 이름은 午. 기원전 572년부터 542년까지 재위하였다.

45) 叔孫穆子來聘 : 叔孫穆子는 魯나라의 卿인 叔孫豹이다. 聘問은 양공 24년(기원전 549년)에 있었다.

46) 范宣子 : 晉나라의 正卿인 士匄이다.

47) 死而不朽 : 사람이 죽은 뒤에도 명예가 사라져 없어지지 아니한 것을 이른다.

48) 自虞以上 爲陶唐氏 : 虞는 舜임금을 이르는 말. 舜임금이 虞 땅의 수령으로 堯임금의 禪位를 받아 임금이 된 데에서 붙여진 호칭이다. 虞舜이라 이르기도 한다. 陶唐氏는 堯임금을 이르는 말로 요임금이 처음에 陶 땅에 살다가 唐 땅에 봉해져 붙여진 이름이다. 순임금이 등극한 뒤 요임금의 아들 丹朱를 요임금의 후손으로 封하여 陶唐氏를 그대로 쓰게 하면서 순임금 시대 이후 내내 그대로 사용하였다. 곧 范宣子가 요임금의 후손임을 알 수 있다.

49) 在夏 爲御龍氏 : 夏는 夏나라이다. 夏나라 임금 孔甲의 시대에 이르러 도당씨가 쇠하여졌다. 이때 후손 劉累가 豢龍氏에게서 용 길들이는 법을 배워, 용 키우는 일로 공갑을 섬기자 공갑이 그를 가상하게 여겨 '御龍'의 성씨를 하사하였다.

50) 在商 爲豕韋氏 : 商은 商나라이다. 상나라의 임금 武丁 시대에 豕韋氏가 되니, 시위는 나라 이름이자 성씨를 함께 칭하는 말이다. 그 내용은 다음과 같다. 본시 祝融의 후

繼之하야 爲范氏52)하니 其此之謂乎①인저 對曰 以豹之②所聞으론 此之謂世祿이요 非不朽也니라 魯先大夫臧文仲53)은 其身沒矣나 其言이 立於後世하니 此之謂死而不朽니라

〔校勘〕 ① 乎 : 四部備要本에는 '也'로 되어 있다.
② 之 : 四部備要本에는 '之'자가 없다.

魯襄公이 叔孫穆子를 사신으로 보내 晉나라에 빙문하였다. 范宣子가 〈숙손목자〉에게 묻기를, "사람의 말에, '죽어도 썩지 않는다.'는 말이 있으니, 무엇을 이르는 말입니까?" 하고서, 穆子가 미처 대답하지 않았는데 선자가 말하기를, "옛날 나의 조상이 舜

손은 彭姓으로 大彭과 豕韋라는 두 나라를 다스리며 商나라의 伯의 지위를 누려 왔는데 商나라가 시위나라를 멸망시키고서 劉累의 후손들에게 시위나라를 대신 다스리게 한 것이다.

51) 在周 爲唐杜氏 : 周는 周나라이니 武王 시대를 이른다. 唐杜는 두 나라 이름이다. 시위나라가 商나라 말기에 唐으로 이름을 고쳤다가, 周成王이 唐을 멸하고 그 아우 唐叔虞에게 唐을 封해 주고 豕韋氏는 杜에 봉하여 杜伯을 삼았다.

52) 周卑 晉繼之 爲范氏 : 周卑는 주나라 왕실이 쇠미함이고, 진나라가 이었다는 것은 주나라 왕실이 쇠미하여 제후들을 다스리지 못하자 진나라가 맹주가 되어서 제후를 총괄했음을 이른다. 范氏가 되었다는 것은, 杜伯이 周宣王의 대부로 재임 중 선왕에 의해 죽자 그의 아들 隰叔이 주나라를 버리고 진나라로 도망쳐 아들 輿를 낳았는데, 그 아들이 후일 진나라 理官이 되고 그 손자 士會가 진나라 正卿이 되어서 范 지역을 食邑으로 받아 범씨가 된 것을 이른다.

여기서 범선자의 말을 통하여 중국의 姓과 氏의 구분이 있음을 알 수 있다. 성은 변하지 않으나 씨는 벼슬이나 식읍의 이름을 따라 변하는 것이며, 평소의 생활 속에서 성보다는 씨를 더 호칭으로 즐겨 쓰고 있는 것을 살필 수 있다. ≪論語≫에서도 魯桓公의 세 아들이 孟孫氏(처음의 仲孫氏) 叔孫氏 季孫氏로 나뉘며 혹은 季氏로 호칭되고 있는 것을 살필 수 있다. 노나라는 周公의 후손이며 주공은 文王의 아들이니 이들의 성은 모두 姬이다. 그런데도 이렇게 서로 다른 氏를 마치 성처럼 쓰고 있는 모습을 볼 수 있다.

53) 臧文仲 : 이름은 臧孫辰. 魯莊公과 僖公 시대의 賢卿이었다. 4권에 그에 대한 여러 고사가 실려 있다. 韋昭는 行父에게 임금 섬기는 도리를 가르쳐 준 것과, 노나라에 기근이 들었을 때 훌륭한 말로 齊나라에 가서 쌀을 팔아 온 것을 그의 어진 점으로 들었다.

임금 이전에는 陶唐氏였고, 夏나라에서는 御龍氏가 되었고, 商나라에서는 豕韋氏가 되었고, 周나라에서는 唐杜氏가 되고, 주나라가 쇠미해지고, 晉나라가 그 뒤를 이어 〈맹주 노릇을〉 하면서는 범씨가 되었습니다. 이를 두고 이르는 말일 것입니다." 하니, 대답하였다. "제가 들은 바로는 이것은 世祿이라 이르는 것입니다. 썩지 않는다는 뜻은 아닙니다. 魯나라 선대부인 臧文仲은 그 몸은 죽었지만 그 〈훌륭한〉 말은 후세에 각인되어 있으니, 이를 일러 죽어도 썩지 않는 것이라 할 것입니다."

169. 范宣子與龢大夫爭田 范宣子가 龢大夫와 전답을 두고 서로 다투다

【大義】 집정대신과 지방 고을 수령의 다툼을 두고 제기하는 화해와 갈등의 해결 방법.

范宣子與龢大夫爭田하야 久而無成[54)]이라 宣子欲攻之하야 問於伯華[55)]한대 伯華曰 外有軍하고 內有事니 赤也는 外事也라 不敢侵官이로이다 且吾子之心에 有出[56)]焉이면 可徵訊也니이다하고 問於孫林父(보)①[57)]한대 孫林父曰 旅人[58)]은 所以事子也니 唯事是待라하고 問於張老[59)]한대 張老曰 老也는 以軍事承子하니 非戎이면 則非吾所知也라하고 問於祁奚[60)]한대 祁奚曰 公族之不恭과 公室之有回와 內事之邪와 大夫之貪은 是吾罪也[61)]니이다 若以軍〔君〕②官으로 從子之私면 懼子之應且憎③也라

54) 龢大夫爭田 久而無成 : 龢는 晉나라 龢 고을의 大夫〔守令〕이다. 爭田은 전답의 경계를 서로 다투는 일이다. 成은 다툼이 종결되어 시비가 종결된 상황이다.

55) 伯華 : 羊舌赤이니, 叔向의 맏형이다. 魯襄公 3년(기원전 570년)에 아버지 벼슬을 대신하여 中軍尉의 佐 벼슬에 있었다.

56) 出 : 군대의 출병을 말한다.

57) 孫林父 : 衛나라 대부 孫文子이다. 魯襄公 14년(기원전 559년)에 衛獻公을 쫓아내고 公孫 剽를 세웠는데 26년에 甯喜가 公孫 剽를 시해하고 헌공을 다시 맞아들이자, 林父가 마침내 戚 땅을 가지고 晉나라로 망명하였다.

58) 旅人 : 孫林父가 현재 위나라에서 망명해 와 있는 나그네 신분임을 이른 말이다.

59) 張老 : 이 글에서 張孟으로 거론되는 사람이니, 孟은 장로의 字이다. 魯襄公 3년, 晉悼公 시절에 司馬에 올랐고, 晉平公이 즉위하여 아들 張君臣을 사마로 삼았고 장맹은 上軍將에 올랐다.

60) 祁奚 : 은퇴하였다가 晉平公 원년(기원전 557년)에 다시 公族大夫가 되었다.

하고 問於藉④偃62)한대 藉偃曰 偃〈也〉⑤는 以斧鉞로 從於張孟하야 曰〔日〕⑥聽命焉하니 若夫子之命也인댄 何二之有리오 釋夫子而舉면 是는 反吾子也63)라하고 問於叔魚한대 叔魚曰 待吾爲子殺⑦之하소서하다 叔向이 聞之하고 見宣子曰 聞子與龢未寧하야 徧問於大夫호대 又無決이라하니 盍訪之訾祏64)고 訾祏이 實直而博하니 直能端辯⑧之요 博能上下比之요 且吾子之家老也라 吾聞國家有大事엔 必順於典刑하며 而訪咨於耇老하고 而後行之니라하고 司馬侯65)見曰 聞吾子有龢之怒하고 吾以爲不信호라 諸侯皆有二心이어늘 是之不憂하고 而怒龢大夫는 非子之任也라하고 祁午66)見曰 晉爲諸侯盟主요 子爲正卿이니 若能靖端諸侯하야 使服聽命於晉이면 晉國이 其誰不爲子從이리오 何必龢리오 盍密和하야 和大以平小乎아하다

宣子가 問於訾祏한대 訾祏對曰 昔에 隰叔子違周難於晉國67)하야 生子輿68)러니 爲理69)하야 以正於朝에 朝無姦官하고 爲司空70)하야 以正於國에 國無敗績하며 世及武子71)하야 佐文·襄72)爲諸侯에 諸侯無二心하고 及爲卿하야 以輔成·景에 軍無

61) 吾罪也 : 祁奚가 公族大夫여서 나라 안에서 公族으로 인해 일어난 일들은 모두 그가 책임져야 할 문제라는 말이다.

62) 藉偃 : 籍偃. 上軍 司馬인 籍游이다.

63) 反吾子也 : 吾子는 宣子를 이른다. 宣子가 上卿이 되어서, 본래 자신(籍偃)으로 하여금 장맹의 명령을 듣도록 하였으니, 지금 만약 張孟의 의견을 배반하고 宣子의 사적인 부탁을 따른다면 宣子의 예전 명령을 배반하는 것이라는 말이다.

64) 訾祏 : 范宣子의 가신이다.

65) 司馬侯 : 사마 벼슬에 있는 侯이니, 晉나라의 大夫이며, 이름은 汝叔齊이다.

66) 祁午 : 당시 벼슬이 中軍 尉였다.

67) 隰叔子違周難於晉國 : 隰叔은 杜伯의 아들이다. 違는 피한다는 뜻이다. 周宣王이 杜伯을 죽이자 아들 습숙이 난을 피해 晉나라로 간 것을 이른다.

68) 子輿 : 士蔿(위)의 字이다.

69) 爲理 : 理는 죄를 다스리는 士官을 이른다.

70) 司空 : 국가의 토목공사를 담당하는 벼슬이다.

71) 世及武子 : 世는 아버지에서 아들에게로 이어져 가는 것을 이르는 말이다. 곧 士蔿가 아들 成伯缺을 낳고 成伯缺이 武子 士會를 낳아 대가 이어져 간 것을 이른다.

72) 佐文襄 : 武子가 文公 5년(기원전 632년)의 城濮 전투에서 문공의 임시 車右가 된 일과, 襄公 재위 때 무자가 大夫로 재직한 것을 이른다.

敗政하고 及爲成〔景〕⑨師[73]하고 居太傅에 端刑法하고 輯⑩訓典하야 國無姦民[74]하니 後之人可則이라 是以로 受隨・范하고 及文子[75]하야 成晉・荊之盟[76]하고 豊兄弟之國[77]하야 使無有間隙이라 是以受郇(순)・櫟(력)이니이다 今吾子嗣位에 於朝無姦行하고 於國無邪民하야 於是無四方之患하고 而無外內之憂는 賴三子[78]之功하야 而饗其祿位니이다 今旣無事矣어늘 而非鄃하니 於是加寵이면 將何治爲리오하니 宣子說하야 乃益鄃田하고 而與之和하다

〔校勘〕 ① 父 : 四部備要本에는 '甫'로 되어 있는데 아래도 같다.
② 軍〔君〕: 四部備要本에 의거하여 고쳤다.
③ 憎 : 四部備要本에는 '增'으로 되어 있다.
④ 藉 : 四部備要本에는 '籍'으로 되어 있다. 아래도 같다.
⑤ 〈也〉: 四部備要本에 의거하여 보충하였다.
⑥ 曰〔日〕: 四部備要本에 의거하여 고쳤다.
⑦ 戮 : 四部備要本에는 '殺'로 되어 있다.
⑧ 辯 : 四部備要本에는 '辨'으로 되어 있다.
⑨ 成〔景〕: 韋昭의 注에 의거하여 고쳤다.
⑩ 輯 : 四部備要本에는 '緝'으로 되어 있다.

范宣子가 鄃 고을의 大夫〔수령〕와 더불어 전답의 경계를 두고 다투는 일이, 오

---

73) 及爲成〔景〕師 : 성사를 唐固는 "무자가 成公 때 軍師 兼 太傅가 된 것을 이르는 말."이라 하고, 韋昭는 "成자는 景자의 誤字이다. 魯宣公 9년(기원전 600년)에 晉成公이 죽고 16년(기원전 593년)에 晉景公이 周나라 천자에게 청하여 무자를 中軍將과 太傅를 삼았다."고 하였다.

74) 國無姦民 : 士會가 집정대신이 되어 政事를 집행하자 도적들이 秦나라로 달아난 것을 이른다.

75) 文子 : 趙文子. 武子의 아들 燮. 晉나라의 대부이다.

76) 成晉荊之盟 : 荊은 楚나라의 별칭. 진나라가 士燮을 사신 보내서 楚나라와, 宋나라 西門 밖에서 맹약한 것을 이르는 말로, 魯成公 12년(기원전 579년)의 일이다.

77) 豊兄弟之國 : 형제는 鄭나라와 衛나라 등속이니 모두 晉나라와 同姓國이다. 진나라와 초나라가 우호 관계를 맺고 전쟁을 종식시켜 형제 나라들에게 주는 도움이 두터웠음을 이른다.

78) 三子 : 子輿와 武子와 文子를 이른다.

래 끌면서 종결되지 않았다. 선자가 군대로 공격하고자 하여 伯華에게 묻자, 백화가 말하기를, "바깥으로는 군사를 주장하는 사람이 있고, 안으로는 정사를 주장하는 사람이 있습니다. 나는 바깥일(군대)을 주장하는 사람이어서, 감히 영역 너머의 정사를 참견할 수 없습니다. 만일 당신의 마음에 군사를 출동시킬 일이 있으면 불러서 〈저에게〉 물어보실 수는 있을 것입니다." 하였다. 孫林父에게 묻자, 손림보가 말하기를, "나그네로 붙어 지내는 신세라서 당신의 뜻을 받들어야 하는 사람입니다. 오직 시키는 대로 따르겠습니다." 하였다. 張老에게 묻자, 장로가 말하기를, "나는 군사 관계의 일을 담당하는 것으로써 당신을 받들고 있습니다. 군사 관계의 일이 아니면 제 알 바가 아닙니다." 하였다. 祁奚에게 묻자, 기해가 말하기를, "公族의 공손치 못함과, 公室에 간사한 행위가 있는 것과, 조정 안의 간사한 일들과, 公族大夫의 탐욕스러움들은 제가 책임져야 하는 죄입니다. 만약 군주의 관원으로서 당신의 사사로운 일에 종사한다면 당신이 겉으로는 호응하면서도 또한 속마음으로는 미워할까 두렵습니다." 하였다. 籍偃한테 묻자, 적언이 말하기를, "저는 斧鉞을 가지고 張孟을 따르면서 날마다 그의 명령에 움직이고 있습니다. 만약 장맹의 명령이라면 어찌 두마음이 있겠습니까? 그러나 장맹을 저버리고서 행동한다면 이는 당신을 배반하는 것입니다." 하였다. 叔魚한테 묻자, 숙어가 대답하기를, "내가 당신을 위하여 그를 죽이는 것을 기다리십시오." 하였다.

叔向이 이를 듣고 宣子를 만나 말하기를, "듣건대, 당신과 龢大夫의 사이가 아직까지도 좋지 않아 널리 대부들에게 자문을 구하고서도 또 결단을 내리지 못하였다고 하였습니다. 어찌하여 訾祏에게 묻지 않습니까? 자석은 실제로 정직하고 박학합니다. 정직은 능히 사태를 공정하게 분변하고, 박학은 능히 옛과 지금을 대비해 냅니다. 또한 당신의 家臣 중의 원로이기도 합니다. 저는 듣건대, 국가에 큰일이 있을 때에는 반드시 전형적인 법규를 그대로 따르고, 나이 많은 신료들에게 물은 뒤에 행한다고 들었습니다." 하였고, 司馬 侯가 만나 말하기를, "당신이 화대부에게 노여워하는 것이 있다는 말을 듣고서, 나는 믿기지 않는 일이라고 생각했습니다. 제후들이 모두 〈晉나라에 대해〉 두마음을 가지고 있는데 이를 걱정하지 않고 화대부에게 노여움을 갖는 것은 당신이 해야 할 일이 아닙니다." 하였고, 祁午가 만나 말하기를, "진나라는 제후국의 맹주가 되었고, 당신은 진나라의 正卿이 되었습니다. 만약 능히 제후국을 안정시키고 정치를 바르게 하도록 하여 그들로 하여금 진나라에 歸服하여 명령을 듣게 한다면 우리 진나라의 그 누가 당신을 따르지 않겠습니까? 어찌 꼭 화대부만이겠습니까? 어찌하여 친밀하고 화목하게 하여 큰 화목으로 조그만 원망을 해결하지 않으십니까?" 하였다.

宣子가 訾祏에게 묻자, 자석이 대답하기를, "옛적에 隰叔子가 周나라의 난리를 피해 진나라에 와서, 子輿를 낳았는데 獄을 다스리는 법관이 되어 조정에서 바르게 법을 집행하자 조정에 간사한 관원이 없었고, 司空이 되어 나라에서 바르게 일을 관장하자 국가에 잘못된 토목공사가 없었습니다. 한 대를 지나 武子에 이르러 文公과 襄公을 도와서 제후를 다스리도록 하자 제후들이 두마음을 갖지 않았으며, 卿의 지위에 올라 成公과 景公을 보좌함에 미쳐서는 군사와 관계되는 일에 잘못된 것이 없었으며, 경공의 師(中軍의 장군)가 되어 太傅에 올라 형법을 엄정하게 집행하고, 진나라 先公들의 訓戒와 典禮를 조화롭게 집행하자, 국가에 간악한 백성이 없었습니다. 이에 후세 사람들이 법받을 만하다 하여 隨邑과 范邑을 받았습니다. 文子에 미쳐서는 진나라와 楚나라의 맹약을 성공시켜, 형제 나라들의 권익을 풍후하게 하고 間隙이 없도록 하여 이로써 郇邑과 櫟邑을 받았습니다. 지금 당신이 조상들의 관직을 이어받아, 조정에는 간사한 행위가 없고, 나라에는 간사한 백성이 없으며, 이에 사방으로도 걱정이 없어 안이나 밖이나 근심거리가 없습니다. 이는 세 분(子輿, 武子, 文子)의 공을 힘입은 것이요 그 祿位를 누리고 있는 것입니다. 지금 이미 국가에 큰일이 없는데 화대부를 한스러워하고 있으니, 진나라에서 당신에게 총애를 더해 준다면, 장차 무엇을 가지고 다스리시렵니까?" 하니, 범선자가 기뻐하여 이내 龢大夫에게 전답을 붙여 주고 화대부와 화평하게 지냈다.

170. 訾祏死范宣子勉范獻子 訾祏이 죽자 范宣子가 아들 范獻子를 면려하다

【大義】 어진 가신을 잃은 집정대신의 아들을 걱정하는 마음에 대한, 아들의 대답.

訾祏이 死하니 范宣子謂獻子[79]曰 鞅乎아 昔者에 吾有訾祏也엔 吾朝夕顧焉하야 以相晉國하고 且爲吾家러니 今吾觀女也컨댄 專則不能하고 謀則無與①[80]하니 將若之何오 對曰 鞅也는 居處恭하야 不敢安易[81]하고 敬學而好仁하고 和於政而好其道하고

---

79) 獻子 : 范宣子의 아들 范鞅이다.

80) 無與 : 더불어서 함께할 어진 신하가 없음을 이른다.

81) 易 : 간략함이다. 감히 스스로를 편안히 하여 매사를 소홀히 처리하지 않는다는 말이다.

謀於衆호대 不以賈好82)하고 私志雖衷83)이나 不敢謂是也하고 必長者之由하리이다 宣子曰 可以免身이로다

〔校勘〕 ① 與 : 四部備要本에는 다음에 '也'자가 더 있다.

訾祏이 죽자 范宣子가 范獻子에게 일러 말하기를, "鞅아! 옛적에 자석이 있을 때에는 내가 아침저녁으로 그에게 물어서 진나라도 돕고, 또 한편으로는 집안일들도 다스렸다. 그런데 지금 내가 너를 보건대 혼자로서는 능력이 미치지 못하고, 도모해 보고자 하여도 어진 신하가 없다. 장차 어떻게 하려느냐?" 하니, 대답하기를, "저 〈鞅〉은 공손히 생활하여 감히 안일하거나 소홀함이 없고, 배움을 공경하고 어짊을 좋아하며, 정사는 화평하게 하면서도 그 바른 도리를 좋아하고, 여러 사람에게 묻되 남에게 호감을 사려 구하지 않고, 자신의 생각이 비록 훌륭하더라도 감히 이를 옳다고 여기지 않고서, 반드시 나이 든 분들의 의견을 따르겠습니다." 하니, 선자가 말하기를, "네 몸의 禍는 면할 수 있겠다." 하였다.

171. 師曠論樂 師曠이 음악을 論하다

【大義】 음악의 본질과 효과를 논함.

平公이 說(열)新聲84)하니 師曠85)曰 公室이 其將卑乎인저 君之明이 兆於衰矣니라

---

82) 賈好 : 賈는 求한다는 뜻이다. 마음으로 묻는 것은 즐거워하면서도, 구하는 것으로 名譽를 사려 하지 않는다는 말이다.

83) 衷 : 훌륭함, 또는 善함의 뜻이다.

84) 新聲 : 새로운 음악. 韋昭는 "衛靈公이 晉나라를 방문하는 길에 濮水에서 쉬게 되었는데, 琴 소리가 매우 애절하게 들려왔다. 그래서 樂師 師涓으로 하여금 琴譜에 올려두게 하였다. 진나라에 이르러 평공을 위해 연주하도록 하였더니, 師曠이 연주하는 손을 잡아 중지시키면서 말하기를, '그쳐라! 이 음악은 국가를 망하게 하는 음악이다. 옛적에 師延이 紂임금을 위해서 靡靡之樂을 작곡하였는데, 그 뒤에 스스로 濮水 가운데 빠져 죽었다. 이 음악을 듣는 자는 반드시 복수에 빠져 죽게 될 것이다.'라고 하였다."고 했다. ≪史記≫ 〈樂書〉에는 이보다 좀 더 자세하게 언급하여, 사광이 중지시켰으나 평공이 듣기를 원하여 음악을 끝까지 연주하였다고 하였다.

85) 師曠 : 晉나라의 樂官. 이름은 曠이고 字는 子野이다. 음악에 뛰어난 명성을 남겼다.

夫樂은 以開山川之風①[86]하고 以耀德於廣遠也하니 風德以廣之[87]하고 風山川以遠之[88]하고 風物以聽之하야 修②詩以詠之하고 修禮以節之라 夫德廣遠而有時節하니 是以遠服而邇不遷*이니라

〔校勘〕① 風 : 四部備要本에는 다음에 '也'자가 더 있다.
② 修 : 四部備要本에는 '循'으로 되어 있으며 아래 '修禮'도 '循禮'로 되어 있다.

* 不遷으로 끝맺은 것을 두고서 汪遠孫의 ≪國語明道本攷異≫에서는 이 아래 글이 탈락된 것이라고 하였다.

晉平公이 새로운 음악을 좋아하자, 師曠이 말하였다. "公室이 장차 쇠미하게 되겠구나! 임금님의 밝으심이 쇠할 조짐을 나타내는구나. 저 음악이란 팔방 산천의 風化를 통하게 하고, 德을 넓고 먼 곳까지 빛나게 한다. 음악은 덕을 선양시켜 널리 퍼져 가게 하고, 음악은 팔방 산천의 덕을 선양시켜 멀리 퍼져 가게 하며, 만물을 풍화시켜 귀 기울여 듣도록 하며, 詩를 닦아서 읊조리게 하고, 禮를 닦아서 절제하게 한다. 저 음악의 덕이 넓고 멀리 퍼져 가면서도 음악 연주에 있어서는 적당한 시기와 예절이 있다. 이 때문에 먼 곳 사람들이 복종하고 가까운 사람들이 떠나지 않는 것이다."

172. 叔向諫殺豎襄 叔向이, 환관 襄을 죽이려 한 일에 대하여 간하다

【大義】 환관의 조그마한 실수를 문제 삼아 목숨을 빼앗으려 한 군주를, 스스로의 무능을 깨닫도록 하는 諷諭의 기지.

平公이 射(석)鴳(안)[89]不死라 使豎襄[90]搏之러니 失이라 公이 怒하야 拘將殺之하다 叔

86) 開山川之風 : 開는 통한다는 뜻이다. 곧 음악의 八音은 八方의 바람을 소통시키는 功能이 있음을 이른다.

87) 風德以廣之 : 그 德을 사방에 널리 퍼뜨려 선양한다는 뜻이다. 음악은 당시 군주의 덕을 상징하니, 舜임금의 韶와, 禹임금의 夏와, 湯임금의 濩와, 周나라의 武가 바로 그것을 나타낸다.

88) 風山川以遠之 : 팔방 산천의 덕을 멀리 미치게 함을 뜻한다. ≪周禮≫에 매번 음악이 한 번 변함에 따라 각각 그 음악에 따라 이르러 오는 것이 있으니, 鱗과 介와 毛와 羽 등속의 동물들과 山林·川澤·天地의 귀신들이다.

89) 鴳 : 메추라기의 일종. 일명 扈小鳥, 또는 鴳雀이라고도 한다.

向이 聞之하고 夕[91]에 君이 告之어늘 叔向曰 君必殺之하소서 昔에 吾先君唐叔[92]이 射兕[93]於徒林[94]할새 殪[95]하야 以爲大甲이라 以封於晉이어늘 今君이 嗣吾先君唐叔하야 射鴳不死하고 搏之不得하니 是는 揚吾君之恥者也니 君其必速殺之하야 勿令遠聞하소서하니 君이 忸怩(뉵니)[96]顔①하고 乃趣(촉)赦之하다

〔校勘〕 ① 顔 : 四部備要本에는 '顔'자가 없다.

晉平公이 아주 작은 메추라기를 활로 쏘아 맞추었는데, 죽지 않았다. 환관 襄을 시켜서 붙잡게 하였으나, 잃어버렸다. 평공이 성을 내어 구류시켜 놓고 죽이려고 하였다. 叔向이 그 소식을 들었다. 저녁 조회에 나가자 평공이 그 일을 일러 주거늘, 숙향이 말하기를, "임금님께서는 반드시 죽이도록 하십시오! 옛날에 우리 선조 唐叔께서 徒林이라는 곳에서 외뿔소를 쏘아 맞힐 적에 한 발에 쓰러뜨려서 큰 갑옷을 지어 입으셨습니다. 그리하여 晉나라 제후로 책봉[97]되었는데, 지금 임금님께서는 우리 선군 당숙을 이어받으셔서 아주 작은 메추라기 한 마리조차도 쏴 맞추어 죽이지 못하고, 붙잡게 하였는데도 놓쳐 버렸으니, 이는 우리 임금님의 부끄러운 점을 들춰내는 일입니다. 임금님께서는 반드시 속히 그를 죽여서 멀리 소문나지 않게 하소서![98]" 하니, 임금이 얼굴빛을 붉히며 이에 급히 〈환관 襄을〉 풀어 주었다.

---

90) 豎襄 : 豎는 궁중의 어린 내시. 襄은 동자 내시의 이름이다.
91) 夕 : 夕은 저녁 조회. 아침 조회를 朝라 이르는데 상대하여 이르는 말이다.
92) 唐叔 : 晉나라의 시조. 周武王의 아들이자 成王의 아우이다.
93) 兕 : 외뿔소. 모양은 소와 비슷한데, 털색이 푸르고 사람을 잘 들이받는다. 가죽이 매우 단단하여 갑옷이나 투구를 만드는 데 쓰인다.
94) 徒林 : 숲 이름. 어느 곳인지는 불분명하다.
95) 殪 : 한 발에 쏘아 죽이는 것을 이른다.
96) 忸怩 : 부끄러워하는 모양, 겸연쩍어하는 모양이다.
97) 晉나라 제후로 책봉 : 뛰어난 才藝를 인정받아 작위를 받은 것이다.
98) 소문나지 않게 하소서 : 죽이게 되면 더욱 소문이 퍼지게 될 것을 은근하게 알리는 일종의 諷諭이다.

173. 叔向論比而不別 叔向이 比와 不別에 대해서 논하다

【大義】 군주를 보좌하는 데에는 어진 사람끼리 도와야 함을 說破.

叔向이 見司馬侯之子하고 撫而泣之曰 自此其父之死로 吾蔑與比而事君矣로다 昔者에 此其父始之어든 我終之하고 我始之어든 夫子終之하야 無不可러니라 藉偃이 在側이라가 曰 君子도 有比乎잇가 叔向曰 君子는 比而不別이니 比德以贊事는 比也요 引黨以封己하고 利己而忘君은 別也[99]니라

叔向이 司馬 侯의 아들을 보고 쓰다듬으며, 소리 없는 눈물을 흘리며 말하였다. "그대의 아버지가 돌아가시면서부터 내게 함께 어울려 임금을 섬길 사람이 없게 되었노라! 지난날 그대의 아버지가 시작하면 내가 마무리하고, 내가 시작하면 그 어른께서 마무리를 지어 안 되는 일이 없었다." 하니, 藉偃이 곁에 있다가 말하였다. "〈덕이 있는〉 군자도 어울리는 일이 있습니까?[100]" 숙향이 말하였다. "군자는 어울리되 따로 파벌로 삼지 않으니, 덕 있는 사람들끼리 어울려서 일을 보좌하는 것은 어울리는 것〔比〕이고, 무리를 끌어 모아서 자신의 세력을 강화하고 자신을 이롭게 하려고 하면서 임금을 잊어버리는 것은 따로 파벌로 삼는 것〔別〕이다."

174. 叔向與子朱不心競而力爭 叔向이 子朱와 지혜로 다투지 않고 힘으로 다투다

【大義】 국가의 대사를 완력으로 해결하려는 자에 대해서, 그것은 결국 국력의 약화를 빚어낼 것이라는 경고.

秦景公[101]이 使其弟鍼(겸)[102]으로 來求成[103]에 叔向이 命召行人子員(운)한대 行

---

99) 別也 : 따로 붕당을 짓는 것을 이른다.

100) 군자도 어울리는 일이 있습니까 : 이는 君子는 두루 하고, 어울리는 사람들끼리만 어울려서는 안 되기 때문에 적언이 물은 것이다. 이 말은 후세에 ≪論語≫ 〈爲政〉篇에 '君子周而不比 小人比而不周'라는 말로 실려 있다.

101) 秦景公 : 秦나라의 군주. 秦穆公의 玄孫이자, 桓公의 아들로 기원전 576년부터 기원

人[104]子朱曰 朱也在此니이다 叔向曰 召子員하라 子朱曰 朱也當御[105]니이다 叔向曰 肸[106]也欲子員之對客也하노라 子朱怒曰 皆君之臣也오 班爵同이어늘 何以黜朱也오하고 撫劒就之한대 叔向曰 秦・晉不和久矣니 今日之事幸而集[107]이면 子孫饗[108]之로되 不集이면 三軍之士暴骨[109]이어늘 夫子員은 道賓主之言할새 無私하고 子常易之하니 姦以事君者는 吾所能禦也니라하고 拂衣從之하니 人이 救之하다 平公이 聞之하고 曰 晉其庶乎인저 吾臣之所爭者大로다 師曠이 侍라가 曰 公室懼卑하니 其臣이 不心競하고 而力爭이니이다

秦景公이 자신의 아우인 鍼을 보내 와, 우호조약의 체결을 구하자, 叔向이 行人인 子員을 명해 불러들이게 하였다. 행인 子朱가 말하였다. "제가 여기에 있습니다." 하니, 숙향이 말하기를, "자운을 부르도록 하라." 하자, 자주가 말하기를, "제가 (지금) 당직으로 나와 있습니다." 하니, 숙향이 말하였다. "나는 자운을 시켜서 손님을 접대하고자 하노라." 하자, 자주가 성을 내며 말하였다. "모두 임금의 신하이고, 직위와 직급도 서로 같은데, 어찌해서 저를 빼놓으려 하십니까?" 하고, 칼자루를 쥐고서 앞으로 나아왔다. 숙향이 말하기를, "秦나라와 晉나라 사이에 불화한 지가 오래되었으니, 오늘날 일이 다행히 성취된다면, 자손들이 혜택을 누릴 수 있을 것이다. 그러나 이루어지지 않는다면, 三軍의 군사가 뼈로 나뒹굴게 될 것이다. 그런데 저 자운은 빈객과 주

전 537년까지 재위했다.

102) 鍼 : 秦景公의 同母弟. 后子伯車라고도 한다.

103) 來求成 : 우호조약 체결을 구하는 일이니 魯襄公 26년(기원전 547년)에 있었다.

104) 行人 : 외국에서 사신 오는 사람을 접대하고 외국에 사신 나가는 일을 집행하는, 일종의 외교관 벼슬이다.

105) 當御 : 當은 당직이고, 御는 出仕하여 나와 있는 것이다. 곧 子朱의 해당 번차례라는 말이니, 진나라의 사신 접대는 子朱가 맡아야 할 차례이니 남에게 맡길 수 없다는 뜻이다.

106) 肸 : 叔向의 이름.

107) 集 : 이루어지다, 성취되다의 뜻이다.

108) 饗 : 그 福을 누린다는 뜻이다.

109) 暴骨 : 뼈가 묻히지 못하고 나뒹구는 것을 이르는 말이니, 곧 전쟁이 일어날 것이란 뜻이다.

인이 나누는 말을 전달할 적에 사사로운 뜻이 개입됨이 없는데, 그대는 늘 말들을 뒤바꾸어 버렸다. 간사함으로 임금을 섬기는 자에 대해서는 내가 굳세게 막을 것이다." 하고서 옷소매를 걷어붙이고 달려드니, 사람들이 뜯어말렸다. 평공이 그 말을 듣고서 말하기를, "晉나라는 興旺하게 될 것이다. 우리 신하들이 다투는 일들이 국가의 대사로구나!" 하니, 師曠이 모시고 있다가 말하였다. "公室이 유약해질까 두렵습니다. 저들 신하들이 지혜로 다투려 하지 않고, 힘으로 다투려 하고 있습니다."

175. 叔向論忠信而本固 叔向이 충성스럽고 신의가 있어야 근본이 튼튼해짐을 논하다

【大義】 제후국 사이에서 명분에 걸맞는 행동을 한 나라에게는 힘의 위세를 부릴 수 없다.

諸侯之大夫盟於宋110)할새 楚令尹子木111)이 欲襲晉軍하야 曰若盡晉師하고 而殺趙武112)면 則晉可弱也리라 文子聞之하고 謂叔向曰 若之何오 叔向曰 子何患焉고 忠不可暴요 信不可犯이니라 忠自中而信自身이면 其爲德也深矣요 其置〔爲〕①本也固矣라 故不可抈(월)②也니라 今我以忠謀諸侯하고 而以信覆(복)之하니 荊113)之逆114)諸侯也도 亦云이라 是以在此니라 若襲我면 是는 自背其信이요 而塞115)其忠也니라 信反必斃③요 忠塞無用이니 安能害我리오 且夫合諸侯하야 以爲不信이면 諸侯何望焉이리오 此行也④에 荊敗我하면 諸侯必叛之하리니 子何愛於死오 死면 而可以固

110) 盟於宋 : 魯襄公 27년(기원전 546년)에 宋나라의 제의로 晉·楚의 동의 아래 전쟁종식을 명분삼아 제후국의 여러 대부들과 맺은 맹약을 이른다. 이 맹약 이후 약 40년 동안 전쟁이 없어 역사상 이를 弭兵之盟이라 불렀다.

111) 令尹子木 : 子木은 屈到의 아들인 屈建이다.

112) 趙武 : 晉나라의 正卿. 文子로도 불린다. 자세한 것은 〈晉語 六〉 '趙文子冠'章에 자세하다.

113) 荊 : 楚나라의 별칭.

114) 逆 : 맞이하다의 뜻이다.

115) 塞 : 絶(끊다)의 뜻이다.

晉國之盟主어니 何懼焉고 是行也에 以蕃⑤爲軍하고 攀輦卽利而舍116)하야 候遮扞衛117)不行호대 楚人이 不敢謀는 畏晉之信也니 自是로 沒平公토록 無楚患矣⑥니라

〔校勘〕 ① 置〔爲〕: 四部備要本에 의거하여 고쳤다.
② 抈: 四部備要本에는 '損'으로 되어 있다.
③ 弊: 四部備要本에는 '斃'로 되어 있다.
④ 此行也: 四部備要本에는 '爲此行也'로 되어 있다.
⑤ 蕃: 四部備要本에는 '藩'으로 되어 있다.
⑥ 矣: 四部備要本에는 '矣'자가 없다.

제후국의 대부들이 宋나라에서 회맹할 때, 楚나라 令尹 子木이 晉나라 군대를 습격118)하고자 하여, 말하기를, "만일 진나라의 군사를 모두 쓸어버리고, 趙武를 죽인다면, 진나라를 약화시킬 수 있을 것이다." 하였다. 문자가 그 말을 듣고서 숙향에게 말하기를, "어떻게 해야겠습니까?" 하니, 叔向이 말하기를, "당신께서는 무엇을 걱정하십니까? 충성은 포악으로 짓밟을 수 없고, 신의는 함부로 넘볼 수 없습니다. 충성스러움이 마음속으로부터 우러나오고, 신의가 몸에서 행하여지면 그것들은 세상의 덕스러움이 깊고, 그것들은 세상의 기초를 세움이 공고합니다. 그러므로 흔들 수 없습니다. 지금 우리는 충성으로써 제후의 안녕을 도모하고, 신의로써 그것을 증험하려 하고 있습니다. 荊나라가 제후를 맞이하는 것도 또한 그렇습니다. 이러므로 여기 맹약의 자리에 있게 된 것입니다. 만약 우리를 습격한다면, 이는 스스로 신의를 저버리는 것이고, 충성을 끊어 버리는 일입니다. 신의를 뒤집어 버리면 반드시 쓰러지게 되고, 충성을 끊어 버리면 〈제후를 부려〉 쓸 수 없게 됩니다. 그렇게 되는데 어떻게 우리를 해칠

116) 攀輦卽利而舍: 攀은 끌다, 輦은 수레, 卽은 나아가다의 뜻이다.

117) 候遮扞衛: 候遮는 낮에 세우는 경계 근무이고 扞衛는 밤에 세우는 경계 근무이다. 이를 다시 나누면, 候는 보초를 세워 망을 보는 것이고 遮는 성문을 막아 지키는 것이니 낮에 세우는 보초이고, 扞衛는 羅闉과 狗附를 이르는 말이니 羅闉은 營壘로부터 50步 밖에 화살을 메운 쇠뇌를 팽팽하게 당기고서 誰何하는 군사이고, 狗附는 20명씩 짝을 지어 營壘로부터 3백 步 밖에서 개를 데리고 전후좌우를 살피는 밤에 세우는 보초들이다. 候遮는 20명씩 짝을 지어 밤 보초를 서는 개들을 키우는 곳에서 보초를 섰다.

118) 晉나라 군대를 습격: ≪左傳≫에는, "이때 초나라 사람들은 속에다 갑옷을 껴입고 있었다.〔將盟於宋西門之外 楚人衷甲〕"고 기록하고 있다.

수 있겠습니까? 또 제후를 회합시켜 두고서 미덥지 못한 짓을 저지른다면, 제후가 〈형나라에〉 무슨 희망을 걸 수 있겠습니까? 이번 회맹에서 형나라가 우리를 패퇴시킨다면 제후가 반드시 그들을 배반[119]하게 될 것입니다. 당신께서는 왜 죽음을 아끼십니까? 죽게 되신다면 晉나라의 맹주 자리를 공고[120]히 할 수 있는 일이 될 것입니다. 무엇을 두려워하십니까?" 하였다. 이번의 회맹에서 〈晉나라가〉 울타리로써 군영을 삼고[121], 수레를 이끌고 편리한 데로 나아가 머물러서[122], 候遮나 扞衛를 두지 않았는데도, 초나라 사람들이 감히 습격을 도모하지 못하였으니 그것은 진나라가 〈제후들 사이에〉 신의가 있음을 두려워해서였다. 이로부터 平公이 죽을 때까지 초나라로 인해 생겨난 환란이 없었다.

176. 叔向論務德無爭先 叔向이 德에 힘써야 하고 순서에서 앞서기를 다투어서는 아니 됨을 논하다

【大義】 맹약에서 盟主 자리를 두고 다투는 나라들 사이에서 진정한 맹주의 길을 설파한 叔向의 지혜.

宋之盟[123]에 楚人[124]이 固請先歃[125]한대 叔向이 謂趙文子曰 夫伯①王之勢는 在

---

119) 제후가 반드시 그들을 배반 : 전쟁을 종식시킨다는 명분으로 제후국의 대부들을 불러 두고서 갑옷을 껴입고서 진나라를 습격한다면 제후들이 반드시 초나라를 배반할 것이란 말이다.

120) 晉나라의 맹주 자리를 공고 : 晉나라가 신의가 있어 제후들이 반드시 진나라에 귀의하게 될 것이란 말이다.

121) 울타리로써 군영을 삼고 : 성이나 담장을 쌓지 않고 울타리로 둘러쳐서 군영을 삼은 것이니, 곧 적의 공격에 대비하지 않은 것을 이른다.

122) 수레를 이끌고 편리한 데로 나아가 머물러서 : 진나라에서 온 대부들이 수레를 이끌고 아무 곳이나 水草가 편리한 곳으로 나아가 쉴 곳을 정한 것을 이른다.

123) 宋之盟 : 이 글은 앞 편을 이어서 쓴 것이다. 따라서 이 맹약은 바로 弭兵之盟을 이른다.

124) 楚人 : 楚나라의 令尹 子木을 이른다.

125) 先歃 : 歃은 歃血인데, 맹약을 할 때, 정성의 표시로 짐승의 피를 입가에 바르거나 혹은 마시는 의식이다. 이 의식에서 짐승의 피를 받은 그릇을 차례대로 돌려 제일

德이요 不在先歃이니 子若能以忠信贊君하고 而裨諸侯之闕이면 歃雖後②나 諸侯將戴之리니 何爭於先이며 若違於德而以賄成事하면 今雖先歃이나 諸侯將棄之리니 何欲於先이리오 昔에 成王이 盟諸侯於岐陽126)할새 楚爲荊蠻127)이라 置茅③蕝(절)128)하고 設望表129)하면 與鮮牟④130)守燎131)라 故不與盟이러니 今將與狎主132)諸侯之盟하니 唯有德也니라 子務德하고 無爭先하라 務德이 所以服楚也니라하니 乃先楚人하다

〔校勘〕① 伯 : 四部備要本에는 '霸'로 되어 있는데 통용한다.
② 歃雖後 : 四部備要本에는 '揷雖在後'로 되어 있다.
③ 茅 : 四部備要本에는 '茆'로 되어 있다.
④ 牟 : 四部備要本에는 '卑'로 되어 있다.

宋나라에서 회맹할 적에 초나라 사람이 굳이 먼저 歃血하기를 청하자, 叔向이 趙文子에게 말하기를, "저 패왕의 위세는 덕에 달려 있고, 먼저 歃血하는 것에 달려 있지 않습니다. 당신께서 만약 〈당신의 晉나라에서〉 충성과 신의로서 임금을 보좌하고, 제후의 모자라는 결점들을 보충시켜 준다면, 삽혈을 뒤에 한다 할지라도, 제후들이 추대하려 할 것입니다. 무엇 때문에 먼저 하기를 다툴 일이겠습니까? 그러나 만약에 德을 어기고서 재물에 의거해서 정사를 이루어간다면, 지금 비록 먼저 삽혈을 한다고 할지

먼저 마시거나 입가에 바르는 나라가 盟主가 되고, 다음으로 나라의 강약에 따라 이 피를 담은 그릇을 돌려 가며 마시는 순서가 정하여진 데에서 서로 먼저 마시려고 다투는 것이다.

126) 成王 盟諸侯於岐陽 : 成王은 周나라의 成王, 곧 武王의 아들이다. 岐陽은 岐山의 남쪽 기슭이다. 기산은 바로 周王朝의 발상지이다. 이 맹약은 성왕 6년에 있었다.

127) 荊蠻 : 荊州의 오랑캐 민족. 곧 당시는 국가조차 없었다는 말이다.

128) 茅蕝 : 띠풀로 단을 지어 묶는 것이니, 제사의 降神 때 이 띠풀 단에 술을 부으면 천천히 아래로 스며 내려가는 모습을 신이 歆饗하는 것에 비겼다. 이 띠풀은 초나라의 특산물로 해마다 周왕조에 공물로 바쳤다.

129) 望表 : 산천에 望祭를 지낼 때 神位를 표시하는 나무 팻말이다. 회맹할 때에 산천에 두루 제사를 지내야 하기 때문에 山川神을 나무패에 표시하여 설치하였다.

130) 鮮牟 : 東夷國의 한 종족이다.

131) 燎 : 마당에 피우는 화톳불이다.

132) 狎主 : 狎은 번갈다. 主는 주재하다의 뜻이다.

라도 제후들이 버리려 들 것입니다. 무엇 때문에 먼저를 다툴 일이겠습니까? 옛날 成王께서 岐山의 남쪽에서 제후들과 맹약할 적에, 楚나라는 荊 땅의 오랑캐였습니다. 띠풀을 묶어서 세워 두고 望表를 설치하며, 鮮牟族과 화톳불을 지키느라 회맹에 끼이지도 못하였습니다. 지금에 와서는 제후의 맹약을 번갈아 주재하려 들고 있습니다. 오직 덕에 달려 있을 뿐입니다. 당신께서는 덕에 힘쓰고 순서의 먼저를 다투지 마십시오. 덕에 힘쓰는 것이 초나라를 복종시키는 길입니다." 하니, 이에 초나라에게 歃血을 먼저 하도록 하였다.

177. 趙文子請免叔孫穆子 晉나라의 趙文子가 魯나라 叔孫穆子의 죄를 면제해 주도록 楚나라에 청하다

【大義】 맹약에 참석한 외교관이 본국의 잘못으로 위험에 빠지자 과감히 자신을 버리고 국가를 건지려는 길을 선택하여 결국 나라와 자신 모두를 위험으로부터 건져 낸 가상한 용기.

虢之會133)에 魯人食言134)하야 楚令尹圍135)將以魯叔孫穆子爲戮일새 樂王鮒136)求貨焉이러니 弗①與라 趙文子謂叔孫曰 夫楚令尹은 有欲於楚하고 少懦於諸侯하니 諸侯之故에 求治之요 不求致也며 其爲人也 剛而尙寵하니 若及이면 必弗避也어늘 子盍逃之오 不幸이면 必及於子하리라 對曰 豹也137)受命於君하야 以從諸侯

---

133) 虢之會 : 虢은 鄭나라의 땅 이름. 앞서 송나라에서 맺은 맹약에 이어 재확인하는 맹약을 맺기 위해 魯昭公 원년(기원전 541년)에 제후국의 대부들이 다시 모인 것이다.

134) 食言 : 식언은 약속을 지키지 않은 것을 이르는 말이다. 魯나라가 叔孫穆子를 會盟에 참석시켜 宋나라에서 맺은 弭兵之盟을 재차 다짐하게 하고서 그가 盟約에서 미처 돌아오기도 전에, 莒나라를 쳐서 鄆 땅을 차지하여 盟約에서 맹약한 말들을 무효화시켜 버렸다. 이에 당시 맹약의 맹주였던 楚나라의 노여움을 사서 叔孫穆子가 楚나라에 억류된 것이다.

135) 令尹圍 : 楚나라 恭王의 아들이다.

136) 樂王鮒 : 晉나라 대부인 樂桓子이다. 당시 晉나라에서 파견된 외교관이다.

137) 豹也 : 豹는 叔孫穆子의 이름이고, 穆은 시호이다. 상대방에게 공손히 자신의 이름으로 자신의 의견을 말한 것이다.

之盟은 爲社稷也어늘 若魯有罪하야 而受盟者逃면 魯②必不免이리니 是는 吾出而危之也니라 若爲諸侯戮者면 魯誅盡矣라 必不加師리니 請爲戮也리라 夫戮이 出於身이면 實難이나 自它及之면 何害리오 苟可以安君利國이면 美惡(오)一也③138)니라 文子將請之於楚한대 樂王鮒曰 諸侯有盟未退어늘 而魯背之하니 安用齊盟고 縱不能討라도 又免其受盟者면 晉何以爲盟主矣요 必殺叔孫豹하라 文子曰 有人이 不難以死하고 安利其國하니 可無愛乎아 若皆卹國如是면 則大不喪威하고 而小不見陵矣며 若是道也果면 可以敎訓이니 何敗國之有리오 吾聞之호니 曰 善人在患④에 弗救不祥이요 惡人在位애 弗去亦不祥이라하니 必免叔孫하리라하고 固請於楚而免之하다

〔校勘〕 ① 弗 : 四部備要本에는 '不'로 되어 있는데 통용한다. 아래도 같다.
② 魯 : 四部備要本에는 '魯'자가 없다.
③ 一也 : 四部備要本에는 '一心也'로 되어 있다.
④ 在患 : 四部備要本에는 '在位患'으로 되어 있다.

* 이 章은 위 〈魯語 下〉 '叔孫穆子不以貨私免'章에 숙손목자의 결연한 마음이 자세히 기술되어 있다.

虢 땅에서 회맹할 적에 魯나라가 거짓말을 하여 楚나라의 令尹인 圍가 魯나라의 叔孫穆子를 죽이려 하였다. 이 틈을 타고 晉나라의 樂王鮒가 叔孫穆子에게 뇌물을 구하였으나 숙손목자가 주지 않았다. 이에 晉나라의 趙文子가 叔孫에게 말하기를, "저 楚나라 令尹은 楚나라에 욕심이 있고139) 제후들은 하찮고 나약하게 보고 있습니다. 따라서 제후의 일들에 있어 그 해결책을 추구하지, 사람들만 불러 모으는 일을 추구하지는 않을 것입니다. 그 사람됨이 억세고 받들어지기를 좋아하니 만약 그의 손에 걸려들면 반드시 피할 수 없을 것입니다. 그런데 그대는 왜 도망하려 하지 않습니까? 일이 불행스럽게 되면 반드시 그대에게 〈위험이〉 닥칠 것입니다." 하니, 〈叔孫穆子가〉 대답하기를, "제가 임금에게 명을 받아서 제후의 맹약에 참여한 것은 사직을 위하자는 일입니다. 만약 魯나라에 죄가 있어서 맹약을 받으러 왔던 자가 도망친다면 魯나라는 반

---

138) 美惡一也 : 美는 사는 것을, 惡는 죽는 것을 이른다. 사람이 생명을 아름답게 여기고 죽는 것을 미워한다는 뜻에서 연유한 말이다.

139) 楚나라에 욕심이 있고 : 영윤이 楚나라의 다음 군주 자리를 넘보고자 하는 욕심이 있음을 이른다.

드시 토벌을 면치 못할 것입니다. 이것은 내가 도망쳐서 〈나라를〉 위험에 빠뜨리게 하는 것입니다. 그러나 만약 제후에게 죽임을 당하게 된다면 魯나라에 대한 토벌은 모두 종결되어져 반드시 군사로 토벌당하는 일은 없을 것이니, 죽임을 당하겠다고 청하겠습니다. 죽음이 나의 잘못에서 나온다면 실로 난처한 일이지만, 다른 일로 인해서 미쳐 오는 것이라면 무엇이 해가 되겠습니까?140) 진실로 임금을 편안하게 하고 나라를 이롭게 할 수 있다면 살거나 죽거나는141) 마찬가지입니다." 하였다.

文子가 楚나라에 석방을 청하려 하자 樂王鮒가 말하기를, "제후가 맹약을 맺고서 아직 물러나지도 않았는데 魯나라가 배반하였습니다. 함께한 맹약이 어디에 필요한 것입니까? 비록 토벌할 수는 없다고 하더라도 거기에 또 맹약을 받으러 왔던 사람마저 놓아준다면 晉나라는 무엇으로 맹주 노릇을 할 수 있겠습니까? 반드시 叔孫豹를 죽이도록 하십시오." 하니, 文子가 말하기를, "그 사람은 죽기를 어려워하지 않고 자신의 나라를 편안하게 하고 이롭게 하려 하고 있습니다. 아까워할 만하지 않습니까? 만약 모든 사람이 다 나라 걱정을 이와 같이 한다면 큰 나라는 위엄을 잃지 않을 것이고, 작은 나라는 업신여김을 당하지 않을 것입니다. 만약 이러한 도리가 과감하게 행해진다면 교훈이 될 수 있을 것입니다. 나라에 무슨 무너뜨리는 일이 됨이 있겠습니까? 나는 들으니 '善人이 환란을 당하고 있을 때에 구하지 않는 것은 좋은 일이 아니요, 惡人이 높은 지위에 있을 적에 제거하지 않는 것 또한 좋은 일이 아니다.'라고 하였습니다. 기어코 叔孫을 석방시키겠습니다." 하고서 楚나라에 그의 석방을 완강하게 청하여 석방시켰다.

178. 趙文子爲室張老謂應從禮 趙文子가 집을 짓자 張老가 禮에 정해진 대로 따를 것을 말하다

【大義】 天子에서 개인에 이르기까지의 집 단장의 기준과 그에서 벗어나는 사치로 빚어질 수 있는 위험을 경고.

趙文子爲室에 斲(착)其椽而礱(롱)之러니 張老夕焉而見之하고 不謁而歸어늘 文子聞

140) 무엇이 해가 되겠습니까 : 의리에 해가 될 것이 없다는 말이다.

141) 살거나 죽거나는 : 사는 것을 좋아하고, 죽는 것을 싫어함이다.

之하고 駕而往하야 曰吾不善이면 子亦告我어늘 何其速也오 對曰 天子之室은 斲其椽而礱之하고 加密石焉하며 諸侯는 礱之하고 大夫는 斲之하고 士는 首之하니 備其物義也요 從其等 禮也어늘 今子貴而忘義하고 富而忘禮하니 吾懼不免[142)]이어니 何敢以告리오 文子歸하야 令之勿礱也한대 匠人이 請皆斲之어늘 文子曰 止①하라 爲後世之見之也하노니 其斲者는 仁者之爲也요 其礱者는 不仁者之爲也니라

〔校勘〕① 止 : 四部備要本에는 '恥'로 되어 있다.

趙文子가 집을 지으면서 그 서까래를 다듬어 깎고서 문질러 광을 내게 하였는데, 張老가 저녁에 찾아갔다가 그 모양을 보고는 자신이 온 것을 여쭙게 하지 않고서 돌아가 버렸다. 文子가 그 소식을 듣고 수레차비를 차려서 〈장로의 집으로〉 찾아가 말하기를, "내게 잘못이 있으면 당신께서 또한 나에게 말해 주어야지 왜 그다지 재촉해 돌아가셨습니까?" 하니, 〈장로가〉 대답하기를, "天子의 집은 그 서까래를 다듬어 깎고서는 문질러 광을 낸 다음 결이 고운 돌로 곱게 갈아내고, 제후는 문질러 광을 내기만 하고, 대부는 다듬어 깎기만 하고, 士는 나무 끝만 잘라냅니다. 그러한 物色에 맞게 갖추는 것은 義요 그 등급을 따르는 것은 禮입니다. 지금 그대는 지위가 귀하게 되고서 義를 망각하고 살림이 부유하게 되고서 禮를 망각하고 있습니다. 나는 〈당신이〉 화를 면치 못할 것이 두렵습니다. 어떻게 감히 말씀드릴 수 있겠습니까?" 하니, 文子가 돌아와서 명을 내려 문질러 광내는 일을 말도록 하였다. 목수들이 〈이미 광을 낸 재목들을〉 모두 깎아 내기를 청하자 文子가 말하였다. "그만두어라. 후세 사람들에게 구경거리가 되게 할 것이다. 그 다듬어 깎은 대로 지은 것은 어진 사람이 한 행위요, 그 깎고서 광을 낸 것은 어질지 못한 자가 한 짓이니라."

---

142) 吾懼不免 : 이 문장은 두 가지로 해석이 가능하다. 하나는, "나는 당신이 화를 면치 못하게 될 것이 두렵다." 또 하나는, "내가 당신의 화에 연루될 것이 두렵다." 조문자가 화를 면하지 못할 것이 두렵다로 해석한다면 뒤에 이어지는 어떻게 감히 말씀드릴 수 있겠습니까 라는 말이 왜 말할 수 없다는 것인지 의심스럽고, 두 번째의 해석은 앞 문장의 장로가 不謁而歸하였다는 문장과 조문자가 장로를 찾아가 왜 그다지 재촉해 돌아갔느냐고 한 말들에 비추어 볼 때 타당성이 있다. 그러나 韋昭는 여기에서 아무런 주석을 붙이지 않고 있다. 아마 첫 번째 해석을 택한 성싶다.

179. 趙文子稱賢隨武子 趙文子가 隨武子의 어짊을 칭찬하다

【大義】 사람을 택하는 기준을 역사에서 찾아 제시하다.

趙文子與叔向으로 游於九京〔原〕①143)이라가 曰 死者를 若可作也인댄 吾誰與歸리오 叔向曰 其陽子144)乎인저 文子曰 夫陽子는 行廉直於晉國이나 不免其身하니 其知不足稱也니라 叔向曰 其舅犯145)乎인저 文子曰 〈夫〉②舅犯은 見利146)〈而〉③不顧其君하니 其仁不足稱也니 其隨武子147)乎인저 納諫에 不忘其師하고 言身에 不失其友하며 事君不援而進하고 不阿而退하니라

〔校勘〕 ① 京〔原〕 : 韋昭의 注와 四部備要本에 의거하여 고쳤다.
② 〈夫〉 : 四部備要本에 의거하여 보충하였다.
③ 〈而〉 : 四部備要本에 의거하여 보충하였다.

趙文子가 叔向과 함께 九原에서 유람하다가 말하기를, "죽은 자를 만약 다시 살아나게 할 수 있다면 내 누구에게 귀의하여 함께하겠습니까?" 하니, 叔向이 말하기를, "陽子일 것입니다." 하자, 文子가 말하였다. "저 陽子는 晉나라에서 청렴함과 정직을 행하였으나 그 자신이 禍를 당하여 죽는 것을 면치 못하였으니, 그 지혜가

---

143) 九原 : 韋昭는 晉나라의 墓地라고 하였고, 근래 白話本 번역서에는 모두 晉나라 卿大夫들의 묘지가 있는 곳이라고 하였다.

144) 陽子 : 晉襄公 시대에 太傅 벼슬을 지낸 陽處父를 이르는 말. 陽處父에 대해서는 위 〈晉語 四〉의 '胥臣論教誨之力'章과 〈晉語 五〉의 '寗嬴氏論貌與言'章에 자세한데 狐射(역)姑에게 죽었다.

145) 舅犯 : 晉文公의 외삼촌 狐偃을 이른다.

146) 見利 : 자신의 몸을 온전히 하고자 하는 이익만을 생각하였음을 이른다. 이는 구범이 후일 文公이 될 公子 重耳와 망명 생활을 끝내고 晉나라로 돌아오는 중에 黃河에 이르러 璧을 文公에게 건네주고 문공을 떠나겠다고 한 것을 지적하여 이르는 말이다. 鄭 後司農은 이를 평하여, "거짓으로 떠나기를 청한 것이다. 군주에게 이익을 보장해 줄 것을 협박한 것이다."라고 하였다. 이 내용은 〈晉語 四〉 '秦伯納重耳于晉'章에 자세하다.

147) 隨武子 : 范武子, 또는 士會라고 일컫는다. 晉景公 때의 正卿이다. 隨武子에 대해서는 〈晉語 五〉의 '范武子退朝告老'章과 이어 '范武子杖文子'章을 참고할 것.

족히 일컬어 말할 만하지 못합니다." 叔向이 말하기를, "舅犯일 것입니다." 하니, 文子가 말하였다. "舅犯은 자신을 온전히 하고자 하는 이익만을 노리고 그 임금은 돌아보려 하지 않았으니 그의 어짊은 족히 일컬어 말할 만하지 못합니다. 아마도 隨武子일 것입니다. 간쟁의 말을 하면서 그의 스승에게 들었음을 빠뜨리지 않았고, 자신에게 착한 행실이 있으면 벗의 도움이 있었음을 빠뜨리지 않았고, 임금을 섬기면서는 〈임금의 뜻에〉 끌림이 없이 어진 사람은 천거하였고, 〈임금의 뜻에〉 따르지 않고 잘못된 자는 물리쳤습니다."

180. 秦后子謂趙孟將死[148] 秦后子가 趙孟의 죽음을 예언하다

【大義】 1) 죽음을 늘 생각하고 있는 집정자의 말에서 죽음을 예견하는 지혜로운 안목과 집정자로서 마땅히 가져야 하는 원대한 계획을 서술한 것이다.
2) 집정자가 가져야 할 원대한 계획이 없이 세월만 허송하는 것을 보고 죽음을 예언한 것이다.

秦后子가 來奔[149]에 趙文子見之하고 問曰 秦君道乎아 對曰 不識이로라 文子曰 公子辱於敝邑은 必避不道也리라 對曰 有焉이로라 文子曰 猶可以久乎아 對曰 鍼(겸)이 聞之호니 國無道호대 而年穀龢孰이면 鮮不五稔[150]이라하더이다 文子視日曰 朝夕不相及이어니 誰能俟五오 文子出커늘 后子謂其徒曰 趙孟[151]將死矣리라 夫君子寬惠以恤後라도 猶恐不濟어늘 今趙孟이 相晉國하야 以主諸侯之盟하니 思長世之德하야 歷遠年之數라도 猶懼不終其身이어늘 今忨(완)日而潵(갈)歲하니 怠偷甚矣니라 非死逮之면 必有大咎리라 冬에 趙文子卒하다

---

148) 이 글은 ≪左傳≫ 昭公 元年 기사에 자세하다.

149) 秦后子來奔 : 秦后子는 秦景公의 아우. 后子鍼이라고도 한다. 魯昭公 원년(기원전 541년)에 景公의 박해를 피해 晉나라로 도망쳐 왔다.

150) 稔 : 곡식이 여물어 익음을 이른다. 곡식이 1년에 한 번 익는 까닭에 한 해를 이르는 뜻으로 쓰인다.

151) 趙孟 : 趙文子를 이르는 말. 趙氏 집안으로 이어지는 진나라의 역대 正卿들을 이르는 말로 쓰이기도 하였다.

秦后子가 도망쳐 오자 趙文子가 그를 만나서는 묻기를, "秦나라 임금은 군주다운 道가 있으십니까?" 하니, 대답하였다. "잘 모르겠습니다.[152)]" 文子가 말하기를, "公子께서 피폐한 우리나라를 욕되게 찾은 것은 반드시 군주의 無道함을 피하기 위함일 것입니다." 하니, 대답하였다. "그러한 점이 있습니다." 文子가 말하기를, "그런 상태에서도 〈秦나라가〉 오래 유지될 수 있겠습니까?" 하니, 대답하였다. "나는 들으니, 나라가 無道하여도 해마다 곡식이 풍년이 들면 5년을 못 견디는 나라는 적다고 하였습니다." 文子가 해를 쳐다보고서 말하였다. "朝夕도 미처 생각할 수 없는데 어떻게 능히 5년을 기다릴 수 있겠습니까[153)]?" 文子가 물러가자, 后子가 자신의 무리에게 말하였다. "趙孟은 죽게 될 것이다. 군자가 너그럽고 은혜스러운 마음으로 훗날을 걱정하여도 오히려 성공을 거두지 못할까 두려운 터이다. 그런데 지금 趙孟은 晉나라의 정승으로 제후의 맹약을 주재하는 사람이니, 길이 대대로 이어 나갈 덕스러움을 생각하여 먼 햇수를 누리게 할지라도 오히려 자신의 한 몸을 잘 마치지 못할까 두려운 터인데, 지금 하루를 헛되이 보내면서 한 해를 더디게 생각하고 있으니 태만함과 구차스러움이 심하다. 죽음이 미치지 않는다면 반드시 큰 환란이 있을 것이다."

그해 겨울에 趙文子가 죽었다.

181. 醫緩視平公疾 醫員인 緩가 平公의 병을 진찰하다

【大義】 女色에 빠진 군주의 죽음을 두고 그 잘못을 군주와 그를 보좌한 신하에게 돌리는 책임론과, 건강을 위한 섭생 지침.

平公이 有疾에 秦景公이 使醫緩視之러니 出曰 疾①不可爲[154)]也니라 是謂遠男而近

---

152) 잘 모르겠습니다 : 이는 곧이곧대로 말하기가 어려워서 모르겠다고 한 것이다.

153) 朝夕도 미처……기다릴 수 있겠습니까 : 이는 아침에 저녁까지 살 수 있을 것인지도 모르는데 하물며 5년이라는 긴 세월을 어찌 알겠느냐는 뜻으로 이해하였다. 그러나 한편으로는 당시 집정자들이 목숨을 내놓고 나라를 보좌하며 정치를 해 가는 첨예한 대립 상황을 엿볼 수 있는 말이기도 하다. 여기서는 앞의 뜻으로 이해하고 그에 대한 평이 이어지는 것으로 보아 뒷말은 단지 문장상의 해석으로 첨가하여 둔다.

154) 爲 : 손을 쓰다, 또는 다스리다의 뜻이다.

女니 惑以生蠱[155])니 非鬼非食이요 惑以喪志니라 良臣不生[156])하고 天命不佑니 若君不死면 必失諸侯리라 趙文子聞之하고 曰武從二三子[157])以佐君하야 爲諸侯盟主於今八年矣로대 內無苛慝하고 諸侯不二어늘 子胡曰 良臣不生 天命不佑오 對曰 自今之謂니라 和聞之호니 曰直不輔曲하고 明不規闇하며 檣②木[158])不生危하고 松柏不生埤라하니라 吾子不能諫惑하야 使至於生疾하고 又不自退而寵其政하니 八年之謂多矣니라 何以能久리오 文子曰 醫及國家乎아 對曰 上醫醫國[159])하고 其次疾人이 固醫官也니이다 文子曰 子稱蠱는 何實生之오 對曰 蠱之慝[160])은 穀之飛[161])實生之어늘 物莫伏於蠱요 莫③嘉於穀일새 穀興蠱伏而章明者也니이다 故食穀者 晝選男德하야 以象穀明하고 宵靜女德하야 以伏蠱慝이어늘 今君一之하시니 是不饗穀하고 而食蠱也며 是不昭穀明하고 而皿蠱也니라 夫文에 蟲·皿이 爲蠱니 吾是以云이로라 文子曰 君其幾何오 對曰 若諸侯服이면 不過三年이요 不服이면 不過十年이니 過是면 晉之殃也라하더니 是歲④에 趙文子卒하고 諸侯叛晉하고 十年에 平公薨하다

〔校勘〕 ① 疾 : 四部備要本에는 '疾'자가 없다.
② 檣 : 四部備要本에는 '拱'으로 되어 있다.
③ 莫 : 四部備要本에는 '莫'자 앞에 '蠱'자가 더 있다.
④ 歲 : 四部備要本에는 '歲'자 다음에 '也'자가 더 있다.

晉平公이 병이 나자 秦景公이 의원 龢를 보내어 치료하게 하였다. 〈의원이 평공

---

155) 蠱 : 고질병. 근래 白話本 번역들에서는 일종의 정신착란 증세라 하였다.

156) 良臣不生 : 양신은 어진 신하를 이르는 말로 趙孟을 지칭한다. 趙孟의 이름은 武, 시호는 文. 따라서 趙武 또는 趙文子로 쓰기도 한다. 不生은 곧 죽을 것이란 말이다.

157) 二三子 : 晉나라의 여러 正卿들을 이른다.

158) 檣木 : 큰 나무이다.

159) 醫國 : 여자에게 홀린 군주의 마음을 중지시키는 일을 이른다.

160) 蠱之慝 : 蠱는 고질병과 병을 만들어 내는 벌레 등 두 가지 뜻을 함께 가지고 있다. 慝은 해악이다.

161) 穀之飛 : 飛는 날아다니는 벌레이다. 곡식 벌레가 해악이 되는 것은 좋은 곡식을 해쳐서 곡식에서 나방 벌레가 날아다니게 하고 그러한 곡식이 고질병을 일으킨다는 것이다.

의 병을 살펴보고〉 나와서 말하였다. "병은 이미 손을 쓸 수 없습니다. 이 증상을 일러서 남자를 멀리하고 여색을 가까이한 데에서 생긴 병이라고 하니[162] 여인에게 홀린 데에서 얻어진 고질병입니다. 귀신이 붙어서도 아니고 음식 때문도 아니며 여인에게 홀려서 자신의 뜻을 잃어버린 데에서 생긴 병입니다. 어진 신하가 죽을 것이고 天命도 도와주지 않을 것입니다. 만약 임금께서 죽지 않는다면 제후들의 도움도 잃을 것입니다." 趙文子가 그 말을 듣고서 말하기를, "내가 晉나라의 여러 正卿들을 따라다니며 임금을 보좌하여 제후의 맹주가 된 지 지금까지 8년이다. 그동안 안으로는 까다로운 정치나 사악한 일이 없었고 제후들도 두마음을 갖지 않았는데 그대가 어찌하여 '어진 신하가 죽을 것이고 天命도 도와주지 않을 것이다.'라고 말하는가?" 하니, 대답하였다. "지금부터의 일을 말씀드린 것입니다. 제가 듣건대, '정직한 사람은 굽은 사람을 보좌하지 못하며 지혜가 밝은 사람은 어두운 사람을 간하지 못하고[163] 큰 나무는 험준한 비탈에서 자라지 아니하며 소나무와 잣나무는 습한 땅에서 자라지 않는다.[164]'라고 하였습니다. 당신은 여인에게 홀리는 것을 간하지 못하여 병이 나는 데까지 이르게 하였고 또 스스로 벼슬에서 물러나지 않고 자신이 執政하는 것을 영화롭게 여기고 있습니다. 8년의 세월을 말로 표현한다면 길다고 할 수 있습니다. 무엇으로 능히 더 오래 버틸 수 있겠습니까?" 文子가 말하기를, "사람을 치료하는 방법이 나라를 다스리는 데까지 미칠 수 있는가?" 하니, 대답하였다. "上等의 의사는 나라를 치료하고, 그 다음 등급의 의사는 사람을 치료하는 것이 본디 의사의 직분입니다." 文子가 말하기를, "그대가 일컬어 말한 고질병〔蠱〕이라는 것은 실제로 어디에서 발생하는 것인가?" 하니, 대답하였다. "곡식 벌레의 해악은 곡식의 나방 벌레에서 실제로 발생합니다. 세상의 모든 사물에는 이러한 벌레가 잠복되어 있지 않는 것이 없고, 〈세상

---

162) 남자를 멀리하고……생긴 병이라고 하니 : 스승으로 대할 남자는 멀리하고 여색을 가까이한 것을 이른다.

163) 정직한 사람은……어두운 사람을 간하지 못하고 : 文子가 자신의 밝음과 정직함을 가지고 平公의 어두움과 굽은 것을 간하지 못하여 여인에게 빠지도록 하였다는 말이다.

164) 큰 나무는 험준한……잣나무는 습한 땅에서 자라지 않는다. : 文子가 오래 생존하지 못할 것을 비유한 말이다.

에〉 곡식보다 좋은 것은 없습니다. 곡식 기운을 일으키고 벌레를 잠복시키는 것이 사람의 총명을 밝혀내는 길입니다.165) 그러므로 곡식을 먹는 자는 낮에는 덕 있는 남자를 가려 친근히 하여서 곡식 먹은 자의 총명함을 상징해 내고, 밤에는 덕 있는 여자와 편안하게 지내서 고질병의 해악을 잠재워야 합니다.166) 지금 임금께서는 밤낮이 한결같으시니 이는 곡식을 먹지 않고 벌레를 먹는 것이며 곡식의 총명함을 밝히지 않고 벌레를 그릇에 담고 있는 것입니다.167) 글자로 보면 벌레〔蟲〕와 그릇〔皿〕이 합쳐져 '蠱'자가 되니 이 때문에 이렇게 말한 것입니다." 文子가 말하기를, "임금께서 얼마나 견디겠소?" 하니, 대답하기를, "만약 제후가 晉나라에 복종한다면 3년을 넘기지 못하고 제후들이 복종하지 않는다면 10년을 넘기지 못할 것이며168) 10년을 넘긴다면 晉나라에 재앙169)이 될 것입니다." 하였다. 그해에 趙文子가 죽고, 제후들이 晉나라를 배반170)하였으며 10년 후에 平公이 죽었다.171)

---

165) 곡식 기운을 일으키고……사람의 총명을 밝혀내는 길입니다 : 곡식 기운이 일어나면 곡식 벌레가 제거되고 잠재워지니 썩지 않은 곡식을 먹는 것이 지혜를 밝히는 방법이란 말이다.

166) 밤에는 덕 있는……해악을 잠재워야 합니다 : 밤에는 덕 있는 여자와 편안히 지내어 스스로를 절제하는 것으로 자신에게 닥칠 고질병의 해악을 제거해야 한다는 것이다. 나방 벌레가 곡식을 해치는 것을 여자가 남자를 해치는 것에 비유한 것이다.

167) 곡식을 먹지 않고……벌레를 그릇에 담고 있는 것입니다 : 곡식은 덕 있는 신하를, 벌레는 자신을 홀리는 여자를 비유한 말이다. 덕 있는 신하를 만나지 않으므로 해서 곡식이 가진 총명함이 밝아지지 못하고 덕 없는 여자를 가까이함으로써 자신의 가슴에 벌레가 쌓여 간다는 말이다.

168) 제후가 晉나라에 복종한다면……10년을 넘기지 못할 것이며 : 제후가 복종하면 더욱 女色에 빠져 3년을 넘기지 못하고 제후가 복종하지 않는다면 여색에 덜 빠지게 되어 10년 정도는 견딜 수 있다는 뜻이다.

169) 10년을 넘긴다면 晉나라에 재앙 : 平公이 10년 동안 죽지 않고 못된 짓을 계속한다면 결국 진나라의 재앙이 될 것이란 말이다.

170) 제후들이 晉나라를 배반 : 제후들이 晉나라를 떠나서 楚나라를 따른 것을 이른다.

171) 10년 후에 平公이 죽었다 : 魯昭公 10년(기원전 532년)이다.

182. 叔向均秦楚二公子之祿 叔向이 秦나라와 楚나라의 두 公子에게 祿을 고르게 지급하다

【大義】 관원의 祿俸 지급에 대한 원칙. 망명객의 예우를 논하며 그들의 貧富에 좌우되지 않고 국가의 기본 정책을 지키다.

秦后子172)來仕에 其車千乘이요 楚公子干173)來仕에 其車五乘이러니 叔向이 爲太傅하야 實賦祿174)이라 韓宣子175)問二公子之祿焉한데 對曰大國之卿176)은 一旅之田177)이요 上大夫178)는 一卒之田179)이니 夫二公子者는 上大夫也니 皆一卒이可也니이다 宣子曰秦公子富하니 若之何其鈞之也①리요 對曰夫爵以建事하고 祿以食爵하며 德以賦之하니 功庸以稱之니이다 若〈之〉②何其以富로 賦祿也리요 夫絳之富商이 韋藩木楗180)(건)以過於朝는 唯其功庸少也니 而能金玉其車하고 文錯其服하야

---

172) 秦后子 : 后子는 秦景公의 아우 鍼. 魯昭公 원년에 도망왔다. 위 '秦后子謂趙盟將死'章에 자세하다.

173) 楚公子干 : 子干은 楚恭王의 庶子인 公子 比이다. 魯昭公 원년(기원전 541년)에 楚나라 公子 圍가 형이자 당시 초나라의 왕이었던 郟敖를 시해하자 晉나라로 도망하여 왔다.

174) 賦祿 : 祿俸 지급을 관장한다는 뜻이다.

175) 韓宣子 : 韓起이다. 宣子는 그의 諡號이다. 趙文子를 이어 晉나라의 집정대신이 되었다.

176) 大國之卿 : 卿은 제후국의 孤를 이르는 말이니 九命으로 나뉜 爵位 등급 중 四命의 등급에 해당하는 벼슬이다.

177) 一旅之田 : 旅는 군대의 편제를 이르는 말이니 그 숫자는 5백 명이다. 따라서 一旅는 5백의 숫자를 이르는 말이다. 5백의 숫자가 가리키는 땅이 얼마인지는 알 수 없으나 韋昭의 注에 "5백 명이 旅이니 5백 頃의 전답."이라 한 말에 따라 5백 경의 전지로 번역한다. 1경의 넓이에 대해서는 1백 畝 (≪漢書≫, 楊惲傳 種一頃豆의 顔師古 注 一頃百畝)설과 12.5畝(≪公羊傳≫ 宣公 15년條의 什一者 天下之中正也의 何休 注 凡爲田 一頃十二畝半) 등 양설이 있다.

178) 上大夫 : 九命으로 나뉜 爵位 등급 중 가장 낮은 등급인 一命에 해당한다.

179) 一卒之田 : 1백 명이 1卒이니 1卒의 전답은 1백 頃이다.

180) 韋藩木楗 : 韋藩은 가죽으로 앞뒤를 둘러쳐 가린 것을, 木楗은 나무로 장식 없이 만

能行諸侯之賄[181)]호대 而無尋尺之祿[182)]하고 無大績於民故也일새니이다 且秦楚匹也니 若之何其回[183)]於富也리요 乃均其祿하다

〔校勘〕 ① 也 : 四部備要本에는 '也'자가 없다.
② 〈之〉 : 四部備要本에 의거하여 보충하였다.

秦后子가 晉나라로 도망쳐 와 벼슬할 때에 따라온 수레가 1천 乘이었고, 楚나라 公子 干이 진나라로 도망쳐 와 벼슬할 때에 따라온 수레가 5乘이었다. 당시 叔向이 太傅로 있으면서 녹봉 지급의 책임을 담당하고 있었다. 韓宣子가 두 공자에게 지급할 녹봉에 대해 묻자, 숙향이 대답하였다. "큰 나라의 卿은 5백 頃의 田地를 지급하고, 上大夫는 1백 頃의 田地를 지급합니다.[184)] 저 두 공자는 우리나라에서 상대부 벼슬을 하고 있으니 모두 1백 경의 전지를 지급하는 것이 옳습니다." 하자, 한선자가 말하기를, "秦나라의 공자는 부유한데 어떻게 동일하게 할 수 있겠습니까?" 하니, 숙향이 대답하였다. "爵位로써 직무를 확립하고 녹봉으로써 작위를 부양합니다. 德의 정도에 따라 녹봉을 지급하니 공로가 그 벼슬에 걸맞아야 합니다. 어떻게 부유한 정도에 따라 녹봉을 지급할 수 있겠습니까? 우리나라 서울〔絳〕의 부유한 상인들은 가죽으로 앞뒤를 둘러쳐 가린 나무 수레를 타고서 조정 근처를 지나갑니다. 그것은 나라에 세운 공로가 하찮아서입니다. 능히 수레를 金玉으로 치장하고 옷에는 갖은 무늬를 수놓아 입고 충분히 제후들과 교류하며 선물을 돌릴 수도 있지만, 나라에서 받는 미미한 녹봉도 없고 백성들에게 큰 공로가 없는 까닭에서입니다. 또 秦나라와 楚나라는 서로 맞수가 되는 나라입니다. 어떻게 부유하다고 해서 바른 법을 굽힐 수 있겠습니까?" 하고는 녹봉을

든 수레를 이른다.

181) 能行諸侯之賄 : 韋昭의 注에, "그가 가진 재물이 충분히 제후들과 교류할 수 있다."라고 해석하였으나, '능히 제후들에 비할 만큼 재물을 쓸 수 있다.'로 해석할 수도 있다.

182) 尋尺之祿 : 尋은 8尺을 이르는 말이니, 매우 미미한 녹봉을 이른다.

183) 回 : 본래의 뜻을 왜곡하거나 굽히는 것을 이른다.

184) 큰 나라의 卿은……田地를 지급합니다 : 周나라와 春秋시대의 分封제도를 이 글로 미루어 볼 때 큰 나라와 작은 나라라는 국토 크기에 관계없이 직위에 따른 규정된 祿俸을 어느 나라에서나 동등하게 지급하고 있는 것을 짐작할 수 있다. 곧 卿과 大夫, 士의 계급에 따라 어느 나라에서나 똑 같은 녹봉을 지급하고 있는 것이다.

균일하게 지급하였다.

183. 鄭子産來聘 鄭나라의 子産이 聘問해 오다

【大義】 鯀 제사의 전래 과정.

鄭簡公[185]이 使公孫成子來聘[186]에 平公有疾[187]하다 韓宣子贊[188]授客館에 客이 問君疾이라 對曰寡君之疾이 久矣라 上下神祇에 無不徧諭[189]也①호되 而無除러니 今夢에 黃能(내)②[190]入於寢門[191]이라하니 不知人殺[192]乎아 抑厲鬼耶아 子産曰以君之明과 子爲大政이어니 其何厲之有리요 僑聞之호니 昔者에 鯀違帝命[193]하야 殛之於羽山이러니 化爲黃能하야 以入於羽淵[194]하야 實爲夏郊[195]하야 三代擧之라하니이다 夫鬼神之所及은 非其族類면 則紹其同位라 是故天子祀上帝하고 公侯祀百辟하고 自卿以下는 不過其族이니이다 今周室少卑하야 晉實繼之[196]하니 其或③者未擧夏

---

185) 鄭簡公 : 鄭나라의 군주. 僖公의 아들이고 이름은 嘉이다.

186) 公孫成子來聘 : 公孫 成子는 子産을 이르는 말. 공손은 그가 鄭穆公의 손자여서 이른 말이며 成子는 그의 諡號이며, 이름은 僑이다. 아버지는 子國이다. 晉나라에 사신 온 것은 魯昭公 7년(기원전 535년)의 일이다.

187) 平公有疾 : 앞 글 '醫緩視平公疾'章에 자세하다.

188) 贊 : 인도하다는 뜻이다.

189) 徧諭 : 諭는 제사를 이르는 말이니, 두루 사방에 제사를 지내어 기도했다는 뜻이다.

190) 黃能 : 能은 세발자라〔三足鱉〕이다. 四部備要本의 熊은 곰을 이르는 글자이다. 따라서 누른 곰이라는 설과 누른 세발자라라는 두 가지 설이 있다. 다음에 이어지는, 연못으로 들어갔다라는 鄭子産의 말로 살폈을 때 누른 세발자라 설이 타당할 듯하다.

191) 寢門 : 궁중의 여러 문 가운데 왕의 침실에서 제일 가까이 있는 궁중문이다.

192) 人殺 : 인명을 해치는 것을 이르니 凶神을 이른다.

193) 鯀違帝命 : 鯀은 治水에 실패한 대명사로 거론되는 사람이며, 帝는 鯀에게 治水를 명령한 堯임금을 이른다.

194) 羽淵 : 우산에 있는 연못. 鯀이 죽어서 神으로 화하여 못으로 들어갔다고 한다.

195) 夏郊 : 夏나라의 하늘 제사. 곧 鯀이, 아들 禹가 夏나라의 시조가 되자 하나라가 지내는 하늘 제사에 함께 제사를 받는 神이 되었다는 말이다.

196) 晉實繼之 : 晉나라가 당시 제후들의 盟主가 되어 거느리고 있음을 이른다.

郊邪인저 宣子以告하야 祀夏郊할새 董伯爲尸[197)]하다 五日[198)]에 公이 見子產하고 賜之莒鼎[199)]하다

〔校勘〕 ① 也 : 四部備要本에는 '也'자가 없다.
② 能 : 四部備要本에는 '熊'으로 되어 있다. 주석 190)에 자세하다.
③ 或 : 四部備要本에는 '惑'으로 되어 있다.

鄭簡公이 公孫成子(子產)를 보내 빙문하게 하였다. 이때 晉平公이 병을 앓고 있었다. 韓宣子가 使行을 인도하여 客館을 정해 주는데 子產이 임금의 병 상태를 물었다. 한선자가 대답하기를, "우리 임금이 질병을 앓으신 지 오래되어 하늘과 땅의 귀신들에게 두루 제사를 드려 고하지 않음이 없었습니다. 그런데도 병이 낫지 않았는데, 근래의 꿈에 누런 세발자라가 寢門으로 들어왔다고 합니다. 사람을 죽이려고 들어온 것인지, 아니면 악귀인지 모르겠습니다." 하자, 자산이 말하였다. "당신 나라 임금님 같은 현명함과 당신 같으신 분이 선정을 시행하고 있는데 그 무슨 악귀가 있겠습니까? 내가 들으니, 옛날에 鯀이 堯임금의 명령을 어긴 죄로 羽山으로 귀양 가 죽은 뒤 누런 세발자라로 변해서 우산의 연못으로 들어갔는데, 실상 夏나라의 하늘 제사〔郊祭〕를 받는 神이 되었습니다. 그래서 夏・殷・周 三代가 모두 그의 제사를 받들었습니다. 저 신과 관계지어지는 흉한 일이나 길한 일은 그 신과 同族이 아니면 그 지위를 잇고 있는 사람에게 미칩니다. 이러므로 천자는 上帝에게 제사를 드리고, 公侯는 공이 있는 뭇 先王들에게 제사를 지내고, 卿大夫 이하는 그 제사가 조상의 범위를 넘지 않습니다. 지금 周나라 왕실이 미약해져서 晉나라가 실상 그것을 잇고 있습니다. 그러하니 혹여 하나라에서 지내던 郊祭를 빠뜨리지는 않았는지요?" 한선자가 그 말을 평왕에게 알려서 하나라 교제를 지내며 董伯으로 尸를 삼았다. 닷새가 지나자 병이 나아 평공이

---

197) 董伯爲尸 : 董伯은 晉나라의 大夫. 神은 자신과 같은 혈족의 제사가 아니면 그 제사를 흠향하지 않는다는 설에 의거하여 볼 때 아마도 동백은 禹임금과 같은 姒姓인 듯하다. 尸는 제사에서 神을 상징하기 위해서, 산 사람을 모셔다가 지금의 神主처럼 모시는 사람이다.

198) 五日 : 제사 지낸 지 5일 만에 병이 나은 것이다. 汪遠孫의 ≪國語明道本攷異≫에서는, ≪說苑≫에는 이 글을 인용하면서 五日瘳라고 하여 瘳자가 더 있다고 하였다.

199) 莒鼎 : 莒 땅에서 만들어진 鼎. ≪左傳≫ 昭公 7년에 '賜子產莒之二方鼎'이라고 하였다.

자산을 만나 보고서 莒에서 만든 鼎을 하사하였다.

184. 叔向論憂德不憂貧 叔向이, 덕을 걱정해야 하고 가난은 걱정할 것이 아님을 논하다

【大義】 정치를 덕에 근거하지 않고 부유함의 치장으로 삼은 자들의 실패.

叔向이 見韓宣子하니 宣子憂貧이라 叔向이 賀之한데 宣子曰吾有卿之名이요 而無其實[200]하야 無以從二三子[201]라 吾是以憂어늘 子賀我하니 何故오 對曰 昔에 欒武子[202]無①一卒之田[203]하야 其官〔宮〕②[204]不備其宗器호되 宣其德行하고 順其憲則(칙)하야 使越[205]於諸侯라 諸侯親之하고 戎狄懷之하야 以正晉國하고 行刑不疚하야 以免於難[206]하니이다 及桓子[207]하야 驕泰奢侈하고 貪欲無藝③[208]하고 略則(칙)

---

200) 實 : 재화나 재산을 이른다.

201) 無以從二三子 : 從은 그분들이 행하는 부의나 선물들을 함께 따라서 할 수 없다는 말이다.

202) 欒武子 : 晉나라 上卿인 欒書를 이른다. 武子는 그의 시호이다.

203) 無一卒之田 : 1卒의 田은 1백 頃의 田地를 이른다. 이는 上大夫가 갖는 녹봉의 토지이다. 頃의 넓이에 대해서는 위 '叔向均秦楚二公子之祿'章을 참고할 것. 1졸의 전지도 없는 것에 대해서, 1993년 暨南大學 간행 《國語譯注辨析》에서는, 당시 춘추시대의 분봉제도상 한 집안이 가지고 있는 采邑의 한정된 수입에서 늘어나는 지출과, 또 한선자가 형 韓無忌의 난치병으로 그의 뒤를 이어받으면서 그에게 나누어질 수 있는 재산이 없어 가난을 겪게 된 것이라고 말하며 그 증거로 〈晉語 七〉의 '悼公使韓穆子掌公族大夫'章의 기사를 들었다.

204) 宮 : 집을 이르는 말이다. 궁이 왕실을 지칭하는 말로 쓰인 것은 秦나라 이후부터이다.

205) 越 : 소문이 났다의 뜻이다.

206) 以免於難 : 欒武子가 厲公을 시해하고 悼公을 옹립하는 과정에서 죽음을 모면한 일을 이른다. 이때 여공이 三郤을 죽이고 난 뒤 난무자까지도 죽여야 한다는 말이 있었으나 이를 받아들이지 않았다가 결국 시해되는 참화를 겪었는데 이 과정에서 그가 목숨을 보전한 것을 이른다. 자세한 내용은 〈晉語 六〉 '長魚蟜脅欒中行'章과 〈晉語 七〉 '欒武子立悼公'章을 참고하라.

207) 桓子 : 欒書의 아들 黶이다.

行志하고 假貸居賄하야 宜及於難이어늘 而賴武之德하야 以沒其身하고 及懷子하야 改桓之行하고 而修武之德하야 可以免於難이어늘 而離桓之罪[209]하야 以亡於楚하니이다 夫郤昭子[210]는 其富半公室하고 其家半三軍이러니 恃其富寵하고 以泰於國하야 其身尸於朝하고 其宗滅於絳하니이다 不然이면 夫八郤의 五大夫三卿[211]이 其寵大矣어늘 一朝而滅호대 莫之哀也리잇까 唯無德也니이다 今吾子有欒武子之貧하니 吾以爲能其德矣라 是以賀니라 若不憂德之不建하고 而患貨之不足이면 將吊不暇어니 何賀之有리요 宣子拜稽首焉하고 曰起也將亡이어늘 賴子存之하니 非起也敢專承之오 其自桓叔以下[212]로 嘉吾子之賜하노라

〔校勘〕 ① 無 : 四部備要本에는 '無'자가 없다.
② 官〔宮〕: 四部備要本에 의거하여 고쳤다.
③ 貪欲無藝 : 四部備要本에는 '貪慾無藝'로 되어 있다.

叔向이 韓宣子를 만났는데 한선자가 가난을 걱정하였다. 숙향이 가난함을 축하하자, 한선자가 말하기를, "나에게는 正卿이란 이름만 있을 뿐 그에 걸맞는 재산이 없어서 몇 분 경대부들의 주고받는 예절을 따라서 행할 수가 없습니다. 그래서 내가 근심했던 것인데, 당신께서는 축하한다고 하시니, 어떠한 연유이십니까?" 숙향이 대답하였다. "옛날에 欒武子는 1卒의 토지도 없어서 집안에 祭器도 갖추지 못하고 지냈습니다만 덕행을 펴고 법에 순종하여 제후국 사이에 소문이 퍼져 나갔습니다. 그리하여 제후들이 난무자를 친근히 여기고 戎狄들도 歸依하여, 진나라를 바르게 하였고 형벌을

208) 蓺 : 다함이나 끝을 뜻한다.

209) 而離桓之罪 : 離는 걸리다, 뒤집어쓰다 등의 뜻이다. 桓은 아버지 桓子를 이른다. 환자의 일은 위 '陽畢教平公滅欒氏'章에 자세하다.

210) 郤昭子 : 郤至이다. 昭子는 그의 시호이다. 난무자와 함께 한때 晉나라의 正卿 지위를 누렸다. 극지의 일은 〈晉語 六〉 '欒書發郤至之罪'章에 자세하다.

211) 五大夫三卿 : 5명의 대부는 정확하지 않고, 三卿은 세 사람의 正卿이니 郤錡・郤至・郤犨이다.

212) 桓叔以下 : 桓叔은 韓氏의 시조인 曲沃 桓叔이다. 환숙이 아들 萬을 낳았는데, 만이 韓 땅을 封地로 받고 大夫가 되니 그 후손들이 韓을 氏로 삼았다. 韓宣子는 바로 그 韓萬의 후손인 것이다.

시행하는 데도 하자가 없어 군주가 시해되는 환란에서 〈죽음을〉 모면하였습니다. 桓子에 이르러 교만 방자하고 사치하며, 탐욕스러움이 끝이 없었고, 법을 범하면서 멋대로 행동하고, 돈놀이로 재산을 축적하여 의당 환란을 당할 만하였는데도, 난무자가 남긴 덕을 힘입어 그 몸을 잘 마쳤습니다. 懷子에 이르러서는 桓子의 못된 행실들을 바꾸고 난무자의 덕을 닦아서 환란을 면할 만하였는데도, 환자의 죄에 걸려들어 楚나라로 도망쳤습니다. 그리고 郤昭子는 그 부유함이 公室의 반 정도였고 그 집안사람들이 三軍 장수의 반을 차지했습니다. 부유함과 총애를 믿고서 나라에 방종하게 굴다가 그 몸은 조정에서 시체로 내걸리고 그 종족은 서울〔絳〕에서 멸족되었습니다. 그렇지 않았다면 저 극씨 집안의 여덟 사람〔八郤〕인 다섯 大夫와 세 正卿들에 대한 은총이 그토록 컸었는데 하루아침에 멸족되었음에도 슬퍼하는 사람이 아무도 없었겠습니까. 오직 덕이 없었기 때문입니다. 지금 당신은 난무자의 가난을 가지고 계십니다. 나는 당신이 난무자의 덕을 갖출 수 있을 것이라 생각하고 그래서 축하드린 것입니다. 그런데 만일 덕을 세우지 못하는 것을 걱정하지 않고 재화의 부족만을 걱정한다면, 장차 조문하기에도 겨를이 없을 것인데 무슨 축하를 드릴 수 있겠습니까?" 하니, 한선자가 절하여 머리를 땅에 조아리고 말하였다. "제가 곧 망하는 순간에 당신의 힘을 입어 보존하게 되었습니다. 저 혼자서 은혜를 독차지할 수 있음이 아니고 저 桓叔 이하의 조상들까지도 당신의 은혜를 아름답게 여길 것입니다."

國語 제15권

晉語 九

185. 叔向論三姦同罪 叔向이 三姦의 죄가 동일함을 논하다

【大義】 뇌물에 의한 왜곡된 판결에 관해서 뇌물을 주고받은 자와 그 판결에 불복한 자에 대한 법률적 판단 기준.

士景伯1)이 如楚2)하야 叔魚爲贊理3)러니 邢侯4)與雝①子5)爭田이라 雝子納其女於叔魚以求直6)하다 及蔽②獄7)之日하야 叔魚抑邢侯8)라 邢侯殺叔魚與雝子於朝하다 韓宣子患之한데 叔向曰三姦同罪니 請殺其生者하고 而戮其死者9)하소서 宣子曰若何오 對曰鮒也는 鬻獄하고 雝子는 賈之以其子하고 邢侯는 非其官也而干之니이다 夫以回鬻國之中10)과 與絶親以買直과 與非司寇而擅殺은 其罪一也니이다 邢侯聞之하고 逃라 遂施11)邢侯氏하고 而尸叔魚與雝子於市12)하다

---

1) 士景伯 : 晉나라의 형옥 담당 관리인 士彌牟이다. 士伯이라고도 한다.
2) 如楚 : 楚나라에 聘問을 간 것이다. 이 일은 魯昭公 14년(기원전 528년)에 있었다.
3) 贊理 : 임시 대행하여 다스리는 것을 이른다.
4) 邢侯 : 楚나라 申公 巫臣의 아들. 무신이 晉나라로 망명해 오자 邢 땅을 봉해 주었는데 그의 후손들이 邢으로 氏를 삼았다. 당시 晉나라의 大夫였다.
5) 雝子 : 본래 楚나라의 大夫였는데 晉나라로 망명해 오자, 鄐(혹) 땅을 봉해 주었다. 이 혹 땅을 두고 두 대부 사이에 다툼이 발생한 것이다.
6) 直 : 勝訴를 이른다.
7) 蔽獄 : 蔽는 판결을 이른다.
8) 抑邢侯 : 抑은 그가 그르다고 판결한 것이다.
9) 戮其死者 : 戮은 사람을 죽여 시체를 저자에 내거는 것이다.
10) 中 : 공평함이다.
11) 施 : 뒤쫓아 붙잡아서 형벌을 내리는 것이다.

〔校勘〕① 雝 : 四部備要本에는 '雍'으로 되어 있는데 통용한다. 아래도 같다.
② 蔽 : 四部備要本에는 '斷'으로 되어 있다.

士景伯이 楚나라로 聘問을 가게 되자 叔魚가 사경백의 刑獄 다스리는 일을 임시로 대리하게 되었는데, 邢侯와 雝子가 토지의 경계를 다투는 일이 있었다. 옹자가 자신의 딸을 숙어에게 바치고서 勝訴하기를 구했다. 옥사를 판결하는 날에 이르러 숙어가 형후를 그른 것으로 판결하자 형후가 숙어와 옹자를 조정에서 죽여 버렸다. 韓宣子가 이를 걱정하니, 숙향이 말하기를, "세 간악한 자들의 죄가 동일하니, 살아 있는 자는 죽이고 죽은 자는 시체를 내걸도록 하십시오." 하였다. 한선자가 말하기를, "어찌하여 그렇습니까?" 하니, 숙향이 대답하였다. "鮒는 옥사를 팔아먹었고, 옹자는 자신의 딸을 팔았고, 형후는 자신이 법관도 아니면서 법을 범하였습니다. 간사한 수단으로 나라의 바른 법을 팔아먹은 일과 친자식의 인연을 끊고서 승소를 사들인 일과 司寇 벼슬에 있지 않으면서 제멋대로 사람을 죽인 일은 그 죄가 동일합니다." 邢侯가 그 소문을 듣고서 도망치자, 마침내 邢侯氏를 붙잡아서 사형하고, 叔魚와 雝子의 시체는 저자에 내걸었다.

186. 中行穆子率師伐狄圍鼓 中行穆子가 군사를 거느리고 狄을 정벌하고 鼓를 포위하다

【大義】 1. 전쟁에서 투항하려는 자를 받아들여서는 안 되는 이유.
2. 폐백을 바치고 신하가 된 자는 군주의 安危에 따라 처신해야 하는 도리.

中行穆子[13]率①師伐翟[14]하야 圍鼓[15]에 鼓人이 或請以城畔이어늘 穆子不受라 軍吏曰可無勞師而得城이어늘 子何不爲오 穆子曰非事君之禮也니라 夫以城來者는 必

---

12) 而尸叔魚與雝子於市 : 叔魚와 雝子가 조정에서 죽었으므로 저자에 시체를 내건 것이다.

13) 中行穆子 : 晉나라의 正卿인 中行偃의 아들 荀吳 中行伯이다.

14) 翟 : 鮮虞나라이니 白翟의 민족들이 형성한 국가이다.

15) 圍鼓 : 鼓는 白翟의 別族이 집단을 이루어 사는 땅. 이 땅을 포위한 것은 魯昭公 15년(기원전 527년)에 있었다.

將求利16)於我어늘 夫守而二心은 姦之大者也오 賞善罰姦은 國之憲法也니 許而弗予면 失吾信也오 若其予之면 賞大姦也니 姦而盈祿이면 善將若何오 且夫翟之憾者以城來盈願이면 晉豈其無리요 是我以鼓教吾邊鄙貳也니라 夫事君者는 量力而進하야 不能則退요 不以安賈貳니라 令軍吏呼城하야 儆將攻之러니 未傳而鼓降하다

中行伯*이 既克鼓②하고 以鼓子宛(원)③支17)來하며 令鼓人各復其所하고 非寮勿從하라하다 鼓子之臣曰夙沙釐(리) 以其孥行이라 軍吏執之한데 辭曰我君是事요 非事土也니라 名曰君臣이니 豈曰土臣가 今君이 實遷이시니 臣何賴於鼓요 穆子召之曰鼓有君矣18)니 爾止④事君이면 吾定而19)祿爵하리라 對曰臣委質(지)於翟之鼓요 未委質於晉之鼓也니이다 臣聞之호니 委質爲臣이면 無有二心이라하고 委質而策死20)는 古之法也니 君有烈名이요 臣無畔質니이다 敢卽私利하야 以煩司寇而亂舊法21)이면 其若不虞何22)오 穆子歎而謂其左右 曰吾何德之務라야 而有是臣也오하고 乃使行하다

---

16) 求利 : 利는 爵位나 賞을 이른다.

* 中行 이하의 글들은 우리나라 본은 별행을 잡아 단락을 나누었으나 중국의 모든 白話本은 위의 글과 한 편으로 처리하면서 단락을 '中行伯既克鼓 以鼓子宛支來 令鼓人各復其所 非僚勿從'까지를 위 단락으로 나누고 그 이하를 한 단락으로 처리하여 한 편을 두 단락으로 나누고 있다. 중국 본을 일단 수용하여 따랐으나 우리나라 본처럼 中行穆子의 일과 7년 뒤 夙沙釐의 의거를 분리하는 것이 옳을 듯하다.

17) 宛支 : 鼓의 군주. 鳶鞮라고도 한다. 中行穆子가 鼓를 쳐 승리하고서 연제를 데리고 晉나라로 돌아와, 宗廟에 승리를 고하고서 다시 예전의 나라로 되돌려 보냈는데 또다시 배반하였다. 그래서 魯昭公 22년(기원전 520년)에 荀吳가 鼓를 멸망시키고서 연제를 잡아오고 涉佗를 시켜 고 땅을 지키게 하였다.

18) 鼓有君矣 : 鼓 땅을 지키도록 진나라에서 세운 涉佗를 이른다.

19) 而 : 汝자의 뜻과 같다.

20) 委質而策死 : 質는 贄의 뜻이니 누구를 처음 찾아뵐 때 자신의 신분에 맞는 폐백을 가지고 가서 인사드리는 일을 이른다. 여기서는 그러한 뜻에서 신하가 군주에게 폐백을 바치고서, 관원 명단을 기록하는 簡冊에 이름을 기록하는 것으로, 목숨을 걸고 충성을 맹세하는 것을 이른다.

21) 而亂舊法 : 舊法은 신하가 군주에게 폐백을 바치고서 죽음을 맹세한 그 예전부터 내려오던 법을 이른다.

22) 其若不虞何 : 不虞는 예상하지 못한 변고를 이른다. 곧 夙沙釐가 자신의 영화를 위해

旣獻[23])에 言於頃⑤公[24])하야 與鼓子田於河陰[25])하고 使夙沙釐相之하다

〔校勘〕 ① 率 : 四部備要本에는 '帥'로 되어 있는데 통용한다.
② 鼓 : 四部備要本에는 '鼓'자가 없다.
③ 宛 : 四部備要本에는 '苑'으로 되어 있다.
④ 止 : 四部備要本에는 '心'으로 되어 있다.
⑤ 頃 : 四部備要本에는 '頃'자가 없다.

中行穆子가 군사를 거느리고 翟을 정벌하면서 鼓를 포위하였다. 鼓 땅의 어떤 자가 城을 가지고 배반하여 항복하겠노라 청하였으나, 중항목자가 이를 받아들이지 않았다. 軍吏가 말하기를, "군사를 수고롭게 하지 않고 성을 얻을 수가 있는데, 장군께서는 왜 그렇게 하지 않으십니까?" 하니, 중항목자가 말하였다. "군주를 섬기는 예가 아니기 때문이다. 저 성을 가지고 항복하겠다는 사람은 반드시 나에게서 爵位나 賞을 구하고자 함에서일 것이다. 나라를 지키면서 두마음을 가지고 있는 것은 간악함 중에서도 큰 것이고, 善한 자에게 상을 주고 간악한 자에게 벌을 내리는 것은 국가의 큰 법이다. 허락하고서 작위나 상을 주지 않는다면 나의 신의를 잃게 될 것이고, 만일 작위나 상을 내린다면 크게 간악한 자에게 상을 주는 것이 된다. 간악한 자에게 녹봉을 만족하게 채워 준다면 선한 자에게는 장차 어떻게 하겠느냐? 翟에 유감을 가진 자가 城을 가지고 항복하여 소원을 이룬다면, 晉나라라고 하여 어찌 그럴 사람이 없겠느냐? 이는 내가 鼓 땅으로써 우리나라 변방의 두마음을 가지고 있는 자들에게 교훈을 삼게 하고자 함에서이다. 군주를 섬기는 자는 자기 힘을 헤아려 공격하여, 능히 이기지 못하겠으면 물러나야 하는 것이지 수고로움 없이 두마음 가진 자를 사들이려고 해서는 안 되는 것이다." 軍吏를 시켜서 城의 사람을 불러 곧 공격할 것임을 알리게 하였더니, 채

서 죽음을 맹세하기로 한 서약을 어긴다면 진나라의 법 집행을 담당한 관리가 당연히 자신의 죄를 어긴 죄상을 다스려야 할 터인데, 죄상을 다스릴 수 없으므로 예전부터 지켜져 오던 법이 어지럽혀질 것이요, 그렇게 되면 진나라에 앞으로 나 같은 신하가 생겨났을 때 어떻게 그를 처벌할 수 있겠느냐며 그 부당성을 지적한 것이다.

23) 獻 : 군대가 전쟁에 이기고 돌아와서, 宗廟에 나아가 잡아온 포로를 바치고 세운 공적을 아뢰고 난 다음에 잔치를 열고 功을 평가하여 賞을 내리는 일 등을 이른다.

24) 頃公 : 昭公의 아들. 이름은 去疾. 기원전 531년부터 526년까지 재위하였다.

25) 河陰 : 晉나라의 黃河 남쪽의 땅.

城에 다가서기도 전에 鼓가 항복하였다.

中行伯(中行穆子)이 鼓 땅을 완전히 이기고서 鼓의 군주 宛支를 데리고 돌아오면서, 고 땅 사람들에게 각기 자신의 집으로 돌아가고 〈원지를〉 시중들던 사람이 아니면 따라오지 말도록 하였다. 고의 군주에게 夙沙釐라는 신하가 있었는데 자신의 처자를 데리고서 군주의 포로로 잡혀가는 길을 따라나섰다. 軍吏가 그를 체포하자 그가 말하기를, "나는 우리 군주를 섬겼습니다. 이 땅을 섬긴 것이 아닙니다. 명의상으로도 군주의 신하〔君臣〕라고 말하지, 땅의 신하〔土臣〕라고 어찌 말할 수 있겠습니까? 지금 군주께서 실제로 옮겨 가시는데, 신하가 고 땅에서 무슨 이로울 일이 있겠습니까?" 하니, 목자가 불러 말하기를, "고 땅에도 군주가 있으니 네가 이곳에 정착하여 고 땅의 군주를 섬긴다면 너에게 녹봉과 작위를 정하여 주겠다." 하자, 숙사리가 대답하였다. "신은 翟族의 고 땅 군주에게 폐백을 바쳤습니다. 晉의 고 땅 군주에게 폐백을 바치지 않았습니다. 신은 듣기를, 폐백을 바치고서 신하가 되면 두마음을 두지 말라고 했습니다. 폐백을 바치고 관원 명단에 이름을 기록하고 죽기를 맹세하는 것은 옛날부터 내려오던 법입니다. 이 속에 군주에게는 밝은 명예가 있고 신하는 폐백을 배반하는 일이 없게 됩니다. 감히 사사로운 이익을 추구하여 司寇로 하여금 번거롭게 예로부터 내려오던 법을 어지럽히게 하였다가 〈만약 진나라에〉 뜻밖의 변란이라도 있게 되면 어찌하시렵니까?" 하니, 중항목자가 감탄하면서 좌우에 일러 말하였다. "내가 어떠한 德行에 힘쓰면 이러한 신하를 둘 수 있을까!" 하고서, 이내 따라가게 해 주었다. 宗廟에 바치는 행사가 끝난 후에 頃公에게 말하여, 고 땅의 군주에게 河陰을 봉지로 주고 夙沙釐를 시켜 그를 돕게 하였다.

187. 范獻子戒人不可以不學 范獻子가 학문을 닦도록 경계시키다

【大義】 諱하는 것을 미처 살피지 못한 것으로 인해 빚은 웃음거리.

范獻子[26]聘於魯[27]하야 問具山・敖山한대 魯人以其鄉으로 對라 獻子曰 不爲具・

---

26) 范獻子 : 范宣子의 아들. 士鞅, 또는 范鞅이라고도 지칭한다. 이때 晉나라의 正卿이었다.

27) 聘於魯 : 魯昭公 21년(기원전 521년)에 있었다.

敖乎아 對曰 先君獻·武之諱[28]也일세니이다 獻子歸하야 偏戒其所知曰 人不可以不學[29]이니 吾適魯而名其二諱하야 爲笑焉하니 唯不學也니라 人之有學也는 猶木之有枝葉也니 木有枝葉도 猶庇蔭人이온 而況君子之學乎아

范獻子가 魯나라에 聘問 가서 具山과 敖山을 묻자, 노나라 사람이 그 산이 있는 고을 이름으로 그 산 이름을 대신하였다. 獻子가 말하기를, "具山과 敖山이라고 칭하지 않습니까?" 하니, 대답하기를, "우리 先君 獻公과 武公의 이름 자여서 그렇게 대답한 것입니다." 하였다. 헌자가 귀국하여 자신이 알고 있는 사람들에게 두루 경계하여 말하기를, "사람은 배우지 않아선 안 된다. 내가 魯나라에 사신 가서 諱하는 두 분의 이름을 불렀다가 웃음거리가 되었는데 그것은 배우지 아니한 까닭에서이다. 사람이 학문을 하는 것은 나무에 가지와 잎이 있는 것과 같다. 나무의 가지와 잎도 사람에게 그늘을 드리워 주는데, 하물며 군자가 학문을 닦아 둠이겠느냐?" 하였다.

188. 董叔欲爲繫援 董叔이 연줄에 매달리려 하다

【大義】 결혼을 출세의 수단으로 삼으려 했던 자의 좌절.

董叔[30]이 將取於范氏[31]한대 叔向曰 范氏富[32]하니 盍已乎아 曰欲爲繫援[33]焉하

---

28) 獻武之諱 : 獻은 伯禽의 曾孫이자 微公의 아들인 獻公 具이고, 武는 獻公의 庶子인 武公 敖이다. 諱는 어른의 이름을 직접 거론해 부르지 않는 것을 이른다. 《禮記》〈曲禮 上〉에 "國境에 들어가서는 國禁에 대해서 묻고, 수도 서울에 들어가서는 풍속을 묻고, 그 집 대문에 들어가서는 그 집에서 諱하는 것을 물으라.〔入境而問禁 入國而問俗 入門而問諱〕" 하여, 상대를 방문할 적에 그곳에서 諱하는 것이 무엇인지 아는 것을 방문하는 사람의 당연한 도리로 칭하였다. 諱하는 방법에 대해서는 〈曲禮 上〉篇에 자세하며 唐나라 韓愈가 지은 《諱辨》을 보면 諱하는 풍속을 중국 역대 왕조에서 얼마나 엄격하게 적용하였는지 살필 수 있다.

29) 學 : 상대를 방문할 적에는 상대가 諱하는 것을 살펴야 한다는 도리를 예전에 배웠더라면 이러한 망신을 사지 않았을 것이란 말이다.

30) 董叔 : 晉나라의 大夫.

31) 范氏 : 范宣子의 딸. 뒤에 나오는 董祁이다. 곧 范獻子의 여동생이다.

32) 富 : 부자는 반드시 교만하고, 교만하면 반드시 사람을 능멸한다는 뜻이다.

노이다 它日에 董祁愬於范獻子하야 曰不吾敬也라하니 獻子執而紡於庭之槐하다 叔向過之하니 曰子盍爲我請乎오 叔向曰 求繫하야 既繫矣요 求援하야 既援矣라 欲而得之어니 又何請焉고

董叔이 范氏 집안에 장가들려고 하였다. 叔向이 말하기를, "범씨 집안은 부자이다. 어찌 장가드는 일을 중지하지 않는가?" 하니, 董叔이 말하기를, "연줄을 대어서 매달려 보려는 생각에서입니다." 하였다. 어느 날, 董祁가 范獻子에게 참소해 말하기를, "〈남편이〉 나를 공경하지 않습니다." 하자, 범헌자가 매부를 붙잡아다가 뜰의 홰나무에 매달았다. 그때 마침 숙향이 그곳을 지나가자 동숙이 말하기를, "당신께서는 어찌 나를 위하여 풀어달라고 청하여 주지 않으십니까?" 하자, 숙향이 말하기를, "연줄을 대려다가 연줄에 묶였고, 매달려 보려다가 이미 나무에 매달려졌다. 하고자 하는 것마다 얻었는데 또 무엇을 어찌 청하겠는가?" 하였다.

189. 趙簡子欲有鬭臣 趙簡子가 죽음을 두려워하지 않는 勇士를 얻고자 하다

【大義】 국민이나 따르는 사람은, 지도자의 성향에 따라서 변한다.

趙簡子[34]曰 魯孟獻子는 有鬭臣五人[35]이어늘 我無一하니 何也오 叔向曰 子不欲也니라 若欲之면 肸也待交捽[36]可也니이다

趙簡子가 말하기를, "魯나라 孟獻子는 싸움도 두려워하지 않는 용사를 다섯 사람이나 두었는데, 나는 한 사람도 없으니 어째서일까?" 하니, 叔向이 말하였다. "당신께서 원하지 않아서입니다. 만약 그러한 사람을 원하신다면 저도 겨루기를 준비

33) 繫援 : 연줄에 매달려 도움을 받으려 함이다.

34) 趙簡子 : 晉나라 正卿이다. 趙文子의 孫子이고 景子의 아들이다. 趙鞅, 또는 志父로도 쓴다.

35) 孟獻子有鬭臣五人 : 孟獻子는 魯나라 大夫인 仲孫蔑이다. 鬭臣은 患難을 막아 주는 용사이다. 五人은 ≪孟子≫ 〈萬章 上〉에, '孟獻子百乘之家 有友五人焉'이라고 하여 우연스럽게 五人이라는 말이 등장하고 있다.

36) 捽 : 머리채를 거머잡다는 뜻과 격투를 벌이다의 두 가지 뜻이 있다. 모두 싸운다는 뜻이다.

할 수 있을 것입니다."

190. 閻沒叔寬諫魏獻子無賄也 閻沒과 叔寬이 魏獻子에게 뇌물을 받지 말도록 諫하다

【大義】 밥 한 그릇으로 上官의 뇌물 받으려는 마음을 중지시킨 지혜.

梗(경)陽37)人이 有獄하야 將不勝이라 請納賂於魏獻子38)러니 獻子將許之라 閻沒39)이 謂叔寬40)曰 與子諫乎인저 吾主以不賄로 聞於諸侯하니 今以梗陽之賄로 殃之는 不可라하고 二人이 朝而不退하다 獻子將食이라가 問誰在①庭고하니 曰閻明・叔褒在라 召之하야 使佐食이러니 比已食토록 三歎이러라 旣飽에 獻子問焉曰 人有言하야 曰唯食에 可以忘憂라하야늘 吾子一食之間에 而三歎하니 何也오 同辭對曰 吾는 小人也라 貪호이다 饋之始至에 懼其不足이라 故歎하고 中食而自咎也하야 曰豈主之食而有不足가 是以再歎하고 主之旣食②에 願以小人之腹으로 爲君子之心하야 屬(촉)厭41)而已라 是以三歎호이다 獻子曰 善42)하다하고 乃辭梗陽人하다

---

37) 梗陽 : 魏氏의 采邑이다.

38) 魏獻子 : 晉나라 正卿이니 魏戊의 아버지 魏舒이다. ≪左傳≫ 昭公 28년에, "梗陽 사람들끼리 獄事가 있었는데 경양의 대부로 있던 魏戊가 능히 판결을 내리지 못해 獄事를 위로 아버지 위헌자에게 올려 보냈는데, 옥사를 일으킨 집안의 大宗에서 女樂을 賂物로 주려 하자〔以獄上/其大宗賂以女樂〕 위헌자가 그것을 받으려고 하였다."를, "魏戊가 판결을 내리지 못해 옥사를 대종인 위헌자에게 올려 보냈더니 송사하는 집안에서 여악을 뇌물로 주려고 하였다.〔以獄上其大宗/賂以女樂〕"로 보아야 한다는 두 가지 해석이 있다. 곧 大宗을 魏獻子로 볼 것인가, 訟事를 한 梗陽 사람의 큰집으로 볼 것인가의 두 가지 해석이 달라진다. 여기에서 大宗을 魏獻子로 봐야 한다는 주장에 반하여, 韋昭는 大宗이 訟者의 큰집이니 訟者를 위해 큰집 사람이 賂物을 바쳤다고 봐야 한다고 했다.

39) 閻沒 : 閻明이니 晉나라의 大夫이다.

40) 叔寬 : 女齊의 아들인 叔褒이니 晉나라 大夫이다. ≪左傳≫ 昭公 28년에는, 魏戊가 두 사람으로 하여금 諫하도록 시켰다고 되어 있다.

41) 屬厭 : 屬은 적당함이고, 厭은 배부름이다.

〔校勘〕① 在 : 四部備要本에는 '於'로 되어 있다.
② 旣食 : 四部備要本에는 '旣已食'으로 되어 있다.

梗陽 고을 사람이 옥사로 다투는 일이 있어 이기지 못할 듯하자, 魏獻子에게 뇌물을 바치고자 청하였다. 그런데 헌자가 그것을 받아들이려 하니, 閻沒이 叔寬에게 이르기를, "우리 함께 諫해 보자. 우리 주군께서 뇌물을 받지 않는 것으로 제후들 사이에 소문이 나 있거늘, 지금 경양 사람의 뇌물로써 흠을 남기는 것은 좋지 않다."라 하고 두 사람이 조회하고서 물러나지 않았다. 獻子가 밥을 먹으려 하다가 누가 뜰에 있느냐고 물으니, "閻明과 叔褒가 있습니다."라 하니, 불러서 함께 식사하도록 하였다. 그런데 식사를 다 마칠 때까지 세 차례나 탄식을 하였다. 밥을 다 먹고 나서 헌자가 묻기를, "사람들이 말하기를 밥 먹을 때만은 시름을 잊을 수 있다고 하는데, 그대들은 밥 한 끼 먹는 사이에 세 번씩이나 탄식을 하고 있으니 무슨 일인가?" 하니 동시에 말하기를, "저희는 小人이어서 욕심이 많습니다. 음식이 처음 나왔을 적에 음식이 부족할까 두려워서 탄식하였고, 밥 먹는 중에는 스스로의 잘못을 반성해서 아무려면 主君의 음식이 부족함이 있겠는가 라고 생각되어서 탄식하였고, 주군께서 식사를 끝내셨을 때에는 소인의 배를 군자의 마음으로 삼게 해서 적당하게 배가 부르면 그쳤으면 하는 것을 소원하여서였습니다. 그래서 세 번 탄식하였습니다." 하니, 이에 헌자가 "좋은 말이다." 하고서는 경양 사람의 뇌물을 거절하였다.

191. 董安于辭趙簡子賞 董安于가 趙簡子의 賞을 거절하다

【大義】 평소의 치적을 외면하고 전쟁의 공만을 중시하려는 제후의 잘못을 지적하다.

下邑之役43)에 董安于多44)라 趙簡子賞之러니 辭라 固賞之한대 對曰 方臣之少也에

---

42) 善 : 두 사람의 비유가 좋아 獻子를 거스르지 않음으로써, 獻子가 능히 깨닫고 고치게 되었다는 말이다.

43) 下邑之役 : 下邑은 서울이 아닌 지방 고을을 이르는 말이니, 곧 荀寅과 士吉射의 공격을 받게 된 趙簡子가 도망친 晉陽과, 진양으로 도망친 조간자를 공격하다 朝歌로 도망친 순인과 사길사와의 일종의 전쟁을 이른다. 魯定公 13년(기원전 497년)에 趙簡子가 邯鄲의 大夫 趙午를 죽였다. 그러자 趙午의 아들인 稷이 邯鄲의 일을 문제 삼아

進秉筆하야 贊爲名命45)하야 稱於前世하고 義①於諸侯어늘 而主弗志46)하고 及臣之壯也하야 耆(지)47)其股肱하야 以從司馬에 苛慝不產하고 及臣之長也하야 端委韠帶48) 以隨宰人49)에 民無二心이어늘 今臣이 一旦爲狂疾50)이어늘 而曰 必賞女하시니 是以②狂疾賞也니 不如亡이라하고 趨而出이라 乃釋之하다

〔校勘〕① 義 : 四部備要本에는 '義'자 다음에 '立'자가 더 있다.
② 是以 : 四部備要本에는 '與余以'로 되어 있다.

지방 고을〔晉陽〕의 싸움에서 董安于가 큰 戰功을 세워 趙簡子가 상을 주려 하자, 이를 거절하였다. 그래도 한사코 상을 주려 하자, 대답하여 말하기를, "바야흐로 신이 연소하였을 적에 문장을 다루는 부서에 등용되어 국내의 문서와 외교문서를 다듬는 일을 도와 선왕조의 조정에서 칭찬을 받았고, 제후들 사이에서도 문장이 의리에 빈틈이 없다는 소문이 났었으나 主君께서 이를 알아주려 하지 않으셨습니다. 신이 壯年의 나이에 이르러서 手足과 같은 지위를 획득하여 '司馬' 벼슬에 종사하면서는 까탈스럽거나 사악한 짓을 저지르는 자가 없었으며, 신이 나이 비교적 많아져서는 玄端服을 입고 委貌冠을 쓰고 가죽 蔽膝을 무릎에 드리우고 큰 띠를 차고서, 菜邑을 관장하는 일을 수행하면서는 백성들이 두마음을 갖는 자가 없었습니다. 그런데 신이 하루아침에 미친병을 앓자, '기어코 너에게 상을 내리겠다.'고 하시니, 이는 미친병을 가지고서 상을

반란을 일으켰다. 이때 趙午는 荀寅의 甥姪이었고, 荀寅은 士吉射(일명 范吉射)의 장인이었다. 그래서 荀寅과 士吉射가 힘을 모아 조간자의 집을 포위하고 공격하였다. 趙簡子가 晉陽으로 도망치자 두 세력이 진양을 포위하였다. 이때 韓氏와 魏氏 집안이 조간자를 거들며 전쟁의 양상이 뒤바뀌어 荀寅과 士吉射가 조가로 도망치게 되었다.

44) 董安于多 : 董安于는 趙簡子의 家臣 이름. 多는 戰功을 이른다.
45) 名命 : 名은 국내 관계의 문장, 命은 외교문서를 이른다.
46) 志 : 識(알아주다)의 뜻이다.
47) 耆 : 이르다, 도달하다의 뜻이다.
48) 端委韠帶 : 端은 玄端服이니 검은 베로 지은 옷, 委는 委貌冠이니 周나라 때의 禮冠이고, 韠은 가죽 蔽膝이니 관복의 허리에서 아래로 무릎을 가리기 위해 입는 장식이고, 帶는 큰 띠이니 모두 관원들의 복장이다.
49) 宰人 : 卿大夫 집안의 菜邑을 다스리는 관리이다.
50) 狂疾 : 戰鬪의 처참한 살육을, 미친 사람이 서로 殺傷하는 것에 비유하여 이른 말이다.

주는 것입니다. 그러니 도망치는 것만 같지 못합니다." 하고서는 종종걸음으로 밖으로 나가 버렸다. 이에 상 주는 일을 그만두었다.

192. 趙簡子以晉陽爲保障 趙簡子가 晉陽 땅을 자신의 堡壘로 삼다

【大義】 정치가의 근거지 마련을 위한 인심 얻기 정책.

趙簡子가 **使尹鐸爲晉陽**51)한대 **請曰 以爲繭絲**52)**乎**잇가 **抑爲保障**①53)**乎**잇가 **簡子曰 保障哉**인저 **尹鐸**이 **損其戶數**54)하다 **簡子誡襄子**55)**曰 晉國有難**이어든 **而**56)**無以尹鐸爲少**57)하며 **無以晉陽爲遠**하고 **必以爲歸**하라

〔校勘〕 ① 障 : 四部備要本에는 '鄣'으로 되어 있다. 아래도 같다.

趙簡子가 尹鐸을 시켜서 晉陽을 다스리게 하였다. 그러자 청하여 말하기를, "세금 받는 곳으로 만들까요? 아니면 보루로 만들까요?" 하자, 간자가 "보루로 만들도록 하라."고 하자, 윤탁이 〈진양의〉 戶口 숫자를 줄였다. 그리고서는 簡子가 襄子에게 훈계해서 말하기를, "진나라에 환란이 있거든 너는 尹鐸을 가볍게 보지 말고, 진양을 먼 곳에 있는 곳으로 생각하지 말고 진양으로 반드시 돌아가도록 하라."58) 하였다.

---

51) 尹鐸爲晉陽 : 尹鐸은 趙簡子의 家臣. 爲는 다스린다의 뜻. 晉陽은 趙氏의 采邑이다.

52) 繭絲 : 세금을 이르는 말. ≪書經≫ 〈禹貢 兗州〉의 '厥貢漆絲'에 의거해 보건대 견사가 세금의 다른 이름으로 쓰인 것을 알 수 있다.

53) 保障 : 가리어 막아 주는 것을 이른다. 保는 작은 城을 保라 한다. ≪禮記≫에 보면 '성에 들어가는 자를 만났다.〔遇入保者〕'라는 글이 있다.

54) 損其戶數 : 당시 세금 제도는 호수에 따라 부과하였으므로 중앙 정부에 한 지역의 호수를 줄여서 인정받으면 백성들에게 부과되는 세금 부담이 줄어들게 된다.

55) 襄子 : 晉나라의 正卿(上卿). 簡子의 아들 無卹이다.

56) 而 : 汝(너)의 뜻이다.

57) 爲少 : 少에 대해서, ≪通鑑節要≫ 〈周紀〉의 기사에는 가볍게 여기다로, 근래의 白話本 번역에는 나이 젊다의 뜻으로 보았다.

58) 반드시 돌아가도록 하라 : 진양을 보루로 만들려는 底意이다.

193. 郵無正諫趙簡子無殺尹鐸 郵無正이 趙簡子에게 尹鐸을 죽이지 말도록 간하다

【大義】 反面教師가 되는 시설물의 존폐를 두고 君臣間에 오간 대화.

趙簡子使尹鐸爲晉陽하고 曰必墮(휴)其壘培[59]하라 吾將往焉하야 若見壘培면 是見寅與吉射也니라하야늘 尹鐸往而增之하다 簡子如晉陽하야 見壘하고 怒曰 必殺鐸也하라 而後入하리라 大夫辭之[60]호대 不可하야 曰是昭余讎也[61]니라 郵無正[62]이 進하야 曰昔先主文子少釁①於難[63]하야 從姬氏[64]於公宮이라니 有孝德以出在公族[65]하고 有恭德以升在位하고 有武德以羞爲正卿[66]하고 有溫德以成其名譽하니 失趙氏之典刑하고 而去其師保[67]호대 基於其身하야 以克復其所니이다 及景子[68]長於公宮하야 未及教訓而嗣立矣호대 亦能纂脩其身以受先業하야 無謗於國하고 順德以學(효)子하고 擇言以教子하고 擇師保以相子하니이다 今吾子嗣位에 有文之典刑하고 有景之

---

59) 壘培 : 壘는 보루이고, 培는 堡壘를 쌓은 벽돌이다. 여기서 壘培는 위 〈晉語 九〉 '董安于辭趙簡子賞'章에서 이른 下邑의 전투 때 荀寅과 士吉射가 趙簡子를 포위하기 위해서 쌓은 성벽을 이른다.

60) 辭之 : 청하여 용서를 빈 것을 이른다.

61) 是昭余讎也 : 나의 원수들이 남긴 흔적을 밝게 드러내서 나를 욕보이고자 함이란 뜻이다.

62) 郵無正 : 晉나라의 大夫. 이름은 王良, 字는 伯樂, 無恤이라고도 한다.

63) 文子少釁於難 : 文子는 簡子의 할아버지 趙武이다. 釁은 離(만나다, 걸리다)의 뜻이다. 難은 莊姬(趙武의 어머니, 晉成公의 딸)가 媤叔父인 趙嬰과 사통하다가 趙嬰의 同腹兄들에게 조영이 쫓겨나자, 장희가 晉景公에게 조씨 일가를 모반을 꾀한다고 讒訴하여 討伐당하게 한 일을 이른다. 이 일로 인해서 趙武가 어머니 장희를 따라 公宮에 들어가 자라게 되었다. ≪左傳 成公 5년·8년≫

64) 姬氏 : 莊姬, 곧 趙武의 어머니를 이른다.

65) 公族 : 公族大夫가 된 것을 이른다.

66) 羞爲正卿 : 羞는 나아가다. 正卿은 上卿을 이른다.

67) 師保 : 스승을 이르는 말이다.

68) 景子 : 趙文子의 아들. 이름은 成으로 趙簡子의 아버지이다. 할머니인 장희를 따라 公宮에서 자랐다.

敎訓하며 重之以師保하고 加之以父兄이어늘 子皆疏之하야 以及此難[69]하니이다 夫尹鐸曰 思樂而喜하고 思難而懼는 人之道也니 委土可以爲師保어늘 吾何爲不增이릿고 是以脩之니 庶曰可以鑑而鳩[70]趙宗乎인저 若罰之인댄 是罰善也요 罰善이면 必賞惡이니 臣何望矣리잇가 簡子說曰 微子런들 吾幾不爲人矣라하고 以免難之賞[71]으로 賞尹鐸하다 初에 伯樂이 與尹鐸有怨이러니 以其賞으로 如[72]伯樂氏하야 曰子免吾死하니 敢不歸祿[73]가한대 辭曰 吾爲主圖요 非爲子也니 怨若怨焉이니라

〔校勘〕 ① 釁 : 四部備要本에는 '舋'으로 되어 있는데 '釁'의 속자이다.

趙簡子가 尹鐸을 시켜서 晉陽을 다스리게 하고서 말하기를, "반드시 〈荀寅과 士吉射가 쌓았던〉 그 성벽을 헐어 버리도록 하라. 내가 장차 그곳에 가서 만약 그 성벽을 보게 된다면, 이는 순인과 사길사를 보는 것과 마찬가지일 것이다." 하였다. 그런데 윤탁이 그곳에 부임해 가서는 성벽을 더 높이 쌓아 올렸다. 조간자가 진양에 가서 더 높다랗게 쌓아 올린 성벽을 보고서는, 성내어 말하기를, "반드시 윤탁을 죽이도록 하라. 그런 뒤에 내가 들어가겠다." 하자, 대부들이 용서를 청했으나 수긍하려 들지 않았다. 그리고는 말하기를, "이는 나의 원수였던 자들을 드러내서 나를 욕보이고자 해서이다." 하니, 郵無正이 나아와 말하기를, "옛날 돌아가신 우리 주군 文子는 어렸을 적에 難을 만나 어머니 莊姬를 따라서 公宮에 들어가 자라게 되었습니다. 그런데도 효순한 덕이 있어 벼슬길에 나아가 公族大夫가 되었고, 공손한 덕이 있어 승진하여 卿의 자리에 나아갔고, 군사를 다스리는 덕이 있어 正卿에 올랐고, 온화한 덕이 있어 그 명예를 성취하였습니다. 조씨 집안의 물려 온 典刑을 익힐 기회를 잃었고, 가르쳐 주거나 보호해 주는 사람〔師保〕이 없는 데도 그 자신 맨몸으로 시작하여 능히 선대에 가졌던 것들을 회복하셨습니다. 景子에 미쳐서는 公宮에서 자라 미처 교훈을 받지 못한 채로 이어받으셨으나, 역시 능히 몸소 선대의 덕을 이어 닦아 선대의 공업을 계승함으로써 나라에

---

69) 此難 : 荀寅과 士吉射의 난을 이른다.

70) 鳩 : 편안하게 함이다.

71) 免難之賞 : 군주가 난을 면하도록 해 준 것에 대해 보상으로 내리는 상. 주로 軍功을 이렇게 이른다.

72) 如 : 가다, 찾아가다의 뜻이다.

73) 歸祿 : 歸는 饋(주다)의 뜻이고, 祿은 자신이 받은 賞을 이른다.

험담 듣는 일이 없었으며, 順理의 덕으로 아들을 가르치고, 좋은 말을 가려서 아들을 가르치고, 좋은 스승을 가려서 아들을 돕도록 하셨습니다. 지금 당신께서 位를 이어받으셔서는 文子가 세운 典刑이 있고, 景子가 남긴 교훈이 있으며, 거듭하여 師保가 있고 父兄들이 더하여 계십니다. 그런데도 당신께서는 이들을 모두 멀리하다가 이번의 환란을 만나게 되었습니다. 저 尹鐸은 '즐거운 일을 생각하면 기뻐지고, 환란을 생각하면 두려워지는 것은 사람의 특성이다. 흙을 쌓아 올리면 師保로 삼을 수 있는데, 어찌하여 내가 증축하지 않겠는가.'라고 생각한 것입니다. 이런 까닭에서 보수한 것입니다. 그것을 거울삼아서 趙氏의 宗族을 안정시킬 수 있을 것이라고 아마도 생각하였을 것입니다. 만일 벌을 내린다면 이는 선한 사람에게 벌을 주는 것이며, 선한 사람에게 벌을 내리게 되면 반드시 악한 사람에게 상을 내리게 됩니다. 臣들이 무엇을 기대할 수 있겠습니까." 하니, 조간자가 기뻐하며 말하기를, "그대가 아니었던들 내가 거의 사람 노릇 하지 못할 뻔하였구나." 하고서, 군주의 환란을 모면시킨 자에게 내리는 상을 윤탁에게 상으로 내렸다.

지난날 伯樂(郵無正)이 尹鐸과 원한이 있었다. 〈윤탁이〉 받은 상을 들고 백락에게 찾아가서 말하기를, "그대가 나의 죽음을 면하게 해 주었으니, 어찌 감히 상을 그대에게 돌려 주지 않겠는가?" 하니, 백락이 거절하며 말하기를, "나의 일은 주군을 위한 도모였지 그대를 위해서 한 일이 아니다. 원한은 원한 그대로이다." 하였다.

194. 鐵之戰趙簡等三人誇功 鐵 땅 전투를 끝내고 趙簡子 등 세 사람이 戰功을 자랑하다

【大義】 전쟁의 승리를 부하에게 돌릴 줄 모르는 장수의 오만함.

鐵之戰[74)]에 趙簡子曰 鄭人이 擊我하야 吾伏弢嗂血[75)]호대 鼓音不衰하니 今日之事

---

74) 鐵之戰 : 鐵은 衛나라 땅이다. 晉나라의 中行寅과 范吉射가 朝歌 땅으로 도망하여 계속 반란을 이어 가자, 齊나라와 鄭나라가 그들을 도와 魯哀公 2년(기원전 493년)에 齊나라가 곡식을 지원하여 그것을 鄭나라의 罕達과 駟弘이 운송하게 되었다. 范吉射가 그 식량을 맞이하려 하자, 趙簡子가 이를 막게 되었는데 두 군대가 戚 땅에서 서로 만나 마침내 鐵 땅에서 전쟁을 벌인 것이다. 자세한 내용은 〈晉語 九〉 '董安于辭趙簡子賞'章의 下邑之役 주석을 참고할 것.

는 莫我若也니라 衛莊公이 爲右[76]러니 曰吾九上九下하야 擊人盡殪(예)[77]하니 今日之事는 莫我加也니라 郵無正이 御러니 曰吾兩鞁[78]將絶호대 吾能止之[79]하니 今日之事는 我上之次也니라하고 駕而乘材에 兩鞁皆絶이러라

鐵 땅의 전투를 끝내고서 趙簡子가 말하기를, "鄭나라 군대가 내 어깨를 명중시켜, 내가 箭筒에 엎어져서 얼굴이 피범벅이 되면서도 북소리를 그치지 아니하였다. 오늘의 싸움에서는 나 같은 사람은 없다." 하니, 그때 衛莊公이 趙簡子의 車右가 되었는데, 그가 말하기를, "내가 수레에서 아홉 번을 오르내리며 모여드는 적들을 모두 쳐서 죽였으니, 오늘 싸움에서 나보다 더한 사람이 없다." 하였다. 郵無正이 簡子의 수레를 몰았는데, "내 두 필 말의 가슴걸이 끈이 끊어지려 하였는데 내가 속도를 잘 줄여 끊어지지 않도록 하였으니, 오늘 전쟁에서 내가 최상의 다음 공은 될 것이다." 하더니, 수레를 몰아 가로로 넘어져 있는 재목을 타고 넘어가자, 말의 가슴걸이 끈이 모두 끊어져 버렸다.

195. 衛莊公禱 衛莊公의 기도

【大義】 전쟁에 임하는 자의 祖上을 향한 절박한 祈求.

衛莊公이 禱①曰 曾孫[80]蒯聵(괴외)以諄[81]趙鞅之故로 敢昭告于皇祖文王[82]과 烈

75) 伏弢衉血 : 弢는 箭筒, 衉血은 피로 얼굴이 범벅진 것이다. 조간자가 정나라의 화살을 어깨에 맞아 수레에 있는 전통에 쓰러져 얼굴이 피범벅이 되면서도 북을 쳐 군사의 사기를 돋운 일을 이른다.

76) 衛莊公爲右 : 衛莊公은 衛靈公의 太子인 蒯聵를 이른다. 蒯聵가 어머니 南子를 죽이려다 실패하고 晉나라로 도망쳐 오자 조간자가 그를 받아들였는데, 당시 조간자의 車右로 전쟁에 참여한 것이다. 爲右는 곧 車右가 된 것을 이르니, 장군이 타는 수레 오른쪽에서 장군을 호위하여 비상사태를 대비하는 사람이다.

77) 擊人盡殪 : 簡子를 보호하기 위해 수레를 아홉 번 오르내리며 적을 殺傷한 것을 이른다.

78) 鞁 : 靷(말의 가슴걸이 끈)이다.

79) 止之 : 말의 속도를 붙들어 천천히 가게 한 것을 이른다.

80) 曾孫 : 선조에게 제사할 때 자신을 지칭하는 말.

祖83)康叔과 文祖襄公84)과 昭考靈公85)하노니 夷86)請無筋無骨하고 無面傷하고 無敗用하고 無隕懼하고 死는 不敢請87)하노이다 簡子曰 志父(보)寄也88)하노라

〔校勘〕① 禱 : 四部備要本에는 '禱'자 앞에 '張'자가 더 있다.
＊ 이 章은, 우리나라 본에는 바로 위의 '鐵之戰'章과 한 편으로 구성되어 있다.

衛莊公이 기도하여 빌기를, "증손 蒯聵가 趙鞅(조간자)을 돕는 일로써 위대하신 선조 文王과 업적이 혁혁하신 康叔과 文德을 갖추신 襄公과 밝으신 아버지 靈公에게 감히 밝게 고하옵나이다. 상처를 입더라도 청컨대, 근육이 끊기는 일이 없고, 뼈가 부러지는 일이 없고, 얼굴도 다침이 없고, 병장기도 탈 나는 일이 없고, 말에서 굴러 떨어지는 두려움이 없게 해 주소서. 죽음까지는 감히 청해 말씀드리지 못하겠나이다." 하였다. 그러자 簡子가 말하기를, "志父, 나도 그대의 기도에 의탁하고자 하노라." 하였다.

196. 史黯諫趙簡子田于螻 史黯이 趙簡子가 임금의 동산인 螻에서 사냥하는 것을 諫하여 만류하다

【大義】 지도자가 곧아야 따르는 자도 곧게 된다는 비유를 통해 상관의 참람한 욕심을 막다.

---

81) 諄 : 보좌하다, 돕다의 뜻이다.
82) 皇祖文王 : 皇祖의 皇은 크다는 뜻이다. 文王은 周나라의 시조인 文王을 이른다. 衛나라의 시조인 康叔이 문왕의 아들이어서 문왕을 거론한 것이다.
83) 烈祖 : 烈은 功業이 혁혁한 것을 이른다.
84) 文祖襄公 : 文은 文德이 있음을 이른다. 곧 禮樂 등 制度를 잘 갖춰 교화로 다스린 군주를 칭송하는 말이다. 襄公은 蒯聵의 할아버지이자, 靈公의 아버지이다.
85) 昭考靈公 : 昭考는 밝으신 아버지라는 말이다. 영공은 蒯聵의 아버지이다.
86) 夷 : 전쟁에서 입는 상처를 이른다.
87) 死不敢請 : 죽음에 이르러까지는 감히 청해서 말씀을 드리지 않는다의 뜻이니, 곧 죽음은 神의 영역에 해당하는 일이어서 조상께 감히 그것까지는 말씀드리지 못한다는 말이다.
88) 志父寄也 : 志父는 趙簡子의 바꾼 이름이다. 韋昭는, "≪左傳≫에 이르기를 趙鞅이 晉陽 땅에 들어가서 반란을 일으켰다가 나중에 서울로 돌아오게 되었다. 그래서 이름을 고쳐 志父라고 했다."고 하였다. 寄는 蒯聵가 비는 기도에 자신도 의탁한다는 뜻이다.

趙簡子田于螻[89]러니 史黯[90]聞之하고 以犬待于門하다 簡子見之하고 曰何爲오 曰有所得犬이라 欲試之玆囿로소이다 簡子曰 何爲不告오 對曰 君行臣不從은 不順이니 主將適螻호대 而麓[91]不聞하니 臣敢煩當日[92]이리이까 簡子乃還(선)하다

趙簡子가 임금의 동산인 螻에서 사냥하려고 하였다. 史黯이 이 소식을 듣고는 개 한 마리를 데리고서 사냥터 문 앞에서 기다렸다. 간자가 그를 발견하고 말하기를, "무슨 일인가?" 하니, 답하기를, "사냥개 한 마리를 얻었기에 이 동산에서 시험해 보고자 합니다." 했다. 간자가 말하기를, "어찌해서 사유를 〈나에게〉 보고하지 않았는가?" 하니, 대답하기를, "임금이 행하는 것을 신하가 따르지 않는 것은 순리가 아닙니다. 주군께서 임금의 사냥터인 螻에 나들이하시는 데도 麓이 알지 못하고 있습니다. 臣인들 감히 〈주군의〉 당직을 번거롭게 하겠습니까?" 하니, 간자가 바로 발길을 돌려 돌아갔다.

197. 少室周知賢而讓 少室周가 어진 이를 알아보고 자리를 사양하다

【大義】 아랫사람의 재능을 알아준 두 上官에 대한 이야기.

少室周[93]爲趙簡子右[94]러니 聞牛談有力하고 請與之戲하야 弗勝이라 致右焉한대 簡子許之하고 使少室周爲宰 曰知賢而讓하니 可以訓矣니라

少室周가 趙簡子의 車右가 되었는데, 牛談이라는 사람이 勇力이 있다는 말을 듣고

89) 螻 : 晉나라 군주의 동산. 곧 사냥터이다.

90) 史黯 : 晉나라의 대부 史墨이니, 그때에 간자의 史官이 되어 있었다.

91) 麓 : 임금의 동산을 주관하는 관원. ≪左傳≫에, "산림의 나무는 衡麓이 지킨다."고 했다.

92) 敢煩當日 : 당번 서는 사람. 주군께서 임금의 사냥터에 가시면서도 담당 관원인 麓을 번거롭게 하여 군주에게 고하게 하지 않으시기에, 臣 또한 감히 주군의 당직을 번거롭게 할 수 없었다고 자백한 것이다.

93) 少室周 : 趙簡子 신하의 이름.

94) 右 : 車右를 이른다.

서 더불어 겨루어 보기를 청하였다가 이기지 못하자, 車右의 직을 건네주고자 하였다. 간자가 이를 허락하고서, 소실주를 가신의 우두머리인 총재에 앉히고서는 말하였다. "어진 이를 알아보고서 사양했으니, 교훈이 될 만하다."

198. 史黯論良臣 史黯이 어진 신하에 대해 논하다

【大義】 어진 신하라 일컬을 수 있는 신하의 德目.

趙簡子歎①曰 吾願得范・中行(항)之良臣95)하노라 史黯侍라가 曰將焉用之리잇까 簡子曰 良臣은 人之所願也어늘 又何問焉고 對曰 臣以爲不良故也니이다 夫事君者는 諫過而賞善하고 薦可而替不②96)하고 獻能而進賢하고 擇才③而薦之하고 朝夕誦善敗而納之하며 道之以文하고 行之以順하며 勸之以力하고 致之以死하야 聽則進하고 不則退어늘 今范・中行氏之臣은 不能匡相其君하야 使至於難하고 君出在外어늘 又不能定하고 而棄之하니 則何良之爲리잇까 若弗棄면 則主焉得之리잇까 夫二子之良인댄 將勤營其君하야 使復④立於外하야 死而後止니 何日以來이까 若來면 乃非良臣也니이다 簡子曰 善하다 吾言實過矣로다

〔校勘〕 ① 歎 : 四部備要本에는 '歎'자가 없다.
② 不 : 四部備要本에는 '否'로 되어 있는데 통용한다.
③ 才 : 四部備要本에는 '材'로 되어 있는데 통용한다.
④ 使復 : 四部備要本에는 '復使'로 되어 있다.

趙簡子가 탄식하며 말하기를, "나는 〈나의 원수였던〉 范氏와 中行氏의 어진 신하들을 얻고자 원하노라." 하니, 史黯이 모시고 있다가 말하기를, "어디에 쓰고자 해

---

95) 范・中行之良臣 : 范은 士吉射를 이르고, 中行은 中行寅을 이른다. 곧 趙簡子를 공격한 두 사람의 참모들을 뛰어난 신하로 본 것이다.

96) 薦可而替不 : 薦은 進獻하다, 替는 버리다의 뜻이다. ≪左傳≫ 昭公 20년에, "군주가 옳다고 한 일이라도 불가한 일이 있거든 그 부당한 것을 말씀드려서 옳은 것이 이루어지도록 하고, 임금께서 불가하다고 말씀하시더라도 옳은 것이 있거든 신하가 그 옳은 점을 말씀드려서 그 부당한 것을 제거하도록 해야 한다."고 하였다.

서입니까?" 하니, 간자가 말하기를, "어진 신하는 사람마다 원하는 바이거늘, 또 무엇을 묻는가?" 하니, 대답하기를, "신은 〈그들이〉 어질지 못하다고 생각하기 때문입니다. 무릇 군주를 섬기는 자는 잘못은 간하고 잘한 것은 권면하며, 좋은 일은 진언하고 나쁜 일은 폐기하게 해야 하며, 재능 있는 사람은 추천하고 어진 사람은 끌어올리고, 재주 있는 사람은 가리어 천거하고, 아침저녁으로 역사상의 興亡을 말씀드려 듣게 하고, 임금을 文德으로 인도하고, 순리를 행하도록 해야 합니다. 이런 일들을 위해 힘을 다해 애쓰고, 죽음까지도 바쳐야 합니다. 그리하여 청하는 말을 들어주면 벼슬에 나아가고, 들어주지 않으면 물러나야 합니다. 지금 范氏와 中行氏의 신하들은 능히 주군을 바르게 보좌하지 못해서 환란을 만나게 하였고 주군이 도망가서 국외에 머물고 있는데도 또 능히 안정시켜 드리지도 못하고 버려두고 있으니, 어디에 어질다고 할 점이 있습니까? 그리고 만약 자기 군주를 내버리지 않는다면 주군께서 어떻게 그들을 얻을 수 있겠습니까? 저들이 진정 두 사람의 어진 신하들이라면 장차 그 군주를 위해 애써 도모하여 다시 국외에서 爵祿을 가질 수 있게 하려 노력하여, 죽은 뒤에 그 일을 그쳐야 할 것이니, 어느 날 그들이 올 수 있겠습니까? 만일 그들이 주군께 온다면 이는 어진 신하가 아닐 것입니다." 하니, 간자가 말하기를, "옳은 말이다. 내 말이 참으로 잘못되었다."고 하였다.

199. 趙簡子問賢于壯馳茲 趙簡子가 壯馳茲에게 어진 이를 묻다

【大義】 국가는 군주의 교만과 겸손함에서 興亡이 갈린다.

趙簡子問於壯馳茲97)曰 東方之士에 孰爲瘉①오 壯馳茲拜曰 敢賀하노이다 簡子曰 未應吾問하고 何賀오 對曰 臣聞之호니 國家之將興也에 君子自以爲不足하고 其亡也에 若有餘라하야늘 今主任晉國之政하사 而問及小人하시고 又求賢人하시니 吾是以賀하노이다

〔校勘〕 ① 瘉 : 四部備要本에는 '愈'로 되어 있는데 통용한다.

趙簡子가 壯馳茲에게 묻기를, "東方의 선비들 중에 누가 훌륭한가?" 하니, 장치자가

---

97) 壯馳茲 : 晉나라 대부. 아마도 吳나라 사람인 듯하다.

절하고서 말하기를, "감히 축하드립니다." 하였다. 간자가 말하기를, "나의 물음에는 대답하지 않고서 어인 축하인가?" 하니, 대답하기를, "신은 들으니, 국가가 장차 興하려면 君子(집정대신)가 스스로를 부족하게 여기고, 망하려 하면 〈군자가〉 스스로를 남음이 있는 듯이 여긴다고 하였습니다. 지금 주군께서 晉나라의 정사를 맡으시고서 물으시는 말씀이 저 같은 소인에게까지 미치고, 또 한편으로는 어진 사람을 구하고 계시니, 제가 그래서 축하드린 것입니다." 하였다.

200. 竇犨謂君子哀無人 竇犨가 君子는 어진 보좌관이 없음을 슬퍼해야 한다고 말하다

【大義】 위정자가 현실에서 구하여야 할 德目과 변화무쌍한 인생 流轉.

趙簡子歎曰 雀入于海하야 爲蛤하고 雉入于淮하야 爲蜃[98]하며 黿鼉魚鼈이 莫不能化[99]어늘 唯人不能하니 哀夫인저 竇犨[100]侍라가 曰臣聞之호니 君子哀無人하고 不哀無賄하며 哀無德하고 不哀無寵하며 哀名之不令하고 不哀年之不登이라하더이다 夫中行·范氏①는 不恤庶難하고 而②欲擅晉國이라가 今③其子孫이 將耕於齊하니 宗廟之犧爲畎畝之勤[101]이니이다 人之化也 何日之有리잇가

〔校勘〕 ① 中行范氏 : 四部備要本에는 '范中行氏'로 되어 있다.
② 而 : 四部備要本에는 '而'자가 없다.
③ 今 : 四部備要本에는 '令'으로 되어 있다.

---

98) 雀入于海爲蛤 雉入于淮爲蜃 : ≪禮記≫ 〈月令 季秋〉조에, 참새가 큰물에 들어가 작은 조개가 되고〔爵入大水爲蛤〕, 〈孟冬〉조에는 꿩이 큰물에 들어가 큰 조개가 된다고 하였다〔雉入大水爲蜃〕.

99) 黿鼉魚鼈莫不能化 : 뱀이 자라가 되고, 조기가 오리가 되는 類를 이른다.

100) 竇犨 : 晉나라의 大夫.

101) 宗廟之犧 爲畎畝之勤 : 순색을 가진 소가 제사의 犧牲으로 쓰이듯, 두 사람(범씨, 중항씨)은 모두 명문거족의 후예로서 마땅히 종묘에서 제사를 주관하는 사람이 되어 있어야 하는데, 지금 도리어 농사짓는 밭두둑 사이로 쫓겨나 있으니, 이 또한 사람의 변화라고 풍자한 것이다.

趙簡子가 탄식해 말하기를, "참새는 바다로 들어가서 작은 조개가 되고, 꿩은 淮水로 들어가서 큰 조개가 되며, 큰 자라와 악어와 고기와 자라들이 능히 변화하지 않음이 없는데, 오직 사람만이 능히 그렇게 하지 못하니, 슬프다!" 하자, 竇犨가 모시고 있다가 말하였다. "臣은 들으니, 君子는 어진 보좌관이 없음을 슬퍼하고, 재물이 없는 것을 슬퍼하지 않으며, 德이 없는 것을 슬퍼하고, 福이 없는 것을 슬퍼하지 않으며, 명예가 아름답지 못한 것을 슬퍼하고, 長壽하지 못함을 슬퍼하지 않는다고 했습니다. 저 中行氏와 范氏는 서민들의 고난을 걱정하지 않고, 晉나라의 정권을 마음대로 휘두르려 하다가 지금 그 자손이 바야흐로 齊나라에서 농사를 짓고 있으니, 종묘에 쓰여야 할 犧牲이 밭두둑에서 고생하고 있습니다. 사람의 변화가 어찌 정해진 날이 있겠습니까?"

201. 趙襄子使新穉穆子伐翟 趙襄子가 新穉穆子를 시켜서 翟나라를 정벌하다

【大義】 요행에 대한 경고와 그것을 福祿으로 변화시킬 방법.

趙襄子使新穉①穆子102)로 伐翟103)하야 勝左人·中人이러니 遽人104)來告에 襄子將食尋飯105)이라가 有恐色이라 侍者曰 狗之事大矣어늘 而主〈之〉②色不怡하시니 何也잇까 襄子曰 吾聞之호니 德不純而福祿並至를 謂之幸이라하니라 夫幸은 非福106)이니 非德이면 不當雝107)이요 雝不爲幸이라 吾是以懼로라

---

102) 新穉穆子 : 진나라의 대부. 新穉는 姓이고, 穆은 諡號, 이름은 狗이다.

103) 伐翟 : 翟나라의 정벌은 춘추시대를 지나 전국시대의 일이다.

104) 遽人 : 驛卒이다. 곧 국가의 소식을 전달하는 일을 하는 사람이다.

105) 尋飯 : 尋飯에 대해 韋昭는 아무런 注를 달고 있지 않다. 근래 白話本 번역본에, "尋은 專의 誤字이며 專은 摶과 통용자이다."라고 하여 당시에 밥을 손으로 뭉쳐서 먹던 세상이니 양자가 손에 뭉쳐 놓은 밥을 먹으려고 하다의 뜻으로 보아야 한다고 하였다. ≪呂氏春秋≫ 〈愼大〉篇에, 이 기사를 인용하며 '襄子方食摶飯'으로 표기하고 있다.

106) 夫幸非福 : 찾아온 요행을 덕으로 능히 감내해 내지 못하면 반드시 병통이 되므로 福祿이 되지 못하는 것이다.

107) 非德不當雝 : 當은 감내한다는 말과 같으며 雝은 화락한 것이다. 오직 덕 있는 사람

〔校勘〕 ① 穉 : 四部備要本에는 '稚'로 되어 있는데 '穉'는 '稚'의 古字이다.
② 〈之〉 : 四部備要本에 의거하여 보충하였다.

趙襄子가 新穉穆子에게 翟나라를 정벌하게 하였더니, 〈적나라의〉 左人과 中人 고을을 함락시켰다. 역졸이 와서 보고하자, 양자가 뭉쳤던 밥을 먹으려다가 두려워하는 기색을 띠었다. 모시고 있던 자가 말하기를, "신치목자가 이룬 일이 큰데 主君의 안색이 기뻐하지 않으시니 어째서입니까?" 하니, 양자가 말하기를, "나는 들으니, 덕이 純一하지 못한데 福과 祿이 함께 이르는 것은 요행이라고 하였다. 저 요행이란 것은 복이 아니다. 덕이 아니면 화락하게 堪耐해 내지 못하고, 화락하게 감내해 내게 되면 그것은 요행으로 주어진 것이 되지 아니한다. 내가 그래서 두려워하는 것이다."라고 하였다.

202. 知果論知瑤必滅知宗 知果가 지씨의 종족은 知瑤가 반드시 멸망시킬 것이라고 말하다

【大義】 후계자 선택에서 德性이냐 才能이냐의 판단.

知①宣子108)將以瑤109)爲後한대 知果110)曰 不如宵111)也니이다 宣子曰 宵也狠②112)하니라 對曰 宵之狠은 在面하고 瑤之狠은 在心하니 心狠은 敗國하고 面狠은 不害니이다 瑤之賢於人者五요 其不逮者一③이니 美鬢長大則賢이요 射御足力則賢이요 伎藝畢給則賢이요 巧文辯惠則賢이요 彊毅果敢則賢이니이다 如是而甚不仁하니 以其五賢陵人하고 而以不仁行之면 其誰能待之리잇까 若果立瑤也면 知宗必滅이리이다호대 弗聽이라 知果別族于太史113)하야 爲輔氏러니 及知氏之亡④에 唯輔果

만이 복록을 받아 화락하게 감내한다는 말이다.

108) 知宣子 : 晉나라의 卿이며 荀躒의 아들 甲, ≪史記≫ 〈趙世家〉에 申으로 표기되어 있다.

109) 瑤 : 宣子의 아들 知襄子. 知伯으로도 쓴다.

110) 知果 : 晉나라의 대부. 知氏 집안 사람이다.

111) 宵 : 宣子의 庶子(장자가 아닌 아들)이다.

112) 狠 : 모질고 고집스러움이다.

在[114]러라

〔校勘〕 ① 知 : 四部備要本과 여러 책에 모두 '智'로 표기하고 있다.
② 狠 : 四部備要本에는 '佷'으로 되어 있다. 아래도 같다.
③ 一 : 四部備要本에는 '一'자 다음에 '也'자가 더 있다.
④ 亡 : 四部備要本에는 '亡'자 다음에 '也'자가 더 있다.

知宣子가 아들 瑤를 후계자로 삼고자 하였다. 知果가 말하기를, "宵로 정하는 것만 못할 것입니다."라고 하니, 선자가 말하기를, "宵는 모질고 고집스럽다." 하니, 대답하기를, "宵의 모질고 고집스러움은 외모에 나타나 있으나, 瑤의 모질고 고집스러움은 마음속에 숨겨져 있습니다. 마음의 모질고 고집스러움은 나라를 망하게 하고, 외모로 나타나 있는 모질고 고집스러움은 해될 것이 없습니다. 요가 남들보다 어진 것은 다섯 가지이고, 미치지 못하는 것은 한 가지입니다. 귀밑머리가 아름답고 장대한 것은 남보다 나은 것이고, 활을 잘 쏘고 말을 잘 몰고 기운이 넘치는 것은 남보다 나은 것이고, 기예가 모두 넉넉한 것이 남보다 나은 것이고, 문장이 교묘하고 지혜가 민첩한 것이 남보다 나은 것이고, 굳세고 과감한 것이 남보다 나은 것입니다. 이같으면서 매우 어질지 못하니, 이 다섯 가지 훌륭한 것으로써 남을 깔보고, 어질지 못한 마음으로 행동한다면 그 누가 능히 너그러이 용납해 주겠습니까? 만일 과연 瑤를 세운다면 知氏 종족은 반드시 멸망할 것입니다." 하였으나, 듣지 않았다. 지과가 太史에게 요청하여 지씨 종족에서 따로 갈라져 輔氏가 되었다. 그러더니 지씨 집안이 망할 적에 오직 輔果(知果)만이 살아남았다.

---

113) 知果別族于太史 : 太史는 성씨를 관장하는 벼슬로 지금의 호적 담당의 관원인 것이다. 別族은 知氏 집안에서 따로 갈라져 독립하는 것을 이른다. 이 당시 중국에서는 姓과 氏의 개념이 姓은 萬古 不變이고 氏는 벼슬이나 食邑을 따라 수시로 바뀌었다. 여기에서 知果가 輔果로 씨를 바꾸면서 知氏가 망할 적에 연좌되어 처벌되지 않은 것을 볼 때 씨의 중요성이 성의 중요성보다 더 중요한 것을 볼 수 있다.

114) 輔果在 : 輔果만이 살아 남았다. 이는 知果의 뛰어난 知人之鑑을 칭찬한 말이다.

203. 士茁爲土木勝懼其不安人 士茁의 토목공사가 지나치게 화려하자 그 집에서 사람이 편안히 못 지낼 것을 걱정하다

【大義】 사치가 부른 知伯의 패망.

知襄子爲室美러니 士茁(절)115) 夕焉116)한대 知伯曰 室美夫아 對曰 美則美矣나 抑臣亦有懼也로이다 知伯曰 何懼오 對曰 臣은 以秉筆로 事君하니이다 志에 有之하니 曰 高山峻原에 不生草木하고 松柏之地에 其土不肥117)라하야늘 今土木勝하니 臣懼其不安人也118)하노이다 室成三年에 而知氏亡119)하다

知襄子가 지은 집이 매우 아름다웠는데, 家臣 士茁이 저녁에 찾아가 뵈니, 知伯이 말하기를, "집이 참 아름답지 않은가!" 하였다. 대답하기를, "아름답기는 아름다우나, 신은 또한 두려운 점이 있습니다." 하니, 지백이 말하기를, "무엇이 두려운가?" 하니, 대답하기를, "신은 붓을 잡는 일로써 주군을 섬기고 있습니다. 어떤 책에 말하기를, '높은 산과 험준한 언덕에는 초목이 자라지 않고, 소나무와 잣나무가 서 있는 땅은 비

115) 士茁 : 知伯의 家臣.
116) 夕焉 : 저녁에 찾아간 것을 이른다.
117) 松柏之地 其土不肥 : 송백이 사철 무성하여 그늘을 드리우므로 땅이 비옥하지 않다는 말이다.
118) 今土木勝 臣懼其不安人也 : 세상에 두 가지가 한꺼번에 좋은 일은 없으니, 집이 너무 아름다워 그 안에서 생활하는 사람은 좋을 것이 없을 수 있다는 것을 암시한 말이다.
119) 室成三年 而知氏亡 : 집을 지은 지 3년째 되던 해에 지백이 韓康子와 魏桓子와 더불어 趙襄子를 공격해서 晉陽 땅을 에워싸고 城 안에 물을 대어서 城에 물이 거의 찰 지경이었다. 지백이 물을 끌어들이는 일을 순행할 적에 魏桓子가 말을 몰고, 韓康子가 그 수레에 함께 동행하였다. 지백이 말하기를, "내가 처음으로 물이 나라를 망하게 할 수 있음을 알았다."고 했다. 그런데 위환자의 식읍인 安邑에는 汾水가 흐르고 있었고, 한강자의 식읍인 平陽에는 絳水가 흐르고 있었다. 지백의 말에 위험을 느낀 위환자가 한강자에게 팔꿈치질을 하였고, 강자는 환자의 발등을 지긋이 밟아 서로의 마음을 주고받았다. 이때 조양자가 張孟(張孟談)을 시켜 한강자와 위환자와 함께 지백을 칠 것을 약속하고서, 마침내 함께 지백을 멸망시킨 다음 그 땅을 나누어 가졌다. 이는 춘추 이후의 역사이다.

옥하지 않다.'고 했습니다. 지금 쓰이는 흙이며 목재들이 매우 아름다우니, 신은 그것들이 사람을 편안하지 못하게 할까 두렵습니다."라고 하였다. 집을 지은 지 3년 만에 知氏가 망하였다.

204. 知伯國諫知襄子 知伯國이 知襄子에게 간하다

【大義】 권력자의, 諫言을 무시하는 오만이 빚은 패망.

還自衛120)하야 三卿121)이 宴于藍臺할새 知襄子戲韓康子122)하고 而侮段規123)러니 知伯國124)이 聞之하고 諫曰 主不備면 難必至矣리이다 曰難將由我니 我不爲難이면 誰敢興之리오 對曰 異於是하니이다 夫郤氏는 有車轅之難125)하고 趙有孟姬之讒126)하고 欒有叔祁之愬127)하고 范·中行有函①治之難128)하니 皆主之所知也니

120) 還自衛 : 魯悼公 4년(기원전 464년)에 知襄子가 鄭나라를 정벌하고 衛나라 길로 돌아온 것이다.

121) 三卿 : 知襄子·韓康子·魏桓子이다.

122) 韓康子 : 康子는 韓宣子의 증손이자, 莊子의 아들인 虎이다.

123) 段規 : 魏桓子의 家臣 중 우두머리. ≪資治通鑑≫에는 韓康子의 가신의 우두머리라고 하였다.

124) 知伯國 : 晉나라의 大夫. 知氏 집안 사람이다.

125) 郤氏有車轅之難 : 郤犨와 長魚蟜가 전답을 두고 다투었는데, 郤犨가 長魚蟜를 체포하여 수갑을 채우고, 그의 부모와 처자식까지 한 대의 수레 끌채에다가 함께 묶어둔 일이 있었다. 나중에 長魚蟜가 厲公의 총애를 입게 되자 소위 三郤으로 지칭되던 당시 극씨 집안의 사람 郤至·郤犨·郤錡 등을 일거에 멸망시킨 일을 이른다. 〈晉語 四〉 '長魚蟜脅欒中行'章을 참고할 것.

126) 趙有孟姬之讒 : 趙는 趙同과 趙括 두 사람을 말한다. 孟姬는 趙文子의 어머니인 莊姬. 맹희가 媤叔父가 되는 趙嬰과 간통하고 지내자, 嬰의 형인 同과 括이 嬰을 내쳤다. 孟姬가 이를 원망하여 친정오라비인 景公에게 참소하자, 景公이 趙同과 趙括을 죽였다. 〈晉語 九〉 '郵武正諫趙簡子無殺尹鐸'章의 주석 63)을 참고할 것.

127) 欒有叔祁之愬 : 欒은 欒盈이다. 叔祁는 范宣子의 딸이니 欒盈의 어머니이다. 숙기가 家臣의 우두머리인 州賓과 간통하는 것을 안 아들 盈이 근심하자, 叔祁가 친정아버지인 宣子에게 참소하여, 欒氏 집안을 멸망시킨 일을 이른다. 〈晉語 八〉 '陽畢教平公滅欒氏'章을 참고할 것.

이다 夏書[129]에 有之하니 曰 一人三失이어니 怨豈在明이리오 不見(현)에 是圖라하고 周書[130]에 有之하니 曰 怨不在大하며 亦不在小라하나니이다 夫君子는 能勤小物이라 故無大患이어늘 今主一宴而恥人之君相하고 又弗備하사 曰不敢興難이라하시니 無乃不可乎인저 夫誰不可喜며 而誰不可懼잇가 蜹蛾蟻蠆도 皆能害人이요 況君相乎잇가 弗聽하다 自是五年에 乃有晉陽之難하니 段規反[131]하야 首難하야 而殺知伯于師하고 遂滅知氏하다

〔校勘〕 ① 函 : 四部備要本에는 '亟'으로 되어 있다.

衛나라로부터 돌아와서 三卿들이 藍臺에서 잔치를 벌였다. 知襄子가 韓康子를 희롱하고 段規에게 모욕을 주었다. 知伯國이 이 소식을 듣고서는 諫해 말하기를, "주군께서 대비하시지 않으면, 환란이 반드시 닥칠 것입니다." 하니, 〈지양자가〉 말하기를, "환란은 나로부터 비롯될 것인데, 내가 환란이 될 짓을 하지 아니하면, 누가 감히 그 환란을 일으키겠느냐?" 하였다. 대답하기를, "말씀하신 것과는 다릅니다. 郤氏 집안 사람들은 車轅의 환란이 있었고, 趙氏 집안은 孟姬의 참소가 있었고, 欒氏 집안은 叔祁의 무함이 있었고, 范氏와 中行氏는 函治의 환란이 있었는데 모두 주군께서 아시는 바입니다. 〈夏書〉에 '한 사람이 세 번 잘못했으니, 원망이 어찌 드러난 일에만 있겠는가? 드러나지 않은 것들을 미리 도모해야 할 것이다.'라는 말이 있고, 〈周書〉에 '원한이라는 것은 큰일에 있는 것도 아니며 또 작은 일에 있는 것도 아니다.'라고 하였습니다. 군자는 능히 작은 일에 애를 쓰므로 큰 환란이 없는 것입니다. 지금 주군께서 한

---

128) 范中行有函治之難 : 函治의 '函'은 四部備要本에는 '亟'이라 썼고 '治'는 '冶'로 쓴 것도 있는데, 분명하지 않다. 范은 范吉射, 中行은 中行寅을 이른다. 函治는 范皐夷의 食邑이다. 皐夷가 아버지인 范吉射의 총애가 없자 范氏 집안에 亂을 일으키려고 하였다. 당시 范氏와 中行寅이 서로 화목하게 지냈다. 그러므로 皐夷가 范氏와 中行寅을 축출하고자 꾀하여 마침내 그들을 멸망시키니, 魯定公 13년(기원전 497년)의 일이다.

129) 夏書 : 《書經》 〈五子之歌〉篇를 이른다.

130) 周書 : 《書經》 〈康誥〉篇을 이른다. 〈康誥〉의 말은 원망은 어디에서 일어날지 모른다는 의미이다.

131) 反 : 잔치로부터 돌아갔다, 知伯을 배반하다의 두 가지 의미가 있다.

잔치 마당에서 남의 주군과 가신의 우두머리를 부끄럽게 하였습니다. 그리고서 또다시 그것을 대비하지 아니하고 '그들이 감히 난을 일으키지 못할 것이다.'라고 말씀하시니, 불가한 말씀이 아니겠습니까? 누군들 사람을 기뻐하게 하지 못하며, 누군들 사람을 두렵게 하지 못하겠습니까? 모기·개미·벌·전갈 같은 것들도 모두 능히 사람을 해치는데, 하물며 주군과 가신의 우두머리이겠습니까." 하였다. 그러나 〈지백은〉 이 말을 듣지 아니하였다. 이로부터 5년 뒤에 晉陽의 환란이 있었으니, 단규가 그 잔치로부터 돌아와 맨 먼저 난을 일으켜서 지백을 전쟁의 와중에서 살해하고, 마침내 지씨 집안을 멸망시켰다.

205. 晉陽之圍 晉陽의 포위

【大義】 군주가 인심을 얻은 곳이 마지막 堡壘이다.

晉陽之圍132)에 張談133)曰 先主爲重器也는 爲國家之難①이니 盍姑無愛寶於諸侯乎잇가 襄子曰 吾無使也니라 張談曰 地134)也可니이다 襄子曰 吾不幸有疾하야 不夷於先子하야 不德而賄나 夫地也는 求飮(임)吾欲하니 是養吾疾하야 而干吾祿也라 吾不與皆斃하노라 襄子出허야 曰吾何走乎아 從者曰 長子135)近하고 且城厚完이니이다 襄子曰 罷民力②以完之하고 又斃以③守之면 其誰與我리오 從者曰 邯鄲136)之倉庫實하니이다 襄子曰 浚民之膏澤以實之하고 又因而殺之면 其誰與我리오 其晉陽乎

132) 晉陽之圍 : 知襄子(이름은 瑤)가 趙襄子를 晉陽에서 포위한 일이다. 魯悼公 4년(기원전 464년)에 知瑤가 鄭나라를 정벌하면서 조양자를 부끄럽게 한 일이 있어 조양자가 지요를 마음속으로 원망하고 있었다. 그런데 지요가 뻔뻔스럽게 조양자에게 땅을 달라고 청하였다. 조양자가 이를 들어주지 아니하자, 지요가 韓康子와 魏桓子의 군사와 연합하여 조양자를 공격하니, 조양자가 진양 땅으로 들어가 지켰다. 그러자 三家의 군대가 그곳을 포위하고 물을 흘려 넣어 곤경에 처하게 한 것을 이른다. ≪通鑑節要 周紀≫

133) 張談 : 趙襄子의 家臣 중의 우두머리. 孟談이라고도 한다.

134) 地 : 趙襄子의 家臣.

135) 長子 : 晉나라의 고을 이름.

136) 邯鄲 : 晉나라의 고을 이름.

인저 先主之所屬(촉)也오 尹鐸之所寬也니 民必龢矣리라 乃走晉陽이러니 晉師137)圍而灌之138)하야 沈竈産鼃139)호되 民無畔意러라

〔校勘〕① 難 : 四部備要本에는 '難'자 다음에 '也'자가 더 있다.
② 罷民力 : 四部備要本에는 '民罷力'으로 되어 있다.
③ 斃以 : 四部備要本에는 '斃死以'로 되어 있다.

晉陽이 포위당할 때, 張談이 말하기를, "돌아가신 主君께서 중요한 기물을 장만해 두었던 것은 국가의 환란을 대비하기 위해서였으니, 어찌 우선 이러한 값나가는 주요 기물들을 제후들에게 아낌없이 선물하려 하지 않으십니까?" 하니, 襄子가 말하였다. "내가 시킬 만한 사람이 없다." 하자, 장담이 말하였다. "地가 적합한 사람입니다." 하니, 양자가 말하였다. "나에게 불행하게도 병통이 있어 돌아가신 아버지에 미치지 못하고 덕스럽지 못하여 뇌물을 돌려야 하는 상황을 빚었는데 地라는 사람은 나에게 욕망을 추구하도록 한 사람이다. 이 사람은 나의 병통을 조장하고서 나의 녹봉을 구했던 사람이니, 나는 그와 함께 죽고 싶은 생각은 없다." 양자가 도망쳐 나가면서 말하였다. "내가 어느 곳으로 도망가야 하겠는가?" 하니, 따르는 자들이 말하였다. "長子가 가깝고 또 성곽이 튼튼합니다." 하니, 양자가 말하였다. "백성들의 힘을 지치게 하여 성곽을 완성시키고, 또다시 죽음으로써 성곽을 지키게 한다면, 그 누가 나를 돕겠는가?" 따르는 자가 말하기를 "邯鄲의 창고가 꽉 차 있습니다." 하니, 양자가 말하기를, "백성들의 膏血을 착취하여 그 창고를 채우고서, 또 그것으로 인해서 그들을 죽게 한다면 그 누가 나를 도우려 하겠느냐? 아마도 晉陽일 것이다. 돌아가신 주군이 당부 말씀하셨던 곳이고, 또 윤탁이 너그러운 정치를 편 곳이니, 백성들이 반드시 〈나를〉 화목하게 대해 줄 것이다." 하고, 이에 晉陽으로 달아났다. 晉나라 군사들이 포위하고서 성안으로 물을 대어서 물에 잠긴 솥에서 개구리가 새끼를 쳐 나갈 정도였으나 백성들이 배반할 생각을 하지 않았다.

---

137) 晉師 : 三卿의 연합 군대. 곧 知氏·韓氏·魏氏의 군대를 말한다.

138) 灌之 : 汾水를 이끌어서 성안을 물바다로 만든 것이다.

139) 沈竈産鼃 : 沈竈는 솥이 물에 잠겼다의 뜻으로 보아야 할 것 같은데 韋昭는 솥을 공중에 매달아서 밥을 지어 먹은 것이라고 하였다. 産鼃는 바로 그 화덕에서 개구리가 새끼를 쳤다는 말이다.

國語 제16권

鄭語

鄭나라는 姬姓의 나라이다. 시조는 周厲王의 아들이자 宣王의 同母弟인 桓公 友다. 兄 宣王이 기원전 806년에 아우 友를 咸林, 지금의 陝西省 華縣에 봉한 것이 곧 정나라의 시작이다. 그 뒤 幽王이 무도한 짓을 행하자 桓公이 처자를 虢과 鄶나라 사이에 이사시켜 살게 하였다. 기원전 771년 西周가 망할 때 환공이 난에 휩싸여 죽자 아들 武公이 東虢과 鄶나라를 멸망시키고서 新鄭을 수도로 정하여 나라를 이어 갔다. 늘 약소국으로 강대국의 그늘에 가려 지내다가 子産이라는 춘추시대를 통틀어 걸출한 인재로 손꼽히는 집정자가 나타나 잠시 대국들이 감히 넘보지 못하는 외교력을 보였다. 전국시대에 韓나라에 의해 멸망되었다.

鄭語는 환공이 周나라의 어지러움을 피부로 느끼며 후손들이 안심하고 살 수 있는 곳으로의 피난지를 살피는 과정에서 周나라의 史伯에게 자문 받은 내용을 한 편으로 구성하여 싣고 있다. 사백이 주나라가 쇠퇴하고 제후들의 전국시대가 도래하려는 黎明의 시대에서의 건국은 어떠한 것을 먼저 살펴야 하고 앞으로 어떠한 나라나 누구의 후손이 흥성할 것인지 주나라가 왜 망할 수밖에 없는지 등을 밝게 지적하고 있는 점들은 그의 해박한 역사 지식과 현실 판단력들을 살펴볼 수 있는 진귀한 글이라 할 수 있다. 또 여기에서 언급된 楚나라의 조상들에 대한 해박한 논리는 오히려 楚語에 실려야 하는 것이 당연하지 않을까 싶을 정도로 매우 정교하다.

≪國語≫를 편집한 左丘明이 머릿속에 그리는 중국 역사 서술의 交織은 그의 큰 역량을 살펴볼 수 있는 또 하나의 글맛이라 할 것이다.

206. 史伯爲桓公論興衰 史伯이 桓公에게 국가의 흥망성쇠에 대해 논하다

【大義】 국가 건립에 필요한 조건들이 무엇이고, 역사에서 어떤 정치가 있었는지 거론하면서, 건국의 틀을 잡기 위해 고려해야 할 조건들에 관해서 논의한 내용이다.

桓公이 爲司徒[1]하야 甚得周衆與東土之人[2]이러니 問於史伯[3]曰 王室多故하야 余懼及焉하노니 其何所可以逃死오 史伯對曰 王室將卑면 戎・狄必昌이니 不可偪也니이다 當成周[4]者 南有荊蠻・申・呂・應・鄧・陳・蔡・隨・唐[5]하고 北有衛・燕・翟・鮮虞・路・洛・泉・徐・蒲[6]하고 西有虞・虢・晉・隗・霍・楊・魏・芮[7]하고 東有齊・魯・曹・宋・滕・薛・鄒・莒[8]하니 是非王之支子

---

1) 桓公爲司徒 : 桓公은 鄭나라에 처음 책봉된 군주이니 이름은 友이며, 桓公은 그의 시호이다. 아버지는 周厲王이고, 그를 제후로 봉해 준 사람은 형 宣王이다. 幽王 8년(기원전 774년)에 주나라의 司徒가 되니, 교육을 관장하는 벼슬이다.

2) 周衆與東土之人 : 周衆은 西周에 사는 백성들이고, 東土는 주나라 초기에 召公 奭과 周公 旦이 陝 땅을 기준으로 주나라를 나누어 다스리니 東土의 사람들은, 곧 陝 땅의 동쪽 땅에 사는 백성들이다. 곧 주나라의 영향 아래 있는 모든 지역 사람들의 인심을 얻고 있음을 이른다.

3) 史伯 : 幽王 때의 太史를 이른다. 이름은 穎, 字는 碩父라는 설과 伯陽이라는 설이 있다.

4) 成周 : 洛邑을 이른다. 낙읍의 表記는 漢나라 때 火德을 숭상하면서 洛자를 雒자로 바꾸어 표기하기도 하였다.

5) 荊蠻・申・呂・應・鄧・陳・蔡・隨・唐 : 荊蠻은 羋姓의 나라이니 鬻熊의 후예이다. 申과 呂 두 나라는 姜姓의 나라이고, 應・蔡・隨・唐은 모두 姬姓의 나라들이다. 應은 武王의 아들에게 봉해 준 나라이다. 鄧은 曼姓의 나라이고, 陳은 嬀姓의 나라이다.

6) 衛・燕・翟・鮮虞・路・洛・泉・徐・蒲 : 衛는 武王이 아우 康叔에게 봉해 준 나라이고, 燕은 邵公에게 봉해 준 나라이니 모두 姬姓의 나라이고, 翟은 北翟을 이르고, 鮮虞는 姬姓의 나라이니 翟 땅에 있는 나라이고, 路・洛・泉・徐・蒲는 모두 赤翟이니 隗姓이다.

7) 虞・虢・晉・隗・霍・楊・魏・芮 : 이들 여덟 나라는 모두 姬姓의 나라들이다. 虞는 虞仲의 후예이고, 虢은 虢叔의 후예이니 모두 西虢에 해당한다.

8) 齊・魯・曹・宋・滕・薛・鄒・莒 : 齊는 姜姓의 나라이고, 魯・曹・滕은 모두 姬姓의

母弟甥舅也[9)]면 則皆蠻荊·戎翟之人也[10)]니 非親則頑[11)]이라 不可入也니 其濟·洛·河·潁之間乎[12)]인저 是其子男之國[13)]이요 虢·鄶爲大[14)]나 虢叔恃勢하고 鄶仲恃險[15)]하야 是皆有驕侈怠慢之心하고 而加之以貪冒하니 君若以周難之故로 寄孥與賄焉이면 不敢不許요 周亂而弊면 是驕而貪이라 必將背君하리니 君若以成周之衆으로 奉辭伐罪[16)]면 無不克矣리이다 若克二邑[17)]이면 鄢①·蔽②·補·丹③·依·畴(유)④·歷·莘⑤[18)]은 君之土也니이다 若前莘後河하며 右洛左濟하고 主芣騩(부외)[19)]而食溱·洧[20)]하고 修典刑以守之면 唯⑥是可以少固리이다

나라이며, 宋은 子姓의 나라이고, 薛은 妘姓의 나라이고, 鄒는 曹姓의 나라이고, 莒는 己姓의 나라이다.

9) 王之支子母弟甥舅也 : 支子는 적장자를 제외한 아들을 이르는 말이고, 母弟는 同腹兄弟들을 이르니, 곧 姬姓의 국가들이고, 甥舅는 周나라와 인척을 맺은 異姓 제후국들을 이른다.

10) 蠻荊·戎翟之人也 : 蠻荊은 楚나라를 이르고 戎翟은 北翟을 이르니 路·洛·泉·徐·蒲의 나라들에 해당한다.

11) 非親則頑 : 親은 왕실 자손의 국가와 인척의 관계를 가진 異姓의 제후국을 이르고, 頑은 蠻荊·戎翟의 국가들을 이른다.

12) 濟·洛·河·潁之間乎 : 왼쪽에는 濟水 오른쪽에는 洛水, 앞쪽은 潁水 뒤쪽은 黃河의 배치를 이른다.

13) 子男之國 : 50里 정도의 작은 땅을 가진 작은 나라, 곧 小國을 말한다. ≪孟子≫ 〈萬章〉편에 '天子之制 地方千理 公侯皆方百里 伯七十里 子男五十里'라고 하였다.

14) 虢·鄶爲大 : 虢은 東虢으로 虢仲의 후예이니 姬姓의 나라이고, 鄶는 妘姓의 나라이다. 幽王 시절 이들 두 나라가 子爵과 男爵의 국가들 중 비교적 큰 나라 축에 끼었다.

15) 虢叔恃勢 鄶仲恃險 : 虢叔과 鄶仲은 虢나라의 군주와 鄶나라 군주를 字로 부른 말이다. 恃勢와 恃險은 이들 두 군주가 국가가 요새에 처한 것을 믿고서 德을 닦지 않고 있음을 이르는 말이다.

16) 奉辭伐罪 : 天子의 말씀을 받들어서 죄를 정벌한다는 뜻과, 그들의 허물을 엄격하게 지적하는 말로 그들의 죄를 정벌한다는 두 가지 해석이 가능하다. 韋昭는 뒤의 뜻을 취하였다.

17) 二邑 : 虢과 鄶 두 나라를 말한다. 나라가 작아서 邑이라고 한 듯하다.

18) 鄢·蔽·補·丹·依·畴·歷·莘 : 虢과 鄶 주변의 여덟 나라이다.

19) 主芣騩 : 芣騩는 두 개의 산 이름이다. 主는 제사의 주재자의 뜻이니, 제후는 자신

〔校勘〕① 鄢 : 四部備要本에는 '鄔'로 되어 있다.
② 蔽 : 四部備要本에는 '弊'로 되어 있다.
③ 丹 : 四部備要本에는 '舟'로 되어 있다.
④ 睬 : 四部備要本에는 '槑'으로 되어 있다.
⑤ 莘 : 四部備要本에는 '華'로 되어 있다. 아래도 같다.
⑥ 唯 : 四部備要本에는 '唯'자가 없다.
* 이 鄭語는 모두 1章으로 구성되어 있으나 중국 근래의 번역본들은 단락을 나누고 단락에 제목을 따로 붙이고 있다. 이에 의거하여 제목은 따로 붙이지 않고 단락만 나누었다.

桓公이 司徒가 되어, 西周 지역의 민중들과 동쪽 지역 백성들의 마음을 깊이 샀다. 史伯에게 묻기를, "왕실에 재난이 빈번하여, 내가 연루될까 두렵습니다. 어느 지역에 〈나라를 세워야〉 죽음을 피할 수 있겠습니까?" 하니, 사백이 대답하기를, "왕실이 쇠미해지게 되면, 西戎과 北狄의 오랑캐들이 반드시 번창할 것입니다. 그들 지역과 가까워서는 안 됩니다. 현재의 成周는 남쪽으로는 荊蠻·申·呂·應·鄧·陳·蔡·隨·唐나라가 있고, 북쪽으로는 衛·燕·翟·鮮虞·路·洛·泉·徐·蒲나라가 있고, 서쪽으로는 虞·虢·晉·隗·霍·楊·魏·芮나라가 있고, 동쪽으로는 齊·魯·曹·宋·滕·薛·鄒·莒나라가 있습니다. 이들 나라들은 周나라 왕실의 支次 아들이거나 同腹의 아우이거나 왕실과 혼인 관계에 있는 나라가 아니면, 모두 蠻·荊·戎·翟의 국가입니다. 친족이 아니면 완악한 나라들이어서 들어갈 수 없으니, 濟水·洛水·黃河·潁水의 중간 지역이 나라를 세울 만한 곳이 될 것입니다. 이곳 지역은 子爵과 男爵들의 나라들로 그중 虢과 鄶가 큰 나라입니다. 그러나 〈虢의〉 虢叔은 地勢를 믿고, 〈鄶의〉 鄶仲은 지형의 험준함을 믿고서 덕을 소홀히 하고 있습니다. 이들은 모두 교만하고 사치스럽고 태만한 마음을 지닌 데다가 탐욕스럽기까지 합니다. 주군께서 周나라의 환란을 구실 삼아 처자식과 재물을 두 나라에 맡기시면, 감히 그들은 허락지 않을 수 없을 것이고, 주나라에 환란이 일어나 주나라가 피폐해지면, 이들은 본래 교만하고 탐욕스러운 사람들이니 반드시 主君을 배반할 것입니다. 주군께서 만일 成周의 민중

의 封地 안에 있는 名山大川 제사의 주재자이다.

20) 食溱·洧 : 溱과 洧는 물 이름이니 두 강 사이에 자리를 잡고 살면서 그 물을 먹는다는 뜻이다.

을 거느리고서 정당한 명분을 내세워 죄악을 정벌하시면 이기지 못할 일이 없을 것입니다. 만일 두 나라를 이긴다면 鄢·蔽·補·丹·依·𣅽·歷·莘나라들은 주군의 영토가 될 것입니다. 만일 莘 땅을 앞에, 黃河를 뒤에, 洛水를 오른쪽에, 濟水를 왼쪽에 두고서, 芣山과 騩山을 주산으로 하여서 제사 드리는 산으로 삼고, 溱水와 洧水의 물을 마시며, 典刑을 닦아서 지킨다면 조금은 안정될 것입니다." 하였다.

公曰 南方不可乎아 對曰 夫荊子熊嚴21)이 生子四人하니 伯霜·中〔仲〕①雪·叔熊·季紃(순)이라 叔〈熊〉②이 逃難於濮而蠻22)하니 季紃是立이러니 薳(위)氏將起之23)라가 禍又不克하니 是天啓之心也24)요 又甚聰明和協하고 蓋其先王하니이다 臣聞之호니 天之所啓는 十世不替라하니 夫其子孫이 必光25)啓土니 不可偪也요 且重·黎之後也26)니이다 夫黎爲高辛氏火正27)하야 以淳燿惇大天明地德28)으로 光

---

21) 荊子熊嚴 : 荊은 楚나라의 古號이다. 熊嚴은 초나라의 군주이니 鬻熊의 14대손이다.

22) 叔〈熊〉 逃難於濮而蠻 : '叔'은 셋째 아들 叔熊이요, '濮'은 蠻族의 고을 이름이다. 難은 雪熊紃 3형제가 형의 대를 잇고자 서로 권력 싸움을 일으킨 것을 이른다.

23) 薳氏將起之 : 薳氏는 楚나라 대부이다. 熊霜이 죽자 나라 사람들이 季紃을 세우고자 하였는데, 薳氏가 叔熊을 일으켜 옹립하려 한 일을 이른다.

24) 天啓之心也 : 啓는 열어 줌이다. 하늘이 季紃에게 열어 주었다는 뜻이다. 곧 그러므로 叔熊이 들어갈 수가 없었다는 말이다. 韋昭는 '心'자는 잘못 들어가 있는 誤字라고 하였다.

25) 光 : 大(크다)의 뜻이다.

26) 重·黎之後也 : '重·黎'는 벼슬 이름이다. 〈楚語〉에 이르기를, "顓頊이 南正으로 있는 重에게 명령하여 하늘의 일을 맡게 하고, 北正으로 있는 黎에게 명령하여 땅의 일을 맡게 했다."라고 하니, 楚나라의 선조가 이 두 벼슬을 지낸 것이다.

27) 黎爲高辛氏火正 : 高辛은 帝嚳氏의 號로 堯임금의 아버지이다. 火正은 불을 담당하는 관아의 우두머리 벼슬이다. 黎는 顓頊의 후손인 吳回이다. 顓頊이 老童을 낳고 老童이 重과 黎와 吳回를 낳고 吳回가 陸終을 낳고 陸終이 여섯 아들을 낳으니 그 막내가 季連으로 계련이 곧 芈姓의 시조이자 楚나라의 조상이다. 季連의 후손이 鬻熊이니 周文王을 섬겼고 그의 증손 熊繹이 成王 때 荊蠻에 봉하여져 楚子로 불리기 시작하였다.

28) 淳燿惇大天明地德 : '淳'은 큼이다. '燿'는 밝힘이다. '惇'은 두터움이다. 黎가 火正이 되어서 자기의 직분을 잘 수행하여, 天明 곧 日月星辰의 운행 질서를 세상에 밝게 전하

昭[③]四海라 故命之曰 祝融[29)]이라하니 其功大矣니이다

〔校勘〕 ① 中〔仲〕: 四部備要本에 의거하여 고쳤다.
② 〈熊〉: 四部備要本에 의거하여 보충하였다.
③ 昭 : 四部備要本에는 '照'로 되어 있다.

桓公이 말하기를, "남방은 불가한 곳입니까?" 하니, 〈史伯이〉 대답하였다. "저 荊나라의 제후 熊嚴이 아들 네 사람을 낳으니 伯霜과 仲雪과 叔熊과 季紃입니다. 叔熊이 환란을 피하여 濮 땅으로 가서 蠻族이 되어 버리자 季紃을 세웠는데, 薳氏가 叔熊을 세우려다가 화를 당하고 성공하지 못하였으니, 이는 하늘이 季紃에게 열어 준 것입니다. 또 매우 총명하고 〈신하나 백성들의 마음을〉 화합시켜 그 先王의 功을 덮을 수 있을 만큼 큰 치적을 쌓았습니다. 臣은 들으니, '하늘이 열어 준 나라는 十世에 걸쳐서 망하지 않는다.' 하였습니다. 그 자손들이 반드시 크게 국토를 넓힐 것입니다. 따라서 가까이 갈 수 없으며, 또 重과 黎의 후손들입니다. 黎가 高辛氏의 火正이 되어서 하늘의 日月星辰의 질서를 크게 밝히고 땅이 가진 生育의 덕을 두터이 확대함으로써 四海에 크게 빛났습니다. 그리하여 그를 祝融이라 명명하였으니 그의 功이 위대합니다.

夫成天地之大[①]功者 其子孫未嘗不章하니 虞・夏・商・周가 是也니이다 虞幕[30)]은 能聽協風[31)]하야 以成樂物生者也요 夏禹는 能單(탄)平水土하야 以品處庶類者也요 商契은 能和合五教[32)]하야 以保于百姓者也요 周棄는 能播殖百穀疏[②]하야 以衣食民人者也니 其後皆爲王公侯伯[33)]이니이다 祝融도 亦能昭顯天地之光明하야 以生柔

고, 地德 곧 농사짓는 때를 백성들에게 잘 일러 주어 땅의 기능을 한껏 잘 이용하게 하였다는 말이다.

29) 祝融 : 祝은 시작함이요, 融은 밝힘이다. 곧 하늘의 덕과 땅이 가진 생육의 기능을 비로소 천하에 밝혔다는 뜻의 호를 내려 주었다는 말이다.

30) 虞幕 : 舜임금의 후손인 虞思이다.

31) 協風 : 協은 온화함이니 협풍은 봄바람을 이른다. 봄바람이 불어오는 것을 듣고서 알아 농사일을 시작할 수 있게 알리는 일을 한 것이다. 〈周語〉에 이르기를, "장님이 봄바람이 불어오는 것을 알려 주면, 王이 이에 藉田을 갈았다는 것"이 이러한 것이다.

32) 五教 : 소위 五倫이다. 韋昭는 父義 母慈 兄友 弟恭 子孝라고 하였다.

33) 其後皆爲王公侯伯 : 禹는 몸소 천자가 되었고, 棄와 契은 자손들이 천자가 되었음이

嘉材[34]者也요 其後八姓[35]이 於周未有侯伯[36]하고 佐制物於前代者는 昆吾爲夏伯矣[37]요 大彭·豕韋爲商伯矣[38]요 當周未有니이다 己姓의 昆吾·蘇·顧·溫·董[39]과 董姓의 鬷夷·豢龍[40]은 則夏滅之矣요 彭姓의 彭祖·豕韋·諸稽[41]는 則商滅之矣요 禿姓[42]의 舟人則周滅之矣요 妘姓[43]의 鄔〔鄢〕③·鄶·路·偪陽과 曹姓[44]의 鄒莒는 皆爲采衛[45]하니 或在王室하고 或在夷翟[46]하야 莫之數也요 而又

다. 公侯伯은, 周代에 夏나라의 후예는 杞나라에 봉해지고 商나라의 후예는 宋나라에 봉해지고, 虞幕의 후손은 陳나라에 봉해진 것들을 이른다.

34) 生柔嘉材 : 柔는 윤택하게 하다. 嘉材는 좋은 재목들이니 五穀과 木材들을 이른다.

35) 八姓 : 축융의 후손에서 갈린 여덟 姓이니, 己·董·彭·禿·妘·曹·斟·芈이다.

36) 侯伯 : 제후의 우두머리이다. 곧 문왕이 西伯을 지낸 것과 같은 직위를 이른다.

37) 昆吾爲夏伯矣 : 昆吾는 祝融의 손자인 陸終의 둘째 아들이니 이름은 樊이며, 姓은 己이다. 昆吾에 봉하여져 夏나라가 쇠미해져 갈 무렵 夏伯이 되었다.

38) 大彭·豕韋爲商伯矣 : 大彭은 陸終의 셋째 아들이니 이름은 籛(전)이며, 성은 彭이다. 大彭에 봉하여져 彭祖라고 불리었다. 豕韋는 彭姓 중 豕韋에 봉하여진 일파로 殷나라가 쇠미해져 갈 무렵 두 나라가 연이어 商伯에 올랐다.

39) 昆吾·蘇·顧·溫·董 : 다섯 나라 이름이니, 모두 昆吾의 후손에서 갈라져 나간 자손들의 나라이다. 후세의 莒나라가 바로 昆吾씨 계의 나라이다.

40) 董姓鬷夷·豢龍 : 董姓은 己姓에서 갈라져 나온 씨족으로 氏로 받은 豢龍을 나라 이름으로 썼다. 鬷夷와 豢龍은 한 국가를 두 개의 국명으로 부르는 것을 이른다. 옛날 飂(류)나라의 군주 叔安이 있었는데 그 후손에 董父(보)라는 자가 있었다. 용 기르기를 좋아하여 많은 용을 길렀다. 舜임금에게 발탁되어 姓의 董과 씨의 豢龍을 하사 받고 鬷川에 봉해졌다. 그 후 夏나라가 일어날 때 鬷夷에 봉하여졌다가 夏나라의 孔甲이 임금이 되기 이전에 멸망하였다. 그 근거는 ≪左傳≫ 昭公 29년에 "공갑이 龍을 잘 키우지 못하고 환룡씨의 후손에서 용을 기를 만한 자를 얻지 못하였는데 劉累가 환룡씨에게서 용 기르는 것을 배워서 공갑을 섬겼다."라는 내용이 실려 있다.

41) 彭祖·豕韋·諸稽 : 팽조는 곧 大彭의 별칭이고 豕韋와 諸稽는 대팽의 후손들로 별도로 국가를 받은 자들의 나라 이름이다.

42) 禿姓 : 大彭에서 갈려져 나간 성이다.

43) 妘姓 : 陸終의 넷째 아들 求言의 성이다.

44) 曹姓 : 陸終의 다섯째 아들 安의 성이니 鄒에 봉하여졌다.

45) 采衛 : 采는 采服이니, 王城에서 2,500리 떨어진 지역이고, 衛는 衛服이니, 王城에서 3,000리 떨어진 지역이다.

無令聞하니 必不興矣요 斟姓[47]은 無後하니 融之興者가 其在羋姓乎인저 羋姓에 夔越[48]은 不足命也요 蠻羋[49]는 蠻矣요 唯荊이 實有昭德하니 若周衰면 其必興矣리이다 姜[50]・嬴[51]・荊羋는 實與諸姬로 代相干也하니 姜은 伯夷[52]之後也요 嬴은 伯翳[53]之後也니 伯夷는 能禮於神하야 以佐堯者也요 伯翳는 能議百物하야 以佐舜者也니 其後皆不失祀호대 而未有興者하니 周衰면 其將至矣리이다

〔校勘〕 ① 大 : 四部備要本에는 '火'로 되어 있다.
② 疏 : 四部備要本에는 '蔬'로 되어 있다.
③ 鄔〔鄢〕: 汪遠孫의 ≪國語明道本攷異≫에 의거하여 고쳤다.

천지에 큰 功을 이룬 사람은 그 자손들이 일찍이 현창되지 않은 적이 없었으니 虞・夏・商・周가 그러한 예들입니다. 虞幕은 봄바람이 불어오는 것을 들을 수 있어서 만물이 생명을 갖고 즐겁게 생장하도록 해 준 사람이요, 夏나라의 禹임금은 모든 水土를 화평하게 하여 만물이 가진 특성을 살려 살게 해 준 사람이요, 商나라의 선조 契은 五敎를 잘 조화시켜서 백성들을 보호한 사람이요, 周나라 선조 棄는 온갖 곡식과 채소를 씨 뿌리고 가꾸어서 백성들을 입히고 먹인 분입니다. 그들의 후손이 모두 王公이 되거나 侯伯이 되었습니다. 祝融도 천지의 광명한 德을 밝게 드러내어 오곡과 재목 등의

---

46) 或在王室 或在夷翟 : 或은 앞에서 열거한 여덟 姓 중 여섯 개의 姓을 이르니 己・董・彭・禿・妘・曹들이다. 왕실에 있는 자들은 蘇子와 溫子이고 夷翟 지역에서 살고 있는 사람은 莒와 偪陽 등에 남아 있는 사람들이다.

47) 斟姓 : 曹姓에서 갈라져 나간 별족이다.

48) 夔越 : 羋姓에서 갈라져 나간 나라이다. 熊繹의 6대손 熊摯가 고칠 수 없는 병에 걸려 그 아우 熊延을 세우자 웅지가 夔 지역으로 옮겨가 삶을 포기하고 지냈는데 그 자손 중에 周나라에 공을 세워 夔 땅에 봉하여졌다.

49) 蠻羋 : 叔熊이 오랑캐 지역인 濮 땅으로 도망쳐 가 오랑캐로 변화하여 산 것을 이른다.

50) 姜 : 齊나라를 이른다.

51) 姜嬴 : 姜은 齊나라, 嬴은 秦나라를 이른다.

52) 伯夷 : 요임금 시대에 제사를 관장하는 秩宗 벼슬을 지낸 사람으로 炎帝의 후손이다. ≪書經 舜典≫

53) 伯翳 : 伯益으로도 이르는 사람으로 舜임금 시절 草木 鳥獸를 관장하는 虞官을 지냈다. ≪書經 舜典≫

것들을 생장시켜서 윤택하게 해 주었습니다. 그들 후손 여덟 姓이 周나라에서는 侯伯의 지위에 오른 자가 있지 아니하고, 앞 夏나라와 商나라의 왕조시대에, 왕들의 정사 경영을 도운 자로, 昆吾氏는 夏나라에서 제후의 伯이 되었고, 大彭氏와 豕韋氏는 商나라에서 제후의 伯이 되었고, 周나라 때에는 없었습니다. 己의 姓을 썼던 昆吾・蘇・顧・溫나라와, 董氏와 董의 姓을 썼던 鬷夷・豢龍나라는 夏나라 때 멸망하였고, 彭의 姓을 썼던 彭祖・豕韋・諸稽나라는 商나라 때에 멸망하였고, 禿의 姓을 썼던 舟人나라는 周나라 때에 멸망하였고, 妘의 성을 썼던 鄢・鄶・路・偪陽나라와 曹의 姓을 썼던 鄒와 莒나라는 모두 采服과 衛服에 살고 있습니다. 이들 여섯 성씨들의 후손으로 어떤 이는 왕실 지역에서 살고 혹은 夷翟 지역에서 살아 그 숫자를 헤아릴 수가 없습니다. 그러나 또 한편으로는 훌륭한 명성을 가지고 있는 이가 없어 반드시 일어나지 못할 것입니다. 斟姓은 후손이 없으니 축융의 후손으로 일어날 수 있는 자는 芈姓 중에서 있을 것입니다. 芈姓 중에서도 夔越은 天命을 받기에 부족하고 蠻 지역에 있는 미성은 오랑캐로 변화되어 버렸고 유일하게 荊만이 밝은 덕을 가지고 있으니 만일 주나라가 쇠미하게 된다면 반드시 일어나게 될 것입니다. 姜姓과 嬴姓과 荊 지역의 芈姓은 실지로 姬姓과 번갈아 가며 서로 넘보는 형세입니다. 姜姓은 伯夷의 후손이고, 嬴姓은 伯翳의 후손입니다. 백이는 神들에게 예를 잘 차리는 일로써 堯임금을 보좌하였고, 백예는 온갖 초목과 새와 짐승들이 각기의 삶을 잘 누리도록 하는 일로써 舜임금을 보좌하였습니다. 그들 후손들이 모두 제사를 끊지 않고 지켜 오고 있으나 아직 일어나 侯伯이 된 자가 없습니다. 周나라가 쇠미해진다면 그들이 후백의 자리에 진출하게 될 것입니다."

公曰 謝西之九州[54]는 何如오 對曰 其民沓貪而忍하니 不可因也요 惟謝・郟(겹)之間[55]에 其冢君[56]侈驕하며 其民怠沓其君하야 而未及周德[57]하니 若更君而周訓之

54) 謝西之九州 : 謝는 宣王의 장인인 申伯의 나라이니, 지금의 河南 南陽에 있다. 州는 2,500家를 이른다.

55) 謝・郟之間 : 間은 郟 땅의 남쪽과 謝나라의 북쪽이니 虢과 鄶 두 나라가 그 사이에 있다. 郟은 나중에 鄭나라의 고을이 되었고 정나라가 쇠미해지면서 楚나라의 땅이 되어 楚王 郟敖의 葬地가 되었다.

56) 冢君 : 총은 크다의 뜻이니 冢君은 제후에 대한 敬稱이다.

면 是易取也요 且可長用也리이다

公이 말하기를, "謝나라의 서쪽 아홉 州 지역은 살 만한 곳입니까?" 하니, 〈사백이〉 대답하였다. "그곳 백성들은 탐욕스럽고 잔인하여 나아갈 만한 곳이 못 됩니다. 오직 謝나라의 북쪽과 郟 땅의 중간 지역은 제후는 사치스럽고 교만하며, 그곳 백성들은 자신의 군주를 가볍게 여기면서 충성스럽거나 미덥지 못합니다. 만일 임금을 바꾸어서 충성스럽고 신실한 도리로 가르친다면 쉽게 차지할 수 있고, 또 오랫동안 소유할 수 있을 것입니다."

公曰 周其弊乎아 對曰 殆於必弊者①니이다 大〔泰〕②誓58)曰 民之所欲을 天必從之라하야늘 今王59)이 棄高明昭顯하고 而好讒慝暗昧하며 惡角犀豐盈60)하고 而近頑童窮固61)하니 去和而取同하니이다 夫和實生物이요 同則不繼62)니 以它平它를 謂之和라 故能豐長而物生③之요 若以同裨同이면 盡乃棄矣63)니이다 故先王이 以土로 與金木水火雜하야 以成百物64)하니 是以和五味以調口하고 剛四支以衛體하고 和六律以聽耳하고 正七體65)以役心하고 平八索66)以成人하고 建九紀67)以立純德하고 合十

57) 周德 : 周는 충성스럽고 미더운 것을 이른다.

58) 泰誓 : ≪書經≫ 〈周書〉의 篇名.

59) 今王 : 王은 幽王을 이른다.

60) 角犀豐盈 : 角犀는 이마가 코뿔소가 엎어져 있는 듯 튀어나온 모습을 이르고, 豐盈은 아래턱이 풍만한 모습이니 모두 현명한 자의 얼굴 상이다.

61) 頑童窮固 : 頑童은 아이처럼 어리석은 것이고, 固는 비루함이니, 모두 어둡고 몹시 비루하여 德義를 알지 못하는 자이다.

62) 和實生物 同則不繼 : 和는 陰陽의 서로 다른 것끼리의 조화를 이르고, 同은 동일한 기운을 이르니, 곧 陰은 陰끼리 陽은 陽끼리의 같은 기운을 이른다.

63) 以同裨同 盡乃棄矣 : 裨는 보태는 것이다. 同은 水와 水가 만나고 火와 火가 만나는 것을 이른다. 모두 버린다는 것은 아무런 이루어짐이 없음을 이른다.

64) 以成百物 : 鐵로 공구를 주조하고 음식을 끓이는 것과 같은 따위를 말한다.

65) 七體 : 얼굴에 있는 7개의 구멍. 즉 두 눈, 두 개의 콧구멍, 두 개의 귓구멍, 한 개의 입을 이른다.

66) 八索 : 사람 몸의 여덟 기관을 ≪周易≫의 八卦에 대응시켜 이른 말이니, 머리는 乾卦, 배는 坤卦, 발은 震卦, 다리는 巽卦, 눈은 離卦, 입은 兌卦, 귀는 坎卦, 손은 艮卦

數以訓百體[68]하며 出千品[69]하고 具萬方[70]하며 計億事[71]하며 材兆物[72]하니 收經入하야 行姟極[73]이니이다 故王者居九畡之田[74]하야 收經入以食兆民[75]하고 周訓而能用之하야 龢樂如一하니 夫如是 龢之至也니이다 於是乎先王이 聘后於異姓하고 求財於有方하며 擇臣取諫工[76]하야 而講以多物하니 務和同也니이다 聲一無聽이요 物一無文이요 味一無果요 物一不講이어늘 王將棄是類④하고 而與剸(전)同하니 天奪之明이니이다 欲無弊得乎잇가

〔校勘〕 ① 者 : 四部備要本에는 '者'자 다음에 '也'자가 더 있다.
② 大〔泰〕: 四部備要本에 의거하여 고쳤다.
③ 生 : 四部備要本에는 '歸'로 되어 있다.
④ 類 : 四部備要本에는 '類'자 다음에 '也'자가 더 있다.

에 해당한다.

67) 九紀 : 9개의 臟器이니, 五臟〔심장, 폐, 신장, 간, 지라〕의 다섯 가지에 위, 방광, 장, 쓸개를 더한 것이다.

68) 合十數以訓百體 : 十數는 王으로부터 시작하여 10등급의 지위를 이르니, 왕은 公을, 公은 大夫를, 대부는 士를, 士는 皁를, 조는 輿를, 여는 隸를, 예는 僚를, 요는 僕을, 복은 臺를 신하로 삼는 것을 이른다. 百體는 百官이 각기 체계와 소속이 있는 것이다. 이 열 개 지위의 숫자를 합하여 百官에 딸린 구실아치들을 가르쳐 인도하는 것이다. 五味부터 十數는 곧 가까이는 자신의 몸에서 취하고, 멀리는 사물에서 취한다는 말에 해당하는 것들이다.

69) 千品 : 百官에 각기 열 가지의 관속이 있으니 十이란 숫자는 왕의 위치에서 보면 천 가지 등급이 되는 것이다.

70) 萬方 : 金木水火土를 관장하는 관원에 딸린 구실아치 1만 명을 萬方이라고 일컬은 것이니 方은 방법, 길〔道〕 등을 뜻하는 말이다.

71) 計億事 : 億을 韋昭는 萬의 만 배, 鄭衆은 만의 10배라고 하였다. 만의 10배는 옛날 수의 개념이다.

72) 材兆物 : 材는 裁(마름질)의 뜻. 兆는 億의 10배이다.

73) 姟極 : 姟는 만의 만 배이니, 수의 최대 단위어이다.

74) 九畡之田 : 九畡는 九州에서 가장 큰 수이다. 〈楚語 下〉에 이르기를, "천자의 전답은 九畡이다."라고 하였다.

75) 以食兆民 : 兆民은 천하의 모든 관원을 이른다.

76) 諫工 : 諫官을 이른다.

公이 말하기를, "周나라는 패망하겠습니까?" 하니, 〈史伯이〉 대답하였다. "거의 패망에 가까워져 있습니다. 〈泰誓〉에 이르기를, '백성이 하고자 하는 것을 하늘은 반드시 따른다.'라 하였습니다. 지금 왕께서는 高明하고 높은 덕을 가진 신하를 버리고, 참소하고 간특하며 어리석은 신하를 좋아하며, 이마가 훤칠하게 생기고 턱이 관후한 어진 신하는 미워하고, 우악스럽고 더없이 비루한 신하는 가까이하고 있습니다. 可와 否가 만들어 내는 조화를 버리고 附和雷同을 취하고 계십니다. 저 가부의 조화에서 실상 사물이 생육되고, 부화뇌동에서는 계속 이어지지 못합니다. 다른 것을 가지고 다른 것과 화평하게 하는 것을 '調和'라고 합니다. 그러므로 능히 풍부하게 생장시키고 사물도 그곳에서 삶을 영위합니다. 만일 동일한 것으로 동일한 것에 보태면 둘 모두를 버리게 됩니다. 그러므로 先王은 흙〔土〕을 金·木·水·火와 버무려 온갖 사물을 만들어 내셨습니다. 그러므로 五味를 조화시켜 입맛에 맞게 하고, 四支를 강건하게 해서 몸을 보호하게 하고, 六律을 조화시켜 귀가 밝아지도록 하고, 七體를 바르게 해서 마음을 위해 일하게 하고, 八索을 화평하게 해서 사람의 외모를 완전하게 하고, 아홉 臟器의 기능을 건강하게 하여 순수한 德目을 확립시키고, 열 등급의 숫자를 모아 百官에 딸린 관속들을 가르치고 인도합니다. 여기에서 1천 자리의 벼슬이 나오며 1만 가지의 방법과 길이 갖추어지고, 億으로 헤아려지는 일들이 계산되며 兆 단위로 헤아려지는 사물들이 裁斷됩니다. 이러한 속에 왕이 일정한 수입을 거두어들여, 수치상 최대치로 헤아려지는 일들을 실행하게 됩니다. 그러므로 王天下한 자는 九州의 전답을 차지하고서, 經常의 수입을 거두어 뭇 관원을 먹이고, 忠과 信實로써 교육하고 잘 운용하여 화락하기가 마치 한 집안 같습니다. 이 같은 것이 調和의 지극함입니다. 이러하므로 先王은 왕후를 異姓의 집안에서 맞이해 오고 재물을 구하는 데에 일정한 지역이 있었으며 신하를 뽑으면서는 諫官을 취하여 많은 일들을 바로잡게 하니, 조화와 雷同을 구별하여 조화에 힘쓴 것입니다. 음악이 五聲 중의 한 소리로만 구성되어 있으면 들을 수 없고, 사물이 동일한 것들만 모아져 있으면 문채가 이루어지지 아니하고, 음식이 五味 중 한 가지 맛으로만 만들어져 있으면 맛이 없고, 물품이 동일한 것들만 있으면 품평할 수 없습니다. 왕께서 이러한 조화가 되는 것들을 버리고서 오로지 雷同하는 자들만 친근히 하고 있으니 하늘이 임금의 총명함을 빼앗아 가버린 것입니다. 패망하지 않고자 한들 될 수 있겠습니까?

夫虢石父(보)[77]는 讒諂巧從之人也어늘 而立以爲卿士하니 與剸同也오 棄聘后하고 而立內妾[78]하니 好窮固也오 侏儒戚施[79]寔御在側하니 近頑童也오 周法不昭하고 而婦言是行하니 用讒慝也오 不建立卿士하고 而妖試幸措하니 行暗昧也니 是物也不可以久니이다 且宣王之時에 有童謠曰檿(염)弧箕服[80]이 實亡周國이라하더니 於是에 宣王聞之하고 有夫婦鬻是器者라 王使執而戮之[81]러니 府之小妾生女하니 而非王子也라 懼而棄之하니 此人也收以奔褒러니 褒人有獄[82]而以爲入[①]하니 天之命此久矣니이다 其又〈何〉[②]可爲乎잇가 訓語[83]에 有之하니 曰夏之衰也에 褒人之神이 化爲二龍하야 以同于王庭하야 而言曰余는 褒之二君也라 夏后卜殺之與去之與止之하니 莫吉이오 卜請其漦[84]而藏之하니 吉이라 乃布幣焉하고 而策告之하니 龍亡而漦在라 櫝而藏之하야 傳郊之라하니이다 及殷周莫之發也오 及厲王之末하야 發而觀之할새 漦流於庭하야 不可除也라 王使婦人不幃而譟之하니 化爲玄黿하야 以入于王府러니 府之童妾이 未旣齔[85]而遭之하야 旣笄[86]而孕하야 當宣王[③]而生[87]하니 不夫而育이라 故懼而棄之하니이다 爲弧服者方戮在路라가 夫婦哀其夜號也하야 而取之以逸하야 逃

---

77) 虢石父 : 虢나라의 군주. 石父는 군주의 이름이다.

78) 棄聘后 而立內妾 : 聘后는 六禮를 갖추어 맞이한 정실 왕후 申后이니 平王의 母后이고, 內妾은 내궁의 소첩을 이르니 褒姒이다.

79) 侏儒戚施 : 侏儒는 난쟁이, 戚施는 곱사등이이다. 모두 웃음을 파는 배우를 이른다.

80) 檿弧箕服 : 檿弧는 산뽕나무로 만든 활이고, 箕服은 韋昭는 "箕는 나무 이름이며 服은 화살통이다."라고 하였다. 그러나 근래 白話本 번역본에는 ≪漢書≫ 〈五行志〉에서 이 글을 인용하며 萁자로 쓰고 있다면서 화살 전대를 만드는 풀이라고 하였다.

81) 執而戮之 : 붙잡아서 여러 사람들이 다니는 길 가운데서 욕을 보인 것이다.

82) 褒人有獄 : 褒人은 포나라의 군주 姁이고 獄은 죄를 지었다는 말이다.

83) 訓語 : 〈逸周書〉의 편명.

84) 漦 : 용이 뿜어낸 거품. 곧 용의 精液을 이른다.

85) 未旣齔 : 齔은 이빨을 가는 것을 이른다. 여자는 7세에 이빨을 갈기 시작한다. 아직 이빨을 다 갈지 않았다는 말이니 7세를 갓 넘긴 나이를 이른다.

86) 旣笄 : 笄는 여자 나이 15세에 비녀를 꽂는 것을 이른다.

87) 當宣王而生 : 厲王은 말년에 彘 땅으로 도망치고 共和 시대가 열려 14년을 지낸 다음 宣王이 등극하여 46년을 다스리다 죽었다.

於褒러니 褒人褒姁(후)有獄하야 而以爲入于王하니 王이 遂置之하고 而嬖是女也하야 使至於爲后而生伯服하니 天之生此久矣라 其爲毒也大矣어늘 將俟淫④德而加之焉하니 毒之酋腊88)者는 其殺也滋速⑤이니이다 申繒西戎89)方强하고 王室方騷어늘 將以縱欲하니 不亦難乎잇가 王欲殺大子以成伯服이면 必求之申이오 申人弗畀면 必殺之니 若伐申하야 而繒與西戎이 會以伐周면 周不守矣니이다 繒與西戎이 方將德申하고 申呂方彊하니 其隩愛太子를 亦必可知也니 王師若在면 其救之亦必然矣요 王心怒矣면 虢公從矣니 凡周存亡은 不三稔矣니이다 君若欲避其難인댄 速 規所矣니 時至而求用이면 恐無及也리이다

〔校勘〕 ① 褒人有獄而以爲入 : 四部備要本에는 이 여덟 글자가 없다.
② 〈何〉 : 四部備要本에 의거하여 보충하였다.
③ 王 : 四部備要本에는 '王'자 다음에 '時'자가 더 있다.
④ 俟淫 : 四部備要本에는 '使候淫'으로 되어 있다.
⑤ 速 : 四部備要本에는 '速'자 앞에 '其'자가 더 있다.

저 虢나라 제후 石父는 참소하고 아첨하며 교묘하게 굽실거리기를 잘하는 사람입니다. 그런 그를 등용하여 卿士로 삼고 있으니 오로지 雷同하는 자를 친근히 하는 일입니다. 六禮를 갖추어 맞이한 왕후를 버리고 內宮의 첩을 세우고 있으니 못돼 먹은 비루한 자를 좋아하는 일이고, 난쟁이나 곱사등이 등의 배우들이 왕의 곁에서 시중들고 있으니 우악스런 이들을 가까이하는 일이고, 周나라의 왕법을 밝히지 않고 부인네가 하는 말만 시행하고 있으니 참소하고 사특한 말을 써 주는 일이고, 卿士다운 덕이 있는 사람을 卿으로 세우지 않고서 요망한 사람을 등용하고 총애하는 사람을 자리에 앉히니 어리석고 어두운 행동입니다. 이러한 일들은 나라를 오래갈 수 없게 하는 일들입니다.

宣王 때에 童謠가 있었는데 '산뽕나무로 만든 활과 箕나무로 만든 화살통이 실상 周나라를 망칠 것이다.'는 노래였습니다. 이때 宣王이 그 노랫소리를 들었는데 마침 어

88) 酋腊 : 가장 독한 술을 이른다.
89) 申繒西戎 : 申은 姜姓이니 太子 宜臼의 外家 나라이고, 繒은 申나라와 우호 관계가 돈독한 나라이고, 西戎도 申나라와 한통속을 이루는 나라이다. 주나라가 쇠미해지자 이런 戎狄의 국가들이 강성해지기 시작한 것이다.

떤 부부가 이러한 기구들을 팔러 다녔습니다. 왕이 사람을 시켜 체포하여 사람들이 오가는 길목에서 모욕을 주었습니다. 그때 마침 王室 창고에 살던 나이 어린 계집아이가 딸을 낳았는데 王室의 자식이 아니어서 두려움에 아이를 버렸는데, 이들 부부가 그 아이를 거두어서 褒나라로 도망쳤습니다. 포나라의 군주가 천자에게 죄를 짓자 그 아이를 주나라에 들여보냈습니다. 하늘이 이러한 妖物을 세상에 나가도록 명한 지가 오래되었으니, 또한 어떻게 손써 볼 수 있겠습니까? 訓語에 이런 말이 있습니다. '夏나라가 쇠미할 적에 褒나라 先君의 귀신이 두 龍으로 화해서 왕의 뜰에 함께 머무르며 말하기를 「나는 포나라의 두 임금이다」라고 해서, 하나라의 군주(桀)가 그 용을 죽일 것인가, 내쫓을 것인가, 붙잡아 둘 것인가를 점쳐 보았는데 아무 것도 吉한 것이 나오지 아니했다. 그의 精液을 청하여 갈무리해 두는 일로 점을 쳤더니 길하다는 점괘가 나왔다. 이에 幣帛을 늘어놓고서 간책에 사유를 적어 아뢰었더니 용은 사라져 버리고 정액만 남아 있었다. 그래서 궤에 갈무리하여 역마로 운반하여 郊祭를 지냈다.'라고 하였습니다. 그것을 殷나라와 주나라에 미쳐서 열어 보지 못하였다가 厲王의 말기에 이르러 열어서 보았더니 정액이 뜰에 흘러 정액의 흔적을 없앨 수가 없었습니다. 왕이 부인들을 시켜서 치마를 벗고서 들썩들썩 환호하게 하였더니 검은 도롱뇽으로 화하여 왕실의 창고로 들어가 버렸습니다. 창고의 어린 계집아이가 아직 이빨도 다 갈지 않았을 일곱 살 나이 무렵에 도롱뇽과 마주치더니, 나이 열 다섯 살을 지내고서 임신하여, 宣王 시대를 만나 아이를 낳았는데 남편이 없이 태어난 아이여서 두려움에 그 아이를 내다 버렸습니다. 마침 산뽕나무 활과 기나무의 화살통을 팔러 다니던 자가 길에서 모욕을 당하고 있던 중이었습니다. 부부가 아이가 밤에 흐느껴 우는 소리를 애처롭게 여기고서 거두어 달아나 褒나라로 도망쳤습니다. 포나라의 제후 褒姁가 죄를 짓고서 천자에게 딸아이를 올렸더니 왕이 마침내 그 포나라 제후의 죄를 방치하고 그 딸아이를 사랑하여 왕후를 삼아 伯服을 낳는 데까지 이르렀습니다. 하늘이 이 褒姒를 낸 것이 오래되었습니다. 그녀로 인한 해독이 클 것인데 방탕한 행동을 저지르는 幽王을 기다려 그 포사가 보태어졌으니 독성이 강한 술은 사람을 죽이는 것도 더욱 빠릅니다.

申나라와 繒나라와 西戎은 한창 강성하고 왕실은 한창 소란스러운데 지금 멋대로 욕심을 부리고자 하니 나라를 유지하기 어렵지 않겠습니까? 왕이 태자를 죽이고 伯服을 태자로 만들기를 원한다면 태자는 반드시 申나라로의 도망길을 구할 것입니다. 신나라로 도망친 뒤, 신나라가 태자를 내어주지 않으면 幽王은 반드시 죽이려 들 것인데, 만약 신나라를 정복하려고 하면 繒나라와 西戎이 힘을 모아 주나라를 칠 것이니 주나라는 그들을 막아 내지 못할 것입니다. 증나라와 서융이 신나라를 덕스럽게 여기고 있고 신나라와 呂나라는 한창 강성하니, 그들이 태자를 깊이 사랑할 것이란 점을 반드시 알 수 있습니다. 周나라의 군사가 신나라에 쳐들어가게 되면 그들이 구원할 것은 또한 필연적인 일이고, 왕의 마음에 노여움이 일어나면 虢나라의 石父는 따라서 노여워할 것이니 주나라의 존망은 3년을 넘기지 못할 것입니다. 主君께서 만일 유왕의 그러한 환난을 피하고자 하신다면 속히 알맞은 지역을 계획해야 할 것이니 환난이 닥쳤을 때 대비책을 구하게 되면 아마도 미치지 못할 것입니다."

公曰若周衰면 諸姬에 其孰興고 對曰臣聞之호니 武實昭文之功이라하니 文之胙盡이면 武其嗣乎인저 武王之子에 應韓不在니 其在晉乎오 距險而鄰於小하니 若加之以德이면 可以大啓리이다 公曰姜嬴은 其孰興고 對曰夫國大而有德者近興이니 秦仲齊侯[90]는 姜嬴之儁也오 且大하니 其將興乎인저 公이 說하야 乃東寄帑與賄하니 虢鄶受之하고 十邑[91]도 皆有寄地하다

桓公이 말하기를, "만일 주나라가 쇠하게 된다면 여러 姬氏 나라 중에서 어느 나라가 흥성하겠습니까?" 하니, 〈史伯이〉 대답하였다. "신은 들으니 周武王은 실로 文王의 功을 밝히셨다 하였습니다. 문왕의 福祿이 다했으면 무왕의 자손들이 이어 갈 것입니다. 무왕 자손들의 나라에서도 應나라와 韓나라는 거기에 끼지 못할 것이니 아마도 晉나라가 될 것입니다. 진나라는 험준한 지역을 차지하여 지키면서 작은 나라들을 이웃에 두고 있으니, 德스러운 정치를 그 위에 더한다면 크게 국토를 넓힐 수 있을 것입니다." 환공이 말하기를, "姜氏(제나라)와 嬴氏(秦나라) 중에 누가 일어나겠습니까?" 하니, 〈사백이〉 대답하였다. "나라가 크고 덕이 있는 임금이 일어날 것이니 秦仲과 齊侯는 강씨나 영씨 중에서 준걸한 자들이고 나라도 크니 머잖아 일어날 것입니다." 공이 기뻐하여 동쪽으로 자기의 처자식과 재물을 맡겨 두려고 하니 虢나라와 鄶나라가 그것을 받았고 열 나라에도 모두 맡겨 둔 땅이 있게 되었다.

---

90) 秦仲齊侯 : 秦仲은 姓이 嬴이니 附庸國으로 있던 秦公伯의 아들로 宣王 때 주나라의 대부가 되었다. 齊侯는 齊莊公을 이르니 이때 姜姓 중에서 가장 덕이 있었다.

91) 十邑 : 이들 열 나라는 虢·鄶·鄢·蔽·補·丹·依·畴·歷·莘 등이다.

幽王八年에 而桓公爲司徒러니 九年에 而王室이 始騷92)하야 十一年에 而斃93)하니라 及平王末①하야 而秦晉齊楚代興하니 秦景襄94)이 於是乎取周土95)하고 晉文侯於是乎定天子96)하고 齊莊僖於是乎小伯(패)97)하고 楚蚡②冒於是乎始啓濮98)하니라

〔校勘〕① 王末 : 四部備要本에는 '王之末'로 되어 있다.
② 蚡 : 四部備要本에는 '蚠'으로 되어 있다.

幽王 8년에 桓公이 周나라에 들어와 司徒가 되었고 9년에 왕실이 소란하기 시작하여 11년에 환공이 죽었다. 平王 말년에 이르러 秦·晉·齊·楚가 번갈아 일어나 秦景公과 襄公이 이때 주나라의 땅을 차지하였고, 晉文侯가 이때 천자를 안정시켰고 齊莊公과 僖公이 이때 조그만 패자가 되었고 楚나라 蚡冒가 이때 비로소 濮까지 국토를 넓혔다.

---

92) 始騷 : 幽王이 申后를 폐하고 褒姒를 세우면서 太子 宜臼를 폐하고 포사가 난 아들 伯服을 세우며 나라가 시끄러워지기 시작한 것을 이른다.

93) 斃 : 宜臼가 외가인 申나라로 도망가자 幽王이 신나라를 정벌하였는데 신나라와 繒나라와 西戎이 연합하여 주나라를 쳐 유왕을 麗山의 戲水에서 시해하였다. 이때 환공도 함께 죽었다.

94) 秦景襄 : 秦景公과 襄公인데 景公은 莊公이라야 맞다. 莊公은 秦仲의 아들이고 襄公의 아버지이다. 경공은 양공의 10세손이니 여기에 한꺼번에 실리는 것은 옳지 않다.

95) 取周土 : 莊公이 西戎을 물리친 공으로 犬丘의 땅을 받고, 宜臼가 平王이 되어 東遷할 적에 襄公이 平王을 호송한 공을 인정받아 岐山 서쪽 땅을 떼어 받아 비로소 제후의 반열에 올랐다.

96) 晉文侯於是乎定天子 : 文侯의 이름은 仇. 平王을 申나라에서 맞이하고 주나라의 도읍을 洛邑으로 옮기는 등 왕실의 안정에 공을 세웠다.

97) 齊莊僖於是乎小伯 : 莊公은 齊나라 시조인 太公의 12세손인 購이고 僖公은 莊公의 아들 祿父이다. 小伯는 한 지역 제후의 盟主가 됨을 이른다.

98) 楚蚡冒於是乎始啓濮 : 蚡冒는 季紃의 손자이자 若敖의 아들인 熊率(율)이다. 濮은 叔熊이 몸을 피해 떠났던 南蠻의 나라이다.

國語 제17권

楚語 上

楚나라는 顓頊高陽氏의 후예이다. 帝嚳 시절 重黎가 火正이 되어 천하를 밝힌 공으로 祝融의 칭호를 얻었다. 그 뒤 吳回를 거쳐 陸終 시대에 이르러 여섯 아들을 두니 모두 姓과 땅을 나누어 차지하는 성대함을 누렸다. 초나라는 그중 막내 季連의 후예이니 성은 芈이다. 그 이후 침체되었다가 陸熊에 이르러 周文王의 師가 되었고 成王 시대에 이르러 熊繹이 楚나라에 봉해져 도읍을 丹陽에 정하였다. 이후 熊渠가 잠시 아들들에게 왕의 칭호를 쓰게 하면서 남쪽 오랑캐 지역에서 세력을 넓히기 시작하였고, 武王(熊通)이 중국으로 확장하기 시작하여 아들 文王(熊貲) 때에 이르러 丹陽에서 郢으로 도읍을 옮겼다. 그러나 천자국의 인정을 받는 제후국이 되지 못하였다가 成王(惲) 때에 이르러 당당히 중국의 패권국과 세력을 겨루는 사방 1천여 리의 국토를 차지하였다. 그러나 중국에서 늘 야만국으로 취급되었고 초나라 자신도 중국과 다른 職制를 두는 등 사실상 독자적인 남방 국가를 형성하였다. 莊王 시대에 이르러 춘추시대 五霸의 한 사람으로 한껏 위세를 떨쳤다. 본래 荊山 일대에서 나라를 일으켰다 하여 나라 이름을 荊으로 부르기도 한다. 이 편에서 논란된 楚材晉用이란 말은 지금도 人口에 膾炙될 정도로 유명한 成語가 되었다. 기원전 223년에 秦나라에 멸망당하였다. 그러나 秦나라를 쓰러뜨리려 봉기한 項羽는 바로 이곳 楚나라 사람이다.

207. 申叔時論傅太子之道 申叔時가 태자의 교육 방법에 대해 논하다

【大義】 교육의 여러 방법. (교과서와 환경 조성의 구체적인 영향력)

莊王[1)]이 使士亹[2)]傅大子葴(짐)①[3)]한데 辭曰臣不材②하야 無能益焉이니이다 王曰賴子之善하야 善之也하노라 對曰夫善은 在大子니이다 大子欲善이면 善人將至요 若不欲善이면 善則(칙)不用이니이다 故堯有丹朱[4)]하고 舜有商均[5)]하고 啓有五觀[6)]하고 湯有大甲[7)]하고 文王有管蔡[8)]하니 是五王者는 皆〈有〉③元德也어늘 而有姦子하니 夫豈不欲其善이리잇가 不能故也니이다 若民煩이면 可敎訓이나 蠻夷戎翟은 其不賓也久矣니 中國所不能用也니이다 王卒使傅之하다 問於申叔時[9)]한대 叔時曰敎之春秋[10)]하야 而爲之聳善而抑惡焉하야 以戒勸其心하고 敎之世[11)]하야 而爲之昭明德而廢幽昏

---

1) 莊王 : 춘추시대 五霸의 한 사람으로 일컬어지는 군주이다. 다른 제후국의 군주는 모두 公이라 일컫고 있는 것에 반하여 王을 僭稱하였다. 이름은 旅. 成王의 손자이고 穆王의 아들이다.
2) 士亹 : 초나라의 대부. 士老라고도 칭한다.
3) 大子葴 : 楚恭王의 이름. 葴은 四部備要本에는 箴으로, ≪史記≫에는 沈으로 쓰기도 하였다.
4) 堯有丹朱 : 朱는 堯임금의 아들 이름. 丹 땅에 봉하여져 丹朱라 부른다.
5) 舜有商均 : 均은 舜임금의 아들 이름. 商 땅에 봉하여져 商均이라 부른다.
6) 啓有五觀 : 啓는 禹임금의 아들. 五觀은 啓의 아들 太康의 형제 다섯 사람이다. 觀은 洛水 물가의 땅 이름이다. 형 太康이 나라를 잃자 형제 다섯 사람이 낙수 물가에서 형을 기다렸다고 한다. ≪書經≫의 〈五子之歌〉는 그 다섯 아우가 형을 기다리며 각기 읊은 노래이다. 白話本 번역에는 五觀은 武觀의 다른 표기라며 觀 땅에 봉하여 주었는데 啓의 재위 기간에 반란을 일으켰다고 하였다.
7) 湯有大甲 : 太甲은 湯임금의 손자인 太丁의 아들. 탕임금이 세운 전형을 따르지 않아 伊尹이 桐 땅으로 내보내 自肅하게 하였다.
8) 文王有管蔡 : 관채는 문왕의 아들인 管叔과 蔡叔. 이들이 殷나라 紂의 아들 武庚과 周나라에 반란을 일으킨 일은 ≪孟子≫ 〈公孫丑 下〉에 자세하다.
9) 申叔時 : 초나라의 어진 대부이다.
10) 春秋 : 역사책의 대칭. 곧 초나라의 역사, 또는 각국의 역사책 등을 이른다.

焉하야 以休懼其動하고 教之詩[12)]하야 而爲之道廣顯德하야 以耀明其志하고 教之禮하야 使知上下之則하고 教之樂하야 以疏其穢而鎭其浮하고 教之令[13)]하야 使訪物官하고 教之語[14)]하야 使明其德而知先王之務用明德於民也하고 教之故志[15)]하야 使知廢興者而戒懼焉하고 教之訓典[16)]하야 使知族類行比義焉이니이다 若是而不從하야 動而不悛이어든 則文詠物以行之하며 求賢良以翼之하고 悛而不攝이어든 則身勤之하야 多訓典刑以納之하며 務愼惇篤以固之하고 攝而不徹이어든 則明施舍以道之忠하고 明久長以道之信하고 明度量以道之義하고 明等級以道之禮하고 明恭儉以道之孝하고 明敬戒以道之事하고 明慈愛以道之仁하고 明昭利以道之文하고 明除害以道之武하고 明精意以道之罰하고 明正德以道之賞하고 明齊肅以耀之臨이니 若是而不濟면 不可爲也니라 且夫誦詩以輔相之하고 威儀以先後之하고 體貌以左右之하고 明行以宣翼之하고 制節義以動行之하고 恭敬以臨監之하고 勤勉以勸之하고 孝順以納之하고 忠信以發之하고 德音以揚之니 教備而不從者는 非人也니 其可興乎아 夫子[17)]踐位則退니 自退則敬이요 不[④]則赧하리라

〔校勘〕 ① 葴 : 四部備要本에는 '箴'으로 되어 있는데 모양이 서로 비슷하여 넘나들어 쓰인 듯하다.
② 材 : 四部備要本에는 '才'로 되어 있는데 통용한다.
③ 〈有〉 : 四部備要本에 의거하여 보충하였다.
④ 不 : 四部備要本에는 '否'로 되어 있는데 통용한다.

楚莊王이 士亹를 태자 葴의 스승〔傅〕으로 삼아 가르치게 하자, 거절하며 말하였다. "신은 재주가 없어 태자에게 보탬이 될 것이 없습니다." 왕이 말하기를, "그대의 훌륭함을 힘입어 태자를 훌륭하게 만들고자 함이오." 하자, 대답하였다. "훌륭함은 태자에

---

11) 世 : 선왕의 世系.
12) 詩 : 지금 전하는 소위 ≪詩經≫이 아직 정리되지 않은 채로 있었던 시들을 이른다.
13) 令 : 선왕 시대에 제정되어 내려온 법령.
14) 語 : 나라를 다스리는 데 교훈이 될 만한 훌륭한 말.
15) 故志 : 역사의 성패를 기록한 여러 책.
16) 訓典 : 五帝의 가르침을 실은 책.
17) 夫子 : 太子를 이른다.

게 달려 있습니다. 태자가 훌륭하고자 하면 훌륭한 사람이 이르러 오고, 만약 훌륭하게 되고자 하지 않으면 훌륭한 말을 받아들이려 하지 않을 것입니다. 그러므로 堯임금에게는 丹朱가 있었고, 舜임금에게는 商均이 있었으며, 啓임금에게는 五觀이 있었고, 湯임금에게는 太甲이 있었고, 文王에게는 管叔과 蔡叔이 있었습니다. 이 다섯 분의 왕은 모두 큰 덕을 가졌었으나 간악한 자식들을 두었습니다. 어찌 아들들이 훌륭한 사람이 되기를 원하지 않았겠습니까? 능히 그렇게 하지 못하여서입니다. 백성들의 소란스러움 같은 것들은 교훈으로 다스릴 수 있으면서도, 蠻夷 戎翟이 중국에 심복해 오지 않은 것이 오래된 것은 중국이 그들에게 가르침을 받아들이도록 하지 못하여서입니다." 왕이 끝내 태자의 스승을 삼았다.

〈士亹가〉 申叔時에게 〈태자를 가르칠 방도를〉 묻자, 申叔時가 대답하였다. "≪春秋≫를 가르쳐 良善을 북돋우고 邪惡을 억제하여 그에게 마음을 경계시키거나 권면하도록 하고, 先王 대대의 행적을 가르쳐 그에게 明德을 밝히고 어두움을 걷어내 자신의 행동에 두려움을 느끼도록 하고 詩를 가르쳐 훌륭한 덕을 가졌던 분들을 넓게 알려 자신의 뜻이 환하여지도록 하고, 禮를 가르쳐서 君上과 신하의 법칙을 알게 하고, 음악을 가르쳐서 자신의 더러운 마음을 씻어 내고 경솔한 마음이 진중해지도록 하고, 법령을 가르쳐서 각 직책을 맡은 관원들이 하는 일을 생각해 보게 하고, 훌륭한 말을 가르쳐서 자신의 덕을 밝히고 先王이 백성들에게 덕을 밝히기 위해 힘쓴 것을 알도록 하고, 옛 역사책을 가르쳐서 나라를 망하게 하고 흥하게 한 자들을 알아 경계하고 두려움을 느끼도록 하고, 訓典을 가르쳐서 친족의 멀고 가까움을 알게 하고 행동이 의리를 따르도록 해야 할 것입니다.

이와 같이 교육했는데도 따르지 않고서 그대로 행동하며 고치려 하지 않으면, 문학의 사물 풍자로써 행동을 유발시키면서 賢良한 사람을 구하여 輔佐시키고, 고치기는 하였으나 〈결심이〉 굳지 못하거든, 스승들이 더욱 애써서 많은 전형들을 가르쳐 그것을 받아들이게 하면서 돈독함에 힘쓰고 삼가도록 하여 그 마음을 굳혀 주고, 굳혀졌으나 사리에 분명하지 못하거든 베풀어야 할 일들과 용서해 주어야 할 일들을 밝혀서 忠恕의 도리를 일러 주고, 오래 멀리 가는 도리를 밝혀서 신실의 필요성을 일러 주고, 헤아려야 하는 도리를 밝혀서 의로워야 함을 일러 주고, 귀천의 등급을 밝혀서 예의 등급을 일러 주고, 공손하고 겸손한 도리를 밝혀서 그것이 孝道의 길임을 일러 주고, 공경하고 경계하는 도리를 밝혀서 일 처리의 길을 일러 주고, 자애의 도리를 밝혀서 어진 도리의 길을 일러 주고, 무엇이 이익 되는 일인지를 밝혀서 文德의 길을 일러 주고, 해악이 되는 것들을 제거하는 도리를 밝혀서 武功의 길을 일러 주고, 정밀하게 생각하는 도리를 밝혀서 형벌을 판결하는 일을 일러 주고, 자신의 덕을 바르게 가져야 하는 도리를 밝혀서 賞을 내리는 길을 일러 주고, 한결같고 엄숙해야 하는 도리를 밝혀서 일에 임하는 길을 밝혀 주어야 할 것입니다. 이같이 하였는데도 효험이 없으면 그런 사람에게는 스승 노릇을 할 수 있는 길이 없습니다. 또 한편으로 詩를 외워 주어 교육의 보조수단으로 삼고, 위엄과 태도가 바른 사람에게 태자를 앞뒤에서 보좌하게 하고, 바른 태도나 격식으로 태자를 좌우에서 거들어 주고, 분명한 행동으로 태자를 두루 보좌해 주고, 예절과 의리를 제정하여 그것을 태자에게 행동하게 하고, 공손하고 공경함으로써 백성들에게 임하여 살피게 하고, 부지런하고 근면함으로써 권면하고, 효도와 순리를 받아들이게 하고, 忠恕와 신실한 도리를 깨우치도록 하고, 덕스러운 말로써 고양시켜야 할 것입니다. 이러한 교육이 갖추어졌는데도 따르지 않는 사람은 사람이 아닙니다. 그러한 사람을 성취시킬 수 있겠습니까? 太子가 군주의 자리에 나아가거든 물러나야 할 것입니다. 물러나시면 恭敬을 받을 것이고 그렇지 않으면 걱정 속에 지내실 것입니다."

208. 子囊議恭王之謚 子囊이 恭王의 謚號를 논하다

【大義】 시호를 論定할 때 한 사람의 평생 선악 행위 중 善을 평가 기준의 우선으로 삼는다.

恭王[18]有疾에 召大夫曰 不穀[19]不德하야 失先君之業[20]하고 覆楚國之師[21]하니 不穀之辠也니라 若得保其首領[22]以沒이면 唯是春秋所以從先君者[23]니 請爲靈若

18) 恭王 : 바로 앞 章에서 이른 太子 葴이다. 병을 앓은 일은 魯襄公 13년(기원전 560년)에 있었다.

19) 不穀 : 군주가 자신을 이르는 겸칭. 穀은 善의 뜻이다.

20) 先君之業 : 先君은 곧 楚莊王이고 業은 초장왕이 이룩한 제후의 霸權을 이른다.

21) 覆楚國之師 : 覆은 패하다는 말이니, 魯成公 16년(기원전 575년) 鄢陵의 전투에서 晉나라에 패한 일을 이른다.

22) 保其首領 : 首領은 사람의 목을 이른다. 이를 보존한다는 말은 형벌에 의한 죽임을 면

厲[24]하라 大夫許諾하다 王卒하야 及葬에 子囊[25]이 議諡한대 大夫曰 君①王有命矣니이다 子囊曰 不可하다 夫事君者 先其善하고 不從其過니라 赫赫楚國을 而君臨之하사 撫征南海[26]하고 訓及諸夏[27]하니 其寵大矣요 有是寵也하고 而知其過하시니 可不謂恭[28]乎아 若先君善인댄 則請爲恭하노라 大夫從之하다

〔校勘〕 ① 君 : 四部備要本에는 '君'자가 없다.

楚恭王이 병이 위독해지자 大夫들을 불러 말하기를, "내가 德이 없어 선군의 霸業을 잃었고, 초나라의 군대를 패하게 하였으니, 이것은 나의 죄이오 만일 목을 잘 보존해서 죽을 수 있다면 오직 봄가을의 제사 때에 先君들을 따라 제삿밥을 얻어먹는 일 뿐이니, 청컨대 시호는 '靈'자나 '厲'자로 정하도록 하시오." 하니, 대부들이 허락하였다.

왕이 죽고 장례 날짜에 미쳐서 子囊이 시호를 의논하도록 하자, 대부들이 말하기를, "군왕께서 명령이 있으셨습니다." 하니, 자낭이 말하기를, "옳지 않습니다. 무릇 군주를 받드는 자들은 그 훌륭한 것을 앞세워 받들어야 하고, 잘못한 일을 따라서 결정하여서는 안 됩니다. 혁혁한 초나라를 임금께서 다스리시면서 저 南海까지를 어루만져 정벌하였고, 가르침이 중국까지 미쳤으니, 그 영화로움이 큽니다. 이러한 영화로움을 두고서도 자신의 잘못을 아셨으니, '恭'자의 시호를 칭할 만하지 않겠습니까? 만일 군주의 훌륭한 점을 앞세우기로 한다면 '恭'자로 정하기를 청원합니다." 하니, 대부들이 그대로 따랐다.

한다는 뜻이다.

23) 春秋所以從先君者 : 春秋는 봄가을로 종묘에서 지내는 제사이다. 從先君은 선군들을 따라 제사를 받을 것이란 말이다.

24) 請爲靈若厲 : 靈과 厲는 시호 글자를 이르는 말이다. 靈은 나라를 어지럽게는 했으나 크게 손상〈국토를 잃거나〉시키지 않은 것을, 厲는 죄 없는 사람을 죽인 사람에게 내리는 시호 글자이다. 시호는 본래 장례 전에 정하고 또 제후의 시호는 天子國에 청하여 받는 것이 예인데 당시 초나라가 천자를 자칭한 까닭에 자기들이 정한 것이다.

25) 子囊 : 恭王의 아우인 令尹 公子 貞이다.

26) 南海 : 여러 오랑캐들을 이른다.

27) 訓及諸夏 : 중국 제후들의 맹약을 주관하고 호령을 반포하는 일 등을 이른다.

28) 恭 : 諡法에 기왕의 잘못을 능히 고친 것을 恭이라 한다고 하였다.

209. 屈建祭父不薦芰 屈建이 아버지의 제사에 마름을 올리지 않았다

【大義】 아버지의 遺言을 거절하고 典禮를 따른 결단.

屈到[29]嗜芰러니 有疾에 召其宗老[30]而屬之曰 祭我에 必以芰하라 及祥하야 宗老將薦芰어늘 屈建[31]이 命去之한대 宗老曰 夫子屬之니이다 子木曰 不然하다 夫子承楚國之政하야 其法이 刑在民心하고 而藏在王府하야 上之可以比先王이요 下之可以訓後世니 雖微[32]楚國이라 諸侯莫不譽니라 其祭典에 有之하니 曰國君은 有牛享[33]하고 大夫有羊饋[34]하고 士有豚犬之奠[35]하고 庶人有魚炙之薦하고 籩豆·脯醢는 則上下共之라하야 不羞珍異하고 不陳庶侈하니 夫子不以其私로 欲干國之典이시니라 遂不用하다

屈到가 마름을 좋아하였다. 병이 위중해지자 宗中 사람 중에 家臣으로 있던 사람〔宗老〕을 불러 부탁하기를, "나를 제사 지낼 때는 반드시 마름을 올리도록 하라." 하였다. 小祥 제사 때에 미쳐서 종로가 마름을 올리려고 하자, 屈建이 철거하도록 명령하였다. 종로가 말하기를, "夫子께서 부탁하신 것입니다." 하니, 子木이 말하기를, "그렇지 않습니다. 夫子께서 초나라의 정치를 받들어 다스리시면서 그 형법이 백성들의 마음에 심어져 있고, 또 왕실의 문서 창고에도 갈무리되어 있습니다. 위로는 선왕의 훌륭한 덕과 비교될 수 있고, 아래로는 후세에 교훈이 될 수 있어, 초나라뿐만 아니라 제후국들에서도 기리지 않음이 없었습니다. 그 제사에 관한 法典에 이르기를, "나라의 군주는 소를 제사에 올리고, 대부는 羊을 올리고, 士는 돼지와 개를 제사 음식으로 차리며, 庶人들은 구운 생선을 올리고, 마른 음식을 올리는 대나무 제기〔籩〕와 진음식을

29) 屈到 : 초나라의 卿. 이름은 子夕. 屈蕩의 아들이다.
30) 宗老 : 老는 家臣을 이르니, 宗老는 家臣이자 宗人인 사람이다.
31) 屈建 : 屈到의 아들 子木이다.
32) 雖微 : 雖는 어조사이다. 微는 뿐만 아니라의 뜻이다.
33) 牛享 : 제후는 제사에 太牢를 쓰니, 태뢰는 牛·羊·豕 세 짐승을 이른다.
34) 羊饋 : 少牢를 이르는 말이니, 소뢰는 羊·豕 두 짐승을 이른다.
35) 豚犬之奠 : 特牲을 이르니, 특생은 본래 돼지 한 짐승만 쓰는 것을 이른다. 犬에 대하여 韋昭는 언급이 없으나 돼지와 개 중 하나를 쓴다는 말인 듯하다.

올리는 나무 제기〔豆〕며 脯와 醢는 상하가 함께 사용한다."라고 하여, 진기하거나 기이한 음식은 올리지 않고, 여러 가지 음식을 늘어놓지도 않습니다. 夫子께서 사사로운 욕심으로 나라에서 제정한 법들을 범하고자 하지 않으실 것입니다."라 하고, 마침내 〈마름을〉 사용하지 않았다.

210. **楚聲子論楚材晉用** 楚聲子가 楚나라의 人材를 晉나라가 등용해 쓰고 있음을 논하다

【大義】 인재 관리의 잘못으로 국가가 겪는 뼈아픈 재난의 실례들.

湫(초)①擧36)娶於申公子牟37)러니 子牟有辠而亡에 康王38)이 以湫擧爲遣之②라 湫擧奔鄭하야 將遂奔晉이러니 蔡聲子39)將如晉이라가 遇之於鄭郊하야 饗之以璧侑하고 曰子尙良食하라 二先子40)其皆相子리니 尙能事晉君하야 以爲諸侯主하라 辭曰非所願也니라 若得歸骨於楚면 死且不朽리라 聲子曰 子尙良食하라 吾歸子하리라 湫擧降三拜하고 納其乘馬한대 聲子受之41)하다 還見令尹子木42)하니 子木이 與之語라

---

36) 湫擧 : 초나라 대부이니, 이름은 伍擧. 伍參의 아들이고, 伍奢의 아버지이다. ≪左傳≫에는 椒擧로 표기하고 있다.

37) 申公子牟 : 申 땅에 봉하여진 子牟이니, 王子牟로 호칭되기도 한다. 초나라가 천자국을 자칭한 까닭에 지방 수령을 公이라 칭하는 것이다.

38) 康王 : 恭王의 아들이니 이름은 昭이다.

39) 蔡聲子 : 蔡나라의 公孫 歸生이니 字는 子家이며 聲은 시호이다. 唐固가, "초나라가 채나라를 멸망시켜 蔡聲子가 초나라 대부가 되었다."라고 한 것을 韋昭가 반박하여 이르기를, "蔡나라는 당시 상존하고 있었다. 다만 채성자가 채나라의 외교관으로 진나라와 초나라를 두루 오가는 사신이었을 뿐이다."라고 하였다. 聲子가 진나라에 사신으로 간 일은 魯襄公 26년(기원전 547년)의 일이다.

40) 二先子 : 湫擧의 아버지 伍參과 聲子의 아버지 子朝를 이른다. ≪左傳≫에, "초나라의 伍參은 채나라 太師 벼슬에 있던 子朝와 친했는데, 그 아들들인 伍擧와 聲子도 서로 잘 지냈다."고 했다.

41) 受之 : 거절하지 않고 받은 것은 귀국을 추진할 것을 그 마음에 정하였음을 이른다.

42) 還見令尹子木 : 還見은 聲子가 晉나라에 사신으로 갔다가 다시 초나라에 사신으로 가 영윤 자목을 만난 것이다. 子木은 屈建의 字이다.

가 曰子雖兄弟於晉[43)]이나 然蔡는 吾甥也[44)]니 二國孰賢고 對曰 晉卿은 不若楚나 其大夫則賢하야 其大夫皆卿才也니이다 若杞梓・皮革焉어늘 楚實遺之니 雖楚有材나 不能用也니라 子木曰 彼有公族甥・舅어니 若之何其遺之材也오 對曰 昔令尹子元之難[45)]에 或譖王孫啓[46)]於成王이어늘 王弗是[47)]라 王孫啓奔晉이러니 晉人이 用之하야 及城濮之役[48)]하야 晉將遁矣어늘 王孫啓與③於軍事라가 謂先軫[49)]曰 是師也 唯子玉[50)]欲之요 與王心違라 故唯東宮與西廣[51)]實④來요 諸侯之從者에 畔者半矣며 若敖氏離矣니이다 楚師必敗어늘 何故去之요 先軫이 從之하야 大敗楚師하니 則王孫啓之爲也니이다

昔莊王이 方弱하야 申公子儀父(보)[52)]爲師하고 王子燮[53)]爲傅러니 使師崇・子孔[54)]으로 帥師以伐舒[55)]하고 燮及儀父施[56)]二帥⑤而分其室이라가 師還(선)至하야

43) 兄弟於晉 : 蔡나라와 晉나라는 同姓인 姬姓의 나라이므로 이른 말이다.

44) 吾甥也 : 나를 외삼촌이라고 부르는 사람을 나는 甥姪이라고 호칭하는 것이다. 곧 채나라는 초나라의 外孫에 해당하는 나라라는 말이다.

45) 子元之難 : 子元은 楚武王의 아들이고, 文王의 동생인 王子 善이다. 成王이 어려서 등극하여 숙부인 자원을 令尹으로 삼았다. 그런데 자원이 성왕의 母后인 文王의 왕비를 꾀어 보고자 하여 왕궁에 거처를 마련하고 있다가 鬪班에 의해 죽임을 당하였으니, 魯莊公 28년 및 30년의 일이다.

46) 王孫啓 : 子元의 아들이다. 啓가 아버지 子元과 똑같은 죄가 있다고 참소하였다.

47) 弗是 : 是는 일을 조사하여 처리하는 것을 이른다. 곧 억울한 사연을 조사하여 밝혀주지 않았다는 말이다.

48) 城濮之役 : 魯僖公 28년(기원전 632년)에 晉나라와 楚나라가 城濮에서 전투를 벌여 초나라가 패전한 것을 이른다.

49) 先軫 : 晉나라의 中軍을 이끈 진나라 최고 지휘관이다.

50) 子玉 : 초나라의 令尹. 이름은 得臣이다.

51) 東宮與西廣 : 東宮과 西廣은 초나라 군대 이름이다.

52) 申公子儀父 : 申公 鬪班의 아들인 大司馬 鬪克이다.

53) 王子燮 : 초나라의 公子이다.

54) 師崇子孔 : 師崇은 초나라 大師 潘崇이고, 子孔은 초나라 令尹 成嘉이다.

55) 舒 : 舒庸 舒鳩 舒龍 등 여러 나라들을 이른다.

56) 施 : 죄를 판결하여 내린다는 뜻이다.

則以王如廬⑥러니 廬戢黎殺二子하고 而復王하니이다 或譖析公臣於王이어늘 王이 弗是라 析公이 奔晉이러니 晉人用之에 實讒敗楚57)하야 使不規東夏하니 則析公之爲也니이다

昔雝子之父兄58)이 譖雝子於恭王이어늘 王弗是라 雝子奔晉이러니 晉人이 用之하야 及鄢之役59)하야 晉將遁矣어늘 雝子與於軍事라가 謂欒書60)曰 楚師可料也니이다 在中軍王族61)而已니 若易中下면 楚必歆之62)니 若合而函吾中이어든 吾上下必敗其左右니 則三萃63)以攻其王族이면 必大敗之리이다 欒書從之하야 大敗楚師하야 王

---

57) 實讒敗楚 : 이는 魯成公 6년(기원전 585년)에 晉과 楚가 벌인 繞角의 전투를 이르는 말이다. 초나라가 鄭나라를 치자 진나라가 정나라를 구원하여 요각에서 서로 만났다. 이때 晉나라가 전쟁을 포기하고 도망치려 하고 있었는데 析公 臣이 초나라 군사의 약점인 가벼운 점을 이용, 夜襲할 것을 건의하여 초나라가 크게 패하였다. 그 뒤 진나라가 다음 해에 다시 초나라를 공격하여 깨뜨렸고, 이어 蔡나라를 공격하고 沈나라를 쳐 멸망시킴으로써 초나라는 중국의 우호 세력을 모두 잃게 되었다.

58) 雝子之父兄 : 雝子는 초나라 대부이고, 父兄은 同族의 부형들이다.

59) 鄢之役 : 魯成公 16년(기원전 575년)에 晉나라와 楚나라가 鄢陵에서 싸워 초나라가 패한 전쟁을 이른다.

60) 欒書 : 晉나라의 正卿이다.

61) 中軍王族 : 唐固가, "族은 동성의 친족이다." 한 것을 韋昭가 반박하여, "族은 휘하에 딸린 사람들이다. ≪左傳≫에 보면 欒氏와 范氏가 자신의 집안 사람들로 공의 행차를 양쪽에서 보호하고 갔다 라고 하였는데, 당시 두 사람이 중군의 장수들이었으나 중군이 두 사람의 친족들로 이루어져 있지 않았다."라고 하였다. 곧 왕의 친족으로 편성된 군대가 아니고 왕 소속의 군대일 따름이라는 말이다.

62) 若易中下 楚必歆之 : 中下는 中軍의 하급 부대이다. 歆은 욕심을 낸다는 말이다. 欒書와 士燮의 군대를 각기 바꾸어 적에게 약하게 보이도록 하여서 초나라 군대를 유인하는 것이다. ≪左傳≫에, 欒書와 士燮이 군대의 行伍를 바꾸어서 유인했다고 하였고, 鄭司農은, 중군과 상하군의 卒伍를 바꾼 것이니, 중군의 군대가 정예였으므로 대오를 바꾼 것이라고 하였다.

63) 三萃 : 三萃는 四萃의 잘못이라는 주장이 있다. 우선 이를 기록한 ≪左傳≫ 襄公 26년의 기사가 四萃로 되어 있다. 이에 대하여 韋昭는 당시 晉나라가 四軍으로 구성되어 있었으나 三軍이라고 말한 것은 中軍은 이미 투입되어 있으니까 초나라 군대를 격파한 나머지 삼군인 上軍・下軍・新軍이 집결하여 함께 작전을 벌인 것을 이르는 말

親面傷64)하니 則䧢子之爲也니이다

昔에 陳公子夏가 爲御叔取⑦於鄭穆公65)하야 生子南66)이러니 子南之母亂陳而亡之67)하고 使子南戮於諸侯하니이다 莊王이 既以夏氏之室68)로 賜申公巫臣69)이라가 則又畀之子反70)하고 卒於襄老71)러니 襄老獲⑧於邲72)이라 二子爭之하야 未有成에 恭王使巫臣聘於齊한대 以夏姬行73)하야 遂奔晉이니이다 晉人用之하야 實通吳·晉하

이라고 주장하였다.

64) 王親面傷 : 楚恭王이 晉나라 장수 呂錡의 화살에 눈을 잃은 것을 이른다.

65) 陳公子夏爲御叔取於鄭穆公 : 陳公子 夏는 陳宣公의 아들이요, 御叔의 아버지다. 夏가 아들 어숙을 鄭穆公의 少妃인 姚子의 딸 夏姬에게 장가들게 하였다.

66) 子南 : 夏徵舒의 字.

67) 子南之母亂陳而亡之 : 御叔이 일찍 죽자 陳靈公과 대부 孔寧과 儀行父가 夏姬와 간통하였다. 이에 徵舒가 靈公을 시해하고 자립하여 군주의 자리에 오르자, 楚莊王이 제후들과 토벌하여 陳나라를 멸망시켰다. 魯宣公 11년(기원전 598년)의 일이다.

68) 夏氏之室 : 御叔의 부인 夏姬를 이른다. 처음에 楚莊王이 陳나라를 멸망시키고 夏姬를 데리고 초나라로 돌아왔다. 그리고서는 왕비로 맞아들이려 하자, 巫臣이 만류하면서 말하기를, '안 됩니다. 임금께서 제후들을 불러 陳나라를 치고서 이제 夏姬를 妃로 삼으신다면 色을 탐하는 것이 됩니다. 색을 탐하는 것은 음란함이요, 음란한 짓을 하면 큰 벌을 받게 됩니다.' 하여 임금이 포기하고 巫臣에게 내리려다가 子反에게 내리게 되었다. 子反이 장가들려 하는데 巫臣이 또다시 막아서 마침내 襄老에게 내려 주었다.

69) 申公巫臣 : 楚나라 申公 屈巫이니, 字는 子靈이다. 그가 申 땅의 수령을 지내 申公이라고 이르는 것이다.

70) 子反 : 司馬 벼슬을 지낸 公子 側이다.

71) 襄老 : 楚나라 連尹이다.

72) 獲於邲 : 晉과 楚가 魯宣公 12년(기원전 597년)에 邲 땅에서 싸울 때 진나라의 知莊子가 襄老를 활로 쏘아 맞혀 붙잡아서는 시체를 싣고서 돌아가 버렸다.

73) 以夏姬行 : 襄老가 邲 땅에서 죽어 시체마저 진나라에 빼앗겨 버렸다. 巫臣이 夏姬를 鄭나라에 돌려보내려고 하면서 이렇게 해야만 襄老의 시체를 구할 수 있다고 하자, 楚恭王이 하희를 정나라로 돌려보냈다. 그러자 巫臣은 鄭나라에 夏姬와의 결혼을 청하여 鄭伯으로부터 허락을 받았다. 그 뒤 巫臣이 齊나라에 使行 갈 일이 생기자 일을 마치고 돌아오는 길에 鄭나라에 이르러서 마침내 夏姬를 데리고 晉나라로 도망하였다.

고 使其子狐庸爲行人於吳하야 而教之射御하야 道之伐楚하야 至於今爲患하니 則申公巫臣之爲也[74]니이다 今湫擧取於王⑨子牟러니 子牟得辠而亡이어늘 執政弗是하고 謂湫擧曰 女實遣之라할새 彼懼而奔鄭이나 緬然引領南望曰 庶幾赦吾辠리라하니이다 又弗圖也하야 乃遂奔晉하야 晉人又用之矣요 彼若謀楚면 其亦必有豐敗也哉인저 子木愀然 曰 夫子何如오 召之 其來乎아 對曰 亡人得生이어니 又何不來爲리오 子木曰 不來면 則若之何오 對曰 夫子不居矣요 春秋相事로 以還軫於諸侯리니 若資東陽[75]之盜하야 使殺之면 其可乎인저 不然이면 不來矣리이다 子木曰 不可하다 我爲楚卿하야 而賂盜以賊一夫於晉은 非義也니 子爲我召之하라 吾倍其室하리라 乃使湫鳴召其父하야 而復之하다

〔校勘〕 ① 湫 : 四部備要本에는 '椒'로 되어 있다. 아래도 같다.
② 以湫擧爲遣之 : 四部備要本에는 '以爲椒擧遣之'로 되어 있다.
③ 與 : 四部備要本에는 '豫'로 되어 있다.
④ 實 : 四部備要本에는 '寔'로 되어 있다. 아래도 같다.
⑤ 帥 : 四部備要本에는 '師'로 되어 있다.
⑥ 如廬 : 四部備要本에는 '如廬戢黎'로 되어 있다.
⑦ 取 : 四部備要本에는 '娶'로 되어 있는데 통용한다. 아래도 같다.
⑧ 獲 : 四部備要本에는 '死'로 되어 있다.
⑨ 王 : 四部備要本에는 '王'자가 없다.

湫擧가 申公 子牟의 딸에게 장가를 들었다. 子牟가 죄를 짓고 달아나자, 楚康王은 초거가 그를 빼돌렸다고 생각하였다. 초거가 정나라로 달아났다가 마침내 晉나라로 도망하려는 계획을 세웠다. 蔡聲子가 晉나라로 가려다가 정나라의 郊外에서 초거와 조우하였다. 음식을 대접하고 玉璧을 선물하면서 말하기를, "당신은 건강히 밥을 잘

74) 巫臣之爲也 : 巫臣이 夏姬를 데리고 도망하자, 子反이 巫臣의 친족을 모조리 죽였다. 이에 巫臣이, 吳나라와 晉나라가 동맹을 맺어 楚나라를 치게 하려고, 晉나라에 있다가 吳나라에 사신 가기를 청하였다. 巫臣이 吳子 壽夢의 신임을 사, 晉나라와 吳나라의 국교가 맺어졌다. 한편으로는 巫臣의 아들을 吳나라의 외교관으로 삼았다. 이때까지 吳나라엔 戰法이 없었으나 巫臣이 楚나라 子反을 괴롭히기 위해 吳나라에 戰法을 가르쳐 楚나라를 공격하게 하였다.

75) 東陽 : 초나라의 북쪽에 있는 고을 이름.

먹도록 하시오! 돌아가신 우리 두 어버이들이 모두 그대를 도와줄 것이니, 능히 진나라의 군주를 잘 섬겨서 제후들의 盟主가 되게 할 수 있을 것입니다."라고 하니, 거절해 말하기를, "내가 원하는 바가 아닙니다. 만일 이 한 몸의 뼈가 초나라에 돌아가 묻힐 수 있다면 죽는다 하여도 그 임금의 은혜가 썩지 않고 남을 것입니다." 하니, 聲子가 말하기를, "당신께서 밥을 잘 먹고 견디고 있으면 내가 당신을 귀국시킬 것입니다." 하니, 湫擧가 밥을 먹던 자리에서 내려와서 세 번 절하고, 자신의 말 네 마리를 선물하자, 성자가 이를 받았다.

성자가 다시 초나라로 가 令尹 子木을 만났다. 자목이 말을 나누다가, "그대가 비록 진나라와는 형제 사이이나, 蔡나라는 우리의 외손자 나라이기도 하오. 두 나라 중에 어느 나라가 낫던가요?" 하니, 대답하기를, "진나라의 卿은 초나라만 못합니다. 그러나 그 대부들은 현명하니, 그 대부들은 卿감에 해당하는 인재들입니다. 마치 杞나무나 가래나무, 무소나 코뿔소의 가죽들을 초나라가 실상 그 나라에 보내 주고 있는 것과 같습니다. 비록 초나라는 그 같은 인재를 갖추고서도 능히 쓰지 못하고 있습니다." 하니, 자목이 말하기를, "진나라에도 公族이 있고, 인척들이 있을 것입니다. 어찌해서 우리가 보내 준 인재들이라고 하십니까?" 하니, 대답하기를, "옛날 令尹 子元의 난리에 어떤 사람이 成王에게 王孫 啓가 연루되어 있다고 참소하였으나, 성왕이 이를 밝혀 다스리지 않아, 왕손 계가 晉나라로 달아났습니다. 진나라가 그를 등용했는데 城濮의 전쟁 때 진나라가 장차 도망하려 하자, 왕손 계가 군사 일에 참여해 있다가 中軍 장수인 先軫에게 일러 말하기를, '이번 초나라 군사는 오직 子玉의 욕심에서 벌어진 것으로, 왕의 마음과는 맞지 않은 전쟁입니다. 그래서 東宮軍과 西廣軍이 집단으로 따라왔고, 제후로서 참여해 따라온 자들은 마음이 떠난 자가 반수입니다. 子玉과는 한 집안인 若敖氏조차도 전쟁에서 마음이 떠나 있습니다. 초나라 군대를 반드시 깨뜨릴 수 있는데 무슨 일로 도망가려 하십니까?' 하자, 先軫이 그 말을 따라 초나라 군대를 크게 깨뜨렸습니다. 이는 〈잘못해서 초나라로 가게 한〉 王孫 啓에 의해 일어난 것입니다.

옛날 楚莊王이 아직 20살이 안 되었을 때에 申公子 儀父를 師로 삼고, 王子 燮을 傅로 삼았습니다. 그리고서 師崇과 子孔에게 군대를 거느리고 舒族을 정벌하게 하였는데 섭과 의보가 두 장수에게 죄를 씌우고서는 그들의 집안 살림을 양분해 가졌습니다. 전쟁에 나갔던 군대가 바로 발길을 돌려 돌아와서는 왕을 모시고서 廬 땅으로 갔는데 廬 땅의 대부 戢黎가 섭과 의보 두 사람을 죽이고 왕을 서울로 복귀시켰습니다. 이때 어떤 사람이 왕에게 析公 臣을 참소했는데, 왕이 이를 밝혀 다스리지 않아 析公이 晉나라로 달아났습니다. 진나라가 그를 등용하였더니 참소로 초나라를 패하게 만들어, 중국의 동쪽을 영향력 아래 두지 못하게 하였으니 이것은 석공에 의해 저질러진 일입니다.

옛날 雝子의 집안 부형들이 楚恭王에게 옹자를 참소하였는데, 왕이 이를 밝혀 다스리지 않아 옹자가 晉나라로 도망가자, 진나라가 그를 등용하였습니다. 鄢陵 땅의 전투에 미쳐서 진나라가 도망가려 하자, 옹자가 군대의 일에 참여하여 있다가 欒書에게 일러 말하기를, '초나라의 군대 배치는 헤아릴 수가 있습니다. 中軍만이 王族의 정예군사들입니다. 만일 우리의 中軍과 중군의 양 날개를 이루는 부대를 바꿔 배치하면 초나라 군대는 반드시 우리의 중군을 공격하고자 들 것입니다. 전쟁이 붙어 우리의 중군 속으로 그들이 들어온다면 우리의 상·하군은 반드시 초나라의 左軍과 右軍을 이길 것입니다. 그런 뒤에 新軍·上軍·下軍을 집합시켜 초나라의 왕족으로 편성된 군대를 공격하면 반드시 대패시킬 수 있을 것입니다.' 하자, 欒書가 이 말을 따라 초나라 군사를 대패시켰고 恭王은 눈을 잃는 상처까지 입었습니다. 이는 雝子에 의해서 행하여진 일입니다.

옛날 陳나라 公子 夏가 아들 御叔을 위해서 鄭穆公의 딸에게 장가들게 하여 子南이란 아들을 낳았습니다. 자남의 어머니가 陳나라를 어지럽혀서 망하게 하자, 자남까지도 제후들에게 죽임을 당하였습니다. 楚莊王이 얼마 후에 夏氏의 부인을 데려다가, 申公 巫臣에게 주려다가 다시 子反에게 주려 하였고, 끝내는 襄老에게 주었습니다. 양로가 邲 땅의 전쟁에서 죽자, 巫臣과 子反 두 사람이 夏姬(夏氏 부인)를 두고 다투어 결말이 나지 않았습니다. 楚恭王이 무신을 시켜 齊나라를 聘問하게 하자 〈무신이〉 하희를 데리고 떠나 晉나라로 도망쳤습니다. 진나라가 무신을 등용하여 오나라와의 국교를 트게 했고, 그의 아들 狐庸을 吳나라의 行人이 되게 하였으며 오나라 사람들에게 활 쏘기와 말 타기를 가르쳐서 초나라를 치도록 인도하니, 지금까지 환란이 되고 있습니다. 이는 申公 巫臣에 의하여 행하여진 일들입니다.

지금 湫擧가 王子牟의 딸에게 장가를 들었는데, 자모가 초나라에 죄를 짓고 도망가자, 집정대신이 이를 조사하여 밝히려 들지 아니하고 湫擧에게 일러 말하기를, '네가 실상 빼내어 보낸 것이다.'라고 하여, 초거가 두려워서 鄭나라로 달아나 버렸습니다. 그러나 멀리 목을 길게 빼고서 남쪽 하늘을 바라보며, '아마도 나의 죄를 사면하여 줄 것이다.'라고 말하고 있습니다. 그러나 〈초나라가〉 생각을 잘못하여 마침내 진나라로 달아나게 되고, 진나라가 또다시 그를 등용하여 저 사람이 만약 초나라를 도모하게 된다면, 그 역시 반드시 〈초나라를〉 대패하게 할 것입니다."

子木이 근심스런 얼굴로 말하기를, "夫子께서는 어떻게 생각하시오. 부르면 오겠습니까?" 하니, 〈蔡聲子가〉 대답하였다. "도망간 사람이 살길을 얻었는데 또한 어찌 오지 않겠습니까?." 자목이 말하기를, "오지 않으면 어떻게 해야 할 것 같소?" 하니, 대답하였다. "부자께서 편히 앉아 있지 못하시고, 봄 여름 가을 겨울 내내 서로서로 사신 다니는 일로 제후국가에 수레를 바삐 몰아야 할 것입니다. 만약 東陽의 도적들에게 뇌물을 주어 그를 죽이게 하는 것도 괜찮은 일일 것입니다. 그렇지 않으면 오지 않을 것입니다." 자목이 말하기를, "안 될 일입니다. 내가 초나라의 正卿으로서 도적들에게 뇌물을 주어 한 사람을 해치우도록 하는 것은 의롭지 못한 일입니다. 당신은 나를 위해서 불러오도록 하십시오. 내가 그 家産을 배로 늘려 줄 것입니다." 이에 湫鳴을 시켜서 그 아버지를 불러오게 하여 벼슬과 재산을 회복시켜 주었다.

211. 伍擧論臺美而楚殆 伍擧가 臺가 아름다워 楚나라가 위험해질 것이라는 것을 경고하다

【大義】 국가가 벌이는 토목공사의 정당한 근거와 정당한 근거를 잃은 것들에 대한 위험성.

靈王76)이 爲章華之臺77)하고 與伍擧78)升焉하야 曰臺美夫인저 對曰 臣聞國君은

---

76) 靈王 : 楚恭王의 庶子. 이름은 熊虔.

77) 章華之臺 : 章華는 땅 이름. 지금의 湖北省 潛江市 龍灣區 放鷹臺에 해당한다. 靈王이 10만의 백성을 동원하여 사방 40리에 달하는 離宮을 조성하니 樓閣은 무려 3천여 칸에 달하고 10여 개의 井字형 반듯한 길이 있었다. 중앙에 章華臺를 앉히고 나선형으로 오르는 길을 만들었는데 얼마나 높았던지 꼭대기까지 오르려면 세 번은 쉬어야 한다고 하여 三休臺라는 별칭이 붙을 정도였다. 또 허리를 잘룩하게 동이는 띠를 띤 궁녀들을 살게 했다 하여 細腰宮으로 불리기도 하였다. 晉平公이 이 소식을 듣고서는 질세라 자신의 나라에 晉宮을 새로 짓는 工役을 일으키기도 하였다.

78) 伍擧 : 湫擧를 이른다. 湫는 고을 이름이다.

服寵[79]以爲美하고 安民以爲樂하고 聽德以爲聰하고 致遠以爲明이니이다 不聞其以土木之崇高・彤鏤[80]爲美하며 而以金石匏竹之昌大・囂[81]庶爲樂하고 不聞其以觀大・視侈・淫色以爲明하며 而以察淸濁爲聰也①호이다 先君莊王이 爲匏居之臺[82]에 高不過望國氛하고 大不過容宴豆하고 木不妨守備하고 用不煩官府하고 民不廢時務하고 官不易朝常이니이다 問誰宴焉이면 則宋公・鄭伯이요 問誰相禮면 則華元・駟騑[83]요 問誰贊事면 則陳侯・蔡侯・許男・頓子요 其大夫侍之니이다 先君이 是以②除亂克敵하고 而無惡於諸侯니이다 今君爲此臺也에 國民罷(피)焉하고 財用盡焉하고 年穀敗焉하고 百官煩焉하니 擧國留之하야 數年乃成이니이다 願得諸侯與始升焉이나 諸侯皆距하고 無有至者라 而後使太宰啓彊③[84]하야 請於魯侯[85]호대 懼之以蜀之役[86]하야 而僅得以來어늘 使富都那豎[87]로 贊焉하고 而使長鬣之士[88]로 相

---

79) 服寵 : 어진 德으로 인하여 天子로부터 받는 優渥한 은총. 또는 그 은총으로 받는 車馬나 俸祿.

80) 彤鏤 : 彤은 기둥에 丹靑을 올리는 것, 鏤는 추녀나 서까래에 龍 등을 조각하는 것을 이른다.

81) 囂 : 嘩(시끄러움)이다.

82) 匏居之臺 : 臺 이름이다.

83) 華元駟騑 : 華元은 宋나라의 右師이니, 宋나라 卿인 華御事의 아들이고 駟騑는 鄭穆公의 아들이다.

84) 太宰啓彊 : 초나라의 卿인 薳子이다.

85) 魯侯 : 魯昭公을 이르니, 昭公 7년(기원전 535년)의 일이다.

86) 蜀之役 : 蜀은 魯나라의 땅 이름. 魯宣公이 楚나라에 우호 관계를 맺자고 청하였는데 이때 楚莊王이 죽고 宣公도 죽어 일이 성사되지 못하였다. 魯成公이 즉위하여 晉나라와 맹약을 맺자 장왕을 이어 등극한 楚恭王이 노하여 公子 嬰齊를 보내 蔡나라와 許나라의 군사와 연합하여 노나라의 蜀 땅까지 쳐들어갔다. 이 전투에서 노나라가 불리하자 孟孫을 시켜 강화를 청한 일을 이른다. 이 전쟁은 魯成公 2년(기원전 589년)의 일이다.

87) 富都那豎 : 富는 용모가 풍후함이요, 都는 용모의 느긋함이요, 那는 용모의 아름다움이요, 豎는 아직 20세가 채 안 된 사람을 이른다. 용모만을 취하고 덕을 숭상하지 않은 것을 이르는 말이다.

88) 長鬣之士 : 수염이 길어 아름다운 사람을 이른다.

焉하니 臣不知其美也로이다 夫美也者는 上下・外內④・小大・遠邇⑤에 皆無害焉이라 故曰美니이다 若於目觀則美나 縮[89]於財用則匱니 是聚民利하야 以自封而瘠民也니 胡美之爲⑥이리잇가 夫君國者는 將民之與處하니 民實瘠矣면 君安得肥며 且夫私欲弘侈면 則德義鮮少요 德義不行이면 則邇者[90]騷離하고 而遠者[91]距違니이다 天子之貴也는 唯其以公侯爲官正⑦[92]하고 而以伯子男爲師(솔)旅하며 其有美名也는 唯其施令德於遠近하야 而小大安之也니이다 若斂民利以成其私欲하야 使民蒿焉忘其安樂하고 而有遠心이면 其爲惡也甚矣니 安用目觀이리잇고 故先王之爲臺榭[93]也에 榭不過講軍實[94]하고 臺는 不過望氛祥이라 故榭는 度(탁)於大卒[95]之居하고 臺는 度於臨觀之高[96]니이다 其所不奪穡地하고 其爲不匱財用하고 其事不煩官業하고 其日不廢時務하니이다 瘠磽(교)之地에 於是乎爲之하고 城守之木[97]을 於是乎用之하고 官寮之暇에 於是乎臨之하고 四時之隙에 於是乎成之하니이다 故周詩[98]曰 經始靈臺하야 經之營之하시니 庶民攻之라 不日成之로다 經始勿亟하시나 庶民子來로다 王

---

89) 縮 : 취하다. 또는 착취하다의 뜻이다.

90) 邇者 : 境內, 곧 나라 안을 이른다.

91) 遠者 : 이웃 나라들을 이른다.

92) 公侯爲官正 : 公侯는 公・侯・伯・子・男으로 나뉘어지는 제후들의 등급 중 가장 높은 등급에 해당하는 제후들을 이른다. 官正은 한 관아를 관장하는 우두머리 벼슬을 이른다.

93) 臺榭 : 흙을 다져서 높이 쌓은 것을 臺, 臺 위에 집을 지으면서 방을 들이지 않은 것을 榭라 한다.

94) 軍實 : 군대의 사병들을 이른다.

95) 大卒 : 국왕 휘하의 군대를 이른다.

96) 臨觀之高 : 臨觀은 臨下觀上의 뜻이니, 臺는 충분히 아래를 내려다볼 수 있게 쌓아 올리고, 榭는 지붕이 시야를 가리지 않게 집을 짓는다는 말이다.

97) 城守之木 : 성을 수비하는 데 쓰고 남은 나무. 黃丕烈의 ≪國語札記≫에는 韋昭의 쓰고 남은 나무라는 주석에 따라 木자가 末자의 오자라고 하였다. 그러나 汪遠孫의 ≪國語明道本攷異≫에는 ≪周禮≫ 〈掌固〉의 鄭玄 注를 근거로 韋昭의 주석에 오자가 있는 듯하다면서 末자의 주석을 취하지 아니하였다.

98) 周詩 : ≪詩經≫ 〈大雅 靈臺〉篇의 시이다.

在靈囿하시니 麀鹿攸伏이로다하니 夫爲臺榭⑧는 將以敎民利也99)하야 不知其以匱之也노이다 若君이 謂此臺美而爲之正이시면 楚其殆矣리이다

〔校勘〕 ① 也 : 四部備要本에는 '也'자가 없다.
② 是以 : 四部備要本에는 '以是'로 되어 있다.
③ 疆 : 四部備要本에는 '彊'으로 되어 있다.
④ 外內 : 四部備要本에는 '內外'로 되어 있다.
⑤ 邇 : 四部備要本에는 '近'으로 되어 있다.
⑥ 爲 : 四部備要本에는 '焉'으로 되어 있다.
⑦ 正 : 四部備要本에는 '正'자 다음에 '也'자가 더 있다.
⑧ 臺榭 : 四部備要本에는 '榭臺'로 되어 있다.

楚靈王이 章華臺를 지어 놓고 伍擧와 함께 그곳에 올라 말하기를, "臺가 참 아름답구나!" 하자, 오거가 대답하였다.

"신은 나라의 군주는 천자의 영화로운 표창을 받는 것으로 아름다움을 삼고, 백성을 편안하게 하는 것으로 즐거움을 삼고 덕 있는 말을 듣는 것으로 귀 밝음을 삼고 먼 곳에 있는 사람들이 찾아오게 하는 것으로 지혜의 밝음을 삼는다고 들었습니다. 토목공사의 높고 큼과 아름다운 단청이나 조각들을 아름다움으로 삼고 鐘이며 경쇠〔磬〕며 笙이며 管樂器의 성대하고 호화롭고 가짓수가 많은 것을 즐거움으로 삼는다는 말은 듣지 못하였으며, 큰 건축물을 관람하고 사치스럽게 꾸며진 것을 눈요기하고 聲色에 빠져 있는 것으로 지혜의 밝음을 삼고 음악의 고음과 저음을 잘 살피는 것으로 귀 밝음을 삼는다는 말은 듣지 못하였습니다.

先君 莊王께서는 匏居臺를 지었는데, 그 높이가 국가의 요사스러운 祲氣를 살필 수 있는 데 불과하였고, 크기는 잔칫상의 음식을 차려 놓는 그릇을 벌려 놓을 수 있는 데에 불과하였고, 그곳에 들어가는 목재는 성곽 수비에 쓰이는 목재에 해가 되지 않았고, 財用은 정부의 재정에서 지출되지 않았고, 백성들은 농사철의 농사일을 망치지 않았고, 관원들은 조정의 일정한 직무를 흐트러뜨리지 않았습니다. 누가 연회에 참석하였느냐고 묻는다면, 宋公과 鄭伯이었고, 누가 잔치의 禮를 안내하였느냐고 묻는다면, 華元과 駟騑였고, 누가 잔치 일을 도왔느냐고 묻는다면, 陳侯와 蔡侯와 許男과 頓子였

99) 爲臺榭 將以敎民利也 : 臺는 나쁜 妖氣나 상서로운 기운을 살피는 곳이고, 榭는 군사를 훈련시켜서 도적이나 환란을 막으려는 것이니 백성들을 이롭게 한다는 것이다.

고 또 각기 그들의 대부들이 시중하였습니다. 先君께서 이렇게 하였던 까닭에 환란을 제거하고 적국을 이겨 내면서도 제후들에게 미움을 사지 않았던 것입니다. 그런데 지금 임금님께서는 이 臺를 지으면서 국가와 백성이 피폐해졌고, 국가의 재용이 모두 고갈되었고, 백성들은 해마다 동원되느라 농사를 실패하였고, 百官들은 징발에 시달렸습니다. 온 나라의 백성이 그 일에 매달려 여러 해 만에 완성되었습니다. 제후들과 낙성식을 치르고서 함께 대에 오르기를 원하였으나 모두 거절하고 이른 자가 아무도 없었습니다. 그 일을 겪고 나서야 太宰 啓疆을 시켜서 魯나라 군주를 초청하면서, 옛날 蜀 땅의 전투로 그를 위협하였습니다. 마지못해 이르자 용모가 풍후하고 느긋하고 아름다운 아직 스무 살도 채 안 된 소년들을 시켜 잔치를 돕게 하고, 수염이 길게 아름다운 사람을 시켜서 잔치의 예절을 안내하게 하였습니다. 신은 그러한 것들이 아름다운 일인 줄 알지 못하겠습니다.

저 아름답다고 하는 것은 관원의 고위직과 하위직, 또 지방과 중앙, 크고 작은 나라들과, 멀고 가까운 사람들에게 해가 없어야 합니다. 그래야만 아름답다 할 수 있습니다. 만일 눈으로 보기에는 아름다우나 나라의 재용에서 취하여 쓰게 되면 국가의 재정이 고갈됩니다. 이는 백성에게 이익 되는 것들을 긁어모아서 스스로를 살찌우고 백성들을 궁핍하게 하는 것입니다. 어찌 아름다울 수 있겠습니까? 대저 백성의 임금이 된 자는 응당 백성과 함께 살아야 합니다. 백성이 진실로 궁핍하여지면 임금이 어떻게 홀로 부유할 수 있겠습니까? 또 사사로운 욕심이 너무 크면 德과 義理를 생각하는 마음이 적어지고, 덕과 의리가 나라에 행해지지 아니하면 國內에 있는 사람들은 걱정하다 마음이 떠나고, 國外에 있는 나라들은 거절하고 어기려 듭니다. 천자가 귀한 것은 公과 侯가 각기 관아들의 우두머리로 있고, 또 伯·子·男의 제후가 군대를 책임지고 거느리고 있어서이며, 그 천자에게 아름다운 명성이 있는 것은 오직 그 훌륭한 덕을 멀고 가까운 데에 베풀어서 크고 작은 나라들이 편안하기 때문입니다. 만일 백성에게 이익 되는 것을 긁어모아 사욕을 채움으로써 백성들로 하여금 재정이 고갈되어 안락을 잃고, 멀리 떠나고자 하는 마음을 두게 한다면, 그 해악됨은 매우 심한 것이 될 것입니다. 어찌 눈으로 관광을 즐기는 것을 취할 일이겠습니까?

그러므로 선왕들이 臺나 榭를 지을 적에는 榭는 군대가 講武할 정도의 크기를 넘지 아니하였고, 臺는 국가의 妖氣나 상서로운 기운을 살피는 데에 넘지 아니하였습니다. 그러므로 榭는 국왕 휘하의 군사들이 수용될 수 있는 정도를 헤아려서 만들었고, 臺는 군대를 내려다 볼 수 있고 멀리 관찰할 수 있는 정도의 높이를 헤아려서 만들었습니다. 그것을 세우는 곳은 농사짓는 땅을 빼앗지 아니하였고, 지으면서는 국가의 재용을 고갈시키지 아니하였고, 추진하는 과정에서는 관원들의 일상 업무를 번거롭게 하지 아니하였고, 농사철의 농사일에 방해되지 않게 하였습니다. 또한 메마른 땅에 그 터를 마련하였고, 성을 수비하는 데 쓰고 남은 나무를 사용하였고, 관료들의 여가를 이용하여 감독하게 하였고, 사계절의 틈나는 시간에 경영하도록 하였습니다. 그러므로 〈周詩〉에, '靈臺를 설계하여 터 잡아 시작하네! 땅을 재고 일을 진행하니, 백성들이 나서 주어 하루도 다 되지 않아 낙성되었도다. 일을 서두르지 말라 하였건만 어버이 일에 나선 듯 백성들 몰려드네! 왕께서 靈臺에 계시니 암사슴이 새끼를 품고 있도다.'라고 하였습니다. 저 臺와 榭를 짓는 것은 장차 백성들을 이롭게 하자는 것에서 입니다. 그 백성들의 재정을 고갈시킨다는 말은 들어 보지 못했습니다. 만약 임금께서 이 臺를 아름답게 만드는 일이 옳은 일이라 생각하신다면 초나라는 위태로워질 것입니다."

212. 范無宇論國爲大城未有利者 范無宇가 나라에 큰 城邑은 이로울 것이 없음을 말하다

【大義】 지방을 首都와 맞먹게 확장하는 것이 빚은 역사 속의 재난.

靈王이 城陳・蔡・不羹100)할새 使僕夫子晳101)하야 問於范無宇102)曰 吾不服諸夏而獨事晉은 何也오 唯晉近我遠也니라 今吾城三國이면 賦皆千乘103)이니 亦當晉矣니라 又加之以楚면 諸侯其來乎아 對曰 其在志也론 國爲大城하야 未有利者니이다 昔에 鄭有京櫟104)하고 衛有蒲戚105)하고 宋有蕭蒙106)하고 魯有弁費107)하고 齊有

---

100) 陳蔡不羹 : 초나라가 차지한 세 나라들이다. 陳나라는 魯昭公 8년(기원전 534년)에 멸망시키고 穿封戌를 陳公으로 봉하여 지키게 하였고, 蔡나라는 魯昭公 11년에 멸망시키고 公子 棄疾을 蔡公에 봉하였다. 不羹은 東不羹과 西不羹이 있었다.

101) 僕夫子晳 : 초나라의 대부 僕晳父(보)이다.

102) 范無宇 : 초나라 대부로 芋 땅의 수령인 申無宇이다.

103) 賦皆千乘 : ≪禮記≫에 사방 10里가 成이니, 이 땅에서 兵車 1대, 말 네 필, 소 12마리, 步卒 72인, 甲士 3명을 나라에 내야 한다고 했다. 세 나라가 각각 1천 乘이면 그 땅은 3천 成이 된다.

渠丘[108]하고 晉有曲沃[109]하고 秦有徵衙[110]러니 叔段은 以京으로 患嚴公[111]하야 鄭幾不封①[112]하고 櫟人은 實使鄭子로 不得其位[113]하고 衛蒲戚은 實出獻公[114]하고 宋蕭蒙은 實殺昭公[115]하고 魯弁費는 實弱襄公[116]하고 齊渠丘는 實殺無知[117]하고 晉曲沃은 實納齊師[118]하고 秦徵衙는 實難桓·景[119]이 皆志於諸侯하니 此其

---

104) 京櫟 : 京은 鄭莊公의 아우 共叔段의 食邑, 櫟은 鄭莊公의 아들 子元의 食邑이다.

105) 蒲戚 : 蒲는 甯殖의 食邑, 戚은 孫林父의 食邑이다.

106) 蕭蒙 : 宋公子 鮑의 食邑이다.

107) 弁費 : 季氏의 食邑이다.

108) 渠丘 : 雝廩의 식읍이다.

109) 曲沃 : 欒盈의 식읍이다.

110) 徵衙 : 公子 鍼(겸)의 식읍이다.

111) 嚴公 : 莊公을 이른다. 후한 明帝의 諱가 莊이어서 당시 莊자를 모두 嚴자로 대체하여 썼다.

112) 鄭幾不封 : 封은 나라의 封地를 이른다. 곧 共叔段이 어머니의 총애를 입고서 형 莊公을 도모하였다가 도망쳐 나간 일을 이르니 장공이 거의 봉지를 지키지 못할 뻔하였다는 말이다. 魯隱公 元年의 일로, ≪左傳≫에 자세하다.

113) 不得其位 : 魯莊公 14년에 鄭厲公이 櫟 땅에서 정나라 수도를 침략하여 정나라 대부인 傅瑕를 사로잡아 서로 맹약한 다음 놓아주어 그를 시켜서 鄭子를 죽이게 하고 厲公을 받아들이게 하였다. 鄭子는 장공의 아들 子儀이니, 시호가 정하여지지 않아 정자로 호칭한다.

114) 實出獻公 : 甯殖과 孫林父가 魯襄公 14년(기원전 559년)에 衛獻公을 제나라로 축출한 일을 이른다.

115) 實殺昭公 : 宋昭公의 형 鮑가 昭公을 시해하고 임금이 된 일을 이른다. 魯文公 16년(기원전 611년)에 있었다.

116) 實弱襄公 : 魯襄公 11년(기원전 562년)에 季武子가 公室을 3등분하여 三軍을 만들어서 三家가 각기 나누어 갖고 양공을 허수아비로 만든 것을 이른다. 費는 본래 季氏의 食邑이었고 襄公 26년에 다시 弁 땅을 자신의 식읍으로 차지하였다.

117) 實殺無知 : 魯莊公 8년(기원전 686년)에 無知가 齊襄公을 시해하고 임금이 되었는데, 그 다음 해에 雝廩이 渠丘를 기반으로 해서 다시 無知를 죽이고 임금이 된 일을 이른다.

118) 實納齊師 : 晉나라 대부 欒盈이 범씨 세력에 밀려 제나라로 도망쳐 가자, 齊莊公이 그를 曲沃으로 들여보내 주었다. 이에 欒盈이 곡옥의 군사를 거느리고 대낮에 진나라의 수도인 絳을 약탈한 일을 이른다. 이 일은 魯襄公 23년(기원전 550

不利者也니이다 且夫制城邑은 若體性焉하야 有首領・股肱하니 至於手拇・毛脉히 大能掉小라 故變而不勤이니이다 地有高下하고 天有晦明하고 民有君臣하고 國有都鄙古之制也니이다 先王이 懼其不帥(솔)이라 故制之以義하고 旌②之以服하고 行之以禮하고 辨之以名하고 書之以文하고 道之以言이니 既其失也 易物之由니이다 夫邊境者는 國之尾也니 譬之컨대 如牛馬處暑120)之既至에 䖟蟹之既多어늘 而不能掉其尾니 臣亦懼之로이다 不然이면 是三城也 豈不使諸侯之心惕惕焉이리잇가 子皙復命한대 王曰 是知天咫121)니 安知民則(칙)이리오 是言誕也니라 右尹子革122)侍라가 曰民은 天之生也라 知天이면 必知民矣니 是其言可以懼哉니이다 三年에 陳・蔡及不羹人이 納棄疾하고 而殺靈王123)하다

〔校勘〕① 封 : 四部備要本에는 '克'으로 되어 있다.
② 旌 : 四部備要本에는 '施'로 되어 있다.

楚靈王이 陳나라・蔡나라・不羹 땅에 城을 쌓으려 하면서 大夫 僕子晳을 시켜서 范無宇에게 묻기를, "우리나라가 중국의 여러 나라로 하여금 심복하게 하지 못하고 유독 晉나라를 섬기게 하고 있는 것은 어찌해서이겠는가? 진나라는 가깝고 우리는 멀리 있기 때문일 것입니다. 지금 우리가 세 나라에 성을 쌓게 되면, 군사 수가 각기 모두 1千 乘씩이니, 이것으로도 晉나라에 맞설 만할 것입니다. 또 거기에 초나라의 군사를

년)에 있었다.

119) 實難桓景 : 公子 鍼이 아버지 秦桓公의 총애를 믿고 형 景公의 세력과 대등한 관계를 유지하다가 결국 晉나라로 도망친 일을 이른다. 이때 그가 가지고 간 수레가 1천 乘에 달하였다.

120) 處暑 : 음력 7월의 절기를 이른다. 處는 그친다의 뜻이니 덥던 기운이 더 이상 성하여지지 못하고 주춤거린다는 뜻이다.

121) 天咫 : 咫는 少(조금)의 뜻이다. 곧 하늘의 도리를 조금 안다는 말이다.

122) 子革 : 초나라 대부로 이름은 然丹이고 子革은 그의 字다. 鄭나라 대부 子然의 아들이다.

123) 而殺靈王 : 棄疾은 楚恭王의 아들이자 靈王의 아우인 平王이다. 영왕이 무도하자 기질이 수도로 들어와서 난리를 일으키고, 三軍이 乾谿 땅에서 반란을 일으켰다. 그러자 왕이 자살하였다. 殺자를 쓴 것은 왕의 죽음이 세 나라와 서로 관련되어서이다. 이 일은 성을 쌓은 지 3년 만인 魯昭公 13년(기원전 529년)에 있었다.

보탠다면, 제후가 우리나라로 찾아올 것입니다.” 하니, 대답하였다. “옛 기록에서 나라에 큰 성을 수축한 일이 아직 이로운 적이 없었습니다. 옛날 鄭나라에 京과 櫟이라는 성이 있었고, 衛나라에 蒲와 戚이라는 성이 있었고, 宋나라에 蕭蒙이라는 성이 있었고, 魯나라에 弁과 費라는 성이 있었고, 齊나라에 渠丘라는 성이 있었고, 晉나라에 曲沃이라는 성이 있었고, 秦나라에 徵과 衙라는 성이 있었습니다. 〈鄭나라의〉 叔段은 京을 차지하고서 鄭莊公에게 근심거리를 만들어 주어 정나라가 거의 封地를 지킬 수 없을 뻔하였고, 櫟 땅 사람들은 鄭子로 하여금 그 군주 지위를 지키지 못하게 하였고, 衛나라의 蒲와 戚은 실상 衛獻公을 쫓아냈고, 宋나라의 蕭蒙은 실제 宋昭公을 시해하는 기반을 만들었고, 魯나라의 弁과 費는 실상 魯襄公의 세력을 약화시켰고, 齊나라의 渠丘는 실지 無知를 제거하게 하였고, 晉나라의 曲沃은 실제로 齊나라 군사를 받아들이는 데 이용되었고, 秦나라의 徵과 衙는 실상 秦桓公과 秦景公을 위협하였습니다. 이 모든 것들이 제후의 역사에 기록되어 있는 것들이니, 큰 성을 쌓는 것은 불리합니다.

城을 만드는 일은 신체의 특성과 같은 점이 있습니다. 머리에 해당하는 부분과 팔다리에 해당하는 부분이 있어야 합니다. 손이며 엄지손가락과 터럭이며 맥박에 이르기까지 큰 것이 능히 작은 것을 지휘할 수 있어야 합니다. 그렇게 이루어져야 행동하기가 힘들지 않습니다. 땅에는 높은 곳과 낮은 곳이 있고, 하늘에는 어두움과 밝음이 있고, 백성에게는 임금과 신하가 있고, 국가에는 國都와 변방의 성들이 있는 것이 예전부터 내려오는 제도입니다. 先王이 이러한 것을 따르지 아니할까 염려하셔서 의리로써 규제하고, 차림으로써 식별시키고, 서로 다른 예의로써 행하게 하고, 名號로써 분별시키고, 글자로써 기록해 두고, 말로써 인도하였습니다. 이미 정하여진 이러한 것을 잃는 것은 질서가 뒤집히는 단서입니다. 저 변경 지역들은 나라로서는 꼬리에 해당합니다. 소와 말 같은 것에 비유한다면, 處暑가 이미 이르러 크고 작은 쇠파리가 들끓는데 꼬리를 흔들 수가 없는 것과 같습니다. 신도 또한 두렵습니다. 그렇지 않다면 이 세 城들이 어찌 제후들의 마음에 두려움을 느끼지 않겠습니까?”

子晳이 복명하자, 왕이 말하였다. “이 사람은 하늘 한쪽을 겨우 조금 아는 사람이다. 어떻게 백성 다스리는 도리를 알겠는가? 이들 말은 다 실없는 말이다.” 하니, 右尹 子革이 모시고 있다가 말하였다. “백성은 하늘이 냈습니다. 하늘을 알면 반드시 백성에 대해서도 알 것입니다. 그러니 그의 말은 두려워해야 합니다.” 3년 뒤에 陳나라와 蔡나라, 不羹 사람들이 棄疾을 서울로 들여보내고 靈王을 시해하였다.

213. 左史倚相儆申公子亹 左史 倚相이 申公 子亹를 깨우치다

【大義】 安逸에 빠진 元老에 대한 경고.

左史倚相이 廷見申公子亹124)라가 子亹不出이라 左史謗之러니 擧伯125)以告한대 子亹怒而出曰 女無亦謂我老耄而舍我하고 而又謗我아 左史①曰 唯子老耄126)라 故欲見以交儆子니이다 若子方壯하야 能經營百事면 倚相이 將奔走承序하야 於是不給이어니 而何暇得見이리잇가 昔에 衛武公이 年數九十有五矣로대 猶箴儆於國曰 自卿以下로 至於師長士127)히 苟在朝者는 無謂我老耄而舍我하고 必恭恪於朝하야 朝夕以交戒我니 聞一二之言이어든 必誦志而納之하야 以訓道我하라 在輿有旅賁128)之規하고 位宁129)에 有官師130)之典하고 倚几에 有誦訓131)之諫하고 居寢에 有褻②御之箴하고 臨事132)에 有瞽史133)之道하고 宴居에 有師工134)之誦하며 史不失書하고 矇不失誦하야 以訓御之하니이다 於是乎作懿戒135)以自儆也러니 及其沒也하야

124) 申公子亹 : 〈楚語〉 첫 편에서 楚恭王의 스승으로 추대된 士亹이다.

125) 擧伯 : 초나라의 대부.

126) 耄 : 나이 80세 된 노인을 이르는 말.

127) 師長士 : 師長은 대부를, 士는 여러 士 계급을 이른다.

128) 旅賁 : 군주의 거둥에 수레를 좌우에서 호위하는 군사.

129) 位宁 : 位는 조정의 뜰 좌우를, 宁는 門과 屛 사이를 이른다. 문은 조정에 들어서는 문이고 병은 왕의 침전 앞을 가로막아 세운 작은 담장을 이른다. 그 사이에서 임금이 신하들의 조회를 받는다.

130) 官師 : 師는 우두머리를 이른다. 곧 관아의 으뜸 벼슬을 이른다.

131) 誦訓 : 工師들이 외워서 諫하는 말들을 几에다 써 놓은 것이다.

132) 事 : 군사 관계 일과 제사 등의 일을 이른다.

133) 瞽史 : 瞽는 음악을 맡은 관원이니 군주에게 길흉을 고하는 일을 맡고, 史는 太史官이니 禮를 고하는 일을 맡았다.

134) 師工 : 師는 樂師, 工은 소경을 이른다.

135) 懿戒 : 三君이 懿戒를 책이라고 한 것에 대하여, 韋昭는 "懿詩는 武公이 지은 ≪詩經≫ 〈大雅〉의 抑시를 이른다. 그리고 懿의 音을 抑으로 읽어야 한다. 〈毛詩 敍〉에는 抑은 衛武公이 당시 주나라 왕인 厲王을 풍자하고 또한 자신을 깨우치기 위해 지

謂之叡[③]聖武公이라하니이다 子實不叡聖이나 於倚相何害오 周書[136)]曰 文王이 至于日中昃이 不皇暇食하야 惠於小民하야 唯政之恭이라하시니 文王도 猶不敢惰[④]이니이다 今子老楚國而欲自安也하야 以禦數者[⑤]하니 王將何爲오 若常如此면 楚其難哉인저 子亹懼[⑥]曰 老之過也라하고 乃驟見左史하다

〔校勘〕 ① 左史 : 四部備要本에는 다음에 '倚相' 두 글자가 더 있다.
② 暬 : 四部備要本에는 '褻'로 되어 있다.
③ 叡 : 四部備要本에는 '睿'로 되어 있는데 통용한다.
④ 惰 : 四部備要本에는 '驕'로 되어 있다.
⑤ 數者 : 四部備要本에는 '數戒者'로 되어 있다.
⑥ 懼 : 四部備要本에는 '懼'자가 없다.

左史 벼슬에 있던 倚相이 조정에서 申公 子亹를 뵙고자 하였는데 자미가 나오지 아니하여 좌사가 헐뜯는 말을 한 것을, 擧伯이 그대로 고자질하였다. 자미가 성을 내어 나와 말하기를, "네가 나를 늙어 정신없는 사람으로 생각하고서 나를 버리고 또 나를 비방하는 것이 아니더냐?" 하였다. 좌사가 말하기를, "어르신께서 늙어 정신이 없는 까닭에 찾아뵙고서 도와 깨우쳐 드리고자 한 것입니다. 만일 어르신께서 한창 장년의 나이로 능히 모든 일을 경영하고 계시면, 의상은 분주히 오가며 일 순서에 따른 지시를 받들기에도 시간이 모자랄 터입니다. 어느 겨를에 뵈러 올 틈이 나겠습니까? 옛날 衛武公은 나이가 95세였는데도 오히려 나라 사람들에게 훈계해 말하기를, '卿으로부터 아래로 大夫와 여러 士들에 이르기까지 진실로 조정에서 일하는 자들은 나를 늙어 정신없는 사람이라 여기고서 나를 버리지 말고 반드시 조정에서 공경하고 조심하고 아침부터 저녁까지 두루두루 나를 경계시켜 주도록 하라. 한두 마디라도 나에 관한 말을 들었거든, 반드시 외워 기억하였다가 나에게 말해 주어서 나를 가르쳐 인도해야 할 것이다.' 하시고서 수레에 있을 때는 호위하는 군사들의 간하는 말을 들었고, 位宁에서는 관아의 으뜸 관원들로부터 典章 제도에 관한 말을 들었고, 几에 기대어 있을 때는 궤에 써 둔 樂師들이 전하는 말을 읽으셨고, 침소에 들어서는 가까이 모시는 신하들에게 간하도록 하였고, 군사 관계 일이나 제사에 임하여서는 악사와 太史의 지도가

은 시라고 하였다." 하였다.

136) 周書 : ≪書經≫ 〈無逸〉篇을 이른다.

있었고, 한가로이 거처하며 쉬실 적에는 악사가 옛 詩를 읊어 드렸습니다. 史官은 임금의 말씀을 놓치지 아니하고 모두 기록하고 소경들은 때맞춰 옛 훌륭한 말씀들을 외워 올려 훈계의 말로 인도하였습니다. 이에 懿戒를 지어서 스스로를 깨우치셨습니다. 그분이 돌아가시자 그를 일러 슬기롭고 성스러운 무공〔叡聖武公〕이라 하였습니다. 어르신께서 참으로 슬기롭거나 성덕을 갖추지 못하였다 하더라도 저에게야 무슨 해될 일이 있겠습니까? 〈周書〉에 이르기를, '文王께서 해가 중천에 떠서 기울어지기까지 밥 먹을 겨를조차 없이 백성들에게 은혜를 입히며, 정사를 공손히 수행했다.'라고 했습니다. 문왕께서도 오히려 감히 게을리 하지 못했다 하였습니다. 지금 어르신께서는 초나라의 元老로서 스스로를 편안히 하고자 하여 비방하는 자마저 막고자 드시는데 왕께서는 장차 어떠하시겠습니까? 만일 늘 이와 같다면, 초나라는 정치가 잘 되기 어려울 것입니다." 하니, 子亹가 두려워하며, "나의 잘못이다." 하고서, 급히 나와서 左史를 접견하였다.

214. 白公子張諫靈王諷刺 白公 子張이 靈王에게 諫諍하는 말을 받아들이도록 諷刺하다

【大義】 諫言을 애써 구한 군주의 흥성과 무시한 군주의 敗亡.

靈王이 虐하야 白公子張137)이 驟諫이러니 王이 患之하야 謂史老138)曰 吾欲已子張之諫하노니 若何오 對曰 用之實難이나 已之易矣니이다 若諫君이어든 則曰 余左執鬼中139)하고 右執殤宮140)하며 凡百箴諫을 吾盡聞之矣로니 寧聞它言이리오하소서 白公이 又諫에 王如史老之言한대 對曰 昔殷武丁141)은 能聳其德하야 至於神明142)하고

137) 白公子張 : 초나라 白邑의 대부.

138) 史老 : 바로 앞 편의 申公 子亹이다.

139) 左執鬼中 : 執은 귀신의 이름을 기록한 장부를 쥐고 있다는 말이고, 中은 몸〔身〕을 이르니, 곧 귀신의 장부를 손에 쥐고서 그들의 몸을 마음대로 휘둘러 부린다는 뜻이다.

140) 右執殤宮 : 殤宮은 나이 스무 살이 못 되어 죽은 사람들이 모여 있는 곳이다. 곧 그들을 부려 사람을 일찍 죽게 할 수 있다는 말이다.

141) 殷武丁 : 殷高宗이다.

以入於河라가 自河徂亳하야 於是乎三年을 默以思道143)라 卿士患之하야 曰王言은 以出令也어늘 若不言하시니 是無所稟令也로소이다 武丁이 於是作書하야 曰以余로 正四方이어늘 余恐德之不類라 玆故不言如是로라 而又使以象夢하야 〈旁〉①求四方之賢{聖}②하야 得傅說144)以來하야 升以爲公하고 而使朝夕規諫曰 若金이어든 用女作礪하고 若津水어든 用女作舟하고 若天旱이어든 用女作霖雨145)하리라 啓乃心하야 沃朕心하라 若藥不瞑眩이면 厥疾不瘳하며 若跣不視地면 厥足用傷이라하니이다 若武丁之神明也와 其聖之叡廣也와 其知之不疚③也로도 猶自謂未乂라 故三年默以思道하고 旣得道오도 猶不敢專制하야 使以象旁求聖人하고 旣得以爲輔오도 又恐其荒失遺忘이라 故使朝夕規誨箴諫曰 心交修余하야 無余棄也라하니이다 今君或者未及武丁이어시늘 而惡規諫者하시니 不亦難乎잇가 齊桓·晉文은 皆非嗣146)也로대 還軫諸侯147)할새 不敢淫逸하고 心類148)德音하야 以得④有國이러니 近臣諫하고 遠臣謗하고 輿人誦하야 以自誥也라 是以其入也에 四封不備一同149) 而至於⑤有畿田150)하고 以屬諸侯하야 至于今爲令君이니이다 桓·文도 皆然이어늘 君不度(탁)憂於二令君하고 而欲自逸也하시니 無乃不可乎인저 周詩151)有之曰 弗躬弗親을 庶民弗信이라하니 臣懼民之不信君也라 故不敢不言이니이다 不然이면 何急其以⑥言取辠也리잇가 王病

---

142) 至於神明 : 至는 通하였다의 뜻이다. 神明과 통하였다는 말은 꿈에 傅說을 본 일을 이른다.

143) 三年默以思道 : 高宗이 父王의 喪을 당하여 상중에 입을 열지 않고 천하 다스릴 생각에 전념한 것을 이른다. ≪書經≫ 〈說命〉에 '高宗諒闇三年不言'이라고 하였다.

144) 得傅說 : 꿈에 본 傅說의 모습을 그림으로 그려 사방으로 찾게 하였더니, 傅巖에서 담장을 쌓는 일을 하고 있었다. 이에 초빙하여 등용한 것이다.

145) 霖雨 : 3일 이상 내리는 비를 장맛비라고 한다.

146) 非嗣 : 長子가 아님을 이른다.

147) 還軫諸侯 : 외국에 망명하여 돌아다닌 것을 이른다.

148) 類 : 좋아하다의 뜻이다.

149) 不備一同 : 備는 가득함이다. 同은 사방 1백 리의 땅을 이른다. 사방 1백 리도 못 되었다는 말은 두 사람의 덕을 더욱 찬양하기 위해서 축소해서 한 말이다.

150) 畿田 : 사방 1천 리의 땅을 이른다.

151) 周詩 : ≪詩經≫ 〈小雅 節南山〉편의 시이다.

之호대 曰子復語하라 不穀雖不能用이나 吾慭寘之於耳하리라 對曰 賴君之用也라 故言이니 不然이면 巴浦之犀・犛・兕・象152)을 其可盡乎아 其又以規爲瑱也리잇가 遂趨而退歸하야 杜門不出하다 七月애 乃有乾谿之亂153)하야 靈王死之하다

〔校勘〕 ① 〈旁〉: 四部備要本에 의거하여 보충하였다.
② {聖}: 四部備要本에 의거하여 衍文으로 처리하였다.
③ 疚: 四部備要本에는 '疾'로 되어 있다.
④ 得: 四部備要本에는 '德'으로 되어 있다.
⑤ 於: 四部備要本에는 '於'자 다음에 '是'자가 더 있다.
⑥ 其以: 四部備要本에는 '以其'로 되어 있다.

楚靈王이 虐政을 행하여 白公 子張이 자주 諫하는 말을 하였다. 왕이 걱정되어 史老에게 말하기를, "내가 자장의 간하는 말을 중지시키고자 하는데, 어떻게 해야겠느냐?" 하니, 대답하였다. "그의 말을 채용해 쓰는 것은 실로 어려우나 그것을 중지시키는 것은 쉽습니다. 만일 임금님께 간하는 말을 하거든, '내가 왼손으로는 귀신 명부를 들고서 그들을 마음껏 부리고 오른손에는 채 스무 살을 못 살고 죽은 자들이 사는 곳을 적은 장부를 들고서 그들도 마음대로 부리고 있다. 모든 역대의 箴言이나 諫言을 내가 다 들어 알고 있다. 어찌 다른 말을 들을 일이 있겠느냐?' 하십시오." 白公이 또 諫하는 말을 하자, 영왕이 사로가 했던 말대로 하였다. 그러자 백공이 대답하기를, "옛날 殷나라 武丁은 능히 자신의 덕을 공경히 지녀 神明과 통하는 경지에 이르렀으나 黃河 쪽으로 들어가 지내다가 황하로부터 도읍인 亳 땅으로 옮겨 가 다시 삼년상을 지내며 침묵하면서 나라를 다스릴 방도를 생각하였습니다. 卿士들이 걱정하여 말하기를, '임금님의 말씀이 있어야 국가가 명령을 내릴 수 있는데 이렇게 말씀을 아니하시니 명령을 받을 곳이 없습니다.'라고 하자, 무정이 글로 써서 말하였습니다. '내가 사방을 바로잡아야 하는데, 나의 덕이 그와 같지 못한 것이 걱정되어 이같이 말을 하지 않고 있었노라.' 하고서 또 한편으로 꿈에 본 사람의 형상을 그려 사방으로 그런 어진 사람을 찾도록 하여, 傅說을 찾아서는 도읍으로 모시고 上公 자리에 발탁하였습니다. 그리고

152) 巴浦之犀・犛・兕・象: 巴浦는 지명. 혹자는 巴는 巴郡, 浦는 合浦라고 한다.
153) 乾谿之亂: 魯昭公 13년(기원전 529년)에 楚靈王이 乾谿에 나와 있는 사이에 公子 比와 公子 棄疾 등이 반란을 일으키자 자살한 일을 이른다.

서는 아침저녁으로 바로잡아 간하는 말을 하게 하여, '내가 鐵製 기구를 만들고자 하면 그대를 숫돌로 삼을 것이고, 나루를 건너고자 하면 그대를 배로 삼을 것이고, 날씨가 가뭄이 들면 그대를 장맛비로 삼으리라. 그대의 마음을 열어 나의 마음에 쏟아 주오. 약 기운이 어질어질하지 않으면 병이 낫지 않고, 맨발로 걸으면서 땅을 보지 않으면 발을 상하게 된다.' 하셨습니다. 武丁은 신명과 통할 수 있고, 성스러운 덕은 슬기롭고 광범하고, 그 지혜는 흠결이 없으셨습니다. 그런데도 오히려 스스로 덕이 모자란다고 생각하였습니다. 그래서 3년 동안을 침묵하며 나라 다스릴 방도를 생각하였고, 이미 나라 다스릴 방도를 깨닫고서도 오히려 감히 혼자서 다스리고자 아니하여, 얼굴 모양을 본떠 사방으로 성인을 구하게 하였고, 이미 얻어서 輔佐로 삼고서도 또 자신의 직무를 소홀히 하여 잊을까 두려워하였습니다. 그래서 아침저녁으로 勸勉해 가르치고 경계해 간하도록 하면서 말씀하기를, '반드시 수시로 나를 닦아 주어서 나를 버림이 없도록 하라.'라고 하였습니다. 지금 임금님께서는 아마도 무정에게 미치지 못하실 터인데, 권면해 간한 사람을 미워하시니 또한 어렵지 않겠습니까?

齊桓公과 晉文公은 모두 嫡子의 아들이 아니면서도, 망명하여 수레를 타고 제후국을 떠돌면서 감히 음탕하거나 안일에 빠지지 아니하고, 마음으로 덕스러운 말 듣기를 좋아하여 나라를 얻을 수 있게 되었습니다. 가까운 신하들은 간하는 말을 하게 하고, 먼 데 있는 신하들은 비평의 말을 하게 하고, 뭇 백성들은 輿論을 외게 하여 스스로의 경계로 삼았습니다. 그렇게 함으로써 그들이 본국에 들어갈 적에는 사방 국경이 1백 리도 채 못 되었으나, 사방 1천 리의 땅을 소유하는 데에까지 이르러, 제후들을 불러 모으는 盟主가 되었으며 지금까지 훌륭한 군주라 일컬어지고 있습니다. 桓公과 文公도 다 이러하였습니다. 임금님께서 두 훌륭한 군주에 비교하여 근심하려 하지 않으시고, 스스로 편안하고자 하시니 잘못이 아니겠습니까? 〈周詩〉에 '몸소 아니하고 친히 아니한 것은 서민들이 믿지 아니한다.'라고 하였으니, 신은 백성들이 임금님을 믿지 않게 될까 두렵습니다. 그래서 감히 말씀드리는 것이옵니다. 그렇지 않다면 어찌하여 다급하게 이런 말씀을 드려서 죄를 얻겠사옵니까?"라 하였다.

왕이 백공의 말이 싫으면서도 말하였다. "그대는 다시 더 말하도록 하라. 내 비록 능히 그 말을 쓰지는 않는다 하더라도 귀에는 담아 두리라." 하니, 대답하였다. "임금님께서 써 줄 것을 믿고서 말씀드리는 것입니다. 그렇지 않다면 巴 땅과 浦 땅의 코뿔소·검정소·외뿔소·코끼리 등의 뿔이며 象牙들을 다 〈장신구로〉 쓰실 수 없을 터인데 또다시 간하는 말까지 귀마개로 쓰려 하십니까?" 하고서는 마침내 빠른 걸음으로 물러나 집으로 돌아가서는 대문을 닫아걸고 밖으로 나오지 않았다. 그 후 7개월 만에 乾谿의 난리가 일어나 靈王이 그곳에서 죽었다.

215. 左史倚相儆司馬子期唯道是從 左史 倚相이 司馬 子期에게 道를 따르도록 깨우치다

【大義】 妾을 妻로 세우고자 하는 과욕을 막은 전말.

司馬子期154)欲以其①妾爲內子155)하야 訪之左史倚相하야 曰吾有妾而愿이라 欲笄之156)하노니 其可乎아 對曰 昔先大夫子囊이 違王之命諡157)하고 子夕嗜芰어늘 子木有羊饋而無芰薦158)이어늘 君子曰 違而道라하고 穀陽豎愛子反之勞也하야 而獻飮焉이라가 以斃②於鄢159)하고 芊(천)尹申亥從靈王之欲이라가 以隕於乾谿160)어늘 君子曰 從而逆이라하니이다 君子之行은 欲其道也라 故進退周旋에 唯道之③從이니이다 夫子木이 能違若敖之欲하고 以之道而去芰薦이어늘 吾子經④楚國애 而欲薦芰以干之161)하니 其可乎아 子期乃止하다

---

154) 司馬子期 : 楚平王의 아들. 이름은 公子 結. 子西의 아우. 大司馬를 지냈다.

155) 內子 : 卿의 嫡妻를 이르는 말이다.

156) 笄之 : 卿의 부인이 머리에 꽂는 비녀. 이름은 衡笄라고 한다.

157) 違王之命諡 : 위 '子囊議恭王之諡'章에 자세하다.

158) 羊饋而無芰薦 : 마름을 올리지 않고 양으로 바꾸어 올린 일. 위 '屈建祭父不薦芰'章을 참고할 것.

159) 以斃於鄢 : 穀陽豎는 子反 휘하의 하급 관리. 魯成公 16년(기원전 575년)에 晉나라와 楚나라가 鄢陵에서 전투를 벌였는데, 초나라 군사가 패배하고 恭王은 눈을 잃었다. 다음 날 다시 싸우고자 하여 恭王이 자반을 불렀는데, 그때 子反은 穀陽豎가 가져다 준 술에 취하여 왕을 뵐 수가 없었다. 이에 왕은 "하늘이 초나라를 패망시킨 것이다." 하고서는 마침내 밤에 도망하여 귀국하고, 이 말을 들은 자반은 자살하였다.

160) 以隕於乾谿 : 申亥는 范無宇의 아들. 楚靈王이 아버지에게 베풀어 준 은혜를 갚고자 乾谿의 전란에 도망갈 곳이 막힌 영왕을 자기 집으로 모시고 가 영왕이 자살하자 두 딸을 殉葬하였다.

〔校勘〕 ① 其 : 四部備要本에는 '其'자가 없다.
② 弊 : 四部備要本에는 '斃'로 되어 있다.
③ 之 : 四部備要本에는 '是'로 되어 있다.
④ 經 : 四部備要本에는 '經'자 다음에 '營'자가 더 있다.

司馬 子期가 자신의 妾을 內子로 삼고자 하여 左史 倚相을 찾아와서 물었다. "나의 妾 가운데 성실한 자가 있어 정실부인에게 꽂는 비녀를 꽂아 주려 합니다. 되겠습니까?" 하니, 대답하였다. "옛날 先大夫 子囊은 왕이 명령한 시호를 어겼고, 子夕은 마름을 즐겨 먹었는데, 그 아들 子木이 〈제사에〉 羊을 올리고 마름을 올리지 않자, 君子들이 말하기를, '명령은 어겼으나 도리에 맞았다.'고 하였습니다. 穀陽豎는 子反의 고생스러움을 애석해하여 술을 올렸다가 鄢에서 죽게 하였고, 芋尹 申亥는 靈王의 욕망을 따르다가 乾谿에서 죽게 하자, 군자들이 말하기를, '순종한 것이지만, 도리에 어긋났다.'고 하였습니다. 군자의 행위는 도에 합당하고자 해야 합니다. 그러므로 進退周旋에 오직 도리만을 따릅니다. 子木은 능히 아버지 若敖의 욕심을 어기고, 도리를 따라 마름 올리는 것을 철거시켰습니다. 그대가 초나라를 다스리면서 마름을 올려 도의를 저촉하고자 하니, 되겠습니까?" 하니, 子期가 그만두었다.

---

161) 欲薦芰以干之 : 妾으로 妻를 삼는 것을 마름을 제사에 쓰는 것에 비유한 것이다.

國語 제18권

楚語 下

216. 觀射父論絶地天通 觀射父가 땅과 하늘이 통하는 것을 끊었다는 데 대하여 논하다

【大義】 사람과 神의 관계를 설명하고 그 역사 발전의 사실을 기록하여 춘추시대 天人觀念과 惟神論 사상을 반영하다.

昭王問於觀射父(역보)[1]曰 周書[2]所謂重黎[3]實①使天地不通者는 何也오 若無然이면 民將能登天乎아 對曰 非此之謂也니이다 古者엔 民神不雜하니 〈擇〉②民之精爽不㩦③貳者요 而又能齊肅衷正하야 其知能上下比義하고 其聖能光遠宣朗하며 其明能光照之하고 其聰能聽徹之하야 如是則明神降之하니 在男曰覡이요 在女曰巫라 是使制神之處位次主[4]하고 而爲之牲器時服하니이다 而後에 使先聖之後之有光烈하야 而能知山川之號와 高祖之主와 宗廟之事와 昭穆[5]之世와 齊(재)敬之勤과 禮節之宜와 威儀之則과 容貌之崇[6]과 忠信之質과 禋潔之服하고 而敬恭明神者로 以爲之祝하

---

1) 觀射父 : 춘추시대 楚나라의 大夫. 昭王 때의 賢大夫로, 王孫 圉가 晉나라에 聘問 가서 趙簡子에게 "초나라는 白珩을 보물로 여기지 않고 관역보를 보물로 여긴다."고 대답한 바 있다.

2) 周書 : ≪書經≫ 〈周書 呂刑〉을 이른다.

3) 重黎 : 顓頊 때 天地에 관한 일을 맡았다고 전하는 두 신하.

4) 處位次主 : 神의 거처와 祭位 및 尊卑와 先後의 차례를 정하는 일.

5) 昭穆 : 宗法 제도에서 宗廟나 宗廟 안의 神主를 배열하는 순서. 始祖를 가운데 안치하고 자손을 왼쪽과 오른쪽에 차례대로 배열하는데 왼쪽을 昭, 오른쪽을 穆이라 하여 언제나 祖와 孫이 한 줄에 있게 된다. ≪周禮 春官 小宗伯≫

6) 崇 : 飾(꾸미다). 修飾하다.

고 使名姓之後로 能知四時之生과 犧牲之物과 玉帛之類와 采服之儀와 彝器[7]之量과 次主之度[8]와 屛攝之位[9]와 壇場之所와 上下之神〈祇〉④와 氏姓之〈所〉⑤出하고 而心率舊典者를 爲之宗[10]하니이다 於是乎 有天地神民類物之官하니 謂之⑥五官[11]이라 各司其序하야 不相亂也하니 民是以能有忠信하고 神是以能有明德하야 民神異業하야 敬而不瀆이라 故神降之嘉生[12]하고 民以物享하야 禍災不至하고 求用不匱러니이다

及少皞[13]之衰也하야 九黎[14]亂德하야 民神雜糅하야 不可方物[15]하니이다 夫人作享하고 家爲巫史하야 無有要質이라 民匱于祀호대 而不知其福하며 烝享無度하야 民神同位하며 民瀆齊盟하야 無有嚴威하며 神狎民則하야 不蠲其爲하며 嘉生不降하야 無物以享하며 禍災荐臻하야 莫盡其氣하니이다 顓頊[16]受之하야 乃命南正重[17]하야 司天以屬神하고 命火〔北〕⑦正黎[18]하야 司地以屬民하야 使復舊常하야 無相侵瀆하니 是謂絶地天通이니이다 其後에 三苗[19]復九黎之德이어늘 堯復育重黎之後하야 不忘舊者로

---

7) 彝器 : 宗廟에서 사용하는 靑銅 禮器의 총칭. 彝는 鍾·鼎·尊·罍 등이고, 器는 俎·豆 따위이다.

8) 次主之度 : 宗廟 안 神主의 尊卑·先後·遠近에 의하여 안배하는 법도.

9) 屛攝之位 : 제사에서 상하·존비의 자리를 밝히는 일. 韋昭는 "屛은 屛風이고 攝은 모양이 지금의 졀부채〔要扇〕 같으니, 모두 존비를 분별하여 제사하는 자리를 삼는 것이다." 하였다.

10) 宗 : 宗伯. 제사에 관한 예절을 관장하는 벼슬.

11) 五官 : 天·地·神·民·類物을 맡은 다섯 職官.

12) 嘉生 : 사람이 먹고 사는 좋은 곡식이 生長함을 이른다.

13) 少皞 : 전설상 黃帝의 아들. 東夷族의 수령으로 姓은 已, 이름은 摯, 字는 靑陽. 金德으로 王 노릇 하였다 하여 金天氏라 칭한다.

14) 九黎 : 少皞 시대의 아홉 黎族 제후. 또는 少皞가 다스리던 부락 이름.

15) 方物 : 名物을 구별함. 方은 구별하다.

16) 顓頊 : 전설상 黃帝의 손자. 昌意의 아들. 號는 高陽氏. 少皞가 죽은 뒤 帝位에 올라 78년간 재위하였다 한다.

17) 南正重 : 陽位를 맡은 장관인 重. 南은 陽位. 正은 長官. 重은 重黎의 重.

18) 北正黎 : 陰位를 맡은 장관인 黎. 北은 陰位. 黎는 重黎의 黎.

19) 三苗 : 중국의 고대 남방 部族의 하나. 九黎의 後人이라고 전한다.

使復典之하시니 以至于夏商이라 故重黎氏 世叙天地하고 而別其分主者也니이다 其在周에 程伯休父[20]其後也니 當宣王時하야 失其官守하야 而爲司馬氏러니 寵神其祖하야 以取威於民하야 曰重實上天하고 黎實下地라하더니 遭世之亂하야 而莫之能禦也하니이다 不然이면 夫天地成而不變이어늘 何比之有리잇가

〔校勘〕 ① 實 : 四部備要本에는 '寔'으로 되어 있는데 뜻은 같다.
② 〈擇〉 : ≪太平御覽≫ 〈方術部 十六〉에 ≪國語≫를 인용한 데에 의거하여 보충하였다.
③ 攜 : 四部備要本에는 '攜'로 되어 있는데 假借字이다.
④ 〈祇〉 : ≪周禮≫ 〈春官 序官〉의 鄭衆 注에 ≪國語≫의 이 부분을 인용한 데에 의거하여 보충하였다.
⑤ 〈所〉 : ≪周禮≫ 注의 인용문에 의거하여 보충하였다.
⑥ 謂之 : 四部備要本에는 '是謂'로 되어 있다.
⑦ 火〔北〕 : 唐固의 설에 의거하여 고쳤다.

楚昭王이 觀射父에게 물었다. "〈周書〉에서 이른바 '重・黎가 실제로 하늘과 땅을 막아 통하지 않도록 했다.'는 것은 어떻게 한 말이오? 만약 그렇게 하지 않았다면 백성들이 혹 하늘에 오를 수 있었을까요?"

〈觀射父가〉 대답하였다. "그런 뜻으로 말한 것이 아닙니다. 옛날에는 백성을 맡은 벼슬과 神을 맡은 벼슬이 뒤섞이지 않았으니, 백성 중에서 精一 高明하고 專一한 자이고, 또 한결같이 경건하며 中正하여 그 지혜는 위아래의 천지가 마땅함을 얻게 하는데 가깝고, 聖哲함은 밝은 광채를 멀리 쏘아 밝게 비추게 하며, 밝은 눈은 밝게 사물을 비추고, 밝은 귀는 사방의 일을 들어 통달하는 사람이 있습니다. 이와 같은 사람은 明神이 그 사람의 몸에 내려오니, 남자에 있어서는 覡이라 하고, 여자에 있어서는 巫라 합니다. 이들에게 神의 位置와 神主의 尊卑를 배치하는 일을 제정하고, 犧牲과 祭器와 四時에 맞는 服色을 만들게 하였습니다. 그 뒤에 先聖의 후예로서 밝은 지혜를 가진 자에게, 山川의 명칭과 高祖 사당의 神主와 宗廟의 일과 昭穆의 世系와 엄숙하고 경건함을 힘쓰는 일과 예절의 적절함과 威儀의 준칙과 용모의 꾸밈과 忠信의 성실함과 깨끗한 祭服을 마련할 줄 알게 하였습니다. 그리고 神明에게 경건

20) 程伯休父 : 程國의 伯爵인 休父. 休父는 이름으로, 黎氏의 後代라고 한다. ≪詩經≫ 〈大雅 常武〉篇에 '王謂尹氏 命程伯休父'라고 보인다.

하고 공경하는 자를 太祝으로 삼고, 名族의 후예로서 능히 四時의 좋은 곡식과 犧牲의 祭物과 玉帛의 종류와 祭服의 표준과 祭器의 수량과 神主를 안배하는 度數와 병풍・要扇의 위치와 祭壇의 처소와 天地上下의 神과 宗族 姓氏의 유래를 알고 마음으로 옛 법도를 따르는 자를 宗伯으로 삼게 하였습니다. 이에 天・地・神・民과 만물을 類別하는 관원을 두었는데, 이를 五官이라 하며, 각자 자기의 직무를 담당하여 서로 혼란하지 않았습니다. 백성은 이 때문에 忠信이 있고, 神은 이 때문에 明德이 있게 되었습니다. 백성과 神을 맡은 官員이 서로 일을 달리하여 공경하면서 모독하지 않았으므로 神이 좋은 곡물을 내려 주고 백성은 그 곡물로 제사를 받들어 재앙이 내리지 않았으며, 필요한 財用이 결핍되지 않았습니다.

少皞氏가 쇠락하게 되자 九黎가 德政을 어지럽혀 백성과 神을 맡은 官員의 일이 뒤섞여 名物을 구별할 수 없게 되었습니다. 사람마다 神에게 제사를 드리고 집집마다 巫와 史가 되어 약속과 誠信이 없게 되었습니다. 백성은 각자 지내는 제사 때문에 재물이 결핍되었는데도 福이 내려지는지 알지 못하였고 제사를 지내는 데에 法度가 없어서 백성과 神이 지위가 같게 되었으며, 백성은 함께 약속한 일을 모독하여 공경하고 두려워하는 마음이 없어졌습니다. 神은 백성의 규범에 익숙해져서 제사 지내는 행위를 정결하게 여기지 않았고, 좋은 곡식을 내려 주지 않아 제사 지낼 물품이 없게 되고, 재앙이 거듭 닥쳐서 받은 기운을 다 누리는 자가 없게 되었습니다. 顓頊이 이를 이어받아 南正인 重을 명하여 하늘의 衆神을 모아 제사하는 일을 주관하게 하고, 北正인 黎를 명하여 땅의 民衆을 모아 그 일을 주관하게 하여, 옛 법을 회복시켜 天神과 民衆이 서로 침해함이 없게 하니, 이것을 '땅과 하늘이 서로 통하던 것을 끊었다.〔絶地天通〕'고 하는 것입니다.

그 뒤에 三苗가 九黎의 어지러운 德을 답습하였는데, 堯가 다시 重・黎의 후손을 육성하여 그 가운데 그들 先人의 일을 잊지 않은 자로 다시 天地의 일을 맡게 하였습니다. 이렇게 하여 夏나라・商나라에 이르렀기 때문에 重・黎氏가 대대로 天地의 질서를 세우고 天神과 民衆의 祭位 등을 분별했던 것입니다. 周나라에서는 程伯 休父가 그 후손이었는데, 宣王 때를 당하여 天地를 주관하던 관직을 잃어 司馬氏가 되었습니다. 程伯 休父의 후손이 그의 先祖를 높이고 神格化하여 백성에게 위엄을 세우고 말하기를, '重은 진실로 하늘을 높아지게 하였고 黎는 진실로 땅을 억눌러 낮아지게 하였다.'라 하였는데, 〈幽王・平王〉의 亂世를 만나서 그의 말을 중지시킬 수 있는 자가 없었습니다. 그렇지 않았다면 天地가 형성된 뒤에 다시 변하지 않았는데, 어찌 서로 접근한 일이 있겠습니까?”

217. 觀射父論祀牲 觀射父가 제사에 쓰는 희생에 대해서 논하다

【大義】 각종 제사에 쓰는 희생의 종류・대소・다소와 제사의 규모・작용 등에 관한 제도를 논함.

子期[21]祀平王하고 祭以牛俎於王[22]하니 王問於觀射父曰 祀牲何及고 對曰 祀加於擧[23]니이다 天子擧以大(태)牢[24]하고 祀以會[25]하며 諸侯擧以特牛하고 祀以大牢하며 卿擧以少牢[26]하고 祀以特牛하며 大夫擧以特牲하고 祀以少牢하며 士食魚炙하고 祀以特牲하며 庶人食菜하고 祀以魚하나니 上下有序면 民則〔則民〕①不慢하나니이다

王曰 其小大는 何如오 對曰 郊禘[27]엔 不過繭栗[28]하고 烝嘗[29]엔 不過把握하니이다

王曰 何其小也오 對曰 夫神은 以精明臨民者也라 故求備物이요 不求豐大니이다 是以先王之祀也에 以一純二精[30]과 三牲四時[31]와 五色六律[32]과 七事八種[33]과

---

21) 子期 : 楚平王의 아들. 이름은 熊結.

22) 牛俎於王 : 牛俎는 쇠고기. 제사에 소의 왼쪽 어깨를 각 뜬 부위를 俎에 올렸기 때문에 牛俎라 하였다. 王은 楚昭王으로, 제사에 썼던 牛俎를 昭王에게 보낸 것이다.

23) 祀加於擧 : 제사의 제물은 임금의 盛饌보다 더 많게 함. 加는 增加시킴. 擧는 임금이 매월 초하루・보름에 盛饌으로 식사함을 이른다.

24) 大牢 : 제사나 宴饗 때 牛・羊・豕의 세 犧牲을 모두 갖춘 것을 이르는 말.

25) 會 : 세 벌의 太牢를 갖춘 것을 이르는 말.

26) 少牢 : 제사나 宴饗 때 羊・豕를 갖춘 것을 이르는 말.

27) 郊禘 : 天子가 남쪽 郊에서 하늘에 올리는 제사 이름.

28) 繭栗 : 뿔의 크기가 누에고치와 밤톨만 함. 고대의 제사에 쓰는 犧牲은 뿔이 작은 것으로 貴함을 삼았다.

29) 烝嘗 : 겨울 제사인 烝과 가을 제사인 嘗.

30) 一純二精 : 一純은 한 덩어리 순결한 마음. 二精은 幣帛으로 쓰는 璧玉과 비단.

31) 三牲四時 : 三牲은 牛・羊・豕. 四時는 사계절에 생산되는 穀物.

32) 五色六律 : 五色은 青・黃・赤・白・黑의 다섯 가지 색채. 六律은 陽律의 黃鐘・太簇・姑洗・蕤賓・夷則・無射과 陰呂인 大呂・夾鐘・仲呂・林鐘・南呂・應鐘을 아울

九祭十日[34]과 十二辰[35]以致之하고 百姓千品[36]과 萬官億醜[37]와 兆民經[38]入과 畡數[39]以奉之니이다 明德以昭之하고 龢聲以聽之하야 以告徧至어든 則無不受休니이다 毛以示物이요 血以告殺이라 接誠拔取以獻具는 爲齊敬也니 敬不可久요 民功不堪이라 故齊肅以承之하나니이다

王曰 芻豢[40]은 幾何오 對曰 遠不過三月[41]이요 近不過浹日[42]이니이다 王曰祀不可以已乎아 對曰 祀所以昭孝息民하며 撫國家하며 定百姓也니 不可以已니이다 夫民氣縱則底②[43]요 底則滯요 滯久〈而〉③不震④하야 生乃不殖하나니 是〔其〕⑤用不從하고 其生不殖이면 不可以封이니이다 是以古者에 先王이 日祭・月享・時類[44]・歲祀하고 諸侯舍日하고 卿大夫舍月하고 士庶人舍時하니 天子徧祀羣臣〔神〕⑥品物하고 諸

러 이르는 말.

33) 七事八種 : 七事는 天・地・民・春・夏・秋・冬에 관한 일이고, 八種은 八音으로, 金・石・絲・竹・匏・土・革・木으로 만든 악기를 이르는 말.

34) 九祭十日 : 九祭는 九州의 제사를 돕는 일. 十日은 天干의 甲・乙・丙・丁・戊・己・庚・辛・壬・癸.

35) 十二辰 : 地支의 子・丑・寅・卯・辰・巳・午・未・申・酉・戌・亥.

36) 百姓千品 : 百姓은 고대에 姓氏를 하사받거나 官職을 姓氏로 삼기 때문에 百官을 이르는 말. 千品은 천 개의 종류라는 뜻으로, 王에게 通達한 존귀한 姓氏를 이르는 말. 百姓과 千品은 모두 모든 官員이라는 뜻이다.

37) 萬官億醜 : 百官에 배속된 만 명의 관리. 醜는 類의 뜻으로, 億醜는 억 명의 僚屬을 이른다.

38) 經 : 數目 이름. 10兆를 일컫는 명칭.

39) 畡數 : 畡는 垓와 통용으로, 數目 이름. 10억을 兆, 10兆를 經, 10經을 畡라고 한다. ≪風俗通義≫

40) 芻豢 : 풀을 먹는 짐승인 芻와 곡물을 먹는 짐승인 豢을 아울러 이르는 말.

41) 遠不過三月 : 오래 길러야 하는 牛・羊・豕는 3개월 이상 기르지 않음.

42) 近不過浹日 : 기르는 기간이 짧은 닭이나 오리 등은 열흘을 넘기지 않음. 浹日은 열흘.

43) 底 : 밑바닥에 붙는다는 뜻으로, 타락함을 이르는 말.

44) 時類 : 사철에 지내는 제사. 類는 제사 이름으로, ≪書經≫ 〈舜典〉에 '肆類于上帝'라 보인다.

侯祀天地三辰及其土之山川하고 卿大夫祀其禮하고 士庶人不過其祖니이다 日月會于龍豼[45]하야 土氣含收하고 天明昌作하니 百嘉備舍하고 羣神頻行이면 國於是乎烝嘗하고 家[46]於是乎嘗祀하며 百姓夫婦擇其令辰하야 奉其犧牲하며 敬其齋⑦盛하니이다 潔其糞除하며 愼其采服하며 禋其酒醴하며 帥其子姓[47]하야 從其時享하며 虔其宗祝⑧[48]하며 道其順辭하야 以昭記〔祀〕⑨其先祖하야 肅肅濟濟하야 如或臨之하나니이다 於是乎合其州鄕朋友婚姻하고 比爾兄弟親戚이니이다 於是乎弭其百苛[49]하고 妎〔殄〕⑩其讒慝하며 合其嘉好하며 結其親暱하며 億其上下하야 以申固其姓하나니 上所以教民虔也오 下所以昭事上也니이다 天子禘郊之事에 必自射其牲하고 王后必自舂其粢하며 諸侯宗廟之事에 必自射(석){其}⑪牛・刲羊・擊豕하고 夫人은 必自舂其盛이어든 況其下之人은 其誰敢不戰戰兢兢以事百神이리오 天子親舂禘郊之盛하고 王后親繰其服하나니 自公以下至於庶人히 其誰敢不齊肅恭敬하야 致力于神이리잇가 民所以攝固者也어늘 若之何其舍之也리잇가

王曰 所謂一純・二精・七事者는 何也오 對曰 聖王正端冕하고 以其不違心하야 帥其羣臣精物하고 以臨監享祀하야 無有苛慝[50]於神者를 謂之一純이오 玉帛爲二精이오 天地民及四時之務爲七事니이다 王曰 三事者는 何也오 對曰 天事武요 地事文이오 民事忠信이니이다 王曰 所謂百姓・千品・萬官・億醜・兆民經入畡數者는 何也오 對曰 民之徹官百이니 王公之子弟之質能言能聽하야 徹其官者를 而物賜之姓하야 以監其官하니 是爲百姓이요 姓有徹品十이니 於王謂之千品이요 五物之官[51]에 陪

45) 龍豼 : 龍尾星. 곧 箕宿로 二十八宿의 하나. 東方蒼龍七宿의 끝에 있기 때문에 이른다. 음력 10월에 日月이 龍尾星에서 만나는데 절기로는 孟冬이 된다. ≪禮記≫ 〈月令〉에 "孟冬之月 日在尾"라 하였다.
46) 家 : 卿・大夫를 이른다.
47) 子姓 : 同姓 子孫을 이르는 말.
48) 宗祝 : 제사를 주관하는 宗과 福을 비는 祝.
49) 百苛 : 온갖 포악하고 紛亂한 일.
50) 苛慝 : 포악하고 사악한 일.
51) 五物之官 : 天・地・神・民・類物의 다섯 가지를 관장하는 官員.

屬[52)]萬이니 爲萬官이요 官有十醜하니 爲億醜요 天子之田九畡[53)]니 以食兆民하고 王取經入焉하야 以食萬官이니이다

〔校勘〕 ① 民則〔則民〕:≪太平御覽≫ 525권에 의거하여 고쳤다.
② 底:四部備要本에는 '厎'로 되어 있는데 '厎'가 옳다.
③ 〈而〉:四部備要本에 의거하여 보충하였다.
④ 震:四部備要本에는 '振'으로 되어 있는데 통용한다.
⑤ 是〔其〕:四部備要本에 의거하여 고쳤다.
⑥ 臣〔神〕:四部備要本에 의거하여 고쳤다.
⑦ 齍:四部備要本에는 '粢'로 되어 있는데 통용한다. 아래도 같다.
⑧ 宗祝:四部備要本에는 '祝宗'으로 되어 있다.
⑨ 記〔祀〕:四部備要本에 의거하여 고쳤다.
⑩ 妗〔殄〕:四部備要本에 의거하여 고쳤다.
⑪ {其}:四部備要本에 의거하여 衍文으로 처리하였다.

子期가 楚平王을 제사 지내고, 제사 지낸 牛俎를 楚昭王에게 올리자 昭王이 觀射父에게 물었다. "제사에 쓰는 犧牲은 어느 범위까지 이르는 것이오?" 觀射父가 대답하였다. "제사에는 초하루·보름에 차리는 盛饌보다 더 많이 차립니다. 天子는 초하루·보름의 盛饌에는 太牢를 차리고 제사에는 세 벌의 太牢를 차리며, 諸侯는 초하루·보름의 盛饌에는 소 한 마리로 차리고 제사에는 太牢로 차리며, 卿은 초하루·보름의 盛饌에는 少牢로 차리고 제사에는 소 한 마리로 차리며, 大夫는 초하루·보름의 盛饌에는 돼지 한 마리로 차리고 제사에는 少牢로 차리며, 士는 초하루·보름에 생선구이를 먹고 제사에는 돼지 한 마리로 차리며, 庶民은 초하루·보름에 채소를 먹고 제사에는 생선으로 차리는 것이니, 上下 尊卑의 등급 순서가 있으면 백성은 禮儀를 소홀히 하지 않습니다."

昭王이 말하였다. "〈犧牲의〉 크기는 얼마나 커야 하오?" 觀射父가 대답하였다. "郊禘에는 〈犧牲의 뿔이〉 누에고치와 밤톨만 한 크기를 넘지 않고, 烝嘗에는 한 뼘 정도의 길이를 넘지 않습니다." 昭王이 말하였다. "어찌 그렇게 작은 것을 쓰는 것이오?" 觀射父가 대답하였다. "神은 精粹하고 明察함으로써 백성을 직접 감독하기 때문에 완

52) 陪屬:陪는 신하의 신하. 屬은 官員에 소속된 하급 관리.
53) 九畡:九州. 天子가 관할하는 九州의 토지.

벽하고 精潔한 祭物을 요구하지 풍성하고 큰 것을 요구하지 않습니다. 그러므로 先王의 제사는 한 덩어리 순결한 마음과 璧玉·비단과 牛·羊·豕의 三牲과 사철의 제사와 다섯 가지 채색과 여섯 律呂와 일곱 가지 큰일과 여덟 가지 악기와 九州의 助祭와 天干의 10일 및 地支의 12辰으로 吉日을 가려 神을 이르게 하고, 姓氏를 받은 百官과 千種의 臣僚와 萬 가지 官員과 億 가지 僚屬과 億兆의 백성과 經의 수입과 畡數의 토지에서 나는 물산으로 神을 받듭니다. 그리하여 밝은 덕으로 誠敬을 밝히고, 조화된 음악으로 神을 듣게 하여 神靈들에게 두루 고하여 이르도록 하면 아름다운 福을 받게 됩니다. 犧牲의 털 빛깔로 제물의 아름다움을 보이고 犧牲의 피로 새로 잡은 신선함을 고하는 것입니다. 神에게 誠敬이 이어지게 하여 犧牲의 털을 뽑고 피를 취하여 갖춘 祭物을 바치는 것은 精潔과 恭敬을 표시하는 것인데, 恭敬으로 제사함은 오래갈 수 없고 백성의 財力은 감당할 수 없으므로 어린 짐승을 精潔하고 빠르게 길러서 제사를 받드는 것입니다."

昭王이 말하였다. "풀로 기른 犧牲과 곡식으로 기른 犧牲은 기르는 기간이 얼마나 되는 것이오?" 觀射父가 대답하였다. "오래 기르는 큰 짐승은 석 달을 넘지 않고, 짧게 기르는 짐승은 열흘을 넘기지 않습니다." 昭王이 말하였다. "제사는 폐지할 수 없는 것이오?" 觀射父가 대답하였다. "제사는 효도를 밝히고 백성을 번식시키며 국가를 어루만지고 백성을 안정시키는 것이니, 폐지할 수 없습니다. 〈제사를 지내지 않아서〉 백성의 志氣가 放縱하면 타락하게 되고 타락하면 정체되고 오랫동안 정체되면 진작되지 않아 生物이 번식하지 않습니다. 그리하여 〈윗사람의 명령을〉 따르지 않고 生物이 번식하지 않으면 〈나라를〉 봉해 줄 수 없는 것입니다. 이 때문에 古代의 先王은 날마다 아버지와 할아버지를 제사 지내고 달마다 曾祖와 高祖를 祭享하며 四時에 철마다 始祖에게 類祭를 지내고 해마다 遠祖와 天地의 神에게 제사를 지냈습니다. 諸侯는 날마다 제사하는 것을 그만두고 卿·大夫는 달마다 제사하는 것을 그만두고 士·庶人은 철마다 제사하는 것을 그만둡니다. 天子는 여러 神과 萬物에 두루 제사하고, 諸侯는 天地·三辰과 그 국토의 山川에 제사 지내고, 卿·大夫는 그 禮典에 규정된 대로 제사하고, 士·庶人은 그의 할아버지를 제사하는 데에 지나지 않습니다. 해와 달이 龍豵에서 만나면 흙의 기운이 수축하고 맑은 天氣가 성하게 일어나며 온갖 좋은 곡식이 집에 비축되고 여러 神들이 〈제사를 받으려고〉 모두 出行합니다. 국가는 이때에 冬祭인 烝과 秋祭인 嘗을 지내고 卿·大夫家는 이때에 嘗제사를 지내며, 일반 백성의 부부는 좋은 날을 가려서 犧牲을 받들어 올리고 좋은 곡식을 경건히 바칩니다. 〈제사를 지낼 때에는〉 청결하게 掃除하고 채색 祭服을 신중히 입으며 神께 올릴 醴酒를 정갈하게 거르고 同姓 子孫을 인솔하여 사철의 祭享을 거행하고 宗祝을 경건히 따르며 복을 비는 祝辭를 따라 외워서 先祖를 밝게 제사 지내어 엄숙하고 공경하여 마치 神이 강림한 듯이 합니다. 이때에 그 고을의 친구와 婚姻 관계의 姻親들이 모이고 형제와 친척들이 친근해 집니다. 이에 온갖 포악한 일이 그치게 되고 邪惡과 원한이 소멸되며 아름다운 우호로 단결하고 친목을 맺으며 上下가 편안하여 同姓들과의 관계가 거듭 鞏固해지니, 위의 임금은 백성에게 경건함을 가르치고, 下民은 윗사람을 섬기는 일을 밝게 알게 되는 것입니다. 天子는 禘郊에 제사를 지낼 적에 반드시 희생을 직접 잡고 王后는 반드시 바칠 곡식을 직접 찧으며, 諸侯는 宗廟에 제사를 지낼 적에 반드시 직접 소를 잡고 양을 각 뜨며 돼지를 잡고 〈제후의〉 夫人은 반드시 바칠 곡식을 직접 찧는 것인데, 더구나 그들보다 아래에 있는 사람은 그 누가 감히 전전긍긍한 마음으로 모든 神들을 받들지 않겠습니까! 天子가 禘郊의 제사에 올릴 곡식을 직접 찧고 王后가 祭服을 지을 길쌈을 직접 하는데, 公 이하로부터 庶人에 이르기까지 그 누가 감히 神을 위하여 엄숙하고 공경히 힘을 다하지 않겠습니까! 〈제사는〉 백성의 관계를 공고하게 유지하게 하는 것인데 어찌 폐기하겠습니까."

昭王이 말하였다. "이른바 一純·二精·七事란 무엇을 말하는 것이오?" 觀射父가 대답하였다. "聖王이 玄端服과 冕旒冠을 쓰고 誠敬에 어긋나지 않는 마음을 써서 群臣을 인솔하여 祭物을 정결히 갖추어 祭享을 직접 감독하여 神에게 사악한 마음이 없는 것을 一純이라 하고, 玉璧과 비단을 二精이라 하고, 天·地·民과 四時에 하는 각종 일을 七事라고 합니다." 昭王이 말하였다. "三事란 무엇을 말하는 것이오?" 觀射父가 대답하였다. "하늘의 일은 剛健하고 땅의 일은 柔順하고 백성의 일은 忠信을 말합니다." 昭王이 말하였다. "이른바 百姓·千品·萬官·億醜·兆民經入畡數란 무엇을 말하는 것이오?" 觀射父가 대답하였다. "백성으로서 임금에게 이름이 통하여 관직에 임명된 사람이 百이니, 王公의 자제로서 자질이 좋아 말하고 듣는 재능이 있어서 관직에 통한 자를 공로와 職事로 姓을 주어 대대로 맡은 職務를 감독하게 하니, 이를 百姓이라고 합니다. 百姓에게 통하는 僚屬이 王의 열 배이니 이것을 千品이라 하고, 五物의 官員은 陪屬이 萬이니 이것을 萬官이라 하고 萬官에는 또 十類가 있으니 이것을 億醜라고 하며, 天子의 土地는 九畡이니 이것으로 兆民을 먹이고, 王은 經常의 稅入을 취하여

萬官을 먹입니다."

218. 子常問蓄貨聚馬鬬且論其必亡 子常이 재물을 축적하고 말을 모으는 일에 대하여 묻자, 鬬且가 그 사람은 반드시 죽을 것이라고 논하다

【大義】 정치를 담당하여 無禮하고 백성을 돌보지 않은 채 재물을 모으면 망함을 자초함.

鬬且(저)54)廷〔遄〕①見令尹子常55)한대 子常與之語라가 問蓄貨聚馬러라 歸以語其弟曰 楚其亡乎인저 不然이면 令尹其不免乎인저 吾見令尹하니 令尹問蓄聚積實을 如餓豺狼焉하니 殆必亡者也로다

夫古者에 聚貨호대 不妨民衣食之利하며 聚馬호대 不害民之財用하야 國馬56)足以行軍〔關〕②하고 公馬57)足以稱賦하니 不是過也며 公貨足以賓獻58)하고 家貨足以共用하니 不是過也라 夫貨馬郵59)則闕於民이오 民多闕則有離畔之心이니 將何以封矣리오

昔鬬子文60)三舍③令尹호대 無一日之積은 恤民之故也라 成王聞子文之朝不及夕也하고 於是乎每朝에 設脯一束과 糗一筐하야 以羞子文하야 至于今{令尹}④秩之하니라 成王每出子文之祿에 必逃라가 王止而後復하니 人謂子文曰 人生求富어늘 而子逃之는 何也오 對曰 夫從政者는 以庇民也니 民多曠者어늘 而我取富焉이면 是勤民以自封也니 死無日矣라 我逃死요 非逃⑤富也라하더니 故莊王之世에 滅若敖氏61)호

---

54) 鬬且 : 楚나라의 大夫.
55) 子常 : 楚昭王 때의 令尹. 이름은 囊瓦. 子囊의 손자.
56) 國馬 : 국민의 말. 국가에서 백성에게 징발하여 軍用에 충당한다.
57) 公馬 : 公室의 戎馬. 곧 국가에서 관리하는 말.
58) 賓獻 : 외국의 손님을 접대하는 宴享과 貢獻.
59) 郵 : 尤와 통용. 過失. 여기서는 過多의 뜻으로 썼다.
60) 鬬子文 : 곧 鬬穀於菟. 子文은 字. 鬬伯比의 아들로, 楚成王 때 令尹을 지냈다.
61) 滅若敖氏 : 鬬子文의 종족인 若敖氏가 멸망함. 魯宣公 4년(기원전 605년)에 子文의

대 唯子文之後62)在하야 至于今處鄖63)하야 爲楚良臣하니 是不先恤民하고 而後已之富乎아

今子常은 先大夫之後也어늘 而相楚君하야 無令名於四方하고 民之羸餧⑥日日已甚⑦이어늘 四境盈壘하고 道殣相望하며 盜賊司目64)하고 民無所放이어늘 是之不恤하고 而蓄聚不厭하니 其速怨於民多矣라 積貨滋多면 蓄怨滋厚니 不亡何待리오

夫民心之慍也는 若防大川焉하야 潰而所犯必大矣니 子常其能賢於成·靈乎아 成不禮於穆65)이라가 願食熊蹯이나 不獲而死66)하고 靈{王}⑧不顧於民67)하야 一國棄之를 如遺迹焉하니라 子常爲政하야 而無禮不顧 甚於成·靈하니 其獨何力以待之리오 期年에 乃有柏擧之戰68)하야 子常奔鄭하고 昭王奔隨하다

조카 鬪椒가 반란을 일으켜 楚莊王과 皐滸에서 싸워 鬪椒가 패배하자 莊王이 若敖氏를 멸족시켰다. ≪左傳 宣公 4년≫

62) 子文之後 : 子文의 손자 箴尹 克黃을 말함. 鬪椒가 난을 일으켰을 때 克黃은 齊나라에 使臣으로 나가 있었으나 귀국한 뒤에 스스로 司敗에게 가서 구속되고 罪받기를 청하자, 莊王은 子文의 나라 다스린 업적을 생각하여 克黃을 사면하였다.

63) 鄖 : 楚나라 때의 地名. 지금의 湖北省 安陸縣에 있었다. 子文의 後代가 이곳에 封해져서 鄖公이 되었다.

64) 司目 : 司는 伺의 뜻. 도적이 눈을 부릅뜨고 엿본다는 말.

65) 成不禮於穆 : 成은 楚成王으로 穆王 商臣의 아버지. 穆은 穆王. 成王이 商臣을 내치고 아우 職을 太子로 세우려 했던 일을 이른다.

66) 願食熊蹯 不獲而死 : 楚成王이 商臣을 太子에서 폐하려 하자, 商臣이 군대를 이끌고 成王을 포위했을 때, 成王이 곰 발바닥 요리를 먹고 죽겠다고 요청하였으나 얻어먹지 못하고 죽은 일. ≪左傳 文公 18년≫

67) 靈不顧於民 : 楚靈王이 백성들의 삶을 돌보지 않고 楚나라를 피폐시킨 일. 靈王이 많은 토목공사를 일으켜 陳·蔡·不羹 등에 城을 쌓고 章華宮을 지었으며, 외국과 여러 차례 전쟁을 일으켜 民力을 돌보지 않았기 때문에 이른 말이다.

68) 柏擧之戰 : 魯定公 7년(기원전 503년)에 蔡나라·唐나라·吳나라가 연합하여 楚나라의 柏擧에서 전쟁한 일. 魯定公 4년에 蔡昭侯가 楚昭王에게 朝會 갔을 때 子常이 그의 佩玉을 요구하였으나 주지 않았고, 또 唐成公이 朝會 오자 子常이 그의 驌驦馬를 요구하였으나 주지 않으니, 그들을 3년 동안 억류하였다. 뒤에 蔡나라와 唐나라가 그것들을 주자 돌려보냈는데, 이에 원망을 품은 蔡昭侯와 唐成公이 吳나라와 연합하여 楚나라를 쳐서 楚軍을 크게 패배시키고 楚나라의 수도 郢을 점령하

〔校勘〕 ① 廷〔逌〕: 王引之의 ≪經義述聞≫에 의거하여 고쳤다.
② 軍〔闕〕: ≪孟子≫ 〈盡心 下〉의 "兩馬之力與"에 대한 漢나라 趙岐 注에 ≪國語≫의 이 부분을 인용하면서 '闕'자로 썼기에 고쳤다.
③ 舍: ≪後漢書≫ 〈何敞傳〉의 '子文逃祿'에 대한 唐나라 李賢 注에는 ≪國語≫의 이 부분을 인용하면서 '登'으로 썼다.
④ {令尹}: 汪遠孫의 ≪國語明道本攷異≫에 의거하여 衍文으로 처리하였다.
⑤ 逃: ≪群書治要≫에는 '要'로 되어 있다.
⑥ 餧: 四部備要本에는 '餒'로 되어 있는데 同字이다.
⑦ 日日已甚: 四部備要本에는 '日已甚矣'로 되어 있다.
⑧ {王}: 四部備要本에 '王'자가 없고, ≪文選≫ 古詩十九首의 '明月皎夜光'章에 대한 李選 注에 이 부분을 인용하면서 '王'자가 없어 衍文으로 처리하였다.

鬪且가 令尹 子常을 가서 만났는데 子常이 그와 더불어 말을 나누다가, 재물을 축적하고 말을 모아들이는 방법에 대해서 물었다. 鬪且가 자기 집에 돌아와서 그의 아우에게 말하였다.

"楚나라는 망할 것이다. 그렇지 않으면 令尹이 災難을 면치 못할 것이다. 내가 令尹을 만났더니 令尹이 재물과 寶貨를 긁어모으는 방법에 대해서 묻기를 마치 굶주린 승냥이나 이리 같은 모습이었다. 그러니 아마도 패망할 것이다. 옛날에 財貨를 모아 쌓되 백성이 생활하는 衣食의 이익을 방해하지 않았고, 말을 징발하여 모으되 백성의 財用에 손해가 되지 않게 하였다. 국가에서 징발한 백성의 말은 군사를 움직이는 데 충분하였고, 국가에서 관리하는 戎馬는 軍隊를 동원하기에 충분하였으니, 이 한도에서 초과하지 아니하였다. 그리고 公室이 보유하고 있는 財貨는 손님 접대와 貢獻하는 용도에 충분하였고, 卿・大夫家의 보유한 財貨는 자기의 용도에 충분하였으니, 이 한도에서 초과하지 아니하였다. 財貨와 말을 지나치게 거둬 모으면 백성의 몫이 모자라게 되고, 백성의 몫이 많이 모자라게 되면 離畔할 마음이 생기게 되니, 앞으로 어떻게 나라를 세우겠는가?

옛날 鬪子文이 세 번 令尹 벼슬을 역임하고 물러났으나 하루 동안 먹을거리도 축적하지 않은 것은 백성의 처지를 돌보아 주었기 때문이었다. 成王은 子文이 아침에 미처 저녁까지 걱정할 수 없다는 말을 듣고는 아침마다 脯 한 묶음과 乾糧

였다. ≪左傳 定公 4년・7년≫

한 광주리를 자문에게 보내 먹게 하여 오늘날까지 常例가 되었다. 成王이 子文에게 祿俸을 내어 줄 적마다 반드시 달아났다가 成王이 祿俸 주려는 일을 중지하면 돌아오곤 하였다. 사람들이 子文에게 말하기를 '人生은 부자가 되기를 구하는 것인데, 〈祿俸을 줄 적마다〉 당신은 어째서 달아나는 게요?' 하니, 대답하기를, '정치에 참여하는 것은 백성을 보호하기 위해서이다. 백성은 재물이 텅 빈 자들이 많은데 내가 富를 취한다면 백성들을 수고롭게 하여 나 자신의 재물만을 많게 하는 것이니, 언제 죽을지 모른다. 나는 죽음에서 달아난 것이지, 富에서 도피한 것이 아니다.' 하였다. 이 때문에 莊王 시대에 若敖氏의 종족을 몰살하였으나 子文의 후손만은 남아 있게 되어 오늘에 이르기까지 鄖城에 살면서 楚나라의 어진 신하가 되었다. 이는 백성을 구휼하는 일을 급선무로 삼고 자신의 富는 뒷일로 여긴 결과가 아니겠느냐.

지금 子常은 先大夫의 후손인데, 楚王을 보좌하면서 사방에 훌륭한 명성이 없고, 백성들이 수척하고 굶주리는 생활이 날이 갈수록 심해지는데 사방의 국경에는 성벽이 가득 차 있고 길거리에는 굶어 죽은 시체가 이어져 있으며, 도적들은 눈을 부릅뜨고 노리고 있고, 백성은 의지할 곳이 없게 되었다. 이런 상황은 돌보지 않고 재물을 긁어모으기에 만족하지 못하고 있으니, 백성의 원망을 부르는 일이 많을 것이다. 쌓은 財貨가 많아지는 만큼 원망도 더욱 많이 쌓여 갈 것이니, 멸망하지 않고 무엇을 기대하겠느냐! 백성의 성난 마음에 대처하는 것은 큰 시냇물을 막는 것과 같아서 둑이 무너지면 반드시 큰 피해가 일어난다. 子常의 결말이 成王・靈王보다 낫겠는가? 成王은 穆王에게 禮를 준수하지 않았다가 곰발바닥 요리를 먹고 죽기를 원했으나 먹지 못하고 죽었고, 靈王은 백성의 생활을 돌보지 아니하여 온 나라 사람들이 마치 그를 길 가는 자가 발자국 버리듯이 하였다. 子常이 정치를 맡아 하면서 禮를 무시하고 백성의 생활을 돌보지 않는 정도가 成王과 靈王보다 더 심하니 그 혼자 무슨 역량으로 환란을 막아 낼 수 있겠느냐."

그 뒤 1년 만에 柏擧의 전투가 일어나 子常은 鄭나라로 달아났고, 昭王은 隨나라로 달아났다.

219. 藍尹亹避昭王而不載 藍尹亹가 昭王을 회피하여 배에 태워 주지 아니하다

【大義】 전쟁에서 패배한 왕의 피난길을 도와주지 않음으로써 왕의 잘못을 경계하고 잘못된 신하의 前轍을 밟지 않도록 간함.

吳人入楚69)하니 昭王出奔하야 濟於成臼70)할새 見藍尹亹71)載其孥하고 王曰 載予하라 對曰 自先王莫隊①其國이어늘 當君之世而亡之②하니 君之過也로소이다 遂去王하다

王歸에 又求見(현)王이어늘 王③欲執之한대 子西72)曰 請聽其辭하소서 夫其有故리이다 王使謂之曰 成臼之役에 而棄不穀이러니 今而敢來는 何也오 對④曰 昔瓦唯長舊怨하야 以敗於柏擧라 故君及此어늘 今又效之하시니 無乃不可乎잇가 臣避於成臼는 以儆君也니 庶悛而更乎요 今之敢見은 觀君之德也니 曰 庶〈憶〉⑤懼而鑒前惡乎인저 君若不鑒而長之하시면 君實有國而不愛니 臣何有於死리오 死在司敗73)矣니이다 唯君圖之하소서 子西曰 使復〈在〉⑥其位하사 以無忘前敗하소서 王乃見之하다

〔校勘〕 ① 隊 : 四部備要本에는 '墜'로 되어 있는데 통용한다.
② 當君之世而亡之 : 四部備要本에는 '當君而亡之'로 되어 있다.
③ 王 : 四部備要本에는 '王'자가 없다.
④ 對 : 四部備要本에는 '對'자가 없다.
⑤ 〈憶〉 : 四部備要本에 의거하여 보충하였다.
⑥ 〈在〉 : 四部備要本에 의거하여 보충하였다.

吳나라 군대가 楚나라를 침공해 들어오니 楚昭王이 달아나서 成臼나루를 건너려 하였는데, 藍尹亹가 그의 妻子를 배에 태우는 것을 보고, 왕이 "나를 태워 주라." 하니,

---

69) 吳人入楚 : 魯定公 4년(기원전 506년)에 吳나라와 楚나라가 楚邑 柏擧에서 벌인 전투. 이 전투에서 楚나라 군대가 크게 패하여 吳나라 군대가 楚나라의 수도 郢을 점령하였다. 吳人은 吳王 闔閭를 이른다.

70) 成臼 : 나라 이름. 지금의 湖北省 京山縣과 鍾祥縣 일대에 있다. 일명 臼成河.

71) 藍尹亹 : 楚나라의 大夫. 이름은 亹.

72) 子西 : 당시 楚나라의 令尹. 公子 申으로 楚平王의 아들이고, 楚昭王의 庶兄이다.

73) 司敗 : 刑獄을 맡은 官員. 楚나라에서는 司寇를 司敗라 하였다.

〈藍尹亹〉가 대답하였다. "先王 때로부터 우리나라를 잃은 적이 없었습니다. 현재 임금의 시대를 당해서 망하게 되었으니 임금 당신의 잘못입니다."라 하고는 昭王을 버리고 떠났다.

뒤에 昭王이 돌아왔을 적에 藍尹亹가 다시 昭王을 뵙기를 요청하였다. 昭王이 그를 체포하려고 하자, 子西가 말하기를 "그의 말을 들어 보십시오. 필시 까닭이 있을 것입니다." 하니, 昭王이 사람을 시켜 말하기를, "成臼의 사건에서 네가 나를 버리고 가더니 지금 네가 와서 뵙자는 것은 어쩐 일인가?" 하니, 대답하였다. "옛날에 子常이 지난날의 원망을 자꾸 쌓아 가다가 柏擧에서 패하였기 때문에 君主께서 이번 일을 당하게 된 것입니다. 그런데 君主께서 또 子常의 행위를 본받고 계시니 옳지 않은 일이 아니겠습니까? 臣이 成臼에서 君主를 피했던 것은 君主를 경계하려고 했던 것이니 행여 잘못을 고쳐서 바꿀 것이라고 생각했었고, 지금 君主를 뵙고자 한 것은 君主의 德行을 살펴보려는 것입니다. 내 생각에 지금의 실패를 두렵게 생각하여 前日의 잘못을 거울로 삼고 계실 거라고 생각해서였습니다. 君主께서 이를 거울로 삼지 않으시고 예전의 원망을 자꾸 쌓아 간다면 君主께서는 실제로 나라를 소유하고 있기는 하나 사랑하는 것은 아니니, 臣이 죽는 데에 무슨 애석함이 있겠습니까. 죽이는 일은 司敗가 맡고 있으니 君主께서는 저의 죽음과 삶에 대하여 고려하시기 바랍니다." 子西가 말하기를 "그의 벼슬을 복직시켜서 전날의 실패를 잊지 않도록 하십시오."라고 하니, 昭王이 그를 만났다.

220. 隕公辛與弟懷或禮于君或禮于父 隕公 辛과 아우 懷가 혹자는 임금에게, 혹자는 아버지에게 예를 다하다

【大義】 아버지의 원수를 갚기 위해 자신을 죽이려 한 신하와 자기를 살게 해 준 신하를 모두 용납한 군주의 너그러운 성품을 말함.

吳人{之}① 入楚에 {楚}②昭王奔鄖이러니 鄖公[74]之弟懷將殺王이어늘 鄖公辛止之하다 懷曰 平王殺吾父[75]하니 在國則君이요 在外則讎也라 見讎弗殺이면 非人也니이다

74) 鄖公 : 令尹 子文의 玄孫인 鬪成然의 아들 鬪辛.

75) 平王殺吾父 : 楚平王은 昭王의 아버지. 이름은 棄疾. 吾父는 鬪成然. 鬪成然이 平王이

鄖公曰 夫事君者는 不爲外內行76)하며 不爲豐約擧니 苟君之인댄 尊卑③一也니라 且夫自敵以下則有讎어니와 非是면 不讎니라 下虐上爲殺요 上虐下爲討어늘 而況君乎아 君而討臣을 何讎之爲리오 若皆讎君이면 則何上下之有乎아 吾先人以善事君하야 成名於諸侯하야 自鬭伯比77)以來로 未之失也하니 今爾以是殃之인댄 不可니라 懷弗聽하고 曰 吾思吾④父요 不能顧矣니이다 鄖公以王奔隨하다

王歸하야 而賞及鄖懷한대 子西諫曰 君有二臣하야 或可賞也하며 或可戮也어늘 君王均之하시니 羣臣懼矣로이다 王曰 夫子期78)之二子邪아 吾知之矣로니 或禮於君하고 或禮於父하니 均之不亦可乎아

〔校勘〕① {之} : 四部備要本에 의거하여 衍文으로 처리하였다.

② {楚} : 四部備要本에 의거하여 衍文으로 처리하였다.

③ 尊卑 : 四部備要本에는 '卑尊'으로 되어 있다.

④ 吾 : 四部備要本에는 '吾'자가 없다.

吳나라 군대가 楚나라를 침공하여 首都 郢으로 들어왔을 적에 楚昭王이 鄖城으로 달아났었다. 鄖公의 아우 懷가 昭王을 시해하려고 하자, 鄖公 辛이 이를 말렸다. 懷가 말하기를, "平王이 우리의 아버지를 죽였으니, 昭王이 國都 안에 있을 때는 君主이고 國都 밖에 있을 적에는 원수입니다. 원수를 만나고서 죽이지 않으면 사람의 도리가 아닙니다." 하였다. 鄖公이 말하였다. "임금을 섬기는 자는 國都 밖에 있거나 國都 안에 있는 데 따라 행동을 다르게 하지 않으며 興盛하거나 衰微한 처지에 따라 다른 거동을 하지 않는다. 만일 임금으로 받들어 섬겼으면 높은 임금과 낮은 신하의 지위는 한결같다. 또 자기의 지위와 상대방의 지위가 동등 이하인 사람의 경우는 원수를 삼을 수 있겠으나 그렇지 않으면 원수를 따지지 않는다. 아랫사람이 윗사람을 죽이는 것을 弑라 하고, 윗사람이 아랫사람을 죽이는 것을 罪를 懲罰한다고 하는 것

王位에 오르는 일을 도와 令尹이 되었으나 만족할 줄 모르고 탐욕을 부리자 平王이 살해하였다.

76) 不爲外內行 : 임금이 國都 안에 있거나 國都 밖에 있는 경우에 따라 행위를 바꾸지 않음. 신하는 君主에게 한결같은 마음으로 섬겨야 함을 이른다.

77) 鬭伯比 : 令尹 鬭子文의 아버지.

78) 子期 : 鄖公 鬭辛의 아버지 鬭成然의 字.

인데, 더구나 君主의 경우이겠느냐. 임금이 신하의 죄를 징벌한 것을 가지고 어떻게 원수라고 하겠는가? 만일 신하들이 모두 임금을 원수로 삼는다면 어떻게 上下의 질서가 있겠느냐. 우리의 先祖들이 임금 섬기기를 잘하여 제후들 사이에서 훌륭한 명성을 이루어 鬪伯比 이래로 그 명성을 잃은 적이 없었다. 지금 네가 君主를 시해한 일로 이 명성을 해치는 것은 옳지 않다." 懷가 따르지 않고 말하기를, "나는 우리 아버지를 생각할 뿐이지, 다른 일은 고려할 수가 없습니다." 하였다. 그러자 鄖公은 昭王을 모시고 隨나라로 달아났다.

昭王이 國都로 돌아와 賞을 내릴 적에 鄖公과 懷에게까지 이르자 子西가 諫하였다. "임금에게 두 신하가 있어서 한 사람은 賞을 줄 만하고 한 사람은 죽음을 내릴 만한데 임금께서 동등하게 대하려 하시니, 群臣들은 앞으로 賞罰이 공정하지 못하게 시행될까 봐 두려워하고 있습니다." 昭王이 말하였다. "子期의 두 아들을 말하는 것이오? 나는 이미 알고 있소. 한 사람은 임금에 대한 禮를 다했고, 한 사람은 아버지에 대한 禮를 다했으니, 동등하게 대하는 것이 또한 옳지 않겠소?"

221. 藍尹亹論吳將斃 藍尹亹가 吳나라는 장차 망할 것이라고 논하다

【大義】 국가의 성패는 상대방의 상황보다 자기 나라의 德政을 펴는 데 달려 있음.

子西歎於朝한대 藍尹亹曰 吾聞君子唯獨居에 思念前世之崇替①와 與哀殯喪에 於是有歎이요 其餘則不(부)라호라 君子臨政思義하고 飮食思禮하고 同宴思樂하고 在樂思善②하야 無有歎焉이어늘 今吾子臨政而歎하니 何也오 子西曰 闔閭③79) 能敗吾師어늘 闔閭卽世면 吾聞其嗣又甚焉이라 吾是以歎하노라

對曰 子患政德之不修하고 無患吳矣어다 夫④闔閭口不貪嘉味하고 耳不樂逸聲하고 目不淫於色하고 身不懷於安하야 朝夕勤志하고 恤民之羸하며 聞一善⑤若驚하고 得一士若賞하며 有過必悛하고 有不善必懼라 是故得民以濟其志하니이다 今吾聞夫差80)는 好罷民力以成私好하고 縱過而翳諫하며 一夕之宿에 臺榭陂池必成하고

79) 闔閭 : 춘추시대 吳나라의 國君. 이름은 光.

80) 夫差 : 춘추시대 吳나라의 國君. 闔閭의 아들.

六畜[81)]玩好[82)]必從이라하니 夫⑥先自敗也已라 焉能敗人이리오 子修德以待吳하면 吳將斃矣리라

〔校勘〕① 替 : 四部備要本에는 '替'자 다음에 '者'자가 더 있는데 없는 것이 옳다.
② 善 : 四部備要本에는 '舊'로 되어 있는데 '善'이 옳다.
③ 閭 : 四部備要本에는 '廬'로 되어 있는데 통용한다. 아래도 같다.
④ 夫 : 四部備要本에는 '夫'자가 없다.
⑤ 善 : ≪後漢書≫ 〈文苑傳〉의 注와 ≪文選≫ 〈孔文擧薦禰衡表〉 등의 注에 '善'자 아래에 '言'자가 더 있다.
⑥ 夫 : 四部備要本에는 '夫'자 아래에 '差'자가 더 있으나, ≪左傳≫ 哀公 元年조에는 '差'자가 없다.

子西가 朝廷에 나와서 탄식하니 藍尹亹가 말하였다. "나는 들으니 君子는 혼자 있을 때는 前代의 興亡盛衰를 생각하는 일과 喪事에 가서 弔喪할 때나 탄식하고 그밖에는 탄식하지 않는다고 합니다. 君子가 정치를 맡아 할 적에는 義를 생각하고, 음식을 먹을 적에는 禮를 생각하고, 사람들과 함께 잔치할 적에는 즐거움을 생각하고, 즐거움을 누릴 적에는 善을 생각하여, 탄식함이 없어야 하는데, 지금 그대가 정치를 맡아 하면서 탄식하는 것은 무엇 때문입니까?" 자서가 말하였다. "吳王 闔閭가 우리나라의 군대를 패배시켰는데 闔閭가 죽고 난 뒤에는 그를 계승할 〈夫差가〉 더욱 심하다고 하오. 내가 이 때문에 탄식하는 것이오."

藍尹亹가 대답하였다. "그대는 國政과 德行이 닦여지지 않는 것을 걱정해야 하고 吳나라를 걱정할 필요는 없습니다. 闔閭는 입으로는 맛있는 음식을 貪食하지 않고, 귀로는 음란한 음악을 즐겨 듣지 않고, 눈으로는 아름다운 女色에 빠지지 아니하고, 몸은 安逸하게 지내기를 생각하지 아니하여 아침부터 저녁까지 國事에 대한 생각으로 노력하고, 백성의 아픔을 救恤하며, 한마디라도 훌륭한 말을 들으면 놀라는 것처럼 반응하고, 한 사람의 훌륭한 선비를 얻으면 賞을 받은 듯이 기뻐하며, 허물이 있으면 반드시 고치고, 잘못한 일이 있으면 반드시 두려워하였습니다. 이 때문에 民心을 얻어서 자기의 뜻한 바, 〈楚나라를 격파하려는 소망을〉 이루었습니다. 지금 내가 들으니, 夫差는

81) 六畜 : 여섯 가지 가축. 곧 말·소·양·돼지·개·닭인데, 여기서는 聲色 狗馬 등의 玩好物을 이른다.
82) 玩好 : 珠玉 珍寶 따위의 愛玩하는 진귀한 물건을 이르는 말.

백성의 힘을 남용하여 지치게 하면서 개인적으로 좋아하는 것을 이루기 좋아하고, 자기의 잘못을 제멋대로 저지르면서 諫하는 말을 막으며, 하룻밤 잠자는 곳에 樓臺와 정자와 연못을 반드시 짓고, 좋아하는 六畜과 珠玉 등의 玩好品을 반드시 따라 오게 하고 있습니다. 이는 제 먼저 스스로 망하는 것이니, 어떻게 남을 패배시킬 수 있겠습니까? 그대는 德政을 닦아 吳나라의 정황을 기다리면 吳나라는 장차 망할 것입니다."

222. 王孫圉論國之寶 王孫 圉가 국가의 보물에 대하여 논하다

【大義】 국보는 그것이 국가에 어떻게 기능하는가를 가려서 보물로 삼음.

王孫圉①[83]聘於晉하니 定公[84]饗之할새 趙簡子鳴玉以相이라가 問於王孫圉曰 楚之白珩[85]猶在乎아 對曰 然하다 簡子曰 其爲寶也幾何矣오 曰 未嘗爲寶라 楚之所寶者는 曰觀射父니 能作訓辭[86]하야 以行事於諸侯하야 使無以寡君爲口實하니라 又有左史倚相[87]하니 能道訓典하야 以叙百物하고 以朝夕獻善敗於寡君하야 使寡君無忘先王之業하고 又能上下說乎②鬼神하야 順道其欲惡하야 使神無有怨痛于楚國하니라 又有藪하니 曰雲이라 連徒洲[88]하야 金木竹箭之所生也라 龜・珠・齒・角〔角・齒〕③・皮・革・羽・毛는 所以備賦[89]하야 用④以戒不虞者也오 所以共幣帛하야 以賓享於諸侯者也라 若諸侯之好幣具어든 而導之以訓辭하고 有不虞之備면 而皇

---

83) 王孫圉 : 춘추시대 楚나라의 大夫.

84) 定公 : 춘추시대 晉頃公의 아들. 이름은 午.

85) 白珩 : 楚나라의 이름난 玉飾. 佩玉의 위쪽에 가로로 된 흰 玉을 珩이라고 하고 아래에 달려 있는 玉을 璜이라고 한다.

86) 訓辭 : 지시하는 말. 外交辭令을 이른다.

87) 左史倚相 : 左史는 史官의 하나. 天子의 왼쪽에서 天子의 거동을 기록하였다고 한다. 일설에는, 하는 말을 기록하였다고 한다. ≪禮記 玉藻≫ 倚相은 춘추시대 楚나라의 左史. 三墳・五典・八索・九丘의 글을 독파하여 靈王이 훌륭한 史官이라고 칭찬하였다 한다. ≪左傳 昭公 12년≫

88) 雲連徒洲 : 雲은 지금의 湖北省 監利縣 북쪽에 있는 雲夢澤. 徒洲는 물 가운데의 삼각주 이름. 雲夢澤이 徒洲에까지 이어져 있음을 이른다.

89) 賦 : 兵力을 운용하는 데 필요한 재원을 조달하는 賦稅.

神相之[90]라 寡君其可以免罪於諸侯하고 而國民保焉이니 此楚國之寶也니라 若夫白珩은 先王之玩也니 何寶⑤焉이리오

圉聞國之寶六而已니 聖⑥能制議百物하야 以輔相國家하니 則寶之하고 玉足以庇蔭嘉穀하야 使無水旱之災하니 則寶之하고 龜足以憲藏不(비)⑦하니 則寶之하고 珠足以禦火災[91]하니 則寶之하고 金[92]足以禦兵亂하니 則寶之하고 山林藪澤이 足以備財用하니 則寶之라 若夫譁囂之美는 楚雖蠻夷나 不能寶也니라

〔校勘〕 ① 圉 : 四部備要本에는 '圄'로 되어 있는데 ≪左傳≫ 定公 5년에 '圉'로 되어 있고, ≪後漢書≫ 〈李固傳〉의 注와 ≪太平御覽≫ 〈服章 珍寶〉 등에 모두 '圉'로 되어 있으니, '圉'가 옳다.
② 乎 : 四部備要本에는 '于'로 되어 있다.
③ 齒·角〔角·齒〕: 四部備要本과 ≪群書治要≫ 및 韋昭의 注에 의거하여 '角·齒'로 고쳤다.
④ 用 : 四部備要本에는 '用'자가 없다.
⑤ 寶 : 四部備要本에는 '寶'자 다음에 '之'자가 더 있다.
⑥ 聖 : 四部備要本에는 '聖'자 앞에 '明王' 두 글자가 있고, 다음에 '人'자가 더 있다.
⑦ 不 : 四部備要本에는 '否'로 되어 있는데 통용한다.

王孫 圉가 晉나라에 聘問을 가 晉定公이 잔치를 열어 줄 적에 趙簡子가 佩玉을 울리면서 잔치하는 禮를 돕다가 王孫 圉에게 묻기를, "楚나라의 白珩이 아직도 있습니까?" 하니, 王孫 圉가 대답하기를, "그렇습니다." 하였다. 趙簡子가 말하기를, "白珩의 國寶된 값어치는 얼마나 됩니까?" 하였다.

王孫 圉가 대답하였다. "우리는 일찍이 이것을 國寶로 삼은 적이 없습니다. 楚나라에서 보물로 삼는 것은 觀射父이니, 訓辭에 뛰어나 각 諸侯國에 가서 外交活動에 종사하여 우리 임금께 시빗거리가 되지 않도록 합니다. 또 左史에 倚相이 있는데 先王의 訓辭와 典籍에 관한 陳述을 잘하여 온갖 일의 차례를 정하고, 아침저녁에 前代의 成敗를 우리 임금께 말씀드려서 우리 임금께서 先王의 功業을 잊지 않도록 하며, 또 上下

90) 皇神相之 : 天神이 도와줌. 皇은 大, 相은 돕는다는 뜻이다.
91) 珠足以禦火災 : 韋昭는 "珍珠는 水精이기 때문에 화재를 막는다." 하였다.
92) 金 : 青銅. 당시에는 青銅으로 兵器를 만들었다.

의 귀신을 기뻐하게 하여 그들의 원하는 것과 싫어하는 것에 순응하여 행함으로써 귀신이 楚나라에서 원한이 없도록 하였습니다. 또 雲이라는 호수가 있는데, 徒洲에까지 이어져서 쇠·나무·대나무·화살대가 생산됩니다. 거북 등딱지·珍珠·짐승의 뿔·象牙·짐승의 가죽·무소가죽·새의 깃털·牦牛尾는 군대의 필요한 물품을 제공하니, 이것을 써서 뜻밖의 돌발 사태에 대비합니다. 또 幣帛을 공급해서 諸侯들과 宴享할 때 주는 禮物로 씁니다. 만일 諸侯들이 지나치게 幣帛을 좋아하면, 外交辭令으로 양국의 관계를 소통시키고, 뜻밖의 돌발 사태를 막는 준비가 있게 되면, 天神이 우리나라를 돕습니다. 우리 임금께서 諸侯들에게 죄를 면할 수 있고, 국가와 백성이 보전될 것이니, 이것이 楚나라의 보물입니다. 白珩 같은 것은 先王이 좋아하여 가지고 놀던 물건이니, 어찌 보물일 수 있겠습니까?

저는 국가가 보물로 삼는 것은 여섯 가지일 뿐이라고 들었습니다. 聖賢은 모든 일을 제정하고 의론하여 국가를 다스리는 일을 도우니 國寶로 여기고, 玉器는 좋은 곡식을 비호하여 가뭄과 홍수의 재해를 없게 하니 國寶로 여기고, 거북 등딱지는 善惡을 밝게 제시하여 법으로 삼게 하니 보물로 여기고, 珍珠는 불을 능히 막아 주니 보물로 여기고, 金은 戰亂을 막으니 보물로 여기고, 산과 숲과 호수에서는 財用을 공급하기에 충분하니 보물로 여기는 것입니다. 저 쟁그랑거리며 시끄럽게 울리는 아름다운 佩玉은, 楚나라가 비록 오랑캐나라로 대우받기는 하지만 國寶로 여기지 않습니다."

223. 魯陽文子辭惠王所與梁 魯陽文子가 惠王이 주는 梁의 땅을 거절하다

【大義】 자손이 나라를 배반하지 않고 길이 보전하는 길을 남겨 주려고 한 지혜.

惠王이 以梁與魯陽文子[93]한대 文子辭曰 梁險而在{北}①境이라 懼子孫之有貳者也일까하노이다 夫事君無憾이니 憾則懼偪이요 偪則懼貳니이다 夫盈而不偪하고 憾而不貳者는 臣能自壽也②오 不知其它로소이다 縱臣而得以〔全〕③其首領以沒이라도 懼子孫之以梁之險으로 而④乏臣之祀也일까하노이다 王曰 子之仁⑤이 不忘子孫하고 施(이)

93) 魯陽文子 : 楚平王의 손자. 司馬 子期의 아들. 魯陽에 封해졌기 때문에 魯陽公이라고도 한다.

及楚國하니 **敢不從子**리오하고 **與之魯陽**[94]하다

〔校勘〕 ① {北} : 四部備要本에는 '北'자가 없으며 汪遠孫은 ≪國語明道本攷異≫에서 "앞 '惠王以梁與魯陽文子' 아래의 韋昭 注에 '梁 楚北境也'라 한 데에서 衍文으로 들어왔다." 하여 이에 의거하여 衍文으로 처리하였다.
② 也 : 四部備要本에는 '也'자가 없다.
③ 以〔至〕 : ≪文選≫ 〈褚淵碑文〉의 注에 이 부분을 인용하면서 '至'자로 되어 있어 고쳤다.
④ 而 : 四部備要本에는 '而'자가 없다.
⑤ 仁 : 四部備要本에는 '仁'자 다음에 '人'자가 더 있는데 衍文이다.

楚惠王이 梁邑을 魯陽文子에게 封해 주려고 하자, 文子가 거절하며 말하였다. "梁邑은 지세가 험하고 변경에 위치해 있으니, 자손 중에 두마음을 가지는 자가 있게 될까 걱정스럽습니다. 임금을 섬기는 도리는 마음에 원한이 없어야 되니 원한을 품게 되면 두려움으로 인하여 임금을 핍박하게 되고, 핍박하면 두려움으로 인하여 두마음을 품게 됩니다. 무릇 마음에 만족하여도 임금을 핍박하지 않고, 원한을 품고 있으면서도 두마음을 두지 않은 것은 臣이 스스로 목숨을 보존한 것이지만 그 밖의 자손들까지 이렇게 할 수 있을지는 알 수 없습니다. 臣은 목을 온전히 유지하고 죽는다 할지라도 자손들이 梁邑의 험한 지세를 믿고 반란을 도모했다가 臣의 제사를 단절시키지나 않을까 걱정됩니다." 惠王이 말하기를, "그대의 어진 마음이 자손을 보전하는 일을 잊지 않았고, 은덕이 楚나라에까지 미쳤으니, 감히 그대의 의견을 따르지 않겠는가!" 하고, 魯陽의 땅을 주었다.

224. 葉公子高論白公勝必亂楚國 葉公 子高가 白公 勝은 반드시 楚나라를 어지럽게 할 것이라고 논하다

【大義】 국가에 원한을 가진 사람을 불러들일 경우는 반드시 그 사람의 품성을 살펴서 신중히 하여야 후환이 없음.

子西使人召王孫勝[95]한대 **沈諸梁**[96]**聞之**하고 **見子西曰 聞子召王孫勝**이라하니 **信**

94) 魯陽 : 춘추전국시대 楚나라의 邑 이름. 지금의 河南省 魯山縣에 있었다.
95) 子西使人召王孫勝 : 子西는 앞의 주 72) 참고. 王孫 勝은 楚平王의 太子 建의 아들인

乎아 日 然하다 子高曰 將焉用之오 日 吾聞之호니 勝直而剛이라하니 欲寘之境이로라

子高曰 不可하다 其爲人也 展而不信하며 愛而不仁하며 詐而不知하며 毅而不勇하며 直而不衷하며 周而不淑하니 復(복)言而不謀身은 展也오 愛而不謀長은 不仁也오 以謀蓋人은 詐也오 彊忍犯義는 毅也오 直而不顧는 不衷也오 周言棄德은 不淑也라 是六德者를 皆有其華而不實者〈也〉①니 將焉用之리오

彼其父爲戮於楚하고 其心又狷97)而不潔②하니 若其狷也하야 不忘舊怨하며 而不以潔悛德하야 思報怨而已인댄 則其愛也足以得人이요 其展也足以復之요 其詐也足以謀之요 其直也足以帥之요 其周也足以蓋之요 其不潔也足以行之어늘 而加之以不仁하고 奉之以不義하니 蔑不克矣니라 夫造勝之怨者 皆不在矣니 若來而無寵이면 速其怒也오 若其寵之면 毅貪而無猒③이니 旣而〔能〕④得入⑤이면 而曜之以大利하고 不仁以長之하야 思舊怨以修其心이라가 苟國有釁이면 必不居矣리니 非子職98)之면 其誰乎리오 彼將思舊怨而欲大寵99)하야 動而得人하고 怨而有術이어늘 若果用之면 害可待也니 余愛子與司馬100)라 故不敢不言이로라

子西曰 德其忘怨乎⑥인저 余善之면 夫乃其寧하리라 子高曰 不然하다 吾聞之호니 {曰}⑦唯仁者라야 可好也며 可惡也며 可高也며 可下也라하니 好之不偪하며 惡之不怨하며 高之不驕하며 下之不懼니라 不仁者則不然하야 人好之則偪하고 惡之則怨하고

白公 勝. 처음에 費無極이 太子 建의 少師가 되었는데 총애를 받지 못하였다. 太子가 秦나라 여자에게 장가들었는데 新婦가 아름답자 費無極이 平王에게 그 新婦를 後宮으로 들이라고 권하면서 太子를 참소하여 "建이 장차 叛하려고 한다."라고 하였다. 이에 太子가 鄭나라로 달아나 있다가 뒤에 晉나라와 함께 鄭나라를 도모하려고 하니 鄭나라가 그를 죽였다. 그 사건으로 建의 아들 勝은 吳나라로 달아나 머물고 있었다. ≪左傳 昭公 19년·20년, 哀公 16년≫

96) 沈諸梁 : 楚나라의 左司馬 沈尹 戌의 아들, 葉公 子高. 葉 땅에 封해졌기 때문에 葉公이라고 한다.

97) 狷 : 편협하고 고집스러워서 자기의 소신을 굳게 지킴.

98) 職 : 담당하다. 맡다. 主의 뜻.

99) 大寵 : 큰 총애라는 뜻으로, 令尹이나 司馬 벼슬에 임명됨을 이른 말.

100) 司馬 : 子西의 아우 子期. 당시 司馬의 직위에 있었기 때문에 이른다.

高之則驕하고 下之則懼라 驕有欲焉이요 懼有惡焉이니 欲惡怨偪은 所以生詐謀也라 子將若何오 若召而下之면 將戚而懼하고 爲之上者면 將怒而怨하야 詐謀之心이 無所靖矣리라 有一不義라도 猶敗國家어늘 今壹五六而必欲用之하니 不亦難乎아 吾聞國家將敗에 必用姦人하고 而嗜其疾味101)라하니 其子之謂乎인저

夫誰無疾眚이리오 能者蚤除之하나니 舊怨滅宗은 國之疾眚也라 爲之關籥蕃籬하야 而遠備閑⑧之라도 猶恐其至也하야 是之爲日惕이어늘 若召而近之면 死無日矣리라 人有言曰 狼子野心은 怨賊之人⑨이라하니 其又可⑩善乎아 若子不我信인댄 盍求若敖氏與子干子晳102)之族而近之오 安用勝也오 其能幾何리오 昔齊騶馬繻103)는 以胡公入於貝〔具〕⑪水104)하고 邴歜・閻職은 戕懿公於囿竹105)하고 晉長魚矯⑫는 殺三郤於榭106)하고 魯圉人犖은 殺子般於次107)하니 夫是誰之故也오 非唯舊怨乎

101) 疾味 : 병을 일으킬 수 있는 맛있는 음식. 善하지 못한 사람을 좋아함을 비유한 말.

102) 若敖氏與子干子晳 : 若敖氏는 楚莊王이 滅族시킨 鬪椒. 앞의 주 61) 참고. 子干은 곧 公子 比, 子晳은 公子 黑肱으로 모두 楚恭王의 庶子들이다.

103) 騶馬繻 : 齊나라의 大夫.

104) 以胡公入於具水 : 胡公은 齊太公(姜尙) 玄孫의 아들. 이름은 靖. 具水는 山東省에 있는 巨洋水. 韋昭 注에 "胡公이 騶馬繻를 학대하자 騶馬繻가 胡公을 살해하여 具水에 시체를 집어넣었다." 하였다.

105) 邴歜閻職 戕懿公於囿竹 : 邴歜과 閻職은 모두 齊나라의 大夫. 懿公은 齊桓公의 아들. 이름은 商人. 懿公이 太子로 있을 때 邴歜의 아버지와 農地를 다툰 적이 있었는데, 즉위한 뒤에 그의 무덤을 파서 시체의 발을 자르고, 자기의 수레를 몰게 하였으며, 또 閻職의 아내를 빼앗아 차지하고는 閻職을 驂乘으로 삼았다. 뒤에 懿公이 申池에서 유람할 때 함께 갔던 두 사람이 懿公을 弑害하여 대밭 속에 버린 사건을 이른다. ≪左傳 文公 18년≫

106) 晉長魚矯殺三郤於榭 : 長魚矯는 晉나라의 大夫. 三郤은 郤錡・郤犨・郤至의 세 郤氏. 郤犨가 長魚矯와 農地를 다투어 그를 잡아서 수갑을 채워 구속하고, 또 그의 부모 처자를 한 수레채에 붙들어 맨 적이 있었는데, 뒤에 長魚矯가 厲公의 총애를 받자 그를 모함하여 三郤을 臺榭에서 살해한 사건을 이른다. ≪左傳 成公 17년≫

107) 魯圉人犖殺子般於次 : 圉人은 말을 기르는 사람. 犖은 그의 이름. 子般은 魯莊公의 太子. 子般이 太子로 있을 때 梁氏집에서 祈雨祭 예행 연습을 하는데 圉人 犖이 梁氏의 딸과 담장 밖에서 희롱하자 子般이 채찍으로 그를 때렸다. 子般이 즉위한 뒤에

인저 是皆子〈之〉⑬所聞也니라 人之⑭求多聞善敗는 以鑑⑮戒也어늘 今子聞而棄之하니 猶蒙耳也라 吾語子何益이리오 吾知逃而⑯已니라

子西笑曰 子之尙勝也여 不從하고 遂使爲白公하니 子高以疾閒居于蔡108)하다 及白公之亂109)하야 子西子期死하다 葉公聞之하고 曰 吾怨其棄吾言이나 而德其治楚國하니 楚國之能平均하야 以復先王之業者는 夫子也라 以小怨寘大德은 憂⑰不義也니 將入殺之호리라하고 帥方城110)之外以入하야 殺白公而定王室하고 葬二子之族하다

〔校勘〕 ① 〈也〉: 四部備要本에 의거하여 보충하였다.
② 潔 : 四部備要本에는 '絜'로 되어 있는데 古字이다. 아래도 같다.
③ 縠食而無猒 : 四部備要本에는 '食' 다음에 '而'가 없고, '猒'은 '厭'으로 되어 있는데 同字이다.
④ 而〔能〕: 四部備要本에 의거하여 고쳤다.
⑤ 入 : 王引之의 ≪經義述聞≫에 '人'자가 되어야 윗글의 '其愛也足以得人'과 아랫글의 '動而得人'에 부합된다고 하였다.
⑥ 乎 : 四部備要本에는 '乎'자가 없다.
⑦ {曰} : 四部備要本에 의거하여 衍文으로 처리하였다.
⑧ 閑 : 四部備要本에는 '閉'로 되어 있는데 本注에도 '閑'으로 되어 있으니 '閑'이 옳다.
⑨ 人 : 四部備要本에는 '人'자 다음에 '也'자가 더 있다.

莊公의 부인 哀姜은 자기와 간통하던 公子 慶父를 君으로 세우려고 했다. 이에 慶父가 犖을 시켜 子般을 黨氏에서 살해한 사건을 이른다. ≪左傳 莊公 32년≫

108) 蔡 : 楚나라의 縣 이름. 원래는 작은 諸侯國이었는데 楚나라가 滅하여 縣으로 만들었다.

109) 白公之亂 : 白公은 곧 王孫 勝. 白은 楚나라의 邑 이름으로, 王孫 勝을 封해 주었기 때문에 白公이라고 한다. 魯哀公 16년(기원전 479년)에 白公 勝이 鄭나라를 쳐서 자기 아버지의 원수를 갚아 달라고 요청하자 子西가 응낙하였다. 미처 군대를 출동하지 않았을 적에, 마침 晉나라가 鄭나라를 공격하니 楚나라는 도리어 鄭나라를 구원하였다. 이에 격분한 白公 勝이 반란을 일으켜 子西와 子期를 죽이고 楚惠王을 협박하여 子閭를 王으로 세우려 하였으나 子閭가 응하지 않자 子閭까지도 살해하였는데, 葉公 子高가 이 亂을 평정하였다. ≪左傳 哀公 16년≫

110) 方城 : 산 이름. 河南省 葉縣의 동쪽에 있다.

⑩ 可 : 四部備要本에는 '何'로 되어 있다.

⑪ 貝〔具〕 : 汪遠孫의 ≪國語明道本攷異≫에 의거하여 고쳤는데 ≪水經注 巨洋水≫의 注에 ≪國語≫의 이 부분을 인용하면서 '具水'로 썼다고 하였다.

⑫ 蟜 : 四部備要本과 ≪左傳≫에는 '穚'로 되어 있다.

⑬ 〈之〉 : 四部備要本에 의거하여 보충하였다.

⑭ 之 : 四部備要本에는 '之'자가 없다.

⑮ 鑑 : 四部備要本에는 '監'으로 되어 있는데 통용한다.

⑯ 而 : 四部備要本에는 '也'로 되어 있다.

⑰ 憂 : 四部備要本에는 '吾'로 되어 있다.

子西가 사람을 보내어 王孫 勝을 불러 귀국하게 하였다. 沈諸梁(葉公 子高)이 그 말을 듣고 子西를 만나서 말하기를, "들으니 그대가 王孫 勝을 불러 귀국시킨다고 하는데 정말이요?" 하니, 대답하기를, "그렇소." 하니, 子高가 말하기를, "장차 어디에 쓰려고 그러오?" 하니, 대답하기를, "내가 들으니 勝은 정직하고 굳세다 하니 吳나라와의 변경에 두려고 하오." 하였다.

子高가 말하였다. "옳지 않소. 그는 사람됨이 성실한 척하지만 실제로는 忠信하지 않고, 사람을 사랑하는 척하지만 실제로는 인자한 마음이 없고, 간사하기는 하지만 지혜롭지 못하며, 과감한 척하지만 용맹스럽지 못하고, 정직한 척하지만 마음은 바르지 못하며, 周密한 듯하지만 선량하지 못하오. 한 말을 실천하면서 자신의 利害를 고려하지 않는 것이 展(誠實)이고, 사람을 사랑하되 오래도록 유지하기를 생각하지 않는 것은 어질지 못한 것이고, 권모술수로 남의 지혜를 가리는 것은 詐欺이고, 강하고 잔인한 마음으로 道義를 위배하는 것은 毅(과감)이고, 솔직하되 숨겨야 할 것을 고려하지 않는 것은 진실한 마음이 아니고, 말은 周密하게 하면서 德行을 버리는 것은 선량하지 못한 것이오. 이 여섯 가지 德을 모두 겉만 번지르르하게 갖추고 실제적인 德은 없으니 장차 그를 어디에 쓴단 말이오?

그 사람의 아버지(太子 建)는 楚나라에서 죽임을 당했고, 그의 마음은 집착하고 순결하지 않으니, 만일 그의 마음이 집착하여 아버지에 대한 옛 원한을 잊지 않으며, 순결한 마음으로 지금의 品德을 고치지 아니하여 아버지의 원수를 갚을 생각만 한다면 그의 겉으로 나타내는 사랑은 인심을 얻기에 충분하고, 그의 성실한 척한 태도는 자신의 말을 실천하기에 충분하고, 그의 간사함은 반란을 도모하기에 충분하고, 그의 솔직함은 많은 무리를 거느리기에 충분하고, 그의 주밀한 말솜씨는 자기의 음험한 마음을 가리기에 충분하고, 그의 순결하지 않은 마음은 자기의 품은 뜻을 실행하기에 충분하오. 게다가 어질지 못한 德을 더하였고 의롭지 못한 짓을 받들어 행하고 있으니, 이루어 내지 못할 일이 없을 것이오. 白公 勝의 원한을 이룬 사람들은 지금 모두 남아 있지 않소. 만일 그를 불러서 돌아왔는데 나라의 은총이 더해지지 않으면 그의 노여움을 빨리 폭발시키는 계기가 될 것이고, 만일 그에게 은총을 더해 주면 끝없는 탐욕을 부려 만족함이 없을 것이오. 그가 이미 人心을 얻게 되면 도리어 사람들에게 큰 이익을 제시하여 매수할 것이고, 어질지 못한 마음으로 자신의 私慾을 키워서 옛 원한을 생각하며 원수를 갚을 마음을 기르고 있다가 만일 나라에 분쟁의 발단이 있게 되면 틀림없이 가만히 있지 않을 것이오. 그대가 환란을 감당하지 않으면 그 누가 감당하겠소? 저 사람은 장차 옛 원한을 생각하면서 令尹이나 司馬가 되는 큰 은총 얻기를 원하여 움직이면 인심을 얻고, 원수 갚기를 생각하면 방법이 있을 텐데, 만일 정말로 그를 임용하면 피해가 금방 이를 것이오. 내가 그대와 司馬를 사랑하는 까닭에 감히 이 말을 하지 않을 수 없는 것이오."

子西가 말하였다. "내가 은덕으로 그를 대하면 원한을 잊을 것이오. 내가 그를 잘 대우하면 그 사람도 편안히 여기겠지요." 子高가 말하였다. "그렇지 않소. 나는 들으니, 어진 德을 갖춘 사람이라야 남을 좋아할 수 있고, 미워할 수 있으며, 높은 자리에 있을 수 있고, 낮은 자리에 있을 수 있다고 합니다. 이는 좋아하여도 윗사람을 핍박하지 않으며, 미워하여도 원망하지 않으며, 높은 자리에 있어도 교만하지 않으며, 낮은 자리에 있어도 두려워하지 않기 때문이오. 어진 德을 갖추지 못한 자는 그렇지 않으니, 남이 그를 좋아하면 핍박하고 미워하면 원망하며 높은 자리에 있으면 교만하고 낮은 자리에 있으면 두려워하게 되지요. 교만하면 은총을 독점하려는 욕망이 있게 되고 두려워하면 윗사람을 미워하게 되니, 욕망과 미워함과 원망함과 핍박함은 간사한 꾀를 내게 하는 것이오. 그대는 장차 어떻게 하려는 것이오? 만일 그를 불러서 낮은 자리에 있게 하면 장차 근심하며 두려워할 것이고, 높은 자리에 있게 하면 그는 아버지의 원한에 대해 분노하고 원망하여 간사한 일을 꾀하는 마음에 편안할 날이 없을 것이오. 한 가지라도 의롭지 못한 마음이 있어도 오히려 나라를 패망시키는 것인데 지금 그의 한 몸에 대여섯 가지 의롭지 못한 품행을 가지고 있는데, 그대가 기어코 그를 등용하려고 하니, 또한 어렵지 않겠소? 나는 들으니 국가가 장차 패망할 적에는 반드시 간사한 사람을 등용하고, 병을 일으킬 음식을 즐긴다고 하니, 그 말은 바로 그대를 두고

한 말이 아니겠소!

누군들 질병과 재해가 없겠소마는 유능한 사람은 일찍 이를 제거하는 것이니, 종족이 멸망되어 옛 원한을 가지고 있는 것은 나라의 질병 재해에 해당하는 것이오. 關門과 자물쇠와 울타리를 설치하여 멀리 떨어져서 방비하여 막더라도 오히려 그가 가까이 이를까 두려워하여 이를 날마다 두렵게 여겨야 할 터인데 만일 그를 불러들여서 친근히 하면 죽을 날이 얼마 남지 않을 것이오. 사람들이 말하기를, '이리의 野心은 바로 원한 때문에 남을 해치려는 마음을 내는 사람과 같다.'라고 하니, 그를 좋게 대할 수 있겠소? 만일 그대가 나의 말을 믿지 않는다면 어찌 若敖氏와 子干·子皙 같은 가까운 친족의 일에서 찾으려 하지 않는게요? 어떻게 白公 勝을 쓰겠소? 그렇게 하면 얼마나 가겠소? 옛날 齊나라의 騶馬繻는 胡公을 죽여서 시체를 具水에 집어넣었고, 邴歜과 閻職은 懿公을 죽여서 시체를 대밭에 버렸고, 晉나라의 長魚蟜는 臺榭에서 세 郤씨를 죽였고, 魯나라의 圉人 犖은 子般을 머무는 處所에서 죽였으니, 이는 무슨 연고로 생긴 일이겠소. 모두 옛 원한을 갚는 데에서 일어난 일이 아니겠소? 이는 모두 그대가 들어서 아는 일들이오. 사람들이 지난날의 成敗에 관하여 많이 듣기를 구하는 것은 이를 거울로 삼으려는 것인데, 지금 그대는 이를 듣고서도 버리고 있으니, 자기의 귀를 가리고 듣지 않는 것과 같소. 내가 그대에게 말을 한들 무슨 도움이 되겠소? 나는 앞으로 일어날 患難에서 도망치는 길만 알 뿐이오."

子西가 웃으며 말하기를 "그대는 논의에서 남을 이기기만 좋아하는구려!" 하고는 葉公 子高의 말을 따르지 않고 마침내 王孫 勝을 白公으로 삼으니, 子高는 병을 핑계로 蔡 땅에서 한가롭게 살았다. 白公이 반란을 일으켜 子西와 子期가 죽었다. 葉公이 이 소식을 듣고 말하기를 "나는 子西가 내 말을 버리고 듣지 않은 데 대하여는 원한을 가지지만, 그가 楚나라를 잘 다스린 공은 은덕으로 생각한다. 楚나라가 안정되어 先王의 功業을 회복한 것은 子西가 한 일이다. 작은 원한을 가지고 큰 공덕을 버려두는 것은 의롭지 못한 일이 될까 걱정되니, 나는 장차 都城에 들어가서 白公을 죽여야겠다." 하고, 方城 밖의 군사를 거느리고 都城에 들어가 白公을 죽여 王室을 안정시키고 子西와 子期 두 사람의 가족들을 장사 지내었다.

國語 제19권

吳 語

吳나라는 姬姓으로 周나라의 先祖 古公亶父 太王의 맏아들이고 周文王의 伯父인 泰伯 後孫의 나라이다. 太王의 셋째 아들 季歷이 어질고 그의 아들 文王에게 聖德이 있자 太王은 季歷을 후계자로 삼아 文王에게 傳位되기를 희망하였다. 이런 아버지 太王의 의중을 알아차린 泰伯은 太王의 맏아들이었음에도 후계자의 자리를 季歷에게 양보하고 荊蠻 지역으로 달아났다. 당시 荊蠻 지역의 풍속은 몸에 文身을 하고 머리를 짧게 깎았는데, 泰伯도 몸에 文身을 하고 머리를 짧게 깎아 다시는 쓰일 수 없는 모습을 보여 주었다. 이것이 바로 句吳로서 句吳는 國號라 하기도 하고 泰伯이 살던 땅이라 하기도 하는데, 荊蠻 사람들이 의롭게 여겨 1천여의 집이 귀부하였다 한다.

泰伯이 죽은 뒤 함께 왔던 아우 仲雍이 뒤를 이었고, 仲雍의 아들 季簡이 叔達에게 전하여 이후 周章·熊遂 등 15대를 거쳐 壽夢에 이르러 王이라 일컬었다. 다시 6대를 지나 夫差가 越王 句踐에게 멸망당하였다.

吳나라의 영토는 현재 上海市를 비롯하여 江蘇省 전체와 浙江省·安徽省 일부에 걸쳐 있었으며, 都城은 吳(현재의 蘇州市)에 있었다.

225. 越王句踐命諸稽郢行成於吳 越王 句踐이 諸稽郢에게 명하여 吳나라와 강화를 체결하다

【大義】 戰力의 劣勢를 극복하기 위하여 屈從을 감내하며 外交의 수단을 이용하여 상대의 마음을 교만하도록 조장하여 승리를 쟁취하려는 외교술 전개.

吳王夫差[1)]起師伐越[2)]하니 越王句踐[3)]이 起師逆之江①하다 大夫種[4)]乃獻謀하야 曰 夫吳之與越은 唯天所授니 王其無庸戰하소서 夫申胥[5)]華登[6)]이 簡服②吳國之士於甲兵하야 而未嘗有所挫也니이다 夫一人善射면 百夫決拾[7)]하나니 勝未可成〈也〉③니이다 夫謀必素見成事焉하고 而後履之니 不可以授命이니이다 王不如設戎하고 約辭行成하야 以喜其民하고 以廣侈吳王之心이니이다 吾以卜之於天이니 天若棄吳면 必許吾

---

1) 夫差 : 吳나라 國君의 이름. 闔廬의 아들. 魯哀公 22년(기원전 473년)에 越王 句踐에게 패하여 나라와 함께 멸망하였다.

2) 越 : 나라 이름. 姓은 姒. 시조는 夏나라 少康의 庶子 無余로 會稽에 봉하여졌다. 전성기의 영토는 현재의 浙江省 대부분과 江蘇·安徽·江西省 일부를 차지하고 있었으며, 都城은 會稽(현재의 浙江省 紹興)에 있었다. 韋昭의 注에 “魯定公 14년(기원전 496년)에 吳나라가 越나라를 쳤는데, 越나라가 檇李에서 吳나라 군대를 격파하니 吳王 闔廬가 상처를 입고 죽었다. 3년 뒤에 夫差가 越나라를 치니, 檇李의 패전에 대한 보복이다. 越나라는 長江에서 맞아 싸워 五湖에 이르렀는데, 吳나라 군대가 夫椒에서 越나라 군대를 크게 이기고 越나라의 都城에 들어갔다. 越子(句踐)가 무장한 군사 5천 명을 데리고 會稽山에서 유지하였다.” 하였다.

3) 句踐 : 越나라 國君의 이름. 祝融의 후손으로 允常의 아들.

4) 大夫種 : 越나라의 大夫로 성명은 文種. 字는 子禽. 少禽으로도 쓴다. 句踐의 중요한 謀臣 중의 한 사람이었다.

5) 申胥 : 楚나라 太子 太傅 伍奢의 아들 伍員을, 封邑인 申에 字인 子胥를 붙여 부르는 칭호. 아버지 伍奢와 兄 伍尙이 楚平王에게 살해되자, 伍子胥는 吳나라로 망명하니, 吳王이 申邑을 그에게 봉해 주었다.

6) 華登 : 宋나라의 司馬 華費遂의 아들. 宋元公이 반란을 일으킨 華氏와 向氏를 처형하자, 華登이 吳나라로 망명하여 大夫가 되었다.

7) 決拾 : 決은 활깍지. 활을 쏠 때 시위를 잡아당기기 위하여 엄지손가락 아래 마디에 끼는, 뿔로 만든 기구이다. 拾은 활팔찌. 활을 쏠 때 왼팔 소매를 걷어서 묶는 띠이다.

成而不吾足也하야 將必寬然이오 有伯(패)諸侯之心焉하리이다 既罷(피)弊其民하고 而天奪之食이면 安受其燼이니 乃無有命矣리이다

越王許諾하고 乃命諸④稽郢8)하야 行成於吳하야 曰 寡君句踐이 使下臣郢으로 不敢顯然布幣行禮하고 敢私告於下執事9)曰 昔者에 越國見禍하야 得罪於天王10)하니 天王親趨玉趾는 以心孤句踐이어늘 而又宥赦之하니 君王之於越也에 繄起死人而肉白骨也니이다 孤11)不敢忘天災어니 其敢忘君王之大賜乎리잇가 今句踐申禍無良이나 草鄙之人이 敢忘天王之大德하고 而思邊垂12)之小怨하야 以重得罪於下執事리잇가 句踐用帥二三之老13)하고 親委重罪하야 頓顙於邊이로소이다

今君王不察하시고 盛怒屬兵하야 將殘伐越國14)하시니 越國은 固貢獻之邑也어늘 君王不以鞭箠使之하시고 而辱軍士使寇令15)焉하시니이다 句踐請監〔盟〕⑤하야 一介⑥嫡女로 執箕箒以晐姓16)於王宮하고 一介嫡男으로 奉槃匜以隨諸御하며 春秋貢獻하야 不解於王府하노니 大〔天〕王豈辱裁之니잇가 亦征諸侯之禮也니이다 夫諺曰 狐埋

---

8) 諸稽郢 : 당시 越나라의 大夫.

9) 下執事 : 手下에서 일을 처리하는 사람이라는 뜻으로, 상대방을 높여서 간접적으로 일컫는 말.

10) 得罪於天王 : 吳王 闔廬가 越나라를 치다가 패배하여 越나라 군대에게 상처를 입고 사망한 것을 이른 말. 天王은 吳王 夫差를 높여 이른 尊稱. 夫差를 天子처럼 높이 받드는 척 아첨함으로써 그의 마음을 교만하게 하려는 것이다.

11) 孤 : 諸侯의 자칭. 임금의 자칭. ≪左傳≫ 莊公 11년에 "열국에 큰물이 져서 흉년이 들면 고라고 일컫는 것이 예이다〔列國有凶 稱孤 禮也〕."라 하였는데, 孔穎達의 疏에 "흉년이 들지 않으면 보통 寡人이라 일컫고, 흉년이 들면 孤라고 한다." 하였다.

12) 邊垂 : 변방. 垂는 陲와 같게 쓰인다.

13) 老 : 家臣.

14) 殘伐越國 : 越나라의 會稽山을 무너뜨리는 일. 이때 越王 句踐은 군사 5천 명을 거느리고 會稽山을 保障으로 삼고 있었다.

15) 寇令 : 침입한 敵軍을 방어하라고 호령함.

16) 晐姓 : 여러 姓을 가진 여자 중에서 뽑아 채움. 天子에게 딸을 바치는 일을 이르는 말. ≪禮記≫ 〈曲禮〉에 "천자에게 딸을 바치는 것을 '많은 성 중에서 채우게 한다.'라고 말한다.〔納女於天子曰備百姓〕"라 하였다.

之而狐搰之⑦라 是以無成功이라하니 今天王旣封殖⑧越國하야 以明聞於天下어늘 而又刈亡⑨之면 是天王之無成勞也니이다 雖四方之諸侯라도 則何實以事吳리오 敢使下臣盡辭하니 唯天王秉利度義焉하소서

〔校勘〕 ① 江 : 四部備要本에는 '江'자가 없는데 汪遠孫의 ≪國語明道本攷異≫에는 "注의 '江'자가 本文으로 끼어들어 온 듯하다."라 하였다. 그러나 ≪冊府元龜七三六≫의 이 부분을 인용한 데에 '江'자가 있으므로 그대로 따랐다.

② 服 : 四部備要本에는 '報'로 되어 있는데 '服'이 옳다.

③ 〈也〉 : 四部備要本에 의거하여 보충하였다.

④ 諸 : ≪史記≫ 〈越世家〉에는 '柘'로 되어 있다.

⑤ 監〔盟〕 : 四部備要本에 의거하여 고쳤다.

⑥ 个 : 四部備要本에는 '介'로 되어 있는데 同字이다.

⑦ 狐埋之而狐搰之 : ≪三國志≫ 〈吳志 吳主傳〉의 注에는 이 부분을 인용하면서 '狸埋之狸堀之'로 되어 있다.

⑧ 殖 : 四部備要本에는 '植'으로 되어 있다.

⑨ 亡 : ≪太平御覽≫ 九七의 이 부분 인용문에는 '亡'자가 없다.

吳王 夫差가 군대를 출동하여 越나라를 치자, 越王 句踐이 군대를 일으켜 長江 지역에서 맞아 싸우게 되었다. 大夫 種이 이에 계책을 올려 말하였다. "저 吳나라와 越나라의 운명은 하늘이 정해 주는 대로 될 것이니, 王께서는 전쟁을 하지 마십시오. 申胥와 華登이 吳나라 勇士를 일반 甲兵 중에서 선발하여 잘 훈련시킴으로써 종래에 한 번도 敗戰한 적이 없습니다. 한 사람이 활을 잘 쏘면 백 사람이 활깍지와 활팔찌를 끼고 나서서 그를 본받는 것이니, 우리가 전쟁을 해도 승리를 기필할 수가 없습니다. 계책을 세운 일은 반드시 그 일이 성공할 수 있음을 예견하고 난 뒤에 실행해야 하니, 모험을 하여 목숨을 버릴 수는 없습니다. 王께서는 군대를 설치하여 지키고, 사람을 吳나라에 파견하여 겸손한 말로 화친하기를 요청하여 吳나라 국민의 마음을 기뻐 들뜨게 하고, 吳王의 야심을 크게 하도록 하는 것만 못합니다. 우리는 이번 일을 하늘에 占을 쳐서 물어볼 수 있으니, 하늘이 만일 吳나라를 버린다면 반드시 우리와 화친하는 일을 허락할 것이고, 우리 越나라는 두려워할 만한 상대가 못된다고 생각하여 장차 반드시 경계심을 늦추며 諸侯의 霸者가 되려는 마음을 두게 될 것입니다. 이리하여 그 吳나라 국민이 전쟁으로 피폐해지고 하늘이 재앙을 내려 그들의 식량을 탈취해 가면 우리나라는 吳나라의 불탄 잿더미를 수습할 수 있으니,

오나라는 天命을 상실하게 될 것입니다."

越王이 그가 말한 계책을 시행하기로 허락하고 곧 諸稽郢에게 吳나라와 화친하기를 요청하면서 다음과 같이 말하게 하였다. "우리 임금 句踐이 下臣 諸稽郢을 시켜 감히 공개적으로 幣帛을 진열하는 등의 禮節을 행하지 못하고 감히 사적으로 王의 下執事에게 告하여 대신 말씀을 전달하여 올리게 하였습니다. 옛날 越나라가 하늘이 내리는 재앙을 받아 天王에게 죄를 얻으니, 天王의 귀한 발걸음이 여기까지 나와 親征하신 것은 句踐을 죽여 없애려고 마음을 먹은 것인데, 또 너그럽게 용서하여 사면해 주셨으니, 君王께서 우리 越나라에 베푸신 은덕은 바로 죽은 사람을 살려 주고 白骨에 살을 붙여 준 것과 같습니다. 孤가 하늘이 내린 재앙도 잊지 않은 터인데, 감히 君王께서 주신 큰 은혜를 잊을 수 있겠습니까! 지금 句踐이 거듭 禍亂을 당한 것은 선량한 德行이 없어서 당하는 것이지만 멀리 草野에 사는 사람이 감히 天王의 큰 은덕을 입고는 〈吳나라가 우리 변경에 들어와 벌인〉 전쟁의 작은 원한을 생각하여 거듭 天王의 下執事에게 죄를 얻겠습니까? 句踐은 두세 명의 家臣을 거느리고 직접 저에게 무거운 죄를 돌려서 변경에 나와 머리를 조아리며 죄를 청하고 있습니다.

지금 君王께서 저희들의 이런 정황을 살피지 않으시고 크게 怒하여 군사를 모아 장차 越나라를 잔인하게 쳐 없애려고 하십니다. 越나라는 본디 吳나라에 貢物을 바치는 고을인데, 君王께서 채찍으로 쳐서 꾸짖으며 부리지 않으시고 貴國의 군사를 굴욕스럽게 하여 침입하는 적군을 막으라고 호령하시는 듯합니다. 句踐은 盟約의 체결을 요청하면서 本妻가 낳은 한 명의 딸을 보내어 키와 비를 잡고 王宮에서 시중드는 여러 姓 가운데 채우고, 本妻가 낳은 한 명의 아들로 쟁반과 대야를 받들어 여러 近侍의 뒤를 따르게 하겠으며, 또 봄가을에 貢物을 바쳐서 天王의 창고에 도착하게 하는 일을 게을리 하지 않겠습니다. 天王께서는 어찌 尊貴하신 체면이 굴욕스럽게도 군사를 거느리고 우리를 제재하려 하십니까? 우리가 바치는 貢物은 天子가 諸侯에게 세금을 賦課하는 禮에 해당합니다.

저 속담에 '여우가 물건을 묻어 두었다가 여우가 다시 파내니, 이 때문에 功을 이루지 못한다.'고 하였습니다. 지금 天王께서 이미 越나라를 북돋아 길러 준 일은 천하 사람들에게 밝게 알려졌는데, 다시 그것을 베어 죽여 없앤다면 天王께서는 越나라를 북돋아 길러 준 공로는 이룸이 없게 될 것입니다. 설령 사방의 諸侯일지라도 무엇을 진실로 믿고 吳나라를 섬기겠습니까? 감히 下臣을 시켜 제가 할 말씀을 다 드리게 하였으니, 天王께서는 利와 義에 근거하여 이익을 잡고 義를 헤아려 행하십시오."

226. 吳王夫差與越荒成不盟 吳王 夫差가 越나라와 말로만 盟約을 하고 맹약하는 의식은 거행하지 않다

【大義】 강화를 요청하는 越王 句踐의 속마음을 꿰뚫어 본 伍子胥의 간언을 듣지 않고 스스로 묘혈을 판 吳王 夫差의 자만심.

吳王夫差乃告諸大夫曰 孤將有大志於齊17)하야 吾將許越成하노니 而無拂吾慮어다 若越既改면 吾又何求리오 若其不改면 反行에 吾振旅18)焉호리라

申胥諫曰 不可許也니이다 夫越은 非實忠心好吳也오 又非懾畏吾甲兵①之彊也니이다 大夫種勇而善謀하니 將還(선)玩19)吳②國於股掌之上하야 以得其志니이다 夫固知君王之蓋威20)以好勝也라 故婉約其辭하야 以從逸王志하고 使淫樂於諸夏之國21)하야 以自傷也니이다 使吾甲兵鈍弊하고 民人離落하야 而日以憔悴어든 然後安受吾燼이니이다 夫越王好信以愛民하야 四方歸之하고 年穀時孰③하야 日長炎炎22)하니 及吾猶可以戰也어니와 爲虺弗摧라가 爲蛇면 將若何잇가

吳王曰 大夫는 奚隆於越고 越曾足以爲大虞乎아 若無越이면 則吾何以春秋曜吾軍士리오하고 乃許之成하다

將盟에 越王이 又使諸稽郢辭曰 以盟爲有益乎인댄 前盟口血未乾(간)23)하니 足以

---

17) 孤將有大志於齊 : 장차 齊나라를 토벌하려고 하는 뜻. 孤는 앞의 주 11) 참고.

18) 振旅 : 군대를 정돈하고 군사를 훈련하여 토벌함.

19) 還玩 : 가지고 놂. 또는 주무르며 희롱함. 還은 '돌리다', 玩은 '가지고 놀다'의 뜻이다.

20) 蓋威 : 武力을 숭상함. 蓋는 '尙'자의 뜻이다.

21) 諸夏之國 : 周나라 王室에서 分封한 中原 지역의 나라들을 이르는 말.

22) 炎炎 : 형세가 융성하게 나아가는 모양. 기세가 성대해지는 모양.

23) 口血未乾 : 盟約할 때 입에 바른 짐승의 피가 아직 마르지 않음. 앞에 盟約한 시간의 거리가 짧음을 이른다. 고대에 盟約할 때 誠信을 표시하기 위하여 犧牲의 피를 입술에 칠하거나 입에 머금는 것을 '歃血爲盟'이라 한다.

結信矣오 以盟爲無益乎인댄 君王舍甲兵之威以臨使之어늘 而胡重於鬼神而自輕也잇가 吳王乃許之하고 荒成不盟하다

〔校勘〕 ① 甲兵 : 四部備要本에는 '兵甲'으로 되어 있다.
② 吳 : 四部備要本에는 '吾'로 되어 있는데 '吳'가 옳다.
③ 孰 : 四部備要本에는 '熟'으로 되어 있는데 '孰'은 '熟'의 古字이다.

吳王 夫差가 여러 大夫에게 말했다. "내게 장차 齊나라를 쳐서 霸者가 되려는 큰 뜻이 있으므로 越나라에서 요청한 화친을 허락하려고 하니, 그대들은 나의 계획에 거스르는 일이 없도록 하시오. 만일 越나라가 잘못을 고쳐 새롭게 된다면 내가 다시 무엇을 요구하겠는가! 만일 그들이 잘못을 바꾸어 새롭게 되지 않는다면 〈齊나라를 치고〉 돌아와서 내가 군대를 새로 정돈하고 훈련하여 〈越나라를 칠 것이오〉."

申胥(伍子胥)가 諫하여 말했다. "越나라가 요구하는 화친을 허락하는 것은 옳지 않습니다. 저 越나라는 진실된 충심으로 우리 吳나라와 友好 관계를 맺으려는 것이 아니요, 또 우리의 군대가 강성함을 두려워하여 복종하려는 것도 아닙니다. 大夫 文種은 용감하고 계책을 잘 세우는 사람이니, 장차 吳나라를 허벅지와 손바닥 위에 놓고 돌리며 가지고 놀아 吳나라를 멸망시키려는 자기의 뜻을 이루려는 것입니다. 저들은 君王께서 무력을 숭상하고 이기기를 좋아하는 점을 잘 알고 있습니다. 그러므로 말을 부드럽고 겸손하게 하여 君王의 마음을 방종하게 만들고, 中原의 각 나라에 대하여 지나치게 무력을 행사하며 즐겨서 스스로 멸망하게 하려는 것입니다. 우리의 군대는 지쳐서 굼뜨고, 백성은 배반하고 흩어지게 하여 國力이 날마다 더욱 쇠약해지면, 그런 뒤에 저들은 우리의 불타고 남은 형세를 편안히 접수하려는 것입니다. 저 越王 句踐은 信義를 좋아하고 백성을 사랑하여 사방의 民心이 歸附하며 해마다 곡식이 제철을 어기지 않고 풍년이 들어 國力이 날마다 융성해지고 있습니다. 이때를 놓치지 말고 이용하면 우리가 그래도 전쟁에 이길 수 있겠습니다만, 상대가 어린 뱀과 같은 형국일 때 죽여버리지 않았다가 자라서 큰 뱀이 되고 나면 장차 어떻게 대처하겠습니까?"

吳王이 말하기를, "大夫는 어찌 越나라를 그다지도 훌륭하게 여기는가? 越나라가 어떻게 우리에게 큰 걱정거리가 될 수 있겠는가? 만일 越나라가 없어진다면 우리가 봄가을 閱兵할 때 누구에게 우리 군사의 무력을 과시할 수 있겠는가?" 하고는 마침내 越나라가 요구하는 和親을 허락하였다. 盟約하는 의식을 거행하려고 할 때, 越王 句踐

이 또 諸稽郢을 파견해 핑계하여 말하기를, "盟誓하는 일이 유익하다고 여긴다면 앞서 盟誓할 때 입에 바른 피가 아직 마르지 아니했으니, 盟約한 신의를 충분히 표시할 수 있고, 盟誓하는 일이 유익함이 없다고 여긴다면 君王께서는 군사의 무력을 버리고도 직접 오셔서 우리를 부릴 수가 있을 텐데, 하필 〈盟誓하는 의식을 거행하여〉 귀신의 감독을 중시하고 자신의 능력을 경시하는 盟誓를 하시려고 합니까?" 하니, 吳王 夫差가 곧 허락하고 말로만 講和하기로 하고 盟約하는 의식은 거행하지 않았다.

227. 夫差伐齊不聽申胥之諫 夫差가 齊나라를 정벌하여 申胥의 諫言을 듣지 아니하다

【大義】 伍子胥가 당시 吳·越과 吳·齊·魯 사이의 정세를 상세히 분석하여 吳王 夫差의 齊나라 정벌을 적극적으로 만류함.

吳王夫差旣許越成하고 乃大戒師徒하야 將以伐齊한대 申胥進諫曰 昔에 天以越賜吳[24]어늘 而王弗受하시니 夫天命有反이니이다 今越王句踐이 恐懼而改其謀하야 舍其愆令하고 輕其征賦하며 施民所善하고 去民所惡하며 身自約也하야 裕其衆庶하니 其民殷衆하야 以多甲兵이라 譬越之在吳也①컨댄 猶人之有腹心之疾也로소이다 夫越王之不忘敗吳하야 於其心也戚〔侙〕②然하야 服士[25]以司③吾間이어늘 今王非越是圖하고 而齊魯以爲憂하시니 夫齊魯는 譬諸疾하면 疥癬也니이다 豈能涉江淮하야 而與我爭此地哉리잇가 將必越實有吳土리이다

王〈其〉④盍亦鑑於人하고 無鑑於水[26]니잇가 昔楚靈王不君하야 其臣箴諫{以}⑤不

24) 天以越賜吳 : 魯哀公 2년(기원전 493년)에 吳나라가 越나라를 쳐 夫椒에서 크게 패한 월나라가 거의 멸망 지경에 이르자 越王 句踐이 5천 명의 군사를 거느리고 會稽山에서 지키며 吳王 夫差에게 굴욕을 무릅쓰고 講和를 요청했던 일. 앞의 '越王句踐命諸稽郢行成於吳'章 참고.

25) 服士 : 병사를 훈련하여 전투하는 일을 익히게 함. 服은 習의 뜻이다.

26) 鑑於人無鑑於水 : 사람을 거울로 삼아야 成敗를 비추어 알 수 있고, 물을 거울로 삼으면 자기의 형체만을 살펴볼 뿐임을 이르는 말. ≪書經≫ 〈酒誥〉에 "사람은 물을 거울로 삼지 말고, 의당 사람을 거울로 삼아야 한다.〔人無於水監 當於民監〕"라 하였다.

入하고 乃築臺於章華[27)]之上하야 闕爲石郭하고 陂漢하야 以象帝舜[28)]하니이다 罷弊楚國하야 以間陳蔡하며 不修方城之內[29)]하고 踰諸夏而圖東國[30)]하며 三歲於沮汾[31)]하야 以服吳越하니이다 其民不忍飢勞之殃하고 三軍叛王於乾谿[32)]하니 王親獨行하야 屛營傍⑥偟於山林之中이라가 三日에 乃見其涓人⑦[33)]疇하고 王呼之曰 余不食三日矣로라 疇趨而進하니 王枕其股以寢於地라 王寐어늘 疇枕王以墣而去之하니이다 王覺(교)而無見也어늘 乃匍匐將入〈於〉⑧棘闈[34)]러니 棘闈不納이어늘 乃入芋〔芊〕⑨尹申亥氏[35)]焉하니이다 王縊이어늘 申亥負王以歸하야 而土埋之其室[36)]하니 此志也를 豈遽忘於諸侯之耳乎잇가

---

27) 章華 : 臺 이름. 湖北省 潛江市 남서쪽 龍彎區에 있었다. 기원전 535년에 楚靈王이 축조하였다.

28) 陂漢以象帝舜 : 漢水를 막아서 舜임금의 무덤 형태처럼 만듦. 舜임금의 무덤이 九嶷山에 있고, 묘역 사방에 물이 에워싸고 흐르는데, 楚靈王이 이것을 본떠 漢水를 막고 물을 이끌어 자기의 무덤을 감돌아 흐르도록 한 것을 이른다.

29) 方城之內 : 方城은 현재 河南省 葉縣 남쪽에 있는 山. 당시 楚나라의 북쪽 경계에 있었기 때문에 '方城의 안'은 楚나라의 內政을 이른다.

30) 踰諸夏而圖東國 : 諸夏는 中原 지역에 있는 陳나라와 蔡나라. 東國은 中原의 동쪽에 위치하고 있는 吳나라・越나라 등. 곧 陳나라・蔡나라를 넘어서 吳나라・越나라를 넘보는 것을 이른다.

31) 沮汾 : 沮水와 汾水. 둘 다 楚나라의 동쪽 변경의 乾谿 일대 지역을 흐르는 하천.

32) 乾谿 : 楚나라의 땅 이름. 지금의 安徽省 亳縣 동남쪽에 있었다.

33) 涓人 : 궁중에서 청소를 담당하는 하급 관리. 일설에는 가까이서 모시는 內侍라고 한다.

34) 棘闈 : 棘城에 들어가는 성문. 棘城은 지금의 河南省 永城縣 남쪽에 있던 楚나라의 땅 이름. 闈는 門.

35) 芋尹申亥氏 : 芋尹은 楚나라의 벼슬 이름. 申亥는 芋尹 無宇의 아들. 무우가 두 차례나 영왕의 명을 거역했는데도 영왕이 처벌하지 않았었는데 이때 그의 아들 申亥가 그 은공을 생각하여 영왕을 찾아 棘闈에서 만나 집으로 맞아들였다 한다. ≪左傳 昭公 13년≫

36) 埋之其室 : 申亥는 靈王의 시체를 자기의 집에 묻어 장사를 치르면서 자기의 두 딸을 殉葬시켰는데, 後年에 靈王의 죽음을 알리고 改葬하였다고 한다. ≪左傳 昭公 13년≫

今王旣變鯀禹之功[37)]하야 而高高下下하야 以罷民於姑蘇[38)]하고 天奪吾食하야 都鄙荐饑어늘 今王將狠天而伐齊로소이다 夫吳民離矣니 體有所傾이면 譬如羣獸然하야 一个負矢면 將百羣皆奔하나니 王其無方收也라 越人必來襲我하리니 王雖悔之인들 其猶有及乎잇가 王이 弗聽하다

十二年에 遂伐齊하니 齊人與戰於艾陵[39)]하야 齊師敗績하고 吳人有功하다

〔校勘〕 ① 譬越之在吳也 : 四部備要本에는 '譬'와 '也'가 없다. 그러나 ≪太平御覽≫ 七四二卷에 '譬'는 없고 '也'는 있다.

② 戚〔忯〕 : 汪遠孫의 ≪國語明道本攷異≫에 "'戚'자는 응당 '忯'으로 써야 한다. ≪說文≫에 '忯은 惕이다.' 하고는 ≪國語≫를 인용하여 '於其心忯然'이라고 하였다."라 하여 고쳤다.

③ 司 : 四部備要本에는 '伺'로 되어 있는데 통용한다.

④ 〈其〉 : 四部備要本에 의거하여 보충하였다.

⑤ {以} : 汪遠孫의 ≪國語明道本攷異≫에 "攷正에 '以는 衍文이다.'라 하였고, ≪左傳≫ 昭公 13년의 孔穎達 疏와 ≪爾雅≫ 〈釋言 二〉의 邢昺 疏에 ≪國語≫를 인용하면서 모두 '以'자가 없다." 하여 衍文으로 처리하였다.

⑥ 傍 : 四部備要本에는 '仿'으로 되어 있는데 통용한다.

⑦ 涓人 : ≪史記≫ 〈楚世家〉에는 '鋗人'으로 되어 있다.

⑧ 〈於〉 : 四部備要本에 의거하여 보충하였다.

⑨ 芊〔芋〕 : 四部備要本에 '芋'로 되어 있고, ≪左傳≫ 昭公 7년에도 '芋'로 되어 있어 고쳤다.

吳王 夫差가 이미 越나라에서 요구한 講和를 허락하고 마침내 대규모로 군대를 준비 정돈하여 齊나라를 치려고 하자 申胥가 諫言을 올려 말하였다. "종전에 하늘이 越나라를 吳나라에 주었는데 君王께서는 그것을 받지 않았으니, 天命은 흥망성쇠가 반복되는 것입니다. 지금 越王 句踐이 우리를 두려워하여 자신의 계책을 고쳐서 그동안의 잘못된 政令을 버리고 세금 징수를 경감하며, 백성이 좋아하는 政令을 시행하고 백

37) 鯀禹之功 : 鯀과 禹가 홍수를 다스려 백성의 삶을 윤택하게 해 준 功業을 이른 말. 禹는 鯀의 아들이고 아버지의 사업을 계승하여 홍수를 다스려 성공을 거두었다.

38) 姑蘇 : 臺 이름. 지금의 江蘇省 吳縣 남서쪽의 姑蘇山 위에 있었다.

39) 艾陵 : 齊나라의 땅 이름. 지금의 山東省 萊蕪縣의 북동쪽에 있었다. 일설에는, 산동성 泰安市 남동쪽에 있었다고 한다.

성이 싫어하는 法令은 버리며, 자신이 몸소 검소하고 절약하여 백성의 생활을 부유하게 하고 있습니다. 그의 백성의 수가 많이 증가하여 군대의 수도 따라서 많아졌습니다. 越나라와 吳나라의 관계를 비유하면, 마치 사람의 뱃속과 심장에 깊숙이 들어 있는 병과 같습니다. 저 越王 句踐은 吳나라에 패배한 치욕을 잊지 않고 마음속에 경계하며 두려워함을 지녀 군사를 훈련시키면서 우리에게 보복할 기회를 엿보고 있는데, 지금 君王께서는 越나라를 대비할 계책은 고려하지 않으시고, 齊나라와 魯나라를 공격 대상으로 삼아 염려하고 계시니, 齊나라와 魯나라는 질병에 비교하면 피부에 나는 옴 따위의 작은 병에 불과합니다. 저들이 어떻게 멀리 長江과 淮水를 건너 우리와 이 영토를 쟁탈할 수가 있겠습니까? 앞으로 반드시 越나라가 정녕 吳나라 영토를 차지하게 될 것입니다. 君王께서는 어찌 사람의 일을 거울로 삼아 成敗를 비춰 봐야지, 물을 거울로 삼아 형체만을 비춰서는 안 된다고 여기지 않으십니까. 예전의 楚靈王은 임금 노릇을 제대로 못하여 신하들이 忠言으로 경계하고 諫하였으나 받아들이지 아니하고, 마침내 章華에 높은 樓臺를 축조하여 산을 파서 石郭을 만들고 漢水를 막은 뒤 물을 끌어들여 舜임금의 陵 모양으로 만들었습니다. 楚나라의 國力을 피폐하게 하면서 기회를 타 陳나라와 蔡나라를 멸망시켰으며, 方城 안의 국내 정치는 밝게 닦지 않고 中原의 陳나라와 蔡나라 지역을 넘어 동쪽의 吳나라와 越나라 등을 정복하려고 하며, 3년 동안 沮水와 汾水 사이에서 전투를 벌여 吳나라와 越나라를 정복하려고 하였습니다. 楚나라 백성들은 굶주림과 힘에 겨운 재난을 참지 못하고 三軍이 乾谿에서 楚靈王을 배반하였습니다. 靈王이 자기만 단신으로 도망을 나가 두려움에 정신없이 산림 속을 헤매다가 3일 만에 궁중에서 청소를 담당하는 涓人 疇를 만나자 靈王이 불러서 말하기를, '내가 밥을 먹지 못한 지 3일이나 되었다.'라고 하니, 疇가 종종걸음으로 靈王 앞으로 나아가자, 靈王이 그의 허벅지를 베고 땅에 누워 잠이 들었습니다. 靈王이 깊이 잠들자 疇는 자기의 허벅지 대신 흙덩이를 靈王에게 베어 주고 달아나 버렸습니다. 靈王이 잠에서 깨어나 疇의 모습이 보이지 않자, 마침내 엉금엉금 기어서 棘城의 성문으로 들어가려고 하였는데 성문을 지키는 사람이 받아들이지 않아 芋尹인 申亥氏의 집을 찾아 들어갔습니다. 靈王이 목을 매어 자살하자 申亥는 靈王의 시체를 짊어지고 돌아와서 그의 집에 흙을 파고 묻어 주었습니다. 명확하게 기억하는 이런 일들을 어찌 諸侯들이 귀로 들은 것을 선뜻 잊어버릴 수 있겠습니까?

지금 君王께서 鯀과 禹가 백성을 편안히 살게 하려고 애써서 수립한 功을 변경하여 높은 곳에는 높은 樓臺를 짓고 낮은 곳에는 깊은 연못을 파서 姑蘇臺를 짓는 일에 백성들을 피곤하게 하였고, 지금 하늘이 흉년을 내려 우리의 양식을 빼앗아 가 都城과 변방 고을을 따질 것 없이 거듭 기근이 들고 있는데, 지금 君王께서는 하늘의 뜻을 어기고 齊나라를 치려고 하십니다. 吳나라의 民心은 떠나 흩어졌습니다. 國體가 기울어지는 일이 발생하는 경우를 비유하면 떼를 지은 짐승의 무리 중에 한 마리가 화살을 맞으면 그 나머지 모든 무리가 다 달아나는 이치와 같으니, 이런 국면이 오면 君王께서는 수습할 방도가 없을 것입니다. 이 기회를 노리는 越王 句踐은 반드시 쳐들어와 우리를 습격할 것이니, 君王께서 그제서야 뉘우친들 도리어 미칠 수 있겠습니까?"

吳王이 그의 諫하는 말을 따르지 않았다. 吳王 夫差가 在位 12년에 마침내 齊나라를 치니, 齊나라 군대가 艾陵에서 맞아 싸웠으나 齊나라 군대는 크게 패배하였고, 吳나라는 승리하여 성공을 얻었다.

228. 奚斯釋言于齊 奚斯가 齊나라에 변명하여 말하다

【大義】 齊나라와의 전쟁에서 승리한 吳나라가 되지도 않은 말로 전쟁하게 된 이유를 해명함.

吳王夫差旣勝齊人於艾陵하고 乃使行人奚斯40)로 釋言41)於齊하야 曰 寡人帥不腆吳國之伇①하고 遵汶42)之上하야 不敢左右43)는 唯好之故어늘 今大夫國子44)興其衆庶하야 以犯獵45)吳國之師徒하니 天若不知有辠면 則何以使下國勝이리오하다

〔校勘〕 ① 伇 : 四部備要本에는 '役'으로 되어 있는데 '伇'은 '役'의 古字이다.

---

40) 行人奚斯 : 行人은 朝覲과 聘問 등의 외교에 관한 일을 관장하는 벼슬. 奚斯는 吳나라의 大夫로 외교관.

41) 釋言 : 말로 자기의 행위를 변명함.

42) 汶 : 汶水. 山東省 萊蕪縣 북쪽에서 발원하여 濟水로 흘러드는 강. 齊나라의 경내에 있었다.

43) 不敢左右 : 감히 군대를 시켜 齊나라 국민을 마구 약탈하지 못하게 함.

44) 國子 : 齊나라의 上卿 國書. 당시 齊나라 군대의 總帥였다.

45) 犯獵 : 침범하고 능멸하여 해침.

吳王 夫差가 이미 艾陵에서 齊나라 군대와 싸워 승리하고 나서 行人 奚斯를 齊나라에 파견하여 다음과 같이 변명하는 말을 하게 하였다. "寡人이 많지 않은 吳나라 군대를 거느리고 汶水 가를 따라 감히 부하들에게 이리저리 다니며 약탈하지 못하게 한 것은 오직 齊나라와 友好하려는 이유 때문이었습니다. 지금 貴國의 大夫 國子가 많은 군사를 집결시켜 吳나라 군대를 침범하여 해쳤으니, 하늘이 만일 貴國에게 죄가 있음을 몰랐다면 어떻게 우리 변변치 않은 나라가 貴國의 군대를 이기도록 했겠습니까!"

229. 申胥自殺 申胥가 자살하다

【大義】 伍子胥는 吳王 夫差가 제나라에 승리한 뒤에 더욱 교만해져서 吳나라가 반드시 망할 줄을 알고 죽음으로써 간함.

吳王還自伐齊하야 乃訊〔誶〕①申胥曰 昔吾先王體德聖明②하사 達於上帝라 譬如農夫作耦46)하야 以刈殺四方之蓬蒿하야 以立名於荊47)하니 此則大夫之力也어니와 今大夫老어늘 而又不自安恬逸하야 而處以念惡48)하고 出則罪吾衆하며 撓亂百度하야 以妖孼③49)吳國이라 今天降衷於吳하야 齊師受服하니 孤豈敢自多리오 先王之鐘鼓50)寔式靈之니 敢告於大夫하노라

申胥釋劍而對曰 昔吾先王이 世有輔弼之臣하야 以能遂疑計惡51)하야 以不陷於大

---

46) 耦 : 耦耕. 고대에 두 사람이 어깨를 나란히 하여 밭을 갈던 일. 여기서는 伍子胥가 吳王 闔廬를 도와 나라를 다스렸던 일을 비유한다.

47) 立名於荊 : 荊은 楚나라의 별칭. 처음 湖北省 荊山 일대에 建國하였기 때문에 荊으로 부르다가 뒤에 楚로 고쳤다. 立名은 魯定公 4년(기원전 506년)에 吳王 闔廬가 柏擧에서 楚나라 군대를 크게 격파하고 楚나라 都城 郢에까지 들어갔는데, 이는 伍子胥가 보좌한 功이었기 때문에 이른 말이다.

48) 處以念惡 : 집에 있으면서 나쁜 생각(계획)만 함. 곧 吳나라를 나쁘게 할 계획만 세우고 있다고 억지로 뒤집어씌운 말이다.

49) 妖孼 : 월나라가 오나라를 습격할 것이라고 요망한 말을 퍼뜨려 민중을 의혹시킴.

50) 鐘鼓 : 군대를 이른 말. 옛날에는 종을 울리고 북을 쳐서 군대를 지휘했기 때문에 이른다.

難이러니 今王播棄黎老하고 而④孩童焉比謀하사 曰 余令을 而不違하라하시니 夫不違는 乃違也니 夫不違는 亡之階也니이다 夫天之所棄에 必驟近其小喜하고 而遠其大憂하나니 王若不得志於齊하야 而以覺寤王心이면 吳⑤國猶世하리이다 吾先君之⑥得之也는 必有以取之요 其亡之也는 亦有以棄之로대 用能援持盈以沒하고 而驟救傾以時러니이다 今王無以取之어늘 而天祿亟(기)至하니 是吳命之短也니이다 員不忍稱疾辟易52)하야 以見王之親爲越之禽⑦也로니 員請先死하노이다

將⑧死에 曰 而⑨縣吾目於東門하야 以見越之入吳國之亡也하라하고 遂自殺하다 王慍曰 孤不使大夫得有見也호리라하고 乃使取申胥之尸하야 盛以鴟夷⑩53)하야 而投之於江하다

〔校勘〕 ① 訊〔誶〕: 汪遠孫의 ≪國語明道本攷異≫에 "'訊'은 응당 '誶'로 써야 되니 誤字이다. ≪說文≫ 言部에 '誶'는 꾸짖음〔讓〕이다. ≪國語≫에 '誶申胥'라 하였다. 하였고, ≪太平御覽≫ 資產部 三에도, 이 부분을 인용하면서 역시 '誶'자를 썼다." 하여 고쳤다.

② 聖明 : 四部備要本에는 '明聖'으로 되어 있다.

③ 孼 : 四部備要本에는 '蘖'로 되어 있는데 '蘖'은 '孼'의 俗字이다.

④ 而 : 四部備要本에는 '而'자 다음에 '近'자가 더 있는데 衍文이다.

⑤ 吳 : 四部備要本에는 '吳'자 앞에 '而'자가 더 있다.

⑥ 之 : 四部備要本에는 '之'자가 없다.

⑦ 禽 : 四部備要本에는 '擒'으로 되어 있는데 '禽'은 '擒'의 古字이다.

⑧ 將 : 四部備要本에는 뒤의 '遂自殺' 세 글자가 '將'자 앞에 있다.

⑨ 而 : 四部備要本에는 '以'로 되어 있다.

⑩ 夷 : 四部備要本에는 '鵜'로 되어 있다.

吳王 夫差가 齊나라를 토벌하고 돌아와 申胥를 꾸짖어 말하였다. "예전 우리 先王 闔廬께서 德을 體行하시고 거룩하며 英明하셔서 上帝의 마음에까지 통하셨소. 비유하면 두 사람의 농부가 짝을 이루어 농사를 지어 사방에 난 쑥대를 베어 없애는 것과 같아서 荊에서 명성을 세웠으니, 이는 大夫의 공로입니다만 지금 大夫는

51) 遂疑計惡 : 의심스러운 일을 결단하고 나쁜 일을 고려하여 쇄신함.

52) 辟易 : 미친 병. 정신 이상의 狂疾.

53) 鴟夷 : 가죽 부대.

늙었는데도 스스로 조용하고 閑適하게 지내는 것을 편안히 여기지 못하여 집에 있으면서 나쁜 계획을 세울 것만 생각하고 조정에 나와서는 우리 백성의 마음이 離叛한다고 죄를 덮어씌우며, 온갖 법도를 어지럽혀 요망한 말을 퍼뜨리며 민중을 의혹시켜 吳나라를 해치고 있소. 지금 하늘이 吳나라에 좋은 福을 내려 齊나라 군대가 우리 군대에 굴복하고 말았는데, 내 어찌 감히 스스로 잘했다고 자랑하겠소. 이는 先王의 군대가 神靈의 도움을 받아 이룬 결과이니, 감히 大夫에게 이 일을 말하는 것이오."

申胥가 칼을 풀어놓고 대답하였다. "예전 우리 先王께서는 대대로 보필하는 신하가 있어서 의심스러운 일을 결단하고 나쁜 일을 고려하여 큰 어려움에 빠지지 않았습니다. 그런데 지금 君王께서는 노인을 내쳐 버리고 어린애들과 어울려 함께 國事를 도모하며 말씀하시기를, '내가 내린 명령을 너희들은 어기지 말라.'고 하시니, 이렇게 어기지 않는 것이 道義를 위배하는 것이니, 어기지 않는 것은 멸망으로 가는 계단입니다. 하늘이 버릴 적에는 반드시 적을 쳐서 이기는 눈앞의 작은 즐거움을 자주 있게 하고, 중대한 우환거리는 멀리 뒷면에 감추어 두는 법입니다. 君王께서 만일 齊나라의 토벌에서 뜻을 이루지 못하여 君王의 마음이 깨닫게 되었더라면 吳나라는 대를 이어 갈 수 있었을 것입니다. 우리 先君께서 뜻을 이루었던 것은 반드시 뜻을 이룰 만한 조건이 먼저 준비되어 있었고, 실패한 것도 역시 실패할 만한 원인이 있었습니다. 강성한 국면을 잡아 유지한 채 生을 마치셨고, 여러 차례 기울어지는 위기를 시기적절하게 구제하였습니다. 지금 君王께서는 성공을 얻을 만한 조건이 없는데, 하늘이 주는 福이 여러 차례 내려오니, 이는 吳나라의 운명이 짧을 것임을 말하는 것입니다. 저 伍員은 차마 미친병을 핑계로 물러나서 君王이 越나라의 포로가 되는 것을 직접 볼 수가 없으니, 저 伍員이 먼저 죽겠습니다."

죽으려 하면서 말하기를, "너희는 나의 눈을 뽑아 都城의 東門에 걸어 두어 越나라가 쳐들어와서 吳나라가 망하는 것을 보게 해다오." 하고는 마침내 자살하였다. 吳王 夫差가 화를 내면서 말하기를, "나는 大夫가 어떤 것도 볼 수 없도록 하겠다." 하고는 이내 사람을 시켜 申胥의 시체를 거두어 가죽 부대에 담아 長江에 던져 버리게 하였다.

230. 吳晉爭長未成句踐襲吳 吳나라와 晉나라가 盟主를 다투어 성공하지 못하는 사이 句踐이 吳나라를 습격하다

【大義】 吳나라가 黃池에서 晉나라와 盟主를 다투는 사이 越나라의 습격을 받아 진퇴양난의 위기에 빠지자, 이를 헤쳐 나갈 王孫 雒이 건의한 계책을 수용함.

吳王夫差既殺申胥하고 不稔於歲어늘 乃起師北征할새 闕爲深溝54)〈通〉①於商55)魯之間하야 北屬之沂하고 西屬之濟하야 以會晉公午56)於黃池57)하다 於是越王句踐이 乃命范蠡58)舌②庸59)하야 率師沿海泝淮하야 以絶吳路하고 敗王子友60)於姑熊夷61)하다 越王句踐이 乃率中軍하고 泝江以襲吳하야 入其郛하야 焚其姑蘇하고 徙其大舟하다

吳晉爭長62)未成이러니 邊遽63)乃③至하야 以越亂告하다 吳王懼하야 乃合大夫而謀曰 越爲不道하야 背其齊盟이어늘 今吾道路悠④遠하니 無會而歸와 與會而先晉이 孰利오 王孫雄〔雒〕⑤64)曰 夫危事不齒니 雄敢先對호리이다 二者莫利하니 無會而歸면 越聞章矣라 民懼而走면 遠無正就오 齊宋徐夷曰 吳既敗矣라하야 將夾溝而㦈我면 我無生命矣리이다 會而先晉65)이면 晉既執諸侯之柄以臨我하야 將成其志

---

54) 深溝 : 江蘇省 揚州 서북쪽에서 淮安에 이르러 淮河로 들어가는 運河. 吳王 夫差가 파서 沂水와 濟水가 통하게 하였다.

55) 商 : 당시의 宋나라 지역. 옛 商나라가 있던 遺址로, 현재의 河南省 商丘이다.

56) 晉公午 : 晉定公. 이름은 午.

57) 黃池 : 河南省 封丘縣 서남쪽에 있던 땅 이름. 일명 黃亭. 魯哀公 13년(기원전 482년)에 이곳에서 吳王 夫差가 晉나라·魯나라·宋나라들과 會盟하였는데 이를 黃池之會라고 한다.

58) 范蠡 : 越나라의 大夫. 越王 句踐의 중요 謀臣 중의 한 사람.

59) 舌庸 : 越나라의 大夫.

60) 王子友 : 吳王 夫差의 太子. 이름은 友.

61) 姑熊夷 : 당시 吳나라의 首都 姑蘇城 교외에 있던 땅 이름.

62) 爭長 : 諸侯의 우두머리가 되려고 경쟁함. 곧 盟主가 되려고 다툼.

63) 邊遽 : 변경에서 올라오는 急報. 遽는 驛車.

64) 王孫雒 : 吳나라의 大夫.

以見天子하리니 吾須之不能이요 去之不忍이니이다 若越聞兪⑥章이면 吾民恐畔이니 必會而先之하소서

王乃步就王孫雄曰 先之인댄 圖之將若⑦何오 王孫雄曰 王其無疑하소서 吾道路悠遠하니 必無有二命焉이라야 可以濟事리이다 王孫雄進하야 顧揖諸大夫曰 危事를 不可以爲安이오 死事를 不可以爲生이면 則無爲貴知矣라 民之⑧惡死而欲貴富以長沒也는 與我同이니라 雖然 彼近其國하야 有遷하고 我絶慮하야 無遷하니 彼豈能與我行此危事也哉아 事君勇謀를 於此用之니라 今夕必挑戰하야 以廣民心이니 請王厲⑨士하야 以奮其朋勢호대 勸之以高位重畜하고 備刑戮以辱其不厲者하야 令各輕其死하면 彼將不戰而先我하리니 我旣執諸侯之柄이어든 以歲之不穫也로 無有誅焉하고 而先罷之하면 諸侯必說하리이다 旣而皆入其地어든 王安挺志하야 一日惕하고 一日留하야 以安步王志리이다 必設以此民也로 封於江淮之閒이면 乃能至於吳하리이다 吳王許諾하다

〔校勘〕 ① 〈通〉: 四部備要本에 의거하여 보충하였다.
② 舌 : 四部備要本에는 '后'로 되어 있고, ≪吳越春秋≫에는 '洩'로, 기타 여러 책에는 '曳·渫·泄' 등으로 되어 있어 모두 '舌'과 音이 비슷하므로 '舌'이 옳다고 여겨진다.
③ 乃 : 汪遠孫의 ≪國語明道本攷異≫에 "≪左傳≫ 哀公 13년의 疏에 ≪國語≫를 인용하면서 '仍'으로 되어 있는데 고대에는 '乃'의 音이 '仍'이었기 때문에 통용한다." 하였다.
④ 悠 : 四部備要本에는 '脩'로 되어 있는데 아래의 '道路悠遠'을 보면 '悠'가 옳다.
⑤ 雄〔雒〕: 四部備要本에 의거하여 고쳤다. 아래도 같다.
⑥ 兪 : 四部備要本에는 '愈'로 되어 있는데 통용한다.
⑦ 若 : 四部備要本에는 '若'자 다음에 '之'자가 더 있다.
⑧ 之 : 四部備要本에는 '以'로 되어 있다.
⑨ 厲 : 四部備要本에는 '勵'로 되어 있는데 통용한다.

吳王 夫差가 이미 申胥를 죽이고는 이듬해의 곡식이 채 익지도 않았는데 서둘러 군대를 일으켜 북쪽으로 정벌을 나설 적에, 깊은 運河를 파서 옛 商丘인 宋나라와 魯나

65) 先晉 : 盟約할 때 晉나라가 먼저 犧牲의 피를 입술에 발라 盟主가 되게 하는 일.

라 사이를 곧장 통하게 하였다. 북쪽으로는 沂水와 이어지고 서쪽으로는 濟水와 연결되어 晉公 午와 黃池에서 會盟하였다. 이때에 越王 句踐은 范蠡와 舌庸에게 명하여 군대를 거느리고 바다 연안을 따라 淮水를 거슬러 올라가서 吳나라가 돌아올 길을 막아버리고 姑熊夷에서 王子 友를 격파하였다. 越王 句踐이 越나라의 주력부대인 中軍을 거느리고 吳江을 거슬러 올라가 吳나라를 습격하여 外郭에 들어가 姑蘇臺를 불태워 없애고 吳王이 타는 大船을 빼앗았다.

吳나라와 晉나라는 歃血을 먼저 하는 盟主 자리를 다투어 결정이 나지 않았었는데, 변경의 驛車가 도착하여 越나라가 쳐들어와 난리가 난 소식을 보고하였다. 吳王 夫差는 두려워하면서 大夫들을 소집하여 계책을 논의하여 말하였다. "越나라가 無道하여 함께 맺은 盟約을 위배하였는데, 지금 우리는 우리나라와의 거리가 머니 會盟에 참가하지 않고 돌아가는 것과 會盟에 참가하여 晉나라가 먼저 歃血하여 盟主가 되게 하는 것 중 어느 것이 이롭겠소?" 王孫 雒이 말하였다. "국가가 위태로운 일에 처했을 때는 나이의 많고 적음을 따지지 않으니, 저 雒이 감히 먼저 대답하는 말씀을 올리겠습니다. 두 가지 방안은 모두 이로운 점이 없으니, 會盟하지 않고 돌아가면 越나라가 강성하다는 소문이 널리 퍼질 것이어서 吳나라 백성들이 두려워하여 도망치면 멀리 있는 우리는 나아갈 곳이 없게 될 것이고, 齊나라・宋나라・徐나라・淮夷가 吳나라는 이미 실패했다고 하면서 장차 運河를 끼고 양쪽에서 우리를 공격해 오면 우리는 살아남을 생명이 없게 될 것입니다. 會盟에 참가하여 晉나라에게 먼저 歃血하게 하여 盟主가 되게 하면 晉나라는 이미 諸侯의 盟主가 된 권력을 장악하여 우리에게 군림하여 장차 뜻한 바를 이루고 霸主의 이름으로 天子를 뵙게 될 것입니다. 그때 우리는 기다려도 天子를 뵐 수가 없고 차마 떠나갈 수도 없을 것입니다. 만일 越나라의 강성한 소식이 더욱더 크게 퍼지면 우리나라 백성들은 두려워하여 배반할 것이니, 반드시 會盟에 참가하여 먼저 歃血하고 盟主가 되십시오."

吳王이 이에 王孫 雒의 앞에 나아가 말하기를, "歃血을 먼저 하여 盟主가 되려면 어떤 계책을 써야 되겠소?" 하니, 王孫 雒이 대답하기를, "君王께서는 의심하여 망설이지 마십시오. 우리는 돌아갈 길이 아주 머니, 반드시 살길을 두 가지로 도모함이 없어야 일을 이룰 수가 있습니다."라고 하였다. 王孫 雒이 앞으로 나서서 여러 大夫를 둘러보며 揖을 하고 말하였다. "위험에 빠진 일을 바꾸어 편안하게 하지 못하고, 죽게 된 일을 바꾸어 살 수 있는 일을 만들 수 없으면 지혜를 귀하게 여길 까닭이 없습니다.

백성들이 죽음을 싫어하고 富貴를 누리며 오래 살다가 죽기를 바라는 것은 우리와 같습니다. 비록 그렇지만 저 晉나라는 자기들 나라와의 거리가 가까워 돌아갈 길이 있고, 우리는 나라와의 거리가 멀어 돌아갈 길이 없으니, 저들이 어찌 우리와 이런 위험한 일을 행하려 하겠소? 임금을 섬기는 데 있어 용기와 智謀를 지금 같은 때 모두 써야 하는 것이오. 오늘 저녁에 반드시 晉나라에 싸움을 걸어 우리의 민심을 안정시켜 여유롭게 해야 할 것이오. 청컨대 君王께서는 군사의 사기를 격려하여 모든 사람의 鬪志를 분발시키되 용감한 사람에게는 賞으로 높은 벼슬과 많은 재물을 주는 것으로 그들을 진작시키고, 형벌을 준비해서 분발하지 않고 위축된 자를 징벌하여 모든 사람이 각자 죽음을 두려워하지 않고 가볍게 여기도록 하시면 저 晉나라는 장차 싸우지 않고 우리에게 먼저 歃血하여 盟主가 되게 할 것입니다. 우리가 이미 諸侯의 盟主가 된 권력을 장악하게 되거든 올해 농사의 수확이 좋지 않다는 이유로 諸侯에게 貢賦를 요구하지 않으며, 諸侯에게 먼저 그들의 本國으로 돌아가게 하면 諸侯들이 반드시 기뻐할 것입니다. 이윽고 모든 諸侯들이 그들의 本國으로 들어가거든 君王께서 마음을 편안하고 너그럽게 갖게 되어 하루는 빨리, 하루는 천천히 걸어서 本國으로 돌아가려는 君王의 뜻을 편안히 실행할 수 있을 것입니다. 君王은 반드시 분발 노력하는 백성들에게 吳江과 淮水 사이의 땅을 賞으로 봉해 주는 것을 허락하면 비로소 우리가 吳나라로 돌아갈 수 있을 것입니다." 吳王이 이 계획을 실행하도록 허락하였다.

231. 吳欲晉戰得爲盟主 吳나라가 晉나라와 싸우려고 하여 盟主가 되다

【大義】 吳王 夫差가 王孫 雒의 계책을 따라 군대의 강력한 威容을 과시하여 晉나라를 굴복시키고 盟主가 된 일을 기술함.

吳王昏乃戒하야 令秣馬食(사)士하고 夜中에 乃令服兵擐甲66)하고 係馬舌하며 出火竈67)하고 陳士卒百人하야 以爲徹行(항)百行68)하다 行頭는 皆官帥〔師〕①69) 擁②鐸

66) 服兵擐甲 : 병기를 잡고 갑옷을 입음. 완전군장 하여 전투 준비를 철저히 함을 이른다.

67) 出火竈 : 야전용 화덕에서 불을 밖으로 꺼내어 陣中이 환하게 비춤.

68) 徹行百行 : 1백 명의 군사를 일괄적으로 편성하여 한 行을 만듦. 1백 行이면 모두 군

拱稽70)하고 建肥胡③71)하며 奉文犀之渠72)하고 十行은 一嬖大夫73)建旌提鼓하며 挾經秉枹하고 十旌은 一將軍74)載常建鼓75)하고 挾經秉枹하다 爲④萬人以爲方陳하야 皆白常⑤白旆76)素甲白羽之矰77)하니 望之如荼하고 王親秉鉞하고 載白旗78)以中陳而立하니 左軍亦如之하야 皆赤常赤旟79)丹甲朱羽之矰하니 望之如火하고 右軍亦如之하야 皆玄常玄旗黑甲烏羽之矰하니 望之如墨이러라 爲帶甲三萬하야 以勢攻하야 雞鳴乃定하니 旣陳에 去晉軍一里러라 昧明에 王乃秉枹하고 親就鳴鐘鼓丁寧80)錞于81)하고 振鐸하니 勇怯盡應하야 三軍皆譁釦⑥以振旅하니 其聲動天地러라

晉師大駭不出하야 周軍飭⑦壘하고 乃令董褐82)請事하야 曰 兩君偃兵接好를 日中

사 1만 명으로, 方陣을 이른다.

69) 官師：上士. 또는 白官. 賈逵와 唐固는 모두 "官師는 大夫이다." 하였는데, 韋昭는 "아래의 十行에서 嬖大夫 한 사람이라고 하였으니, 이곳의 一行에는 마땅히 士가 되어야 한다. ≪周禮≫에 '1백 명이 卒이 되고, 卒長은 모두 上士이다.'라 하였다."라고 하였다.

70) 擁鐸拱稽：방울을 품에 안고 병사들의 인명부를 움켜잡음. 비밀히 작전하기 위하여 소리 나는 것을 일체 배제하는 행위임. 稽를 唐固는 의장용의 나무창〔棨戟〕이라 하였고, 鄭衆은 군사의 인원을 파악하는 名簿라고 하였다.

71) 肥胡：고대의 좁고 긴 깃발〔幡〕의 일종.

72) 文犀之渠：무늬가 있는 코뿔소의 가죽을 씌워서 만든 방패.

73) 嬖大夫：下大夫의 별칭. 晉나라・鄭나라・吳나라 등에서는 모두 下大夫를 嬖大夫라 하였다 한다. ≪左傳 昭公 元年≫〈楊伯峻 注〉

74) 十旌一將軍：十旌은 군사 1만 명. 將軍은 命卿으로 天子가 임명한 諸侯國의 卿을 이른다.

75) 載常建鼓：태양과 달을 그린 旗를 수레에 꽂고, 晉鼓를 북틀에 매달아 세움. 常은 日月을 그린 旗. 鼓는 晉鼓로 戰鼓이다.

76) 旆：交龍의 형상을 그린 旗.

77) 白羽之矰：흰 살깃을 붙인 화살. 矰은 짧은 화살의 이름.

78) 白旗：흰 바탕에 곰과 호랑이를 그린 旗. 夫差가 왕의 지위로 中軍을 지휘함을 상징한다.

79) 旟：새매의 형상을 그린 旗.

80) 丁寧：軍中에서 치는 징. 銅鑼.

81) 錞于：軍中에서 사용하는 악기. 鼓角과 서로 맞추어 울리는데, 金錞이라고도 한다.

爲期어늘 今大國越錄하야 而造於弊邑之軍壘하니 敢請亂故하노이다

吳王親對之하야 曰 天子有命하사대 周室卑約하야 貢獻莫入하니 上帝鬼神을 而不可以告[83]어늘 無姬姓之振也라하사 徒遽[84]來告하시니라 孤日夜相繼하야 匍匐就君호대 君⑧今非王室不安平⑨是憂하고 億負晉衆庶[85]하야 不式諸戎翟楚秦[86]하고 將不長弟[87]하야 以力征一二兄弟之國[88]하니 孤欲守吾先君之班爵[89]이나 進則不敢이오 退則不可라 今會日薄矣어늘 恐事之不集하야 以爲諸侯笑일까하노라 孤之事君이 在今日이오 不得事君도 亦在今日하니 爲使者之無遠也하야 孤用親聽命於藩離⑩之外하노라

董褐將還에 王稱左畸[90]하야 曰 攝少司馬玆[91]와 與王士五人하야 坐於王前하라하니 乃皆進하야 自⑪剄於客前以酬客하다 董褐旣致命하고 乃告{諸}⑫趙鞅[92]曰 臣觀吳王之色컨대 類有大憂하니 小則嬖妾嫡子死요 不則國有大難이며 大則越入吳니이다 將毒하야 不可與戰이니 主[93]其許之先하야 無以待危나 然而不可徒許也니이다 趙鞅

---

82) 董褐 : 晉나라의 大夫 司馬 演.

83) 不可以告 : 天神과 先祖에게 告할 수가 없음. 告는 祭告로, 백성과 나라의 福을 빌기 위하여 神明에게 제사를 드리며 告祀하는 일이다.

84) 徒遽 : 도보와 傳車. 타지 않고 걸어서 가는 일과 驛馬를 타고 가는 일을 이른다. 傳車는 驛車. 또는 驛馬.

85) 億負晉衆庶 : 편안히 晉나라의 많은 군대를 믿음. 億은 安. 負는 恃의 뜻이다.

86) 不式諸戎翟楚秦 : 周王室을 깔보고 不敬하게 대하는 戎·翟·楚·秦을 정벌하지 않음. '式은 본때를 보이다'라는 뜻이다.

87) 將不長弟 : 長幼의 도리를 행하지 않음. 將은 行. 弟는 幼의 뜻이다.

88) 兄弟之國 : 魯나라·衛나라 등을 말함. 晉나라는 이들 나라와 함께 周王室에서 分封된 姬姓이기 때문에 이른다.

89) 先君之班爵 : 先君이 보유했던 爵位의 班列. 先君은 吳나라에 처음 封해진 泰伯으로, 太王인 古公亶父의 長子라고 한다.

90) 左畸 : 군대의 左部에 속한 軍吏.

91) 少司馬玆 : 少司馬는 司馬를 도와 軍事에 관한 업무를 맡아보는 벼슬. 玆는 少司馬의 이름.

92) 趙鞅 : 晉나라의 正卿. 곧 趙簡子.

93) 主 : 趙鞅을 이르는 말. 고대에 卿大夫를 主라 일컬었다.

許諾하다

晉乃令董褐復命曰 寡君이 未敢觀兵身見하야 使褐復命曰 曩君之言에 周室旣卑하야 諸侯⑬失禮於天子하니 請貞於陽卜94)하야 收文武之諸侯라하야늘 孤以下密邇於天子하야 無所逃罪라 訊〔誶〕⑭讓日至하야 曰 昔吳伯父95)不失하고 春秋必率諸侯하야 以顧在余一人이러니 今伯父有蠻荊之虞하야 禮世不續이라하고 用命孤禮佐周公96)하야 以見我一二兄弟之國하야 以休君憂라하니이다 今君掩王東海하야 以淫名聞於天子〔下〕⑮하니 君有短垣97)而自踰之어든 況蠻荊則何有於周室이리오 夫命圭98)有命하니 固曰吳伯이오 不曰吳王이라 諸侯是以敢辭하니이다 夫諸侯無二君이오 而周無二王이니 君若無卑天子하야 以干其不祥하고 而曰吳公이면 孤敢不順從君命長弟{許諾}⑯리오

吳王許諾하고 乃退就幕而會하야 吳公先歃하고 晉侯亞之하다 吳王旣會에 越聞愈章하니 恐齊宋之爲己害也라 乃命王孫雄하야 先與勇獲帥徒師99)하고 以爲過賓於宋하야 以焚其北郛焉而過之하다

〔校勘〕 ① 帥〔師〕: 四部備要本에 의거하여 고쳤다.

② 攡: 四部備要本에는 '擁'으로 되어 있는데 통용한다.

③ 肥胡 : 汪遠孫의 ≪國語明道本攷異≫에 "≪北堂書鈔≫ 武功部 六에 ≪國語≫를 인용하면서 '服姑'라 썼고, ≪文選≫ 吳都部의 劉良 注에 '祀姑'라고 되어 있는데 잘못 傳寫한 것이다."라고 하였다.

④ 爲 : 四部備要本에는 '爲'자가 없다.

---

94) 貞於陽卜 : 거북 등딱지로 점을 쳐서 바로잡음. 거북 등딱지를 불에 구워 생긴 龜裂을 보고 吉凶을 예측하므로 陽卜이라 한다. 外事를 묻는 것을 陽卜, 內事를 묻는 것을 陰卜이라고 한다.

95) 吳伯父 : 吳泰伯을 이른 말. 韋昭는 "同姓元侯를 伯父라고 하니 吳伯父는 吳나라의 先君이다."라고 하였다.

96) 周公 : 周나라의 太宰. 諸侯의 우두머리.

97) 短垣 : 낮은 담장. 禮儀의 한계를 비유하는 말. 王室의 권위가 낮아지기는 했지만 넘어서는 안 됨을 이른 말이다.

98) 命圭 : 天子가 諸侯를 冊封할 때 주는 옥으로 만든 홀〔玉圭〕.

99) 勇獲帥徒師 : 勇獲은 吳나라의 大夫. 徒師는 보병.

⑤ 常 : 四部備要本에는 '裳'으로 되어 있는데 ≪說文≫에 "常은 혹 衣를 붙여 裳으로도 쓴다." 하였다.
⑥ 釦 : 汪遠孫의 ≪國語明道本攷異≫에 "≪一切經音義≫ 十九에 ≪國語≫를 인용하면서 '呴'로 썼다."라고 하였다.
⑦ 飭 : 四部備要本에는 '飾'으로 되어 있는데 통용한다.
⑧ 君 : 四部備要本에는 '君'자가 없다.
⑨ 安平 : 四部備要本에는 '平安'으로 되어 있다.
⑩ 離 : 四部備要本에는 '籬'로 되어 있는데 통용한다.
⑪ 自 : 四部備要本에는 '曰'로 되어 있는데 '自'가 옳다.
⑫ {諸} : 四部備要本에 의거하여 衍文으로 처리하였다.
⑬ 諸侯 : 四部備要本에는 '諸侯' 다음에 '大夫' 두 글자가 더 있는데 없는 것이 옳다.
⑭ 訊〔誶〕 : 黃丕烈의 ≪國語札記≫에서 말한 段玉裁의 설에 의거하여 고쳤다.
⑮ 子〔下〕 : 汪遠孫의 ≪國語明道本攷異≫에 의거하여 고쳤다.
⑯ {許諾} : 汪遠孫의 ≪國語明道本攷異≫에 "아래 許諾과 관련되어 더 들어갔다."라는 설에 의거하여 衍文으로 처리하였다.

吳王 夫差가 황혼 무렵에 지시를 내려 말에게 곡식을 먹이며 군사들을 배불리 먹게 하였다. 밤중이 되자 명령을 내려 兵器를 잡고 갑옷을 입으며 말의 혓바닥을 붙들어 매고 화덕의 불을 밖으로 꺼내어 陣中을 환하게 비추게 하고, 군사 1백 명을 똑같이 한 行으로 편성하여 1백 行을 만들었다. 한 行마다 우두머리는 모두 官師로서 방울을 품에 안고 군사의 명부를 손에 잡으며, 肥胡를 세우고 무늬 있는 코뿔소의 가죽으로 만든 방패를 받쳐 들며, 열 行은 한 사람의 嬖大夫가 통솔하여 새의 깃을 쪼개어 장식한 旌을 세우고 북을 손에 들며, 兵書를 끼고 북채를 잡으며, 또 十旌은 한 사람의 將軍이 통솔하여 해와 달을 그린 常旗를 꽂고 戰鼓를 북틀에 매달아 세우며, 兵書를 끼고 북채를 잡게 하였다. 1만 명으로 方陣을 만들어 모두 흰색 下衣를 입고 交龍을 그린 흰 旗를 세우며 흰 갑옷을 입고 흰 새 깃으로 살깃을 단 화살을 등에 메니, 멀리서 바라보았을 적에 마치 흰 띠풀 꽃이 핀 것과 같았다. 吳王이 직접 도끼를 잡고 곰과 호랑이를 그린 흰 旗를 꽂고 方陣의 중앙에 우뚝 서 있었다. 左軍도 中軍과 똑같이 하여 모두 붉은 下衣를 입고 새매를 그린 붉은 旗를 세우며 붉은 갑옷을 입고 붉은 새 깃으로 살깃을 단 화살을 등에 메니, 멀리서 바라보았을 적에 마치 맹렬히 타오르는 불과 같았다. 右軍도 中軍과 똑같이

하여 모두 검은 下衣를 입고 검은 旗를 세우며 검은 갑옷을 입고 검은 새 깃으로 살깃을 단 화살을 등에 메니, 멀리서 바라보았을 적에 마치 넘실대는 먹물과 같았다. 갑옷을 입은 무장한 군사 3만 명을 결성해 강력한 공격 태세를 갖추게 하여 첫닭이 울 때가 되어서야 비로소 陣勢를 확정하니, 軍陣의 배치를 끝내고 나자 晉나라 군대와의 거리는 단지 1里 정도였다. 어스름 날이 샐 무렵 吳王이 북채를 잡고 직접 나와 鐘과 戰鼓를 치고 丁寧을 두드리고 錞于를 울리며 방울을 흔드니, 용감한 자와 겁쟁이를 막론하고 全軍이 일제히 호응하여 三軍이 모두 환호하자 그 소리가 천지를 진동시켰다.

晉나라 군대가 크게 놀라 나오지 못하고 軍營을 두루 다니며 城壘를 손질하여 방어를 강화하고 董褐에게 이렇게 된 사유를 물었다. "두 君主께서 전쟁을 중지하고 友好를 다짐하는 행사를 正午에 행하기로 시간을 정하였었는데, 지금 貴國이 會盟 순서를 뛰어넘어 우리나라의 軍營 앞에까지 왔으니, 감히 會盟의 순서를 어지럽히는 까닭을 묻고자 합니다."

吳王이 직접 대답하였다. "天子께서 명하시되, '周나라 王室의 권위가 낮아지고 쇠약해져서 諸侯들이 貢物을 바치지 않아 上帝와 先祖의 神에게 제사를 드려 告祝하는 일을 못하게 되었는데, 同姓인 姬姓 諸侯도 구원해 주는 이가 없다.'라고 하시어 徒步와 傳車로 우리나라에 전달해 왔다. 내가 밤낮을 달려서 힘을 다해 기듯이 晉나라 國君에게 나왔으나 지금 晉나라 國君은 周王室의 평안하지 못한 것은 걱정하지 않고 편안히 晉나라의 많은 民衆을 믿어 周王室을 깔보는 戎·翟·楚·秦 등을 정벌하여 본때를 보이지 않는다. 또 長幼의 예절을 행하지 아니하여 무력으로 우리의 한두 兄弟國을 정벌하고 있으니, 내가 우리 先君의 반열과 작위를 지키고자 하나 감히 先君을 초월할 수는 없고 先君보다 뒤처지는 것은 불가하다. 지금 會盟하는 날이 임박하였는데 이 일이 잘 이루어지지 않아 諸侯의 웃음거리가 될까 걱정스럽다. 내가 굴복하여 晉나라 君主를 섬기는 일이 오늘의 전투에 달려 있고 내가 盟主가 되어 晉나라 君主를 섬길 수 없는 것도 오늘의 전투에 달려 있다. 貴國의 使者가 멀리 오는 일이 없도록 하기 위하여 내가 직접 貴國의 軍營 밖에 와서 그대들의 명령을 들으려는 것이다."

董褐이 돌아가려고 할 때, 吳王이 左部의 軍吏를 불러서 "少司馬 玆와 王士 다섯 사람을 잡아다가 王의 앞에 앉혀라."라고 하였다. 이들이 모두 앞으로 나와 董褐의 앞에서 목을 찔러 죽음으로써 돌아가 보고하게 하였다.

董褐이 軍營으로 돌아가 復命하기를 마치고 나서 이내 趙鞅에게 말하였다. "제가 吳王 夫差의 안색을 살펴보았는데 큰 걱정이 있는 것 같았습니다. 작은 걱정이면 사랑하는 妾이나 嫡子가 죽은 것일 테고 그게 아니면 나라에 큰 반란이 일어난 일이 있을 것이며, 큰 것으로 말하면 越나라가 侵攻한 일일 것입니다. 그는 장차 더욱 포악해지게 되어 있어서 그들과 싸울 수 없으니 당신께서는 吳王이 먼저 歃血하여 盟主가 되도록 허락하여 위험을 기다리는 일이 없어야 되겠습니다. 그러나 아무 조건 없이 허락할 수는 없습니다." 趙鞅이 허락하였다.

晉나라가 董褐을 시켜 吳나라에 가 復命하게 하였다. "우리나라 國君께서 감히 武力을 시위하거나 직접 찾아 뵐 수가 없어서 저 董褐을 시켜 다음과 같이 復命하게 하였습니다. '저번 君主의 말에 「周王室의 권위가 이미 낮아져서 諸侯가 天子에 대한 禮를 잃었으니, 거북 등딱지로 점을 쳐 바로잡아 文王과 武王 시대에 諸侯들이 天子를 받들던 禮를 회복하라」고 하였습니다. 저와 이하 사람들은 天子와 아주 가깝게 있어서 받아야 할 죄를 피할 길이 없습니다. 꾸짖는 말이 날마다 이르러 말하기를, 「옛날 吳伯父는 1년 사철에 행하는 諸侯의 禮를 잃지 않고 반드시 諸侯를 거느리고 와서 나에게 朝會를 했었는데, 지금 吳伯父는 蠻과 荊이 뒤를 엿보는 우려가 있어서 朝會하는 禮를 대대로 계속하여 행하지 못한다고 하고는 나에게 명하시기를, 禮儀로 周公을 도와 우리 한두 姬姓 兄弟國을 朝會 오도록 하여 吳王의 周나라에 대한 걱정을 그치게 하라」고 했습니다. 지금 君主께서는 東海 지역 일대를 차지해 王 노릇하여 王이라는 참람한 호칭이 천하에 알려졌으니, 君主께서는 넘어서는 안 되는 禮의 한계를 스스로 넘었는데, 더구나 蠻이나 荊은 周王室에 무슨 禮儀가 있겠습니까? 天子가 策封할 때 주는 命圭에 명령하는 말이 있으니, 본디 吳나라의 君主는 吳伯이라 하였고 吳王이라고 하지 않았습니다. 諸侯들이 이 때문에 吳나라를 섬기지 않는 것입니다. 諸侯에게는 盟主로 섬기는 두 임금이 없고, 周나라에는 두 사람의 王이 없으니, 貴國 君主께서 만일 天子의 권위를 얕잡아 보아 상서롭지 못한 일을 범하지 말고 吳公이라고 한다면 내가 감히 貴國 君主께서 長幼의 차서를 따라 先後로 歃血하라는 명령을 순종하지 않겠습니까.'"

吳王이 허락하고 군대를 퇴각시킨 뒤 장막 안에 나아가 會盟하여 吳公이 먼저 歃血하고 晉侯가 두 번째로 歃血하였다. 吳王이 會盟을 마쳤을 적에 越나라가 강성하다는 소문이 더욱 퍼지니 吳王은 齊나라와 宋나라가 자기를 危害하지나 않을까 하고 두려워서 王孫 雒에게 명하여 勇獲과 함께 먼저 보병을 거느리고 길을 지나가는 손님이라는 핑계를 대고 宋나라를 지나가면서 宋나라 國都의 북쪽 外城을 불태워 수비하는 병력을 없게 한 뒤에 지나갔다.

232. 夫差退于黃池使王孫苟告于周 夫差가 黃池에서 돌아와 王孫 苟를 보내 周나라에 고하게 하다

【大義】 夫差가 黃池의 회맹에서 盟主의 지위를 얻고 돌아와 天子에게 闔廬와 자기의 공적를 말하고 천자의 승인을 받아 제후의 우두머리가 되려 함.

吳王夫差旣退於黃池하야 乃使王孫苟100)로 告勞於周하야 曰 昔者에 楚人爲不道하야 不承共王事하고 以遠我一二兄弟之國하니이다 吾先君闔廬不貰不忍하야 被甲帶劒하고 挺鈹搢鐸하야 以與楚昭王으로 毒逐於中原柏擧101)러니 天舍其衷하야 楚師敗績하야 王去其國이어늘 遂至於郢하니이다 王總其百執事하야 以奉其社稷之祭러니 其父子昆弟不相能하야 夫槪王作亂102)이라 是以復歸於吳하니이다 今齊侯任①103)不鑒於楚하고 又不承共王命하며 以遠我一二兄弟之國하니이다 夫差不貰不忍하야 被甲帶劒하고 挺鈹搢鐸하야 遵汶伐博104)하야 簦〔簦〕②笠相望於艾陵105)이러니 天舍其衷하야 齊師還하니이다 夫差豈敢自多리잇가 文武實③

100) 王孫苟 : 吳나라의 大夫.

101) 毒逐於中原柏擧 : 柏擧의 언덕에서 격렬하게 전투함. 毒逐은 격렬하게 각축함이고, 柏擧는 湖北省 麻城縣에 있던 楚나라의 地名. 魯定公 4년(기원전 506년)에 吳나라 군대가 柏擧에서 楚나라 군대를 크게 격파하고 楚나라의 國都 郢에까지 들어갔던 일을 이른다.

102) 夫槪王作亂 : 夫槪王은 吳王 闔廬의 아우. 柏擧에서 전투한 뒤에 夫槪가 군대를 거느리고 먼저 귀국하여 스스로 王이 되자, 闔廬가 回軍하여 夫槪와 큰 전투를 벌였는데 夫槪가 패배하여 楚나라로 달아나 棠溪氏가 되었다. 이 夫槪의 반란으로 闔廬는 楚나라를 평정하지 못하고 돌아왔다. ≪左傳 定公 4년・5년≫

103) 齊侯任 : 齊侯는 齊悼公의 아들 簡公으로 이름은 任.

104) 博 : 지금의 山東省 泰安市 동남쪽에 있던 齊나라의 邑 이름.

舍其衷이니이다 歸不稔於歲하야 余沿江泝淮하야 闕溝深水하고 出於商魯之間하야 以徹於兄弟之國하야 夫差克有成事106)일새 敢使苟告於下執事하노이다 周王107)答曰 苟아 伯父命④女來하야 明紹享余一人하니 若余嘉之하노라 昔周室이 逢天之降禍하고 遭民之不祥108)하니 余心豈忘憂卹이리오 不唯下土之不康靖이어늘 今伯父曰 戮〔勠〕⑤力同德이라하니 伯父若能然이면 余一人은 兼受而介福이요 伯父多歷年以沒元身이니 伯父秉德已侈大哉인저

〔校勘〕 ① 任 : 四部備要本에는 '壬'으로 되어 있다.
② 蕢〔簦〕: 四部備要本에 의거하여 고쳤다.
③ 實 : 四部備要本에는 '寔'으로 되어 있다. 아래도 같다.
④ 命 : 四部備要本에는 '令'으로 되어 있다.
⑤ 戮〔勠〕: 汪遠孫의 ≪國語明道本攷異≫에 "注를 따르면 의당 '勠'으로 써야 한다." 하여 고쳤다.

吳王 夫差가 이미 黃池로부터 退兵해 돌아와서 王孫 苟를 시켜 周나라에 자기의 공적을 보고하게 하였다. "옛날에 초나라 사람들이 무도한 행위를 하여 周나라 天子에게 職貢을 받들지 아니하고 우리 姬姓의 한두 형제국과 소원하게 지내 왔습니다. 우리 先君 闔廬께서 너그럽게 사면하거나 용인하지 않아서 갑옷을 입고 칼을 차며 긴 창을 빼 들고 방울을 흔들면서 楚昭王과 柏擧의 언덕에서 격렬한 전투를 벌였습니다. 하늘이 우리 편을 들어주어 楚나라 군대가 크게 패배하여 楚昭王이 나라를 떠나 버리자 吳나라 군대가 마침내 楚나라 國都인 郢에까지 들어갔습니다. 吳王 闔廬가 楚나라의 百官들을 모아 거느리고 楚나라 社稷의 제사를 받들게 했습니다. 그런데 吳나라의 父子 兄弟가 서로 화목하지 못하여 夫槪王이 난을 일으켰기 때문에 다시 吳나라로 돌아가게 되었던 것입니다. 지금 齊侯 任이 楚나라의 일을 거울로 삼지 못하고 또 天子의 명을

---

105) 簦笠相望於艾陵 : 簦笠은 긴 자루가 달린 일종의 삿갓. 지금의 우산 비슷한 雨具. 艾陵은 앞의 주 39)참고.
106) 成事 : 吳王 夫差가 黃池의 會盟에서 晉나라와 다툼 끝에 盟主가 된 일을 이른 말.
107) 周王 : 周景王의 아들 敬王. 이름은 丐.
108) 遭民之不祥 : 成周의 백성들이 일으킨 난리를 만남. 王子 朝가 王位를 찬탈하기 위하여 成周의 백성을 선동하여 난을 일으키자 周敬王이 出奔했던 일을 이른다. ≪左傳 昭公 22년·23년≫

받들어 職貢을 바치지 않으며, 魯나라 등 우리의 한두 兄弟國을 멀어지게 하였습니다. 夫差는 너그럽게 용서하거나 용인하지 못하여 갑옷을 입고 칼을 차며 긴 창을 빼 들고 방울을 울리면서, 汶水 가를 따라 博을 攻伐하여 비를 맞으며 簦笠을 쓴 군사가 艾陵에 이어져 싸웠는데, 하늘이 우리 편을 들어주어 齊나라 군사가 패배하여 돌아갔습니다. 夫差가 어찌 감히 스스로 공로를 과시하려는 것이겠습니까. 文王과 武王이 실상 우리를 保佑해 주신 것입니다. 歸國하여 그해의 곡식이 채 익지 않았을 적에 長江 연안을 따라 淮水를 거슬러 올라가 運河를 깊이 파고 宋나라와 魯나라 사이로 나가 姬姓의 형제 諸侯國들과 통하여, 夫差가 諸侯가 會盟하는 일을 성공시켰기에 감히 王孫 苟를 시켜 天子 밑에서 일하는 執事에게 고합니다."

周敬王이 대답하였다 "苟야. 吳伯父가 너에게 명하여 이곳에 와 나 한 사람을 先代의 예에 따라 받들겠다고 표명하니, 나는 이처럼 가상히 여긴다. 옛날 周나라 王室이 하늘이 내리는 재앙을 만나 王子 朝가 成周의 백성을 선동하여 난을 일으킨 일을 당하였으니, 내 마음에 어찌 국가의 우환을 잊겠는가! 단지 下土인 사방 諸侯들의 안녕하지 못한 것만 우려할 뿐이 아니니다. 지금 伯父가 말하기를, '우리와 힘을 합하여 마음을 같이하자'고 하니, 伯父가 만일 그렇게 한다면 나 한 사람은 큰 복을 배로 받는 것이고, 伯父도 長壽를 누리며 좋은 德을 잘 간직한 몸으로 生을 마칠 것이니, 伯父께서 지닌 德이 위대할 것이다."

233. 句踐滅吳夫差自殺 句踐이 吳나라를 멸망시키니 夫差가 자살하다

【大義】 越王 句踐이 吳나라를 멸망시키기 위하여 전쟁을 승리로 이끌 수 있는 조건들을 사전에 철저히 준비한 과정과, 치밀한 전투 전략을 세워 전쟁에서 승리를 거둔 뒤 오나라의 화친 요구를 거절하고 오나라를 완전히 멸망시켜, 전일의 치욕을 씻는 전 과정을 서술함.

吳王夫差還自黃池하야 息民不戒어늘 越大夫種乃倡①謀曰 吾謂吳王이 將遂涉吾地러니 今罷師而不戒以忘我하니 我不可以怠也②니이다 日臣嘗卜於天109)이러니 今

109) 日臣嘗卜於天 : 지난날에 하늘의 뜻을 점쳐 봄. 앞의 '越王句踐命諸稽郢行成於吳'章에서 大夫 文種이 말한 "우리는 이번 일을 하늘에 점을 쳐서 물어볼 수 있으니 하늘

吳民既罷(피)하고 而大荒荐饑하야 市無赤米하고 而囷鹿[110]空虛하니 其民必移就蒲贏於東海之濱하리이다 天占既兆하고 人事[111]又見(현)하니 我蔑卜筮矣니이다 王若今起師以會면 奪之利니 無使失〔夫〕③悛하소서 夫吳之邊鄙遠者는 罷而未至요 吳王將恥不戰하야 必不須至之會也하고 而以中國之師[112]로 與我戰하리니 若事幸④而從我면 我遂踐其地라 其至者도 亦將不能之會也已리니 吾用禦兒[113]臨之니이다 吳王若慍而又戰이면 幸遂可出이오 若不戰而結成이면 王安厚取名而去之니이다 越王曰 善哉로다 乃大戒師하야 將伐吳하다

楚申包胥[114]使於越한대 越王句踐問焉하야 曰 吳國爲不道하야 求殘我社稷宗廟하야 以爲平原하야 弗使血食이어늘 吾欲與之徼天之衷하야 唯是車馬兵甲卒伍를 既具로대 無以行之하니 請問戰奚以而可오 包胥辭曰 不知로소이다 王固問焉한대 乃對曰 夫吳는 良國也라 能博取於諸侯어니와 敢問君王之所以與之戰者하노이다 王曰 在孤之側者에 觴酒豆肉簞食를 未嘗敢不分也하고 飮食不致味하며 聽樂不盡聲하야 求以報吳하니 願以此戰하노라 包胥曰 善則善矣나 未可以戰也니이다 王曰 越國之中에 疾者吾問之하고 死者吾葬之하며 老其老하고 慈其幼하며 長其孤하고 問其病하야 求以報吳하니 願以此戰하노라 包胥曰 善則善矣나 未可以戰也니이다 王曰 越國之中에 吾寬民以子之하고 忠惠以善之하며 吾修令寬刑하야 施民所欲하고 去民所惡하며 稱其善하고 掩其惡하야 求以報吳하니 願以此戰하노라 包胥曰 善則善矣나 未可以戰也니이다

이 만일 오나라를 버린다면 반드시 우리와 화친하는 일을 허락할 것이고……이미 그의 백성들을 피폐시켰고 하늘이 재앙을 내려 그들의 식량을 탈취해 가면 우리나라는 오나라의 불탄 잿더미를 수습할 수 있으니〔吾以卜之於天 天若棄吳 必許吾成……既罷弊其民 而天奪之食 安受其燼〕"를 이른다.

110) 囷鹿 : 糧穀을 저장하는 창고. 圓形으로 된 창고를 囷, 方形으로 된 창고를 鹿이라 한다.

111) 人事 : 吳나라 백성들의 생활이 궁핍하여 원한이 일어나는 상황을 이른 말.

112) 中國之師 : 吳나라 國都 안에 주둔하는 군사.

113) 禦兒 : 춘추전국시대 越나라의 북쪽 변경 지역에 있었던 땅 이름. 지금의 浙江省 嘉興市 일대 지역으로, 語兒로도 쓴다.

114) 申包胥 : 楚나라의 大夫. 곧 王孫 包胥.

王曰 越國之中에 富者吾安之하고 貧者吾予⑤之하야 救其不足하고 裁其有餘하야 使貧富皆利之하야 求以報吳하니 願以此戰하노라 包胥曰 善則善矣나 未可以戰也니이다 王曰 越國南則楚오 西則晉이오 北則齊115)니 春秋에 皮幣玉帛子女以賓服焉하야 未嘗敢絶하야 求以報吳하니 願以此戰하노라 包胥曰 善哉라 蔑以加焉이나 然猶未可以戰也니이다 夫戰은 知爲始오 仁次之오 勇次之니 不知면 則不知民之極하야 無以銓度天下之衆寡요 不仁이면 則不能與三軍共饑勞之殃이요 不勇이면 則不能斷疑以發大計니이다 越王曰 諾다

越王句踐이 乃召五大夫116)하야 曰 吳爲不道하야 求殘吾社稷宗廟하야 以爲平原하야 不使血食117)이라 吾欲與之徼天之衷하야 唯是車馬兵甲卒伍를 旣具호대 無以行之어늘 吾問於王孫包胥러니 旣命孤矣라 敢訪諸大夫하노니 問戰⑥奚以而可오 句踐願諸大夫言之하노니 皆以情告하고 無阿孤하라 孤將以擧大事호리라 大夫舌⑦庸이 乃進對曰 審賞則可以戰乎인저 王曰 聖이로다 大夫苦成이 進對曰 審罰則可以戰乎인저 王曰 猛이로다 大夫種이 進對曰 審物則可以戰乎인저 王曰 辨⑧이로다 大夫蠡 進對曰 審備則可以戰乎인저 王曰 巧로다 大夫皐如 進對曰 審聲則可以戰乎인저 王曰 可矣로다 王乃命有司하야 大令於國曰 苟任⑨戎者는 皆造於國門之外하라하고 王乃令⑩於國曰 國人欲告者來告호대 告孤不審이면 將爲戮不利하리라 {過}⑪及五日必審之니 過五日이면 道將不行하리라

王乃入命夫人할새 王背屛而立하고 夫人向屛하다 王曰 自今日以後로 內政無出하고 外政無入하라 內有辱은 是子也오 外有辱은 是我也니 吾見子於此止矣리라 王遂出하니 夫人送王호대 不出屛하고 乃闔左闔118)하야 塡之以土하고 去笄側席而坐119)하야

---

115) 南則楚 西則晉 北則齊 : 서로 번갈아 가며 霸者 노릇을 한 楚·晉·齊의 세 나라. 여기서의 南·西·北은 越나라의 영토가 이들 나라와 連接한 것을 말한 것이 아니고, 越나라 주위의 세 霸者의 위치를 표현한 말이다.

116) 五大夫 : 越나라의 정치를 보좌하는 다섯 大夫. 곧 아래에 나오는 舌庸·苦成·文種·范蠡·皐如의 다섯 사람이다.

117) 血食 : 宗廟의 제사를 이른 말. 犧牲을 잡아 그 피로 제사를 지내기 때문에 이른다. 여기서는 越나라 조상의 제사를 이르는 말로, 국가의 운명을 비유하여 이른 말이다.

不埽하다 王背檐而立하고 大夫向檐하다 王命大夫曰 食土不均하고 地⑫之不修하야 內有辱於國은 是子也오 軍士不死하야 外有辱은 是我也니 自今日以後로 內政無出하고 外政無入하라 吾見子於此止矣리라 王遂出하니 大夫送王호대 不出檐하고 乃闔左闔하야 塡之以土하고 側席而坐하야 不埽하다

王乃之壇列120)하야 鼓而行之하야 至於軍하야 斬有罪者以徇하고 曰 莫如此以環瑱通相問121)也하라 明日徙舍하야 斬有罪者以徇하고 曰 莫如此不從其伍之令하라 明日徙舍하야 斬有罪者以徇하고 曰 莫如此不用王命하라 明日徙舍하야 至於禦兒하야 斬有罪者以徇하고 曰 莫如此淫逸하야 不可禁也하라하다

王乃命有司하야 大徇於軍하야 曰 有父母耆老而無昆弟者어든 以告하라 王親命之하야 曰 我有大事나 子有父母耆老하니 而子爲我死면 子之父母는 將轉於溝壑이오 子爲我禮已重矣니 子歸하야 沒而父母之世하라 後若有事면 吾與子圖之호리라 明日徇於軍하야 曰 有兄弟四五人이 皆在此者어든 以告하라 王親命之하야 曰 我有大事나 子有昆弟四五人이 皆在此하니 事若不捷이면 則是盡也니 擇子之所欲歸者一人하라 明日徇於軍하야 曰 有眩瞀之疾者면 〈以〉⑬告하라 王親命之하야 曰 我有大事나 子有眩瞀之疾하니 其歸若已하라 後若有事면 吾與子圖之호리라 明日徇於軍하야 曰 筋力不足以勝甲兵하고 志行不足以聽命者는 歸莫告하라 明日遷軍接龢어늘 斬有罪者以徇하고 曰 莫如此志行不果하라 於是 人有致死之心이러라 王乃命有司하야 大徇於軍하

---

118) 闔左闔 : 좌측 문짝을 닫아 잠금. 좌는 陽을 주장하고, 우는 陰을 주장하기 때문에 陽을 폐쇄하고 陰을 열어 놓은 것은 幽閉함을 표시한다.

119) 去笄側席而坐 : 비녀를 제거하고 따로 떨어진 자리에 홀로 앉음. 笄는 비녀인데 모든 首飾을 말하며, 側은 獨의 뜻으로, 손님을 대하는 자리에 앉지 않고 홀로 앉는 것을 이른다. ≪禮記≫ 〈曲禮 上〉에 "우환이 있는 사람은 따로 떨어진 자리에 앉는다.〔有憂者 側席而坐〕"라 하였다.

120) 壇列 : 郊外에 흙으로 쌓은 터. 군대를 사열하고 서약하며 명령을 發布하는 등의 일을 할 때 쓴다.

121) 環瑱通相問 : 뇌물을 서로 유통시킴을 이른 말. 環은 碧玉 등속. 瑱은 귀막이 玉飾. 問은 뇌물을 줌. 서로 보화를 뇌물로 주고받아 軍紀를 문란하게 함을 이른다.

야 曰 謂二三子歸而不歸하고 處而不處하며 進而不進하고 退而不退하며 左而不⑭左하고 右而不右하면 身斬하고 妻子鬻호리라

於是吳王起師하야 軍於江[122]北하고 越王軍於江南하다 越王이 乃中分其師하야 以爲左右軍하고 以其私卒君子[123]六千人으로 爲中軍하다 明日將舟戰於江이러니 及昏하야 乃令左軍銜枚[124]泝江五里以須하고 亦令右軍銜枚踰江五里以須하다 夜中에 乃令左軍右軍하야 涉江鳴鼓中水以須하니 吳師聞之하고 大駭하야 曰 越人分爲二師하야 將以夾攻我師라하야 乃不待旦하고 亦⑮中分其師하야 將以禦越하다 越王乃令其中軍하야 銜枚潛涉하야 不鼓不譟以襲攻之하니 吳師大北(패)하다 越之左軍右軍이 乃遂涉而從之하야 又大敗之於沒하고 又郊敗之하니 三戰[125]三北어늘 乃至於吳하고 越師遂入吳國하야 圍王宮⑯하다

吳王懼하야 使人行成하야 曰 昔不穀이 先委制[126]於越君이러니 君告孤請成하야 男女服從이라 孤無奈越之先君何리오 畏天之不祥하야 不敢絶祀하고 許君成하야 以至于今이로다 今孤不道하야 得罪於君王일새 君王以親辱於孤之⑰弊邑하시니 孤敢請成하야 男女服爲臣御하노라 越王曰 昔天以越賜吳어늘 而吳不受러니 今天以吳賜越하시니 孤敢不聽天之命하고 而聽君之令乎아 乃不許成하다 因使人告於吳王曰 天以吳賜越하시니 孤不敢不受나 以民生之不長이니 王其無死하라 民生於地上이 寓也니 其與幾何리오 寡人其達王於甬句東[127]하고 夫婦三百으로 唯王所安하야 以沒王年호리

---

122) 江 : 松江. 곧 지금의 江蘇省에 있는 太湖의 물이 흐르는 吳淞江으로, 옛 이름은 笠澤이며 일명 松陵江.

123) 私卒君子 : 왕의 근위병. 나라의 은혜를 갚는 일에 뜻을 두어 목숨을 아끼지 않고 용감히 싸우는 親兵을 이른다.

124) 銜枚 : 하무를 입에 묾. 하무는 나무 막대기로, 군대가 비밀히 이동할 때 군사들이 떠들지 못하도록 입에 물린다.

125) 三戰 : 세 번의 전투. 곧 笠澤·沒·郊外에서의 세 차례 싸운 것을 이른다.

126) 委制 : 귀순하여 다스림을 받는 일. 원래는 越나라가 吳나라에 委制를 받았는데, 吳王이 어려움에 처하자 和親을 요청하면서 반대로 말하여 겸손함을 보인 것이다.

127) 甬句東 : 춘추시대 越나라 땅. 곧 甬東으로 句는 어조사. 일명 翁州. 지금의 浙江省 舟山群島이다.

라 夫差辭曰 天旣降禍於吳國호대 不在前後하고 當孤之身하야 實失宗廟社稷이라 凡吳土地人民을 越旣有之矣니 孤何以視於天下리오 夫差將死에 使人說於子胥曰 使死者無知인댄 則已矣어니와 若其有知인댄 吾何面目以見員也리오하고 遂自殺하다

越滅吳하고 上征上國128)하니 宋鄭魯衛陳蔡執玉之君이 皆入朝하다 夫唯能下其羣臣하야 以集其謀故也러라

〔校勘〕 ① 倡 : 四部備要本에는 '唱'으로 되어 있는데 통용한다.
② 也 : 四部備要本에는 '也'자가 없다.
③ 失〔夫〕 : 四部備要本에 의거하여 고쳤다.
④ 幸 : 四部備要本에는 '奔'으로 되어 있는데 '幸'이 옳다. 아래 '幸遂可出'의 '幸'도 같다.
⑤ 予 : 四部備要本에는 '與'로 되어 있는데 통용한다.
⑥ 訪諸大夫問戰 : ≪文選≫ 晉나라 陸機의 〈從軍行〉 注에 ≪國語≫를 인용하면서 '訪'은 '問'으로 썼고, 뒤의 '問'자는 없다.
⑦ 舌 : 四部備要本에는 '后'로 되어 있는데 '舌'이 옳다. 앞의 '吳晉爭長未成句踐襲吳'의 〔校勘〕 ② 참고.
⑧ 辨 : 四部備要本에는 '辯'으로 되어 있는데 통용한다.
⑨ 任 : 四部備要本에는 '在'로 되어 있는데 黃丕烈의 ≪國語札記≫에 '任'이 옳다고 하였다.
⑩ 令 : 四部備要本에는 '命'으로 되어 있다. 아래 '乃令左軍右軍'의 '令'도 같다.
⑪ {過} : 四部備要本에 의거하여 衍文으로 처리하였다.
⑫ 地 : 四部備要本에는 '地'자 앞에 '土'자가 더 있는데 앞의 '土'자에서 온 衍文이라 한다.
⑬ 〈以〉 : 四部備要本에 의거하여 보충하였다.
⑭ 不 : 四部備要本에는 '不'자 다음에 '在'자가 더 있으며, 아래의 '不'자 다음에도 '在'자가 더 있다.
⑮ 亦 : 四部備要本에는 '亦'자 앞에 '且'자가 더 있다.
⑯ 宮 : 四部備要本에는 '臺'로 되어 있다.
⑰ 孤之 : 四部備要本에는 이 두 글자가 없다.

吳王 夫差가 黃池로부터 되돌아와서 백성을 쉬게 하고 전쟁 대비를 하지 않았는데,

---

128) 上征上國 : 북쪽으로 올라가서 中原의 여러 나라들을 정벌함. 上國은 越나라보다 위쪽에 위치한 中原의 諸侯國를 이른다.

越나라 大夫 文種이 선도하여 계책을 말하였다. "저는 吳王 夫差가 귀국한 뒤에는 장차 우리나라를 공략해 올 것이라고 생각했었는데 지금 군대를 해산하고 전쟁 대비를 하지 않으면서 우리를 잊고 있으니, 우리는 태만하게 있을 수가 없습니다. 전일 제가 일찍이 하늘에 점을 쳐 물어 보았었는데, 지금 吳나라 백성은 이미 지쳤고 큰 흉년이 거듭 들어 시장에는 붉게 변색한 쌀조차도 없고 여러 창고란 창고는 비었으니, 그 나라의 백성들은 반드시 동해 가로 옮겨서 해초나 조개를 잡아먹고 있을 것입니다. 하늘에 점친 조짐이 이미 나타났고 백성의 원망하는 일도 나타났으니, 우리는 다시 점칠 일이 없습니다. 君王께서 만일 지금 군사를 출동하여 吳나라와 會戰하시면 유리한 기회를 빼앗을 수 있을 것이니, 吳王 夫差에게 뉘우칠 기회를 주지 마십시오. 吳나라 변경 지방의 먼 곳에 있는 군대는 해산해 돌아가서 오지 못할 것이고, 吳王은 전쟁에 응하지 못하는 것을 부끄럽게 여겨 반드시 먼 변경의 군대가 와서 집결하기를 기다리지 못하고 國都에 있는 군대를 가지고 우리와 전쟁을 할 것입니다. 만일 일이 다행스럽게 전개되어 우리의 뜻을 따라 전쟁을 하게 되면 우리는 마침내 吳나라를 공격해 들어가 그 땅을 밟게 될 것이고, 吳나라의 먼 변경에서 온 군사도 미처 會戰하지는 못할 것이니, 우리는 禦兒의 군사를 이용하여 吳나라 변경에서 오는 군사를 맞서서 막아야 합니다. 吳王이 만일 성을 내어 다시 우리 군대와 싸운다면 행여 마침내 吳나라에서 나가 달아나게 할 수 있을 것이고, 만일 전쟁을 하지 않고 和親을 맺게 된다면 君王께서는 편안히 많은 이익과 名聲을 얻고 돌아가게 될 것입니다." 越王 句踐이 "좋다." 하고는 이내 대규모로 군대를 정돈하여 吳나라를 정벌하기로 하였다.

楚나라의 申包胥가 越나라에 사신으로 왔다. 越王 句踐이 물었다. "吳나라가 無道한 짓을 하여 우리나라의 社稷과 宗廟를 파괴하고 평지를 만들어 先祖의 제사를 받들지 못하게 하고 있소. 나는 吳나라와 전쟁을 통하여 하늘의 공정한 福을 어느 편에 줄 것인지를 구해 보려고 車馬와 병장기와 갑옷과 군사를 이미 다 준비하였으나, 수행할 방도를 모르겠으니, 어떤 조건을 갖추어야 전쟁에서 승리할 수 있는 것이오?" 申包胥가 사양하며 말하였다. "알지 못합니다." 越王이 굳이 묻자, 마침내 대답하였다. "저 吳나라는 훌륭하고 강성한 나라입니다. 諸侯의 추대를 받아 그들에게서 많은 貢賦를 취하였으나, 감히 君王께서는 어떤 조건을 갖추고 그들과 싸우려 하시는지 묻겠습니다." 越王이 말하였다. "나의 곁에 있는 사람들에게 한 잔의 술과 한 소반의 고기와 한 바구니의 밥을 일찍이 나누어 먹지 않은 적이 없었고, 나는 음식을 먹을 적에 아주 좋은 음식을 먹지 않았고, 음악을 들을 적에 지극히 아름다운 소리를 다 듣지 않아 이런 태도로 吳나라에 보복하기를 구하니, 이것으로 싸우기를 원합니다." 申包胥가 말하였다. "좋기는 좋습니다만 이런 조건을 가지고는 전쟁을 할 수가 없습니다." 越王이 말하였다. "越나라 안에 병든 사람이 있으면 내가 위문하였고, 죽은 사람이 있으면 내가 장례를 치러 주었으며, 노인은 존경하고 어린아이는 사랑하였으며, 고아를 길러 성장시켰고, 백성의 疾苦를 물어서 이런 태도로 吳나라에 보복하기를 구하니, 이것으로 싸우기를 원합니다." 申包胥가 말하였다. "좋기는 좋습니다만 이런 조건을 가지고는 전쟁을 할 수가 없습니다." 越王이 말하였다. "越나라 안에서 나는 백성을 너그럽게 대하여 마치 나의 자식처럼 여겼고, 충심과 은혜로 가르쳐 善을 따르도록 인도하였으며, 나는 법령을 수정하고 형벌을 너그럽게 하여 백성이 원하는 政令을 시행하였고, 백성이 싫어하는 政令은 제거하였으며, 그들의 善行은 칭찬하고, 그들의 나쁜 행위는 덮어 주어서 이런 태도로 吳나라에 보복하기를 구하니, 이것으로 싸우기를 원합니다." 申包胥가 말하였다. "좋기는 좋습니다만 이런 조건을 가지고는 전쟁을 할 수가 없습니다." 越王이 말하였다. "越나라 안에서 부자를 나는 편안히 부유한 생활을 누리게 하였고, 가난한 사람을 나는 도움을 주어 부족한 생활을 구제하였으며, 여유 있는 재물은 세금을 부과하는 방법으로 조절하여 가난한 자와 부자를 모두 이롭게 하여 吳나라에 보복하기를 구하니, 이것으로 싸우기를 원합니다." 申包胥가 말하였다. "좋기는 좋습니다만 이런 조건으로는 전쟁을 할 수가 없습니다." 越王이 말하였다. "越나라는 남쪽에 楚나라가 있고 서쪽에 晉나라가 있으며 북쪽에 齊나라가 있습니다. 1년 사계절에 우리는 皮幣와 玉帛과 子女를 바치면서 臣服하여 일찍이 이런 관계를 끊지 아니하여 吳나라에 보복하기를 구하니 이것으로 싸우기를 원합니다." 申包胥가 말하였다. "좋습니다. 다시 더할 조건이 없습니다. 그러나 그것만으로는 吳나라와 전쟁을 할 수는 없습니다. 전쟁은 智謀가 가장 우선이고 仁義가 다음이고 용감함이 또 다음입니다. 지혜롭지 못하면 民心의 향배를 알지 못하여 천하 各國의 역량이 강하고 약함을 헤아려 알지 못하고, 仁義롭지 못하면 三軍과 더불어 굶주림과 힘든 고난을 함께 나누어 애쓰지 못하고, 용감하지 못하면 의심스러운 문제를 결단하여 중대한 계책을 실행할 수 없습니다." 越王이 말하였다. "좋다."

越王 句踐이 마침내 다섯 大夫를 불러들여 말하였다. "吳나라가 無道한 짓을 하여 우리의 社稷과 宗廟를 파괴시키고 평지를 만들어 先祖의 제사를 받들지 못하게 하고

있다. 나는 吳나라와 전쟁을 통하여 하늘이 공정한 福을 어느 편에 줄 것인지를 구해 보려고 車馬와 병장기와 군사를 모두 이미 다 준비하였으나, 수행할 방도를 모르겠기에 내가 王孫 包胥에게 吳나라를 정벌하는 데 필요한 요건을 물었더니, 그가 이미 나에게 가르쳐 주었다. 감히 여러 大夫들에게 묻겠는데 어떤 조건을 갖추어야 전쟁에서 이길 수 있겠는가? 나 句踐은 여러 大夫들이 각자의 의견을 말해 주기 바란다. 모두 자신의 진정을 말하고 나에게 아부하는 말은 하지 말라. 나는 장차 吳나라와 큰 전쟁을 일으킬 것이다." 大夫 舌庸이 곧 앞으로 나서서 대답하였다. "賞을 주는 일을 자세히 살펴서 행하면 싸워서 이길 것입니다." 越王이 말하였다. "통달한 좋은 방법이다." 大夫 苦成이 나서서 대답하였다. "罰을 주는 일을 자세히 살펴서 행하면 싸워서 이길 것입니다." 越王이 말하였다. "군사를 용맹하게 하는 방법이다." 大夫 文種이 나서서 대답하였다. "깃발과 標識 등의 軍物을 자세히 살펴서 제정하면 싸워서 이길 것입니다." 越王이 말하였다. "군사들이 彼我를 잘 분별하는 방법이다." 大夫 范蠡가 나서서 대답하였다. "守備할 계책을 자세히 살펴서 마련하면 싸워서 이길 수 있습니다." 越王이 말하였다. "교묘하여 전혀 실패하지 않을 방법이다." 大夫 皐如가 나서서 대답하였다. "지휘하는 징과 북소리를 자세히 살펴서 쓰면 싸워서 이길 것입니다." 越王이 말하였다. "군사들이 의혹되지 않고 잘 싸울 수 있겠다." 越王 句踐이 마침내 담당관에게 명하여 온 나라에 크게 명령을 반포하게 하여, "진실로 전쟁을 수행할 수 있는 자는 모두 성문 밖에 나와 집합하도록 하라."고 하였다. 越王이 곧 성문 밖에 나가 국민들에게 명령하였다. "국민 중에 좋은 계책이 있어서 나에게 말해 줄 것이 있는 사람은 와서 말하되, 나에게 말한 내용이 거짓이고 진실하지 않으면 장차 죽음을 당하는 불리함을 받게 될 것이다. 5일 내에 반드시 신중히 고려하여 계책을 말해야 되니 5일이 지나면 너희들이 건의한 말은 시행되지 못할 것이다."

越王 句踐이 곧 內宮에 들어가 夫人에게 명령하였는데, 越王은 병풍을 등지고 서고 夫人은 병풍을 향하여 섰다. 越王이 말하였다. "오늘 이후로 궁중 안의 일은 반드시 宮門 밖으로 나가게 하지 말고, 궁중 밖 朝廷의 政事는 반드시 宮門 안으로 들이지 말아야 하오. 宮中 내부의 일에 잘못이 있는 것은 그대의 책임이고, 宮門 밖 외부의 일에 잘못이 있는 것은 나의 책임이오. 내가 그대를 만나는 일이 이 시점에서 그칠 것이오." 越王이 이내 宮門을 나가니 夫人이 王을 전송하되, 병풍 밖에까지 나가지 않고, 왼쪽 문을 닫아 흙을 발라 봉하고는, 비녀 등의 首飾을 제거하고 따로 떨어진 자리에 홀로

앉아 청소를 하지 않았다. 越王은 처마를 등지고 서고 大夫는 처마를 향하여 섰다. 越王이 大夫들에게 명하였다. "식량을 생산하는 토지의 분배가 고르지 않고 토지가 잘 개간되지 않아 국가의 內政에 잘못이 있는 것은 그대들의 책임이고, 군사들이 목숨을 걸고 싸우지 않아 정벌하는 外政에 실패가 있는 것은 나의 책임이다. 오늘 이후로 국내의 政事는 밖으로 나가게 하지 말고, 대외적인 軍政은 朝廷 안으로 들이지 않아야 한다. 내가 그대들을 만나는 일이 이 시점에서 그칠 것이다." 越王이 곧 朝堂을 나가니 大夫들이 王을 전송하되, 처마를 벗어나지 않고, 왼쪽 문을 닫아 흙을 발라 봉하고는, 따로 떨어진 자리에 홀로 앉아 청소를 하지 않았다.

越王이 이내 郊外의 壇上에 나아가 북을 치면서 행군하여 軍營에 이르러 죄를 지은 사람을 斬首하여 조리돌리고 말하였다. 이 사람들처럼 碧玉 따위의 珍寶로 서로 뇌물을 주고받는 일이 없도록 하라." 이튿날 軍營을 옮겨 죄를 지은 사람을 斬首하여 조리돌리고 말하였다. "이 사람들처럼 隊伍의 軍令을 따르지 않는 일이 없도록 하라." 이튿날 軍營을 옮겨 죄를 지은 사람을 斬首하여 조리돌리고 말하였다. "이 사람들처럼 君王의 명령에 복종하지 않는 일이 없도록 하라." 이튿날 軍營을 옮겨 禦兒에 이르러 죄를 지은 사람을 斬首하여 조리돌리고 말하였다. "이 사람들처럼 방종하고 태만하여 금지하지 못함이 없도록 하라."

越王이 곧 담당관에게 명하여 全軍에 대대적으로 명령을 전달하기를 "집에 부모는 늙고 봉양할 형제가 없는 자가 있거든 말하라." 하고는 越王이 그들에게 직접 명령하였다. "내가 吳나라를 토벌하는 큰일을 앞에 두고 있으나, 자네들은 늙은 부모가 있으니, 자네가 나를 위해 죽으면 자네들의 부모는 돌보는 사람이 없어 장차 산골짜기에 시체로 나뒹굴 것이다. 자네들은 나를 위해 충성한 禮가 이미 매우 중대하였으니, 자네들은 돌아가서 자네들의 부모를 죽을 때까지 봉양하도록 하라. 후일 만일 나라에 전쟁이 있게 되면 나는 자네들과 함께 도모하겠다." 이튿날 군중에 명령을 전달하기를 "한 집안의 형제 중 넷이나 다섯 사람이 모두 여기 와서 참전한 자는 말하라." 하고는 越王이 직접 명령하였다. "내가 吳나라를 토벌하는 큰일을 앞에 두고 있으나, 자네들의 형제 중 넷이나 다섯 사람이 모두 여기 와서 참전하고 있다. 만일 전쟁에서 승리하지 못하면 모두 죽게 될 것이니, 자네들 가운데 돌아가기를 원하는 한 사람을 골라 돌려보내라." 이튿날 군중에 명령을 전달하기를 "눈이 침침하여 잘 보지 못하는 사람은 말하라." 하고는 직접 명령하였다. "내가 吳나라를 토벌하는 큰일을 앞에 두고 있으나, 눈이 침침하여 잘 보지 못하는 병이 있으면 너희들은 집으로 돌아가라. 후일 만일 나라에 전쟁이 있게 되면 나는 자네들과 함께 도모하겠다." 이튿날 군중에 명령을 전달하였다. "근력이 부족하여 병장기를 감당하지 못하고, 의지와 행동이 명령을 따를 수 없는 사람은 보고하지 말고 돌아가라." 이튿날 全軍이 이동하는데 상하가 모두 화기애애하게 어울리자, 죄 있는 사람을 斬首하여 조리돌리며 말하였다. "이 사람들처럼 의지와 행동에 과감함이 없게 하지 말라." 이같이 하여 全軍의 군사들이 목숨을 바쳐 싸울 마음을 갖게 되었다. 越王이 곧 담당관에게 명하여 군중에 대대적으로 명령을 전달하였다. "너희들에게 돌아가라고 일렀는데도 돌아가지 않고, 남아 있으라고 했는데도 남아 있지 않으며, 전진하라 하는데도 전진하지 않고, 후퇴하라 하는데도 후퇴하지 않으며, 왼쪽으로 향해 가라 하는데도 왼쪽으로 향해 가지 않고, 오른쪽으로 향해 가라 하는데도 오른쪽으로 향해 가지 않는 사람은 자신은 斬首하고 妻子는 팔아서 노예로 삼겠다."

이때 吳王 夫差가 군대를 출동하여 松江의 북쪽 언덕에 군대를 주둔시키고 越王 句踐은 松江의 남쪽 언덕에 군대를 주둔시켰다. 越王이 곧 군대를 두 부대로 나누어 左軍과 右軍을 만들고, 목숨을 바칠 것을 각오한 親兵 6천 명을 편성하여 中軍을 만들었다. 이튿날 松江에서 水戰을 하게 되어 있었는데, 전날 석양 무렵이 되자 左軍에게 명령하여 모든 군사는 하무를 물고 松江을 5리쯤 거슬러 올라가서 명령을 기다리게 하고, 또 右軍에게 명령하여 모든 군사는 하무를 물고 松江을 5리쯤 내려가서 명령을 기다리게 하였다. 밤중이 되자 左軍과 右軍에게 명령하여 북을 치면서 松江을 건너 中流에서 명령을 기다리게 하였다. 吳나라 군대는 진동하는 북소리를 듣고 크게 놀라, "越나라 사람들이 군대를 두 길로 나누어 우리 군대를 협공하려고 준비하는 것이다."라고 말하면서 마침내 새벽이 되기를 기다리지 않고 吳나라 역시 군대를 두 부대로 나누어 越나라 군대를 막으려고 준비하였다. 越王 句踐이 즉시 죽음을 각오한 中軍에게 명령하여 하무를 물고 松江을 몰래 건너서 북도 치지 말고 떠들지도 않으면서 기습 공격하게 하니 吳나라 군대가 크게 패배하였다. 越나라의 左軍과 右軍이 즉시 松江을 건너 추격하여 沒에서 또 크게 패배시키고, 郊外에서 또 패배시키니, 吳나라 군대가 세 번 싸워 세 번 패배하자 마침내 越나라 군대가 吳나라에 들어가게 되었고 곧장 吳나라의 國都에 進入하여 王宮을 포위하였다.

吳王 夫差가 두려워하여 사람을 시켜 越나라에 화친하기를 청하면서 말하였다. "지

난날 내가 먼저 越나라 君主에게 귀순하여 다스림을 받겠다고 했었는데, 君主께서 나에게 화친하기를 요청하면서 궁중의 아들과 딸을 우리나라에 보내어 나에게 服役시키려고 했습니다. 그러나 나는 越나라 先君과의 우호 관계 때문에 어찌할 수가 없었고, 하늘이 나의 행위를 좋게 여기지 않을까 두려워 감히 越나라의 宗廟 제사를 단절시키지 못하고, 君主의 화친하자는 요청을 허락하여 오늘에까지 오게 되었습니다. 지금 내가 無道하여 君王에게 죄를 얻었기 때문에 君王께서 존귀하신 몸을 굽혀 친히 저의 나라에까지 오셨으니, 제가 감히 화친하여 우리 궁중의 아들과 딸을 君王의 臣僕으로 부리기를 요청합니다." 越王 句踐이 말하였다. "지난날 하늘이 越나라를 吳나라에 주었으나 吳나라는 받지 않았습니다. 지금 하늘이 吳나라를 越나라에 주셨으니, 내가 감히 하늘의 명령을 따르지 않고 君主의 명령을 따르겠습니까?" 하고는 이내 吳나라에서 요청한 화친을 허락하지 않았다. 그 때문에 사신을 보내어 吳王 夫差에게 말하였다. "하늘이 吳나라를 越나라에 주었으니 나는 감히 받지 않을 수 없으나, 사람이 세상에 사는 날은 길지 않으니, 君王은 가볍게 죽지 마시오! 사람이 땅 위에 사는 것은 잠시 얹혀 사는 것이니, 그 時日이 얼마나 되겠소? 내가 君王을 甬句東에 보내고 夫婦 3백 쌍으로 모셔서 오직 君王이 편안히 생활하게 하여 君王이 天命을 다하고 生을 마치도록 하겠소." 夫差가 거절하여 말하였다. "하늘이 吳나라에 재앙을 내린 일이 나의 앞이거나 뒤에 있지 않고 바로 내 몸에 당하여 확실히 宗廟社稷을 잃게 되었소. 吳나라의 모든 토지와 백성을 越나라가 이미 차지했는데, 내가 무슨 面目으로 천하 사람들을 보겠소!" 夫差가 죽으려 할 적에 사람을 시켜서 伍子胥에게 말을 고하게 하기를, "가령 죽은 사람은 아무 것도 모른다면 그만이지만 만일 아는 것이 있다면 내가 무슨 面目으로 가서 伍員을 보겠는가!" 하고는 마침내 자살하였다.

越나라는 吳나라를 멸망시키고, 북쪽으로 올라가 中原의 諸侯國을 정벌하니, 宋·鄭·魯·衛·陳·蔡나라의 珪璧을 잡은 君主들이 모두 越나라에 入朝하였다. 이는 句踐이 그의 臣下들에게 몸을 낮추고 겸손하여 그들의 智謀를 모았기 때문에 이룬 것이다.

越語 上

越나라는 夏禹의 후예로, 夏后 少康의 衆子를 封한 나라이다. 會稽에 封해져서 禹王의 제사를 받들었다. 그 지역의 풍속은 머리를 깎고 文身을 하였으며 황무지를 개척하여 都邑을 만들었다. 그 뒤 20여 代를 지나 允常에 이르러 吳王 闔廬와 전쟁을 벌이며 서로 싸우는 원수 관계가 되었다. 允常이 죽고 句踐이 즉위하니 바로 越王이다. 闔廬는 允常이 죽은 것을 알고 군사를 일으켜 越나라를 쳤고, 越王 句踐은 決死隊를 이용하여 檇李에서 吳나라 군대를 크게 격파하고 闔廬에게 부상을 입혔다. 부상 때문에 闔廬가 죽자, 吳나라는 복수할 기회를 엿보다가 夫椒의 전투에서 越나라 군대를 大破하니, 句踐은 會稽山으로 퇴각하고 吳나라의 臣僕이 되기를 간청하여 和親을 얻어 낸 다음 國力을 기르는 데 정성을 쏟았다. 크게 國力을 기른 句踐은 吳나라가 齊나라·晉나라와의 전쟁으로 國力이 피폐해진 틈을 이용, 吳나라를 기습하여 멸망시켰다. 그 후 6代를 지나 王無强에 이르러 楚나라에 멸망당하였다.

≪周禮≫〈夏官 職方氏〉에 "天下의 지도를 관장하고 天下의 땅을 맡아 邦國 都鄙와 四夷 八蠻과 九閩 九貊과 五戎 六狄의 백성과 財用 등을 변별한다." 하였다. 이는 越나라도 職方氏가 관장했음을 의미한다. 晉나라의 郭璞은, "越은 곧 西甌이니, 지금의 建安都(지금의 福建省 建甌縣 남쪽)가 이곳이다."라 하고, 또 "뱀의 일종이다."라고 하였다.

234、句踐滅吳 句踐이 吳나라를 멸망시키다

【大義】 夫椒의 전투에서 오나라에게 대패한 월왕 句踐이 치욕을 참으며 오나라에 무릎을 꿇고 화친하기를 요청하여 오왕 부차에게 허락을 받음.

越王句踐이 棲於會稽之上하야 乃號令於三軍曰 凡我父兄昆弟及國子姓[1]에 有能助寡人謀而退吳者면 吾與之共知越國之政호리라 大夫種[2]進對曰 臣聞之호니 賈(고)人夏則資皮하고 冬則資絺하며 旱則資舟하고 水則資車하야 以待乏也라하니이다 夫雖無四方之憂나 然謀臣與爪牙之士[3]를 不可不養而擇也니 譬如衰①笠을 時雨旣至면 必求之니이다 今君王旣棲於會稽之上하고 然後乃求謀臣하시니 無乃後乎잇가 句踐曰 苟得聞子大夫之言이면 何後之有리오하고 執其手而與之謀하다

遂使之行成於吳하야 曰 寡君句踐이 乏②無所使하야 使其下臣種하야 不敢徹聲聞於天王하야 私於下執事하야 曰 寡君之師徒 不足以辱君矣니 願以金玉子女로 賂君之辱하노니 請句踐女女於王하고 大夫女女於大夫하고 士女女於士하며 越國之寶器畢從하고 寡君帥越國之衆하야 以從君之師徒하야 唯君左右之[4]하노이다 若以越國之罪로 爲不可赦也인댄 將焚宗廟하고 係妻孥하며 沈金玉於江하고 有帶甲五千人하야 將以致死면 乃必有偶라 是以帶甲萬人{以}③事君也니 無乃卽傷君王之所愛乎잇가 與其殺是人也론 寧其得此國也니 其孰利乎잇가

夫差將欲聽與之成한대 子胥諫曰 不可하니이다 夫吳之與越也는 仇讎敵戰之國也라 三江[5]環之하야 民無所移하니 有吳則無越이오 有越則無吳④니 將不可改於是矣니이

---

1) 國子姓 : 越王과 同姓의 宗族을 이르는 말. 일설에는, 百姓을 이른다고 한다.
2) 大夫種 : 越나라의 大夫 文種. 자는 子禽. 少禽으로도 쓴다. 본래 楚나라 사람이었는데 越나라에 들어와 下大夫가 되었고, 范蠡와 함께 句踐을 도와 吳나라를 멸망시켰으나 뒤에 句踐의 꺼림을 받아 자살하였다.
3) 爪牙之士 : 날카로운 발톱과 어금니를 가진 맹수처럼 사납고 날쌘 武士를 이르는 말. 용맹하고 武威가 있는 武臣 將士를 형용한다.
4) 左右之 : 지휘하여 마음대로 부림을 이르는 말.

다 員聞之호니 陸人居陸하고 水人居水라호이다 夫上黨之國[6]은 我攻而勝之라도 吾不能居其地오 不能乘其車어니와 夫越國은 吾攻而勝之면 吾能居其地오 吾能乘其舟니 此⑤利也라 不可失也已니 君必滅之하소서 失此利也면 雖悔之라도 亦⑥無及已리이다 越人飾美女八⑦人하야 納之大宰嚭[7]하고 曰 子苟赦越國之罪면 又有美於此者를 將進之호리라 大宰嚭諫曰 嚭聞 古之伐國者는 服之而已니 今已服矣어늘 又何求焉이니잇가 夫差與之成而去之하다

〔校勘〕 ① 衰 : 四部備要本에는 '蓑'로 되어 있는데 '衰'는 '蓑'의 原字이다.
② 乏 : 四部備要本에는 '之'로 되어 있는데 '乏'이 옳다.
③ {以} : 四部備要本에 의거하여 衍文으로 처리하였다.
④ 吳 : 四部備要本에는 '吳'자 다음에 '矣'자가 더 있는데 衍文이다.
⑤ 此 : 四部備要本에는 '此'자 다음에 '其'자가 더 있다.
⑥ 亦 : 四部備要本에는 '必'로 되어 있다.
⑦ 八 : ≪史記≫ 〈越王句踐世家〉의 司馬貞 〈索隱〉에는 ≪國語≫의 이 부분을 인용하면서 '八'을 '二'로 썼다.

越王 句踐이 전쟁에 패배하여 會稽山에 의탁해 머물면서 곧 三軍에 명령을 선포하여 말하였다. "모든 우리의 父兄 兄弟와 나의 同姓 종족으로서 나를 도와 좋은 계책으로 吳나라 군대를 물러가게 하는 사람이 있으면, 나는 그와 越나라의 國政을 함께 관장할 것이다." 大夫 文種이 앞으로 나서서 대답하였다. "臣은 들으니, 장사하는 사람은 여름에 피혁을 비축하고 겨울에 가는 葛布를 비축하며 가물 적에 배를 마련해 두고 장마철에 수레를 마련해 두어서, 그 물건들이 떨어질 때를 기다려 높은 값으로 판다고 합니다. 한 나라의 평시에 사방 이웃 나라가 침공하는 걱정이 없더라도, 智謀 있는 신

---

5) 三江 : 吳나라와 越나라 지역을 흐르는 세 강. 세 가지 설이 있다. ① 松江・錢塘江・浦陽江. ② 岷江・松江・錢塘江. ③ 松江・婁江・東江. 이 중에서 제 ①설이 가장 유력하다고 한다.

6) 上黨之國 : 中原 지역에 있는 諸侯國을 이르는 말. 黨은 처소라는 뜻으로, 위쪽 高原에 있는 나라를 이른다.

7) 大宰嚭 : 吳나라의 正卿. 太宰는 벼슬 이름. 嚭는 이름인데 姓은 伯. 본래 楚나라 大夫 伯州犁의 아들인데, 楚靈王이 伯州犁를 살해하자 伯嚭가 吳나라로 망명하여 吳王의 신임을 받았다.

하와 용맹하고 날랜 武士는 미리 뽑아서 양성하지 않으면 안 되니, 비유하면 비가 이미 내릴 적에 반드시 도롱이와 삿갓을 찾는 것과 같습니다. 君王께서 이미 전쟁에 패배하여 會稽山 위에 의탁해 머물고 나서 智謀 있는 신하를 구하시니, 혹 뒤늦은 일이 아니겠습니까?" 句踐이 말하기를, "만일 그대 大夫의 훌륭한 말을 듣는다면 어찌 뒤늦은 일이 있겠소?" 하고는 그의 손을 잡고 함께 吳나라 군대를 물러가게 할 계책을 의논하였다.

마침내 文種을 吳나라에 파견하여 和親을 의논하게 하면서 다음과 같이 말하도록 하였다. "우리나라 임금 句踐이 使臣 보낼 만한 인재가 없어서 下臣 文種을 보내어 감히 天王에게 직접 말씀을 드릴 수 없어서 비공식으로 下執事에게 전달할 말씀을 드립니다. 우리 임금의 군대는 君王께서 존귀하신 몸을 굽혀 친히 정벌할 정도가 되지 못하니, 金玉과 子女로써 君王께서 친히 오시게 한 缺禮에 배상하기를 원합니다. 청컨대 句踐의 딸은 君王께 올려 侍婢를 삼게 하고, 大夫의 딸은 吳나라 大夫들에게 보내어 侍婢를 삼게 하고, 士의 딸은 吳나라 士들에게 보내어 侍婢를 삼게 하며, 越나라의 보물과 귀중한 器物을 모두 뒤따라 바치고, 우리 임금은 越나라의 民衆을 인솔하여 君王의 군대를 좇아서 君王이 지휘하시는 대로 따르겠습니다. 만일 越나라가 지은 죄를 사면할 수 없다고 하신다면, 장차 우리나라의 宗廟를 불태우고 처자식들을 밧줄로 묶으며 金玉 따위 보물을 모두 강에 던져 가라앉히고, 정예 군사 5천 명을 거느리고 목숨을 바쳐 저항하면, 여기에는 반드시 맞먹는 희생이 있게 되어 吳나라도 5천 명이 죽을 것입니다. 이는 군사 1만 명의 정예 군사가 목숨을 버려 君王을 섬기는 셈이니, 이는 君王이 사랑하는 吳나라 군대를 傷害하는 일이 아니겠습니까? 이 1만 명의 사람을 죽이는 것보다는 차라리 越나라의 臣服을 얻는 것이 나으니 무엇이 더 이익이 되겠습니까?"

夫差가 文種의 말을 따라 越나라와 화친을 하려고 하자, 伍子胥가 諫하였다. "옳지 않습니다. 吳나라와 越나라는 서로 원수 사이로 적이 되어 싸우는 나라입니다. 세 江이 吳나라와 越나라를 둘러싸고 있어서 백성들이 다른 곳으로 옮겨 가 살 수가 없습니다. 吳나라가 있으면 越나라가 없어져야 되고, 越나라가 있으면 吳나라가 없어져야 되니, 앞으로 이런 형세는 바꿀 수가 없을 것입니다. 저 員은 들으니, '뭍에서 살던 사람은 뭍에서 살고, 물 위에서 살던 사람은 물 위에서 살아야 한다.'고 합니다. 위쪽의 中原 諸侯國은 우리가 쳐서 이기더라도 우리가 그 땅에서 살 수가 없고, 그들이 타는 수레를 탈 수가 없습니다만 越나라는 우리가 쳐서 이기면 우리가 그 땅에서 살 수가 있고, 그들이 타는 배를 탈 수도 있으니, 이것이 우리에게 유리한 점입니다. 이 기회를 잃어서는 안 되니 君王께서는 기필코 越나라를 멸망시키십시오. 이렇게 유리한 기회를 잃으면 후일 뉘우치더라도 어찌 할 수 없을 것입니다."

越나라 사람이 여덟 명의 미녀를 단장시켜서 吳나라 太宰 伯嚭에게 바치면서 말하였다. "그대가 만일 우리 越나라의 죄를 사면해 주면 앞으로 이 미녀들보다 더 아름다운 여자를 당신에게 바치겠소." 太宰 伯嚭가 吳王에게 諫하였다. "저는 들으니, 옛날 남의 나라를 정벌한 사람은 臣服을 받을 뿐이었습니다. 지금 越나라가 이미 臣服하였는데 또 무엇을 요구하겠습니까?" 夫差가 越나라와 和親을 하고 撤軍하여 본국으로 돌아갔다.

235. 句踐忍辱負重矢志報仇雪恥 句踐이 치욕을 참아 내며 중대한 임무를 지니고 원수를 갚아 수치를 씻기로 맹세하다

【大義】 전쟁에 패한 句踐이 치욕을 참고 국력을 기른 뒤에 국민의 총화로 오나라를 쳐서 승리한 내용.

句踐說於國人曰 寡人不知其力之不足也하고 而又與大國執讎하야 以暴露百姓之骨於中原하니 此則寡人之罪也라 寡人請更하노라 於是葬死者하고 問傷者하며 養生者하고 弔有憂하며 賀有喜하고 送往者하며 迎來者하고 去民之所惡하며 補民之不足하다 然後卑事夫差하야 宦士三百人於吳하고 其身親爲夫差前馬①8)하다

句踐之地 南至于句無②9)하고 北至於禦兒하며 東至于鄞10)하고 西至于姑篾11)하야 廣運12)百里러라 乃致其父兄〔母〕③昆弟而誓之曰 寡人聞호니 古之賢君은 四方之民歸之를 若水之歸下也라하야늘 今寡人不能하니 將帥二三子夫婦以蕃하노라 命④壯

8) 前馬 : 句踐이 夫差가 탄 말의 앞에 나가며 길을 열어 인도함.
9) 句無 : 지금의 浙江省 諸暨縣 남쪽에 있던 옛 땅 이름.
10) 鄞 : 지금의 浙江省 寧波縣에 있는 땅 이름.
11) 姑篾 : 지금의 浙江省 衢縣의 龍游에 있던 옛 땅 이름.
12) 廣運 : 동서와 남북의 거리. 廣은 東西, 運은 南北을 이른다.

者無取老婦하고 令老者無取壯妻하며 女子十七不嫁어든 其父母有罪하고 丈夫二十不取⑤어든 其父母有罪니라 將免13)者以告어든 公令⑥醫守之하야 生丈夫면 二壺酒一犬하고 生女子면 二壺酒一豚하며 生三人이면 公與之母하고 生二人이면 公與之餼호리라 當室者死면 三年釋其政14)하고 支子死면 三月釋其政하며 必哭泣葬埋之를 如其子하다 令孤子寡婦疾疹貧病者는 納宦⑦其子하며 其達士는 潔其居하고 美其服하며 飽其食하야 而摩厲之於義하며 四方之士來者는 必廟禮之하라 句踐載稻與脂於舟以行하야 國之孺⑧子之游者를 無不餔也하고 無不歠也하야 必問其名하다 非其身之所種이면 則不食하고 非其夫人之所織이면 則不衣하야 十年不收於國하니 民居⑨有三年之食이러라

國之父兄이 請曰 昔者夫差恥吾君於諸侯之國이러니 今越國亦節矣라 請報之하노이다 句踐辭曰 昔者之戰也는 非二三子之罪也오 寡人之罪也니 如寡人者 安與知恥리오 請姑無庸戰하노라 父兄又請曰 越四封之內에 親吾君也 猶父母也하니 子而思報父母之仇하고 臣而思報君之讎어니 其有敢不盡力者乎잇가 請復戰하노이다 句踐既許之하고 乃致其衆而誓之曰 寡人聞호니 古之賢君은 不患其衆之不足也오 而患其志行之少恥也라호라 今夫差衣水犀之甲者 億有三千15)이어늘 不患其志行之少恥也하고 而患其衆之不足也하니 今寡人將助天滅⑩之호리라 吾不欲匹夫之勇也오 欲其旅進旅退也⑪하노니 進則思賞하고 退則思刑이니 如此則有常賞이오 進不用命하고 退則無恥니 如此則有常刑하리라 果行에 國人皆勸하야 父勉其子하고 兄勉其弟하며 婦勉其夫하야 曰 孰是⑫君也오 而可無死乎아하니 是故로 敗吳於囿16)하고 又敗之於沒하고 又郊敗之하다

〔校勘〕 ① 前馬 : 汪遠孫의 ≪國語明道本攷異≫에 "≪漢書≫ 〈百官公卿表〉의 如淳 注

---

13) 免 : 해산. 分娩. 娩과 통용.

14) 當室者死 三年釋其政 : 嫡長子가 죽으면 3년 동안 徭役을 면제함. 當室者는 嫡長子를 이름이다.

15) 億有三千 : 10만 3천 명. 有는 又의 뜻. 고대에 10만을 億이라 하였다.

16) 囿 : 땅 이름. 곧 笠澤으로, 지금의 江蘇省 太湖와 吳江縣 일대를 이른다.

에 ≪國語≫를 인용하면서 '先馬'로 쓰고, '先은 洗으로도 쓴다.'라고 하였다."고 하였다.

② 句無 : ≪水經注≫ 四十에는 이 부분을 인용하면서 '句吳'로 썼다.
③ 兄〔母〕: 四部備要本과 汪遠孫의 ≪國語明道本攷異≫에 의거하여 고쳤다.
④ 命 : 四部備要本에는 '令'으로 되어 있다.
⑤ 取 : 四部備要本에는 '娶'로 되어 있는데 통용한다.
⑥ 令 : 四部備要本에는 '令'자가 없다.
⑦ 宦 : 四部備要本에는 '官'으로 되어 있는데 '宦'이 옳다. 아래도 같다.
⑧ 孺 : 四部備要本에는 '𤣥'로 되어 있는데 同字이다.
⑨ 居 : 四部備要本에는 '俱'로 되어 있다.
⑩ 滅 : 四部備要本에는 '威'로 되어 있는데 '滅'이 옳다.
⑪ 也 : 四部備要本에는 '也'자가 없다.
⑫ 是 : 四部備要本에는 '是'자 다음에 '吾'자가 더 있는데 韋昭의 注를 살펴보면 없는 것이 옳다.

句踐이 國民에게 반성하고 해명하여 말하였다. "내가 자신의 힘이 부족한 줄을 알지 못하고 또 大國인 吳나라와 원수를 맺어 우리나라 백성들의 뼈를 들판 가운데 나뒹굴게 하였으니 이는 나의 죄이다. 나는 잘못된 점을 고치기를 요청한다." 이에 전사한 사람을 장사 지내 주고 부상한 사람을 위문하며 산 사람을 보살펴 기르고 초상당한 사람을 弔問하며 기쁜 일이 있는 사람을 경축하고 越나라를 떠나는 사람을 환송하며 越나라로 오는 사람을 기쁘게 맞이하였고, 백성이 싫어하는 政令은 없애고 백성의 생활에 부족한 것은 보충해 주었다. 그런 뒤에 越나라를 떠나 夫差에게 몸을 낮추고 겸손한 자세로 섬겨 3백 명의 士를 吳나라에 보내어 內侍 같은 일을 시키고, 자신은 夫差가 타고 가는 말 앞에 나가며 인도하였다.

句踐이 소유한 영토는 남쪽으로 句無에 이르고 북쪽으로 禦兒에 이르며 동쪽으로 鄞에 이르고 서쪽으로 姑篾에 이르러 동서와 남북의 거리가 1백 리였다. 〈吳나라에서 越나라로 돌아온 뒤에〉 곧 전국의 부모 형제를 초치하여 맹세하여 말하였다. "나는 들으니, 옛날의 어진 君主에게는 사방의 백성들이 스스로 歸依하기를 마치 물이 낮은 곳으로 흘러가는 것과 같이 한다고 하였는데, 지금 나는 그렇게 하지 못하니, 앞으로 그대들 각 가정의 夫婦들을 인솔하여 人口를 늘리려고 한다." 그러고는 명령을 내려, 젊은 남자는 늙은 부인에게 장가들지 말고 늙은 남자는 젊은 부인에게 장가들지 말며, 여자의 나이 17세가 되었는데 시집을 가지 않으면 그 부모에게 죄를 주고, 남자의 나이 20세가 되었는데 장가를 들지 않으면 그 부모에게 죄를 주게 하였다. 장차 해산할 사람이 관청에 해산 사실을 보고하면 관청에서 醫員에게 助產하여 보호하게 하여 사내아이를 낳으면 술 2병과 개 한 마리를 주고 여자아이를 낳으면 술 2병과 돼지 한 마리를 주며, 세쌍둥이를 낳으면 관청에서 유모를 주고 쌍둥이를 낳으면 관청에서 양식을 주었다. 嫡長子가 죽으면 3년 동안 徭役을 면제해 주고 衆子가 죽으면 3개월 동안 徭役을 면제해 주면서 반드시 장례에 참석하여 울면서 매장하기를 마치 자기의 아들처럼 대하였다. 고독한 홀아비·과부·고질병을 앓는 사람과 가난하고 병든 사람은 그의 아들을 관리로 받아들여 녹봉을 주고, 識見이 高邁하고 사리에 통달한 사람은 정갈한 거처를 제공하며 아름다운 의복을 입게 하고 배불리 먹을 수 있는 좋은 음식을 제공하여 道義를 갈고 닦게 하며, 사방에서 越나라로 오는 인재는 반드시 宗廟에서 禮를 갖추어 접대하였다. 句踐이 쌀과 기름진 고기를 배에 싣고 나가 나라 안의 遊學하는 젊은이를 만나면 먹여 주지 않은 사람이 없고 음료수를 마시게 하지 않은 사람이 없어서, 반드시 그 사람의 이름을 물어서 기록하였다. 자기가 직접 심어서 기른 곡식이 아니면 먹지 않고 자기 부인이 손수 길쌈한 베가 아니면 입지 아니하여 10년 동안 국가에서 세금을 거두지 않으니, 백성의 집집마다 3년 동안 먹을 양식이 비축되었다.

越나라의 父兄들이 요청하였다. "전에 夫差가 우리 임금을 諸侯國들 앞에서 치욕을 주었었는데, 지금 越나라도 절도를 세워 규모를 갖추었으니, 저희들은 보복하기를 요청합니다." 句踐이 거절하며 말하였다. "전에 吳나라와의 전투에서 진 것은 그대들의 잘못이 아니라 나의 잘못이었소. 나와 같은 사람이 어떻게 부끄러운 줄을 아는 축에 끼겠소? 그대들은 아직 전쟁을 하지 말기를 바라오." 父兄들이 또 요청하였다. "越나라 사방의 국경 안에 사는 사람들은 우리 임금을 친애하는 마음이 마치 자기의 父母와 같이 여기고 있습니다. 자식이 父母의 원수 갚기를 생각하고 신하가 임금의 원수 갚기를 생각하고 있는데 어찌 감히 있는 힘을 다하지 않을 사람이 있겠습니까? 다시 吳나라와 決戰할 것을 요청합니다." 句踐이 이미 그들의 요청을 허락하고 곧 대중을 초치하여 맹세하였다. "내가 들으니, 옛날의 현명한 군주는 그의 병력이 부족한 것을 걱정하지 않고 그들의 의지가 낮아 羞恥를 하찮게 여기는 것을 걱정한다고 하오. 지금 夫差에게는 무소가죽으로 만든 갑옷을 입은 군대가 10만 3천 명이지만 그들은 군사들의 의지가 낮아 수치를 하찮게 여기는 것은 걱정하지 않고 병력이 부족한 것만을 걱정하고 있으니, 이제 나는 하늘을 도와 吳나라를 멸망시키려 하오. 나는 우리 군사들이 匹

夫의 용맹만을 부리지 않고 우리 군사들이 함께 진격하고 함께 퇴각할 것을 바라니, 진격하면 상을 받을 것을 생각하고, 후퇴하면 형벌을 받을 것을 생각해야 하니, 이렇게 하면 규정된 상이 있을 것이고, 진격할 적에 명령을 따르지 않고 혼자 행동하며 후퇴할 적에는 부끄러움이 없을 수 없으니 이러면 규정된 형벌이 있을 것이오." 군대가 과감히 출발하자 온 나라 사람들이 모두 권면하여 아버지는 아들을 권면하고 형은 아우를 권면하며 아내는 남편을 권면하여 말하였다. "우리 임금같이 좋은 분이 어느 누가 있겠소. 이분을 위하여 목숨을 바쳐 싸우지 않을 수 있겠는가?"라고 하니, 이 때문에 囿에서 吳나라 군대를 격파하고, 또 沒에서 격파하였으며, 또 吳나라 國都의 교외에서 격파하였다.

236. 越不許吳成夫差自殺 越나라가 吳나라에서 요청한 화친을 허락하지 않으니 夫差가 자살하다

【大義】 越王 句踐이 夫差의 화친 요구를 거절하자 빠져나갈 길이 없게 된 夫差가 자살하고 월나라가 오나라를 멸망시킨 내용.

夫差行成曰 寡人之師徒 不足以辱君矣니 請以金玉・子女로 賂君之辱하노이다 句踐對曰 昔天以越與①吳어늘 而吳不受②러니 今天以吳予越하니 越可以無聽天之命하고 而聽君之令乎잇가 吾請達王甬句東하야 吾與君爲二君乎인저 夫差對曰 寡人禮先壹飯矣[17]니 君若不忘周室[18]하야 而爲弊邑宸宇[19]면 亦寡人之願也로이다 君若曰 吾將殘女③社稷하고 滅女宗廟라하면 寡人請死하노니 余何面目으로 以視於天下乎아 越君其次也하소서 遂滅吳하다

---

17) 禮先壹飯矣 : 夫差의 나이가 句踐보다 많음을 이른 말. 예의로 말하면 한 그릇의 밥을 먼저 먹은 차이가 있다는 뜻이다. 일설에는, 壹飯은 자그마한 은혜가 있다는 뜻으로, 전일 越나라가 망하게 되었을 때 夫差가 句踐의 화친 요청을 받아들여 은혜를 베풀어 주었음을 이른 말이라고 한다.

18) 不忘周室 : 吳나라는 泰伯의 후예로 周王室과 同姓이기 때문에, 周王室과의 관계를 고려하여 인정을 베풀어 달라는 뜻이다.

19) 弊邑宸宇 : 吳나라를 越나라의 처마 밑에 머물러 두어서 附庸으로 삼아 주기를 요청한 말.

〔校勘〕 ① 與 : 四部備要本에는 '予'로 되어 있는데 통용한다.
② 受 : 四部備要本에는 '受'자 다음에 '命'자가 더 있는데 〈吳語〉와 〈越語 下〉의 이 부분에 모두 '命'자가 없다.
③ 女 : 四部備要本에는 '汝'로 되어 있는데 통용한다. 아래도 같다.

夫差가 화친을 요구하며 말하였다. "나의 군대가 君王의 존귀하신 몸을 굽혀 토벌하게 하기에는 부족하니, 金玉과 子女로 君王께서 존귀하신 몸을 굽혀 우리나라에 오신데 대하여 사례하기를 요청합니다." 句踐이 대답하였다. "지난날 하늘이 越나라를 吳나라에 주었으나 吳나라는 받지 않았습니다. 지금 하늘이 吳나라를 越나라에 주셨으니, 越나라가 하늘의 명령을 따르지 않고 君王의 명령을 따르겠습니까? 나는 君王을 甬句東에 보내 드려서 나와 君王이 함께 越나라의 두 임금으로 대우받기를 요청합니다." 夫差가 대답하였다. "禮로 따지면 내가 밥 한 그릇 정도 먼저 먹었으니, 君王께서 만일 周나라 王室과의 관계를 잊지 않으시어 우리가 越나라 처마 밑에서 보호를 받는다면 이 역시 제가 원하는 바입니다. 君王께서 만일 '내가 장차 너의 社稷을 파괴하고 너의 宗廟를 허물어 없애겠다.'라고 말한다면 나는 죽기를 요청하니, 내가 무슨 面目으로 천하 사람들을 보겠소? 越나라 君王은 吳나라에 오래 머무르며 차지하시오." 이리하여 마침내 吳나라를 멸망시켰다.

國語 제21권

越語 下

237. 范蠡進諫句踐持盈定傾節事 范蠡가 句踐에게 융성함을 유지하고 기울어진 형세를 안정시키고 정사를 절도 있게 시행하라고 간하다

【大義】 范蠡가 句踐에게 융성함을 유지하고, 기울어진 형세를 안정시키며, 정사를 절도 있게 행하여 하는, 세 가지 나라를 다스리는 방책을 제시하여 월나라를 강성하게 만든 탁월한 정치적 재능을 드러낸 내용.

越王句踐이 卽位三年에 而欲伐吳한대 范蠡進諫曰 夫國家之事는 有持盈[1]하고 有定傾하며 有節事니이다 王曰 爲三者 奈何오 范蠡①對曰 持盈者與天[2]하고 定傾者與人[3]하며 節事[4]者與地[5]니 王不問하시면 蠡不敢言이로소이다 天道는 盈而不溢하고 盛而不驕하며 勞而不矜其功이라 夫聖人은 隨時以行하나니 是謂守時니이다 天時不作이면 弗爲人客[6]이오 人事[7]不起면 弗爲之始어늘 今君王未盈而溢하시고 未盛而驕하시

---

1) 持盈 : 가득 찬 것을 잘 유지하여 지킴. 곧 富强한 형세를 오래 보존하여 지켜 나감을 이른다.

2) 與天 : 하늘을 법으로 삼음. 天道는 가득 차도 넘치지 않고, 盛하여도 교만하지 않음으로 이를 준칙으로 삼아야 함을 이른다.

3) 與人 : 사람의 마음을 반영함. 人道는 겸손함을 좋아하니, 國勢가 기울어 위태로울 적에는 마땅히 말을 겸손하게 하고, 禮遇하여 존경하며, 보물과 여자로 즐겁게 하고, 명예를 높여 줌을 이른다.

4) 節事 : 일을 시행함에 절도가 있어서 준칙에 부합하도록 하는 일.

5) 與地 : 땅을 법으로 삼음. 땅은 때가 이르지 않으면 억지로 나게 할 수가 없고, 일이 끝나지 않으면 억지로 이루게 할 수가 없는 등의 일을 이른다.

6) 人客 : 남의 賓客. 곧 남의 나라를 공격하여 초청하지도 않은 빈객의 자리에 自處함을

며 不勞而矜其功하시고 天時不作이어늘 而先爲人客하시고 人事不起어늘 而創爲之始하시니 此逆於天이오 而不和於人이니이다 王若行之하시면 將妨於國家하고 靡王躬身이리이다 王弗聽하다

范蠡進諫曰 夫勇者는 逆德也오 兵者는 凶器也오 爭者는 事之末也니이다 陰謀逆德하고 好用凶器하야 始於人者는 人之所卒也오 淫佚之事는 上帝之禁也니 先行此者는 不利하니이다 王曰 無是貳言[8]也니 吾已斷之矣로라 果興師而伐吳하야 戰於五湖[9]라가 不勝하고 棲於會稽하다

王召范蠡而問焉하야 曰 吾不用子之言이라가 以至於此하니 爲之奈何오 范蠡對曰 君王其忘之乎잇가 持盈者與天하고 定傾者與人하며 節事者與地니이다 王曰 與人奈何오 范蠡對曰 卑辭尊禮하고 玩好女樂[10]하며 尊之以名이니 如此不已면 又身與之市[11]니이다 王曰 諾다 乃令大夫種하야 行成於吳曰 請士女女於士하고 大夫女女於大夫하며 隨之以國家之重器호리이다 吳人不許하다 大夫種來而復往하야 曰 請委管籥하며 屬國家[12]하고 以身隨之호리니 君王制之하소서 吳人許諾하다 王曰 蠡爲我守於國하라 范蠡對曰 四封之內의 百姓之事는 蠡不如種也오 四封之外의 敵國之制와 立斷之事는 種亦不如蠡也니이다 王曰 諾다 令大夫種하야 守於國하고 與范蠡入宦於吳하다

이른다.

7) 人事 : 나라 안에서 일어나는 逆謀나 叛亂 등의 변화를 이른 말.

8) 貳言 : 앞에서 말한 陰謀와 淫佚에 관한 두 가지 말.

9) 五湖 : 韋昭는 太湖라 하였고, 일설에는, 太湖 東岸의 菱湖·游湖·莫湖·貢湖·胥湖의 다섯 작은 호수라고 함.

10) 玩好女樂 : 진귀한 보물과 아름다운 歌女·樂舞. 玩好는 진귀한 金玉과 좋은 玩具. 女樂은 越나라 士의 딸은 吳나라 士의 侍妾으로, 越나라 大夫의 딸은 吳나라 大夫의 侍妾으로 주라는 말이다.

11) 身與之市 : 자기의 몸을 주어 노예로 팔림. 곧 吳나라에 들어가 노예처럼 생활하여 그들을 이롭게 함을 이른다.

12) 委管籥屬國家 : 國庫의 열쇠를 맡기고 국가를 넘겨 줌. 籥은 鑰과 통용으로 자물쇠. 屬은 관리권을 넘겨 준다는 뜻이다.

三年에 而吳人遣之어늘 歸反②至於國하야 王問於范蠡曰 節事奈何오 范蠡對曰 節事者與地니 唯地能包萬物以爲一하야 其事不失이라 生萬物하며 容畜禽獸하고 然後受其名而兼其利하야 美惡[13]皆成以養③生하나니이다 時不至면 不可彊生이오 事不究면 不可彊成이니 自若以處하며 以度天下하야 待其來者而正之하고 因時之所宜而定之니이다 同男女之功[14]하고 除民之害하야 以避天殃하고 田野開闢하야 府倉實하며 民衆殷이니 無曠其衆하야 以爲亂梯니이다 時將有反하고 事將有閒이니 必有以知天地之恆制라야 乃可以有天下之成利니 事無閒하고 時無反이면 則撫民保教以須之니이다

王曰 不穀之國家는 蠡之國家也니 蠡其圖之하라 范蠡對曰 四封之內의 百姓之事에 時節三樂[15]하야 不亂民功하고 不逆天時하야 五穀稑〔睦〕④孰하고 民乃蕃滋하야 君臣上下 交得其志는 蠡不如種也오 四封之外의 敵國之制와 立斷之事에 因陰陽之恆[16]하고 順天地之常하야 柔而不屈하고 彊而不剛하며 德虐[17]之行을 因以爲常하고 死生에 因天地之刑이니 天因人하고 聖人因天하나니이다 人自生之에 天地形之하고 聖人因而成之라 是故戰勝而不報하고 取地而不反하며 兵勝於外하고 福生於內하야 用力甚少而名聲章明은 種亦不如蠡也니이다 王曰 諾다 令大夫種爲之하다

〔校勘〕 ① 范蠡 : 四部備要本에는 이 두 글자가 없다.
② 反 : 四部備要本에는 '及'으로 되어 있다.
③ 養 : 四部備要本에는 '養'자 다음에 '其'자가 더 있다.
④ 稑〔睦〕 : 四部備要本에는 '睦'으로 되어 있는데 黃丕烈의 ≪國語札記≫에 "段玉裁는 '稑'으로 쓴 것은 옳지 않다고 했다. ≪左傳≫에 '나라의 정치는 無道한데 年穀이 和熟함은 하늘이 도운 것이다.' 하였으니, 和熟과 睦熟은 똑같

---

13) 美惡 : 땅에서 생산되는 좋은 물건과 나쁜 물건.
14) 男女之功 : 남자와 여자가 하는 일. 곧 남자가 하는 농사일과 여자가 하는 길쌈을 이른다.
15) 三樂 : 봄·여름·가을 세 철에 백성들이 즐겁게 농사를 짓도록 권면하는 일.
16) 陰陽之恆 : 陰陽의 두 기운이 만물을 化生하는 일정한 규율. 韋昭는 剛柔·晦明과 日月星 三光의 차고 기울어짐과 군사 작전의 利不利의 일정한 氣數라고 하였다.
17) 德虐 : 賞을 주거나 형벌을 행하는 일. 德은 懷柔하는 일과 벼슬이나 賞을 주는 일. 虐은 형벌을 주거나 퇴출시키는 일을 이른다.

다." 하였기에 따랐다.

越王 句踐이 즉위한 뒤 3년에 吳나라를 정벌하려고 하자, 范蠡가 諫言을 올려 말하였다. "국가를 다스리는 일은, 國勢가 융성할 때 이를 잘 지켜야 하고, 國勢가 기울어 질 때 이를 되돌려 안정시켜야 하고, 平時의 政事를 처리하는 데에는 절도가 있어야 합니다." 越王이 말하였다. "이 세 가지 일을 행하려면 어떻게 해야 하오?" 范蠡가 대답하였다. "융성한 國勢를 지키려는 자는 하늘의 법도에 순응하여야 하고, 기울어지는 國勢를 되돌려 안정시키려는 자는 人心에 순응하여야 하고, 政事를 절도 있게 처리하려는 자는 땅의 법도에 순응하여야 하는데, 君王께서 묻지 않으셨으면 제가 감히 말하지 못했을 것입니다. 天道는 가득 차도 밖으로 넘치지 않고, 元氣가 盛하여도 교만하지 않으며, 수고로워도 자신의 功을 자랑하지 않습니다. 聖人은 天時를 따라 행하니, 이것을 守時라고 합니다. 敵國에 天災가 일어나지 않으면 함부로 남의 나라에 쳐들어가지 않고, 敵國에 人事에 관한 변란이 일어나지 않으면 먼저 事端을 주동하지 않는 것입니다. 그런데 지금 君王께서는 국가의 富强함이 가득 차지 않았는데도 밖으로 넘치고, 國勢가 昌盛하지 않았는데도 스스로 교만하며, 수고롭게 노력하지 않았으면서도 자신의 功을 자랑하시고, 敵國에 天災가 일어나지 않았는데도 먼저 공격하려 하고, 敵國에 人事에 관한 변란이 일어나지 않았는데도 먼저 事端을 주동하려고 하시니, 이것은 하늘의 뜻을 거스르는 일이고, 사람 사이의 和睦을 잃게 하는 일입니다. 君王께서 만일 이대로 시행하시면 장차 국가에 危害가 되고 君王 자신의 몸에도 손상이 될 것입니다." 越王이 이 말을 따르지 않았다.

范蠡가 諫言을 올려 말하였다. "용맹을 믿고 남의 나라를 공격하는 것은 謙讓하는 德을 거스르는 일이요, 전쟁에 사용하는 무기는 사람을 살해하는 흉기요, 전쟁은 일을 해결하는 최후의 수단입니다. 전쟁하는 謀略을 써서 謙讓의 德을 거스르고, 무기를 써서 사람을 살해하기 좋아하여 남보다 먼저 전쟁을 일으키는 사람은 결국 남에게 害를 입게 되고, 거리낌 없이 제멋대로 放縱한 일은 上帝가 금지하는 것이니, 남보다 먼저 이러한 일을 행하는 자는 이롭지 못합니다." 越王이 말하였다. "나는 그대가 말한 두 가지가 없으니, 나는 이미 결단을 내렸다." 하고는 정말로 군사를 일으켜 吳나라를 정벌하여 五湖 지역에서 전투를 벌였다가 이기지 못하고 會稽山으로 퇴각하여 잠시 머물렀다.

越王이 范蠡를 불러서 물었다. "내가 그대의 말을 받아들여 쓰지 않았다가 이 지경에 이르렀으니, 어떻게 해야 되겠소?" 范蠡가 대답하였다. "君王께서는 잊으셨습니까? 융성한 國勢를 계속 지키려는 자는 하늘의 법도에 순응하여야 하고, 기울어지는 國勢를 되돌려 안정시키려는 자는 人心에 순응하여야 하고, 政事를 절도 있게 처리하려는 자는 땅의 법도에 순응해야 합니다." 越王이 말하였다. "人心에 순응하는 방법은 어떻게 하는 것이오?" 范蠡가 대답하였다. "말을 겸손히 하고 禮를 융숭히 하여 섬기며, 진기한 보물과 아름다운 女樂을 바치고, 尊貴한 名號로 그를 높여 주어야 하니, 이와 같이 하는데도 吳나라가 和親하는 일을 마무리해 주지 않으면 또 君王의 몸을 吳나라에 팔아 奴僕이 되어야 할 것입니다." 越王이 말하였다. "좋소." 그리하여 大夫 文種에게 吳나라에 가서 화친을 요청하며 말하게 하였다. "청컨대 越나라 士의 딸은 吳나라 士에게 주어 侍婢를 삼고, 大夫의 딸은 吳나라 대부에게 주어 侍婢를 삼게 하며, 越나라의 진귀한 보물과 器物도 딸려 보내겠습니다." 吳나라 사람이 화친을 허락하지 않았다. 大夫 文種이 越나라로 돌아갔다가 다시 吳나라에 와서 말하였다. "청컨대 越나라의 창고 열쇠를 넘겨 드리고 越나라를 吳나라에 소속시키며, 越王은 몸소 吳나라로 따라가 섬길 것이니, 君王께서 마음대로 지휘하십시오." 吳나라 사람이 화친을 허락하였다. 越王이 말하였다. "范蠡는 나를 위하여 남아서 나라를 지키도록 하시오." 范蠡가 대답하였다. "사방 국경 안의 백성을 다스리는 일은 저 范蠡가 大夫 文種만 못하고, 사방 국경 밖의 敵國을 제압하는 일과 일을 당했을 때 즉시 판단을 내리는 일은 大夫 文種이 저 范蠡만 못합니다." 越王이 말하였다. "좋소." 그리하여 大夫 文種은 남아서 나라를 지키게 하고, 자기는 范蠡와 함께 吳나라에 들어가 奴僕으로 일하였다.

그렇게 3년이 지나자 吳나라 사람이 석방하여 보내 주었다. 돌아와 나라에 당도하여 越王이 范蠡에게 물었다. "평시의 政事를 절도 있게 처리하는 일은 어떻게 해야 하오?" 范蠡가 대답하였다. "평시의 政事를 절도 있게 처리하려는 자는 땅의 법도에 순응하여야 하니, 오직 땅은 만물을 포용하여 똑같이 하나의 사물을 만들어 어떤 사물도 이루는 때를 잃지 않게 합니다. 만물을 生成하며 禽獸를 수용하여 기르고, 그런 뒤에 그 功名을 받고 이익을 아울러 누려 좋고 나쁜 것을 가리지 않고 모두 生長시켜 사람을 봉양해 살게 합니다. 때가 아직 이르지 않으면 만물을 억지로 生長시킬 수 없고, 일이 극도에 도달하지 않으면 억지로 이룰 수가 없습니다.

자연스럽게 처신하면서 천하의 형세를 헤아려 기회가 오기를 기다리며 잘못된 政事를 바로잡고, 적당한 시기를 이용하여 국면을 안정시켜야 합니다. 君王은 남자와 여자가 하는 일을 똑같이 하고, 백성에게 해가 되는 일을 제거하여 하늘이 내리는 재앙을 피하고, 들의 전답을 개간하며 창고에 재물과 양식을 채우며, 백성이 많이 불어나고 생활이 풍족하게 해야 하니, 백성이 本業을 폐하고 날을 허비하여 禍亂이 일어나는 계기가 되게 해서는 안 됩니다. 하늘의 天時는 순환하여 반복함이 있고, 사람의 일은 이용할 수 있는 틈이 있게 마련이니, 반드시 天地의 변화하는 일정한 규율을 알아야 비로소 天下의 성공하는 이익을 얻을 수가 있습니다. 일이 이용할 수 있는 틈이 없고 天時가 순환하여 돌아온 운이 없으면 백성을 잘 보살펴 보호하고 가르치면서 때를 기다려야 합니다."

越王이 말하였다. "나의 국가는 范蠡 그대의 국가이니, 范蠡 그대가 계획해 보시오." 范蠡가 대답하였다. "사방 국경 안의 백성을 다스리는 일은 세 계절에 농사일을 즐겁게 하도록 조절하여 백성들이 하는 일을 간섭하여 어지럽게 하지 않고, 농사에 적합한 天時를 거스르지 않아서 五穀이 잘 익어 풍년이 들고, 백성의 인구가 불어나 君臣 上下가 서로 마음먹은 것을 얻게 하는 일은 제가 大夫 文種만 못합니다. 사방 국경 밖의 적국을 제압하는 일과 일을 당했을 때 즉시 판단하는 경우에 陰陽의 일정한 규율을 따르고 天地의 변화하는 떳떳한 법을 순응하여 겉은 부드러우나 마음은 비굴하지 않고, 마음은 굳세나 겉은 억세지 않으며, 은덕을 베풀고 형벌을 시행하는 일을 떳떳한 법에 따라 행하며 죽이고 살리는 일에 天地의 일정한 법을 따라야 하니, 하늘은 사람이 하는 일에 따라 禍福을 내리고, 聖人은 하늘이 미리 보이는 것을 법으로 삼습니다. 사람이 자연스럽게 生長할 적에 天地가 吉凶의 조짐을 나타내 보이고 聖人은 그 吉凶을 따라 賞罰을 시행하여 큰일을 이루는 것입니다. 이러므로 전쟁에 敵國을 이기더라도 敵國이 보복하지 못하게 하고, 敵國의 영토를 탈취하더라도 배반하지 못하게 하며, 군대가 나라 밖에서 이기고 나라 안에서 福을 만들어 내어 사용한 힘은 적어도 名聲이 밝게 드러나게 하는 일은 大夫 文種이 저만 못합니다." 越王이 말하였다. "좋소." 하고는 大夫 文種에게 越나라의 內政을 다스리도록 하였다.

238. 范蠡勸句踐無蚤圖吳 范蠡가 句踐에게 오나라를 빨리 도모하지 말라고 권하다

【大義】 吳나라에 대한 복수를 빨리 갚으려고 하는 句踐에게 하늘이 주는 기회가 오기도 전에 너무 빨리 서두르면 성공하지 못한다고 권고한 범려의 뛰어난 식견.

四年에 王召范蠡而問焉하야 曰 先人[18]就世하시고 不穀卽位나 吾年旣少라 未有恆常하야 出則禽荒[19]하고 入則酒荒하야 吾百姓之不圖하고 唯舟與車러니라 上天降禍於越하야 委制於吳어늘 吳人之那不穀에 亦又甚焉이라 吾欲與子謀之하노니 其可乎아 范蠡①對曰 未可也니이다 蠡聞之호니 上帝不考면 時反是守니 彊索者不祥이라호이다 得時不成이면 反受其殃하야 失德滅名하고 㳅②走死亡하나니이다 有奪有予有不予하니 王無蚤圖하소서 夫吳는 君王之吳也니 王若蚤圖之하시면 其事又將未可知也니이다 王曰 諾다

〔校勘〕 ① 范蠡 : 四部備要本에는 이 두 글자가 없다.
② 㳅 : 四部備要本에는 '流'로 되어 있는데 '㳅'는 '流'의 古字이다.

越王이 吳나라에서 돌아온 지 4년에 范蠡를 불러서 물었다. "先人께서 세상을 뜨시고 내가 卽位하였으나, 나의 나이가 아직 어렸소. 늘 지니는 착하고 변하지 않는 마음을 두지 못하여 밖에 나가서는 사냥에 빠지고, 宮에 들어와서는 술에 빠져서 우리 백성을 잘 다스리는 일은 고려하지 않고 배와 수레를 타고 놀며 구경하는 일만 하여 왔소. 하늘이 越나라에 재앙을 내려 吳나라에 귀순하여 다스림을 받았는데, 吳나라 사람이 나에 대하여 너무나도 심하게 굴었소. 나는 그대와 吳나라를 도모하고자 하니 될 수 있겠소?" 范蠡가 대답하였다. "아직 되지 않습니다. 저는 들으니, 하늘이 이루어 주지 않으면 때가 돌아오기를 지켜서 기다려야 하니, 때를 어기고 억지로 이루기를 구하면 상서롭지 않다고 합니다. 때를 얻고도 힘써서 일을 이루지 못하면 도리어 재앙을 받게 되어 德과 명예를 잃고 망

---

18) 先人 : 越王 句踐의 아버지 越王 允常.

19) 禽荒 : 사냥하는 즐거움에 빠져 헤어나지 못함을 이르는 말. 禽은 짐승. 荒은 탐닉하여 돌아오지 못함을 이른다.

하여 달아나거나 사망하게 됩니다. 하늘은 주었다가 빼앗는 때도 있고, 줄 때도 있으며 주지 않는 때도 있으니 君王께서는 너무 일찍 吳나라를 도모하지 마십시오. 저 吳나라는 君王이 차지할 나라입니다. 君王께서 만일 너무 일찍 빼앗기를 도모하시면 일이 앞으로 어떻게 발전할지 예측할 수 없습니다." 越王이 말하였다. "좋소."

239. 范蠡謂人事至而天應未至 范蠡가 인사는 이르렀으나 하늘의 호응은 아직 이르지 않았다고 말하다

【大義】 吳王의 失德은 드러났으나 하늘의 뜻은 아직 호응하지 않았으니 정벌할 수 없다고 만류한 范蠡의 遠慮.

又一年에 王召范蠡而問〈焉〉①하야 曰 吾與子謀吳할새 子曰 未可也라하더니 今吳王淫於樂而忘其百姓하야 亂民功하며 逆天時하고 信讒喜優하며 憎輔遠弼하야 聖人不出하고 忠臣解骨하며 皆曲相御하야 莫適相非하야 上下相偸하니 其可乎아 范蠡對曰 人事至矣나 天應未也니 王姑待之하소서 王曰 諾다

〔校勘〕 ① 〈焉〉: 四部備要本에 의거하여 보충하였다.

또 1년이 지나자, 越王이 范蠡를 불러서 물었다. "내가 그대와 吳나라를 도모할 일을 의논할 적에 그대는 되지 않는다고 말했소. 지금 吳王은 聲色의 逸樂에 빠진 채 백성을 돌보는 일을 잊어 백성의 농사일을 어지럽히며 天時를 거스르고, 참소를 믿고 배우들을 좋아하며, 바른 말하여 輔弼하는 신하를 싫어하고 멀리하여 통달한 어진 사람은 숨어서 나오지 않고 忠臣은 心身이 풀려서 모두 뜻을 굽히고 서로 영합하여 자신의 뜻을 주장하며 是非를 가리는 일이 없이 上下가 구차스럽게 安樂함 만을 취하고 있으니, 吳나라를 정벌할 수가 있겠소?" 范蠡가 대답하였다. "人事的인 기회는 왔으나 하늘의 호응하는 조짐은 아직 나타나지 않았습니다. 君王은 아직 기다리십시오." 越王이 말하였다. "좋소."

240. 范蠡謂先爲之征其事不成 范蠡가 천지의 조짐이 미처 나타나기 전에 먼저 정벌하면 일이 이루어지지 않는다고 말하다

【大義】 하늘이 吳나라를 멸망시킬 조짐을 보이지 않으므로 정벌하면 안 된다고 諫한 范蠡의 통찰력을 보임.

又一年에 王召范蠡而問焉하야 曰 吾與子謀吳할새 子曰 未可也라하더니 今申胥驟諫其王한대 王怒而殺之하니 其可乎아 范蠡①對曰 逆節[20]萌生이나 天地未形이어늘 而先爲之征이면 其事是以不成이라 雜受其刑이니 王姑待之하소서 王曰 諾다

〔校勘〕 ① 范蠡 : 四部備要本에는 이 두 글자가 없다.

또 1년이 지나자, 越王이 范蠡를 불러서 물었다. "내가 그대와 吳나라를 도모할 일을 의논할 적에 그대는 되지 않는다고 말했소. 지금 申胥가 吳王에게 여러 차례 諫하자 吳王이 怒하여 그를 죽였으니, 吳나라를 정벌할 수 있겠소?" 范蠡가 대답하였다. "吳王에게 逆節의 싹이 움트기는 하였습니다만 天地가 아직 분명한 조짐을 보이지 않고 있는데 우리가 먼저 吳나라를 정벌하면 이 때문에 吳나라를 토벌하여 멸망시키는 일을 이루지 못할 뿐만 아니라, 吳나라와 함께 그에 따른 害를 받을 것이니 君王께서는 아직 기다리십시오." 越王이 말하였다. "좋소."

241. 范蠡謂人事與天地相參乃可以成功 范蠡가 사람의 일과 천지의 뜻이 서로 어울려야 성공할 수 있다고 말하다

【大義】 정벌에서 완전한 승리를 얻으려면 그 나라에 人事上의 변란이 있고 天時가 호응하는 기회를 이용해야 실패가 없음.

又一年에 王召范蠡而問焉하야 曰 吾與子謀吳할새 子曰 未可也라하더니 今其稻蟹不遺種[21]하니 其可乎아 范蠡對曰 天應至矣나 人事未盡也니 王姑待之하소서 王怒曰

20) 逆節 : 충성스럽고 선량한 사람을 죽이고, 정상적인 예의를 거스름을 이른 말.

21) 稻蟹不遺種 : 게가 벼를 깡그리 갉아먹어 곡식 종자가 남지 않음. 일설에는, 벼와 게

道固然乎아 妄其欺不穀耶아 吾與子言人事에 子應我以天時러니 今天應至矣어늘 子應我以人事는 何也오 范蠡對曰 王姑勿怪하소서 夫人事는 必將與天地相參이라야 然後乃可以成功이니이다 今其禍新民恐하야 其君臣上下 皆知其資財之不足以支長久也하니 彼將同其力하야 致其死면 猶尙殆니이다 王其且馳騁弋獵호대 無至禽荒하시고 宮中之樂하사대 無至酒荒하시며 肆與大夫觴飮하사대 無忘國常하소서 彼其上將薄其德하야 民將盡其力하리니 又使之望而不得食이라야 乃可以致天地之殛이니 王姑待之하소서

또 1년이 지나자, 越王이 范蠡를 불러 물었다. "내가 그대와 吳나라를 도모할 일을 의논할 적에 그대는 되지 않는다고 말했소. 지금 吳나라에 게가 벼를 갉아먹는 재앙이 있어서 곡식 종자가 남지 않았으니, 吳나라를 정벌할 수 있겠는가?" 范蠡가 대답하였다. "하늘이 호응하는 조짐은 吳나라에 나타났으나 人事에 관한 변란 등은 아직 극도에 이르지 않았으니, 君王께서는 아직 기다리십시오." 越王이 怒하여 말하였다. "道理가 본디 여러 차례 기다려야 되는 것인가? 망령된 말로 나를 속이는 것인가? 나는 그대에게 吳나라의 人事에 관한 변란을 말했을 때, 그대는 하늘이 호응하는 때가 아니라고 응답하더니, 지금 하늘이 호응하는 재앙이 나타났는데 그대는 人事에 관한 변란이 아직 극도에 이르지 않았다는 것으로 응답하니, 무슨 道理로 그러는 것인가?" 范蠡가 대답하였다. "君王께서는 잠시 괴이하게 여기지 마십시오. 人事에 관한 변란은 반드시 天災地變과 서로 어우러진 뒤에야 성공할 수 있습니다. 지금 吳나라는 게가 벼를 갉아먹는 재앙이 새로 나타나자 백성들이 두려워하여 그들의 임금과 신하 등 上下 모두가 그들 국가의 자원과 재물이 오랫동안 지탱하기에 부족하다는 것을 알고 있습니다. 저들이 앞으로 힘을 하나로 합하여 목숨을 바쳐 우리를 대항하려고 하면 우리가 공격을 감행할 경우에 도리어 위태롭게 될 수가 있습니다. 君王께서는 우선 일부러 말을 달리며 사냥을 하시되 짐승을 잡는 일에 온통 빠지지 마시고, 궁중에서 음악과 女色을 즐기시되 온통 술에 빠지지 마시고, 大夫들과 술자리를 벌여 마음껏 痛飮하시되 국가의 정상적인 법도를 잊지 마십시오. 그러면 저 吳나라의 통치자는 越나라에 마음을 쓰지 않아 德을 닦지 않고 失政하여 백성들의 財力을 모두 탕진할 것입니다. 게다가 그들이

따위의 생선까지도 모두 씨가 마른 것이라고 한다.

통치자를 원망하고 밥을 먹을 수 없게 하여야 우리들이 天地가 내리는 誅罰을 집행할 수 있을 것이니, 君王께서는 잠시 기다리십시오."

242. 越興師伐吳而不與戰 越나라가 군사를 일으켜 吳나라 정벌에 나섰으나 접전하지 아니하다

【大義】 국력을 기른 越王 句踐이 吳나라를 정벌하자 오나라 군대가 다섯 차례 도전하였으나 범려는 접전의 적절한 시기를 더 기다리라고 주장한 내용.

至於玄月22)하야 王召范蠡而問焉하야 曰 諺有之하니 曰 觥飯①不及壺飧23)이라하니 今歲晩24)矣라 子將奈何오 范蠡對曰 微君王之言이라도 臣固②將謁之러니이다 臣聞從時者는 猶救火追亡人也하야 蹶而趨之라도 唯恐弗及이라호이다 王曰 諾다 遂興師伐吳하야 至於五湖하다

吳人聞之하고 出〈而〉③挑戰하야 一日五反하니 王弗忍하야 欲許之한대 范蠡進諫曰 〈夫〉④謀之廊廟25)하야 失之中原이면 其可乎잇가 王姑勿許也하소서 臣聞之호니 得時無怠니 時不再來오 天予不取면 反爲之災라호이다 贏⑤縮轉化26)면 後將悔之니 天節固然이라 唯謀不遷이니이다 王曰 諾다하고 弗許하다

范蠡曰 臣聞古之善用兵者는 贏縮以爲常27)하고 四時以爲紀하야 無過天極하야 究數而止하니이다 天道皇皇하야 日月以爲常하니 明者以爲法하고 微者則是行이라 陽至

---

22) 玄月 : 음력 9월의 별칭. 이때는 魯哀公 16년(기원전 479년) 음력 9월이다.

23) 觥飯不及壺飧 : 풍성하게 차린 밥이 물에 말아 조롱박에 담은 밥만 못함. 적은 음식이라도 굶주림을 구제할 수 있음을 이른 말. 觥은 大의 뜻, 壺는 조롱박이다.

24) 歲晩 : 周나라는 子月, 곧 음력 10월을 歲首로 하기 때문에 당시의 음력 9월은 지금의 선달에 해당하므로 이른 말.

25) 廊廟 : 朝廷을 이르는 말. 廊은 궁전의 외곽 건물. 廟는 太廟로, 국가의 大事는 먼저 廊廟에서 의논하였다고 한다.

26) 贏縮轉化 : 進退를 변경함. 贏은 進, 縮은 退, 轉化는 變化의 뜻이다.

27) 贏縮以爲常 : 進退를 따르는 것으로 常度를 삼음. 곧 金星이 出沒하는 方位를 따라 作戰하는 것을 常法으로 삼는다는 뜻이다. 金星은 옛날 天文家에서 전쟁을 주관하는 별이라고 인식하여 金星이 아침에 나오는 것을 贏, 저녁에 나오는 것을 縮이라고 한다.

而陰하고 陰至而陽하며 日困而還하고 月盈而匡이니이다 古之善用兵者는 因天地之常하야 與之俱行하니 後則用陰하고 先則用陽하며 近則用柔하고 遠則用剛이나 後無陰蔽하고 先無陽察하며 用人無蓺⑥하야 往從其所니이다 剛彊⑦以禦면 陽節不盡이니 不死其野오 彼來從我면 固守勿與니이다 若將與之인댄 必因天地之災하고 又觀其民之飢飽勞逸以參之니 盡其陽節이어든 盈吾陰節而奪之⑧니이다 宜爲人客이면 剛彊而力疾이나 陽節不盡이면 輕而不可取오 宜爲人主면 安徐而重固나 陰節不盡이면 柔而不可迫이니이다 凡陳之道는 設右以爲牝하고 益左以爲牡니 蚤晏無失하야 必順天道하야 周旋無究니이다 今其來也에 剛彊而力疾하니 王姑待之하소서 王曰諾다하고 弗與戰하다

〔校勘〕 ① 飯 : 四部備要本에는 '飮'으로 되어 있는데 '飯'이 옳다.
② 固 : 四部備要本에는 '故'로 되어 있다.
③ 〈而〉 : 四部備要本에 의거하여 보충하였다.
④ 〈夫〉 : 四部備要本에 의거하여 보충하였다.
⑤ 羸 : 四部備要本에는 '嬴'으로 되어 있는데 '羸'이 옳다.
⑥ 蓺 : 四部備要本에는 '藝'로 되어 있는데 同字이다.
⑦ 彊 : 四部備要本에는 '柔'로 되어 있는데 아래 글 '剛彊而力疾'을 보면 '彊'이 옳다.
⑧ 之 : 四部備要本에는 '之'자 다음에 '利'자가 더 있는데, 韋昭의 注를 참고하면 없는 것이 옳다.

〈魯哀公 16년〉 9월에 이르러 越王이 范蠡를 불러서 물었다. "속담에 '굶주린 사람에게는 풍성하게 차린 밥이 물에 말아 조롱박에 담은 밥만 못하다.'라는 말이 있는데, 올해도 저물어 가고 있소. 그대는 앞으로 어쩌면 좋겠는가?" 范蠡가 대답하였다. "君王께서 이 말씀을 하지 않으셨더라도 臣은 본래 뵙고 吳나라 정벌을 요청하려던 참이었습니다. 臣은 들으니, '알맞은 시기를 놓치지 않고 좇는 사람은 불을 끄거나 도망치는 사람을 추격하는 것과 같이 하여 빨리 달려가더라도 오직 미치지 못할까 걱정한다.'고 하였습니다." 越王이 말하였다. "좋소." 하였다. 그리하여 군대를 출동하여 吳나라 정벌에 나서 五湖에 이르렀다.

吳나라 사람이 越나라가 침공한다는 소식을 듣고 군대를 끌고 나와 싸움을 걸어 하루에 다섯 번 반복하여 도전하니 越王이 참지 못하여 전투를 허락하려고 하자 范蠡가 諫言을 올려 말하였다. "朝廷에서 좋은 계책을 세워 가지고, 전투를 벌이는 原野에서

불리하게 하면 되겠습니까? 君王은 아직 허락하지 마십시오. 臣은 들으니 '좋은 시기를 얻으면 전혀 게을리 대처함이 없어야 하니, 기회는 두 번 다시 오지 않는 것이고, 하늘이 주는 것을 받지 않으면 도리어 재앙을 받게 된다.'라고 했습니다. 확실한 主見이 없이 진격과 퇴각을 함부로 변경하면 뒤에 후회할 것입니다. 天道는 본디 그러한 것이니, 본래 정한 좋은 계책은 변경하지 않아야 됩니다." 越王이 말하였다. "좋소." 하고는, 交戰을 허락하지 않았다.

范蠡가 말하였다. "臣은 들으니, '옛날의 用兵을 잘한 사람은 贏縮으로 用兵하는 일정한 法則을 삼고 네 계절의 변화로 기강을 삼아 하늘의 법도를 초월하지 아니하여 적절한 한도를 다하는 데에서 그쳤다.'고 합니다. 天道는 매우 빛나고 밝아서 해와 달의 운행이 天道의 상징이 되니, 해와 달이 밝은 때로는 나아가 싸우는 법으로 삼고, 해와 달이 어두울 때로는 은폐하여 행동하지 않는 법으로 삼아야 합니다. 陽이 극에 이르면 변하여 陰이 되고 陰이 극에 이르면 변하여 陽이 되며, 태양이 다하면 다시 동쪽에서 솟아오르고 달이 완전히 차면 이지러집니다. 옛날의 用兵을 잘한 사람은 天地의 변화하고 운행하는 常道를 따라 그것과 똑같이 행동하니, 남보다 뒤에 행동하여 방어할 적에는 陰道를 쓰고 남보다 앞에 행동하여 공격할 적에는 陽道를 쓰며, 敵軍이 접근하면 유약함을 보이는 방법을 쓰고 敵軍이 멀리 떨어져 있으면 강력함을 보이는 방법을 썼습니다. 그러나 남보다 뒤에 행동하여 방어할 적에도 너무 움츠리며 감추는 일이 없어야 하고 남보다 앞에 행동하여 공격할 적에도 너무 드러내는 일이 없어야 하며, 사람을 써서 作戰하는 데에는 일정한 규칙이 없어서 戰場에 가 상황의 변화에 따라 움직여야 합니다. 敵軍이 완강하게 저항해 막으면 陽强한 기세를 아직 다 쓰지 않아 이길 수 없으니, 그 戰場에서는 죽지 않아야 하고, 敵軍이 와서 우리를 공격하면 굳게 지키고 接戰하지 말아야 합니다. 만일 接戰하려고 한다면 반드시 敵이 天地의 재난을 받는 시기를 이용해야 하고 또 敵國의 백성들이 굶주리는지 배불리 먹는지 勞苦하는지 편안한지를 관찰하여 참작해 움직여야 합니다. 敵의 陽强한 기세가 모두 소진되거든 우리는 침착하고 치밀한 기세를 가득 채워서 승리를 쟁취해야 합니다. 불청객처럼 쳐들어가는 시기가 알맞으면 굳세고 강하면서 빠르게 행동해야 하지만 敵國의 陽强한 기세가 다 소모되지 않았으면 표면상 가볍게 보여도 취할 수 없고, 敵의 공격을 받는 주인의 입장이면 침착하고 차분하면서 신중하고 굳게 지켜야 하지만 침착하고 치밀한 기세가 모두 소진되지 않으면 표면상 유약하게 보여도 敵이 바싹 진격하지 못할 것입니다. 모든 陣法의 원칙은, 오른쪽에 두는 부대를 主力이 아닌 牝陣이라 하고 왼쪽의 병력을 증강하여 두는 것을 牡陣이라고 합니다. 아침부터 저녁까지 실수하는 일이 없어서 반드시 天道에 순응하여 進退周旋의 변화가 끝이 없어야 합니다. 지금 도전해 오는 吳나라의 군대는 굳세고 강하면서 행동이 빠르니, 君王께서는 잠시 기다리십시오." 越王이 말하였다. "좋소." 하고는 吳나라 군대와 接戰하지 않았다.

243. 范蠡諫句踐勿許吳成卒滅吳 范蠡가 句踐에게 오나라와 화친을 허락하지 말라고 諫하여 마침내 오나라를 멸망시키다

【大義】 越王 句踐이 오나라를 격파한 뒤 吳王 夫差의 간절한 화친 요청에 마음이 흔들려 허락하려고 하자, 범려가 이를 결연히 반대하여 끝내 오나라를 멸망시킴.

＊ 居軍三年28)에 吳師自潰하다 吳王帥其賢良29)과 與其重祿30)하고 以上姑蘇하야 使王孫雄〔雒〕行成於越하야 曰 昔者에 上天降禍於吳하야 得罪於會稽31)러니 今君王①其圖不穀하시니 不穀請復(복)會稽之和하노이다 王弗忍하야 欲許之한대 范蠡進諫曰 臣聞之호니 聖人之功은 時爲之庸하니 得時弗成이면 天有還(선)形32)이라호이다 天節不遠하야 五年復反하니 小凶則近이오 大凶則遠이니이다 先人有言曰 伐柯者其則不遠33)이라하니 今君王不斷하시니 其忘會稽之事乎잇가 王曰 諾다하고 不許하다

使者往而復來하야 辭兪②卑하고 禮兪尊하니 王又欲許之한대 范蠡諫曰 孰使我蚤朝

---

28) 居軍三年 : 越나라 군대가 吳나라를 포위한 지 3년이 됨. 곧 魯哀公 20년(기원전 475년) 11월에 越王 句踐이 군대를 이끌고 吳나라를 포위하여 魯哀公 22년(기원전 473년)에 吳나라를 멸망시킨 기간을 말한다.

29) 賢良 : 越王을 가까이에서 호위하는 親軍.

30) 重祿 : 많은 祿俸을 받는 大臣.

31) 得罪於會稽 : 越王 句踐이 吳나라와의 전쟁에 패배하여 會稽山으로 퇴각하여 吳나라의 臣僕이 되겠다고 요청했던 일을 말함.

32) 還形 : 재앙을 되돌려 줌. 還은 返의 뜻. 形은 刑과 같다.

33) 伐柯者 其則不遠 : 도낏자루를 베는 사람은 그 도낏자루의 크기와 모양이 먼 곳에 있지 않고 바로 자기가 쥐고 있는 도낏자루에 있음. ≪詩經≫ 〈豳風 伐柯〉에 "伐柯伐柯 其則不遠"이라고 보인다.

而晏罷者 非吳乎잇가 與我爭三江五湖之利者 非吳邪잇가 夫十年謀之하야 一朝而棄之면 其可乎잇가 王姑勿許하소서 其事將易冀已니이다 王曰 吾欲勿許나 而難對其使者하니 子其對之하라 范蠡乃左提鼓하고 右援枹하야 以應使者하야 曰 昔者에 上天降禍於越하야 委制於吳어늘 而吳不受러니 今將反此義以報此禍하니 吾王敢無聽天之命하고 而聽君王之命乎아 王孫雄曰 子范子34)야 先人有言曰 無助天爲虐하라 助天爲虐者는 不祥이라하니라 今吾③稻蟹不遺種이어늘 子將助天爲虐하니 不忌其不祥乎아 范蠡曰 王孫子야 昔吾先君은 固周室之不成子35)也라 故濱於東海之陂하야 黿鼉④魚鼈之與處하고 而鼃黽之與同陼⑤하니 余雖靦然而人面哉나 吾猶禽獸也니 又安知是諓諓36)者乎아 王孫雄曰 子范子將助天爲虐가 助天爲虐이면 不祥이니 雄請反辭於王하노라 范蠡曰 君王已委制於執事之人37)矣니 子往矣어다 無使執事之人으로 得罪於子하라 使者辭反하다 范蠡不報於王하고 擊鼓興師以隨使者하야 至於姑蘇之宮하야 不傷越民하고 遂滅吳하다

〔校勘〕 * 四部備要本에 의거하여 別章으로 하였다.
① 君王 : 四部備要本에는 '王君'으로 되어 있는데 '君王'이 옳다.
② 俞 : 四部備要本에는 '愈'로 되어 있는데 통용한다. 아래도 같다.
③ 吾 : 四部備要本에는 '吳'로 되어 있는데 뜻은 같다.
④ 鼉 : 四部備要本에는 '龜'로 되어 있는데 '鼉'가 옳다.
⑤ 陼 : 四部備要本에는 '渚'로 되어 있는데 同字이다.

越王이 군사를 거느리고 吳나라를 포위한 지 3년 만에 吳나라 군대가 저절로 무너졌다. 吳王 夫差가 자신의 賢良과 重祿을 거느리고 姑蘇臺에 올라 王孫 雒을 시켜 越나라에 和親을 요구하면서 말하였다. "예전에 하늘이 吳나라에 재앙을 내려 會稽山에서 죄를 얻었었는데, 지금 君王께서 나를 도모하니 나는 會稽에서 행한 和親을 회복하

---

34) 子范子 : 范蠡를 존대하여 일컬은 칭호. 앞의 子자는 존칭. 뒤의 子자는 大夫, 또는 先生의 뜻이다.
35) 不成子 : 나라의 子爵이 되지 못함. 子는 子爵. 越나라는 본래 蠻夷의 작은 나라이기 때문에 周나라의 子爵 班列에 들지 못함을 이른 말이다.
36) 諓諓 : 말이 유창한 모양. 언변이 좋은 모양.
37) 執事之人 : 일을 담당하여 처리하는 사람. 여기서는 范蠡가 자칭하는 말.

기를 요청합니다." 越王이 차마 마지못하여 허락하려고 하자, 范蠡가 諫言을 올려 말하였다. "臣은 들으니, '聖人이 功業을 이룬 것은 시기를 잘 이용하기 때문이니, 시기를 얻고서도 일을 이루지 못하면 하늘이 도리어 그 사람에게 재앙을 되돌려 준다.'라고 하였습니다. 하늘의 변화하는 주기는 길지 않아 5년이면 다시 되돌아옵니다. 작은 재앙은 주기가 빠르게 들고 큰 재앙은 주기가 늦게 옵니다. 앞 시대의 사람이 말하기를, '도낏자루를 베는 사람은 도낏자루의 모양이 먼 곳에 있지 않고 바로 쥐고 있는 도낏자루에 있다.'라고 하였습니다.' 지금 君王께서 우물쭈물하면서 결단을 내리지 못하시니 會稽山에서의 치욕을 잊으셨습니까?" 越王이 말하였다. "좋소." 하고는 吳나라의 和親 요청을 허락하지 않았다.

吳나라의 使者가 돌아갔다가 다시 와 和親을 요청하면서 말이 더욱 겸손하고 예절을 더욱 높이 공경하였다. 越王이 다시 和親을 허락하려고 하자, 范蠡가 諫하였다. "우리를 아침 일찍 나와 밤늦게 퇴근하여 國事에 애쓰게 한 것이 어찌 吳나라가 아닙니까? 우리들과 三江과 五湖의 이익을 다투게 한 것이 어찌 吳나라가 아닙니까? 10년 동안 죽을 애를 쓰며 계책을 세워 하루아침에 버리면 되겠습니까? 君王께서는 잠시 허락하지 마십시오. 吳나라를 멸망시키는 일이 쉽게 이루어질 희망이 있습니다." 越王이 말하였다. "나는 허락하려고 하지 않으나 吳나라의 使者에게 대답하기가 어려우니, 그대가 대답하시오." 范蠡가 왼손에는 북을 들고 오른손에는 북채를 잡고서 使者에게 대답하여 말했다. "예전에 하늘이 越나라에 재앙을 내려 吳나라에 귀순하여 다스림을 받겠다고 했으나 吳나라가 天命을 받지 않았었다. 지금 우리는 〈하늘이 주는 것을 받지 않은 吳나라의〉 잘못한 道理를 바꾸어 예전에 우리가 받았던 災禍를 갚으려는 것이니, 우리 君王께서 감히 하늘의 명령을 따르지 않고 吳王의 명령을 따르겠소?" 王孫雒이 말하였다. "존경하는 范大夫야! 옛사람이 이런 말을 했다오. '하늘이 내리는 재앙을 도와서 포악한 짓을 하지 말아라. 하늘이 내리는 재앙을 도와서 포악한 일을 하는 자는 不吉하다.'고 했다. 지금 우리나라는 게가 벼를 갉아먹는 재앙을 만나 곡식 종자가 남아 있지 않은데, 그대들은 하늘이 내리는 재앙을 도와 포악한 짓을 하려고 하니 자신에게 미칠 不吉함은 꺼리지 않소?" 范蠡가 말하였다. "王孫 大夫야, 예전의 우리 先君은 周나라 王室의 子爵의 班列도 이루지 못하였다. 그러므로 동쪽 바닷가에 자리를 잡아 자라·악어·물고기들과 함께 어울려 살고, 개구리·맹꽁이 따위와 물가에서 함께 지내었으니, 우리가 耳目口鼻를 갖춘 사람의 얼굴은 하고 있으나, 우리는 禽獸와 같으니 우리가 또 어떻게 교묘하게 잘하는 언변을 들어 알 수가 있겠소?" 王孫 雒이 말하였다. "존경하는 范大夫야! 그대는 하늘이 내리는 재앙을 도와 포악한 짓을 하려는가? 하늘을 도와 포악한 짓을 하면 不吉함을 당하게 되는 것이오. 나는 越王을 뵙고 다시 말할 기회를 요청하오." 范蠡가 말하였다. "우리 君王께서는 이미 일을 맡아 처리하는 사람에게 이 일의 권한을 맡겼소. 그대는 돌아가시오. 일을 맡아 처리하는 사람이 그대 때문에 죄를 얻게 함이 없도록 하시오."

使者가 하직하고 돌아갔다. 范蠡가 越王에게 보고하지 않고 직접 북을 치며 군사를 출동시켜 돌아가는 吳나라 使者의 뒤를 따라 姑蘇臺의 吳나라 王宮에 진입하여 월나라 백성은 다치게 하지 않고 마침내 吳나라를 멸망시켰다.

244. 范蠡乘輕舟以浮于五湖 范蠡가 나룻배를 타고 五湖로 떠나갔다

【大義】 오랫동안 준비하여 끝내 오나라를 멸망시키고 회계산의 치욕을 씻어 큰 공을 세운 范蠡가 名利를 탐내지 않고 은거하여 훌륭한 명성을 후세에 전함.

* 反至五湖하야 范蠡辭於王曰 君王勉之하소서 臣不復入於①越國矣로이다 王曰 不穀은 疑子之所謂者何也오 范蠡對曰 臣聞之호니 爲人臣者는 君憂臣勞하고 君辱臣死라호이다 昔者君王이 辱於會稽에 臣所以不死者는 爲此事也러니 人〔今〕②事已濟矣라 蠡請從會稽之罰하노이다 王曰 所不掩子之惡하고 揚子之美者는 使其身無終沒於越國호리라 子聽吾言이면 與③子分國이오 不聽吾言이면 身死하고 妻子爲戮호리라 范蠡對曰 臣聞命矣니 君行制하소서 臣行意호리이다 遂乘輕舟以浮於五湖하야 莫知其所終極이러라

王이 命④工以良金[38]寫范蠡之狀하야 而朝禮之하고 浹日[39]而令大夫朝之하며 環會稽三百里者하야 以爲范蠡地하고 曰 後世子孫에 有敢侵蠡之地者면 使無終沒於越國이니 皇天后土와 四鄕地主[40]正之하리라

---

38) 良金 : 품질이 좋은 靑銅. 고대에는 구리를 金이라 하였다.

39) 浹日 : 열흘을 이르는 말. 浹은 '한 바퀴 돌다'의 뜻. 干支로 날짜를 셀 때 天干의 甲에서부터 癸까지 열흘이 되는데, 이를 浹旬・浹日이라고 한다.

〔校勘〕 * 四部備要本에 의거하여 別章으로 하였다.
① 於 : 四部備要本에는 '於'자가 없다.
② 人〔今〕: 四部備要本에 의거하여 고쳤다.
③ 與 : 四部備要本에는 '與'자 앞에 '吾'자가 있는데 衍文이다.
④ 命 : 四部備要本에는 '命'자 다음에 '金'자가 더 있는데, 이는 아래 글의 '良金'에 연관되어 잘못 들어갔다.

〈吳나라를 멸망시킨 越나라 군대가〉 돌아오다가 五湖에 이르러 范蠡가 越王에게 하직하며 말하였다. "君王께서는 德을 힘쓰십시오. 臣은 다시 越나라에 들어가지 않을 것입니다." 越王이 말하였다. "나는 그대의 말이 의아하여 모르겠는데 무슨 뜻이오?" 范蠡가 대답하였다. "臣은 들으니, '臣下된 사람은 임금이 國事를 걱정하면 臣下는 수고로운 일을 분담해야 하고, 임금이 치욕을 당하면 臣下는 임금을 위하여 죽어야 한다.'고 하였습니다. 종전에 君王이 會稽山에서 치욕을 당하셨을 때 臣이 그때 죽지 않은 까닭은 吳나라를 멸망시켜 복수하는 이번 일을 위해서였습니다. 현재 복수하는 일이 이미 이루어졌으니, 저는 會稽山에서 치욕을 당할 때 당연히 받았어야 할 罰에 따르고자 합니다." 越王이 말하였다. "맹세코 그대의 악행을 덮어 주지 않거나 그대의 美德을 찬양하지 않는 사람은, 그 몸이 越나라에서 잘 죽지 못하도록 할 것이오. 그대가 내 말을 따르면 그대와 越나라를 나누어 가질 것이고, 내 말을 따르지 않으면 그대를 죽이고 妻子도 죽일 것이다." 范蠡가 대답하였다. "臣은 君王의 명령을 들었으니, 君王께서는 法令을 집행하십시오. 臣은 저의 意志대로 하겠습니다." 그러고는 마침내 나룻배를 타고 오호로 떠나가서 그의 최후가 어찌 되었는지 알 수 없게 되었다.

越王이 匠人에게 질이 좋은 청동으로 范蠡의 銅像을 주조하게 하여 아침마다 절을 하고, 열흘마다 大夫들에게 절을 하게 했으며, 會稽山을 에워싸고 있는 3백 리의 토지를 范蠡의 封地로 만들어 주고 말하였다. "後代 나의 자손 중에 감히 范蠡의 封地를 侵奪하는 자가 있으면 越나라에서 고이 죽지 못하게 할 것이니, 天地 사방의 神祇가 바로잡아 줄 것이다."

---

40) 四鄕地主 : 사방의 神祇. 鄕은 方의 뜻. 일설에는, 지방의 軍政長官이라고 한다.

索引

略號

(解) : 解題

(題) : 題目

(註) : 註釋

(參) : 參考文獻

【ㄱ】

【ㄴ】

【ㄷ】

【ㅂ】

【ㅅ】

【ㅇ】

【ㅈ】

【ㅊ】

【ㅌ】

【ㅍ】

【ㅎ】

譯註者 略歷

許鎬九
경남 진주 출생
家親 晦山公께 家學
秋淵 權龍鉉 先生 師事
민족문화추진회 국역연수원 수료
단국대학교 동양학연구소 漢韓大辭典編纂室 수석팀장(현)
민족문화추진회 강사(현)
한국국학진흥원 강사(현)

〈漢文聲讀考〉 ≪退溪全書≫ ≪菊潭集≫ ≪別洞集≫
≪茶山集≫ ≪雙槐堂遺稿≫ ≪拓齋文集≫ ≪宣祖實錄≫
≪正祖實錄≫ ≪朱注論語≫ ≪朱注孟子≫ 등 번역

李海權
충남 공주 출생
肯堂 李圭憲 선생에게 한문 수학
민족문화추진회 국역연수원 수료
고려대학교 교육대학원 한문교육과 수료
성균관대학교 사회교육원 성균관 한림원
전통문화연구회 동방사상연구회 등 出講
고려대학교 특수자료 관리부(현)

≪中宗實錄≫ ≪仁祖實錄≫ ≪明宗實錄≫ ≪宋子大全≫ 등 번역
한국민족문화대백과사전 원고 집필

李忠九
경기 과천 출생
성균관대학교 대학원 국어국문학과 문학박사
민족문화추진회 국역연수원 수료
성균관대학교 강사
전통문화연구회 교무위원(현)
국사편찬위원회 고전연구위원(현)

〈六書尋源攷〉 〈韓國漢字 硏究〉 〈經書諺解硏究〉 등
≪小學集註≫ ≪通鑑節要≫ 등 번역

金在烈
전남 화순 출생
秋淵 權龍鉉 先生 師事
민족문화추진회 국역연수원 수료
단국대학교 동양학연구소 辭典編纂室 전문연구원(현)

≪宣祖實錄≫ ≪宋子大全≫
≪茶山詩文集≫ 등 번역

東洋古典譯註叢書 36

譯註 國 語 2　　　　18,000원

2006년 12월 31일 초판 발행
2007년　7월 10일 초판　2쇄

譯　註　許鎬九 · 李海權 · 李忠九 · 金在烈
編　輯　古典國譯編輯委員會
發行人　李啓晃

發行處　社團法人 傳統文化硏究會
서울시 종로구 낙원동 284-6 낙원빌딩 411호
전화 : (02)762-8401　전송 : (02)747-0083
전자우편 : juntong@juntong.or.kr
홈페이지 : juntong.or.kr
사이버書堂 : cyberseodang.or.kr
등록 : 1989. 7. 3. 제1-936호

인쇄처 : 한국법령정보주식회사(02-462-3860)

ISBN 978-89-91720-15-2 94140
89-85395-71-8(세트)